U0807628

马克思主义妇女理论中国化与妇女事业发展研究论文集

第三辑

李明舜　刘利群　主　编
周应江　魏开琼　臧海群　副主编
王向梅　侯　杰　执行主编

中国妇女出版社

版权所有·侵权必究

图书在版编目（CIP）数据

马克思主义妇女理论中国化与妇女事业发展研究论文集．第三辑 / 李明舜，刘利群主编．-- 北京 ：中国妇女出版社，2023.12
ISBN 978-7-5127-2352-8

Ⅰ．①马… Ⅱ．①李… ②刘… Ⅲ．①马克思主义－妇女学－中国－文集 Ⅳ．①A811.64-53②D442-53

中国国家版本馆CIP数据核字（2023）第251960号

责任编辑：陈 元
封面设计：李 甦
责任印制：李志国

出版发行：中国妇女出版社
地 址：北京市东城区史家胡同甲24号 邮政编码：100010
电 话：（010）65133160（发行部） 65133161（邮购）
网 址：www.womenbooks.cn
邮 箱：zgfncbs@womenbooks.cn
法律顾问：北京市道可特律师事务所
经 销：各地新华书店
印 刷：北京虎彩文化传播有限公司

开 本：170mm×240mm 1/16
印 张：26
字 数：371千字
版 次：2023年12月第1版 2023年12月第1次印刷
定 价：78.00元

如有印装错误，请与发行部联系

序　言

2023年对于中国广大妇女来说是意义非同寻常的一年。这一年《习近平关于妇女儿童和妇联工作论述摘编》出版发行，这表明以习近平同志为核心的党中央从党和国家事业发展全局出发，高度重视和积极推进妇女工作和妇女发展。习近平总书记关于妇女儿童和妇联工作的重要论述以全新的视野升华了我们党对妇女事业和妇女工作的规律性认识，开辟了马克思主义妇女理论中国化时代化新境界，对于新时代新征程发展妇女事业、做好妇女工作，坚持男女平等基本国策，保障妇女儿童合法权益，引导广大妇女为全面建设社会主义现代化国家、全面推进中华民族伟大复兴作出新贡献，具有十分重要的意义。

这一年，中国妇女第十三次全国代表大会隆重召开。这次盛会是在全党全国各族人民紧跟以习近平同志为核心的党中央，意气风发踏上强国建设、民族复兴新征程，向着第二个百年奋斗目标进军的关键时刻召开的一次巾帼盛会。大会号召全国各族各界妇女“跟党奋进新征程，巾帼建功新时代”，锚定党确定的目标，坚定勇往直前的信念，鼓足奋力拼搏的干劲，发扬脚踏实地的作风，在中国式现代化建设的伟大实践中续写“半边天”新荣光。

10月30日，习近平总书记在同全国妇联新一届领导班子成员集体谈话时发表重要讲话，强调要坚定不移走中国特色社会主义妇女发展道路，组织动员广大妇女为中国式现代化建设贡献巾帼力量，再次把党对妇女事业和妇女工作的规律性认识提升到了新高度，成为指引妇女工作守正创新、砥砺奋进的纲领性文献，为新时代新征程党的妇女工作指明了前进方向。

回首中国共产党领导下的百年妇女运动史，党始终坚持将马克思主义妇女理论与中国具体实际情况相结合，坚持理论创新和实践创新，形成了中国化时代化的马克思主义妇女理论与实践。

在理论上，马克思主义理论从诞生之日起就把妇女解放、妇女自由和妇女发展等问题作为重要研究议题。马克思主义经典作家的文本《德意志意识形态》《共产党宣言》《资本论》《家庭、私有制和国家的起源》等都对妇女理论作了非常深入的阐述，在这个基础上人们提出若干问题，比如，妇女为什么受压迫，妇女怎么摆脱压迫，妇女解放的道路，等等。五四运动前后，很多先进知识分子就开始研究妇女问题，马克思主义妇女理论成为中国学者非常重要的研究对象，开启了马克思主义妇女理论中国化的道路。在新民主主义革命和社会主义革命与建设中，以毛泽东为主要代表的中国共产党人，对中国妇女运动的方向道路、目标任务、主要特征、发展规律等作出科学论断，形成了中国化马克思主义妇女理论的一次历史性飞跃。改革开放新时期，以邓小平、江泽民、胡锦涛为主要代表的中国共产党人，高度重视妇女事业和妇女工作，形成了中国特色社会主义妇女理论。党的十八大以来，习近平总书记从党和国家事业发展全局出发，将马克思主义妇女理论与中国妇女工作具体实际相结合、与中华优秀传统文化相结合，坚持运用辩证唯物主义和历史唯物主义，正确回答时代和实践提出的重大问题，深刻阐述了妇女事业发展的一系列方向性、根本性问题，赋予了中国特色社会主义妇女理论新的时代内涵，把马克思主义妇女理论中国化时代化推到了一个新的高度。

在实践上，中国共产党始终坚持把妇女解放和发展、实现男女平等写在自己奋斗的旗帜上，始终把广大妇女作为推动党和人民事业发展的重要力量，始终把妇女工作放在重要位置，领导广大妇女得解放、求进步、谋发展。党的二大、三大、四大和六大都通过了关于妇女运动的决议，将妇女运动融入争取阶级解放和民族解放的过程中。同时，把妇女工作纳入党的工作体系，发挥妇女在革命、建设和改革各个历史时期的重要作用，促进妇女解放、妇女发展是中国共产党独特的宝贵经验。在中国共产党的领导下，中国妇女儿童事业和妇联工作继往开来、与时俱进，形成了中国特色社会主义妇女发展道路的理论认识和实践探索，为应对全球复杂问题与挑战贡献智慧和力量。

为更好地促进马克思主义妇女理论中国化时代化与妇女事业发展研究，2021 年和 2022 年，中华女子学院相继出版了《马克思主义妇女理论中国化与妇女事业发展研究论文集》第一辑和第二辑。论文集展示了马克思主义妇女理论中国化的历史进程，彰显了百年来中国共产党领导妇女事业取得的巨大成就，呈现了中华女子学院在马克思主义妇女理论与实践研究方面的丰硕成果。论文集出版后在学界形成了较大影响，取得了良好效果。

2023 年，借着《习近平关于妇女儿童和妇联工作论述摘编》出版发行和中国妇女十三大召开的东风，中华女子学院继续编辑出版《马克思主义妇女理论中国化与妇女事业发展研究论文集（第三辑)》。论文集共收录文章 28 篇，主要是近年来中华女子学院教师以及国内部分学者发表在《中华女子学院学报》、其他期刊报纸及提交相关学术会议有关马克思主义妇女理论与实践研究方面的论文，分别编为三个主题：马克思主义妇女理论中国化时代化研究、妇女运动史研究、妇女发展实践研究。其中，主题一从理论角度，展示了马克思主义妇女理论及其中国化时代化的最新理论成果；主题二从历史维度，展示了近代以来妇女运动历史，尤其突出展示中国共产党领导妇女运动百年光辉历程；主题三从实践角度，集中展示新时代在中国共产党领导下妇女工作和妇女事业取得的发展和实践成果，呈现出当代学界研究妇女发展实践的视角和趋势。

新时代造就新理论。新时代中国特色社会主义激活了马克思主义妇女理论中国化新的理论意旨和时代质感，也赋予了马克思主义妇女理论研究新的时代使命。这就是以习近平新时代中国特色社会主义思想为指导，把“两个确立”转化为坚决做到“两个维护”的思想自觉、政治自觉、行动自觉，牢牢把握妇女理论研究的正确方向，确保马克思主义妇女理论阵地始终不走样、不动摇、不丧失。坚持用不断发展的马克思主义妇女观指导新时代中国妇女解放与发展的实践，提出具有主体性、原创性的理论观点，构建具有中国特质的马克思主义妇女理论学科体系、学术体系、话语体系，进一步推进马克思主义妇女理论中国化时代化，不断谱写马克思主义中国化时代化新篇章，是马克思主义妇女理论研究工作者的使命和责任。我们相信在习近平新时代中国特色社会主义思想的指引下，马克思主义妇女理论研究与妇女事业发展定会取得更多更好的成就，也期待学界贡献更多更好的理论研究成果。

编　者

2023 年 12 月

目　录

contents

主题一　马克思主义妇女理论中国化时代化研究

主题二　妇女运动史研究

主题三　妇女发展实践研究

主题一

马克思主义妇女理论中国化时代化研究

马克思主义对“妇女”内涵的科学阐释及当代价值

陈 曦*

摘要：“妇女”是马克思主义妇女解放理论的一个重要概念。尽管马克思主义经典著作中并没有关于对“妇女”的系统论述，但马克思主义关于“人”的内涵的科学理论和妇女解放思想构成了“妇女”内涵的基本框架。“现实的个人”从物质性、实践性和社会性三个角度构成了“妇女”内涵的出发点，因而在马克思主义关于“妇女”概念的内涵阐释中也呈现出阶级、实践及革命三个理论维度，并从这三个维度对“妇女”内涵进行了较为全面的论述。马克思主义关于“妇女”内涵的科学阐释是马克思主义妇女理论不同于其他妇女解放学说的科学特质，也是中国特色社会主义妇女理论的基石。它在推动中国妇女解放事业不断前行的进程中，也为世界妇女解放话语体系和实践提供了马克思主义的“妇女”理论力量。

关键词：马克思主义；妇女理论；妇女；内涵；当代价值

“妇女”是妇女理论的理论主体、话语主体和实践主体。对“妇女”概念的内涵阐释在一定程度上成为不同妇女理论的区分标志，也决定着对妇女解放方式、目标及程度的不同理解。

---

* 陈曦，女，浙江财经大学马克思主义学院讲师，法学博士，主要研究方向为马克思主义中国化、中共党史党建与妇女解放。本文刊登于《中华女子学院学报》2022年第5期。

在西方女权主义理论中，妇女是作为“主体”男性的“他者”存在。波伏娃“肉身具现”理论指出在男权中心文化里，妇女外在于人格的范畴，具化为肉身。[1]8-11 据此，资产阶级女权思想从理性人出发，将妇女解放归结于妇女在理性、心智和公共领域与男子的平权。但是，对妇女的理性抽象并不能摆脱妇女被视为“他者”的地位。实际上，作为“他者”的妇女不过是把自身置于性别对立的二元论：男性等同于理性、秩序、文化和公共生活，女性则与自然、情感、欲望和私人生活相联系。性别对立的二元论在内涵上贬低非理性、自然和身体的同时，也天然地构成了对妇女的厌恶。

马克思主义妇女理论是马克思主义理论体系的重要组成部分，是对历史上所形成的男女不平等根源和广大劳动妇女解放问题做出的理论思考与探索。马克思主义视域下的妇女不仅是人类不平等根源的考察对象，更是推动人类解放的重要力量，这决定了马克思主义妇女理论不同于其他妇女解放学说的科学特质，也构成了马克思主义的“妇女”与一般理论学说的“妇女”的本质区别。尽管马克思主义经典著作中并没有对“妇女”内涵进行系统论述，但马克思主义关于“人”的内涵的科学理论和妇女解放思想，构成了马克思主义关于“妇女”内涵的基本理论框架，从而确立了以“现实的个人”为理论出发点，建构起以阶级、实践和革命为理论维度的科学内涵。

马克思主义对“妇女”内涵的科学阐释奠定了中国共产党妇女解放思想的理论基础，指引着中国妇女解放事业不断前行。在世界百年变局和新时代交汇之际，面对世界妇女解放运动日趋复杂的严峻趋势，马克思主义关于“妇女”内涵的三个理论维度及其中国化理论实践无疑具有重要的当代价值。

一、“现实的个人”：“妇女”内涵的出发点

在《德意志意识形态》（以下简称《形态》）中，马克思和恩格斯提出与德国哲学完全不同的新哲学观，他们将新哲学观的理论起点定位于“现实的个人”。[2]146

不同于黑格尔（G. W. F. Hegel）的“人格”、鲍威尔（Bruno Bauer）的

“自我意识”和施蒂纳（Max Stirner）的“唯一者”在形而上学中阐释人的概念和本质，也不同于费尔巴哈（Ludwig Andreas Feuerbach）以“类本质”机械地认识感性的人，马克思和恩格斯将具有物质需要、从事社会实践并处于一定社会关系中具体的人作为理论研究的起点，将意识形态思辨的人转向物质实践的人，从而在人的内涵、特质和最终发展趋势上做出了科学解释，形成了唯物史观关于人的内涵的基本理论。

马克思和恩格斯从“现实的个人”出发，指出人类历史的创造与发展源于拥有不同生产资料群体之间的不同关系的冲突斗争，这些矛盾冲突产生的不平等关系是建立在物质实践之上的经济和社会发展的客观产物，绝非“与生俱来”或者是意识形态的产物。只有通过无产阶级联合起来革命，改变与之相关的物质条件，推翻维护不平等关系的社会文化制度，才能获得人的解放。马克思主义对于人的科学理论构成了马克思主义对“妇女”内涵阐释的理论框架。“现实的个人”从物质性、实践性和社会性三个角度构成了马克思主义妇女解放理论中“妇女”内涵的出发点。

首先，妇女的现实生活构成了“妇女”内涵的理论场域。“现实的个人”的哲学转向是马克思主义与旧式哲学的根本性区别，对人的现实生活的关注取代了形而上的人学思辨。“在思辨终止的地方，在现实生活面前，正是描述人们实践活动和实际发展过程的真正的实证科学开始的地方。”[2]153

马克思主义把“妇女”的本质视为建立在物质性需求之上的劳动实践关系，并体现在妇女参与生产活动的三个方面：满足物质生活本身的生产，新需要带来的生产以及人的生产。马克思将这三者看作生产活动的三个方面，而非三个阶段。“不应该把社会活动的这三个方面看作是三个不同的阶段，而只应该看作是三个方面……从历史的最初时期起，从第一批人出现以来，这三个方面就同时存在着，而且现在也还在历史上起着作用。”[2]159-160这一方面肯定了妇女从事的两个“生命生产”，即从事生产资料的“生命生产”和生育繁衍后代的“生命生产”在人类历史上是同时发生的，对创造人类历史起着同等重要的作用。另一方面肯定了妇女作为从事物质生产的实践人存在，从根本上驳斥了启蒙思想把理性作为妇女的本质属性的错误论调。因而，妇女的解放不是理性战胜愚昧，也不等于从家庭走向社会，更不是成为和男人一样的理性人。站在生产和实践的角度，马克思、恩格斯对生产活动划分的三个方面构成了妇女的现实生活，破除了资产阶级女权理论对女性进行理性和非理性、意识和肉体、公共和私人的二元界分的神话。

其次，“妇女”是唯物史观下一个历史的实践概念。马克思认为，人的物质实践活动创造了历史，人同时也是历史的产物。人类社会所有不平等的根源在于私有制下不同阶级对生产资料的不同占有。马克思曾批评历史学家无视分工与印度种姓制度的因果联系，将不平等的社会关系归于意识形态的理论无知。[2]174 统治阶级正是借助于学者对所处历史时代的不平等关系的颂扬，“赋予自己的思想以普遍性的形式，把它们描绘成唯一合乎理性的、有普遍意义的思想”[2]180，以达到借全体社会成员利益之名谋求自己的利益。

马克思、恩格斯从唯物史观出发，强调物质生产对意识的决定性作用，批驳统治阶级把有利于自己利益的观念、概念等，冠之于普遍性。无论是旧中国对妇女“男尊女卑”“三从四德”“烈妇贞女”以及“从”“节”“孝”“勤”的伦理规训，还是西方古希腊神话传说和英雄史诗将妇女描述为神灵给人类“导致厄运降临的礼品”，父权社会总是“把所有这些个别的思想和概念说成是历史上发展着的概念的‘自我规定’”。[2]181

统治阶级借助意识形态的抽象，把历史上对妇女的个别规定作为普遍概念的做法，其本质就是为维护自己的利益，剥夺妇女的权益。统治阶级把歧视妇女的思想视为妇女自身的性别规定，从而剥夺了妇女在物质实践中的成果，抹杀了妇女对人类社会发展的贡献。在阶级社会，“妇女”不应是一个普遍性概念。妇女必然是处于一定的社会关系中的现实个体。妇女作为“现实的个人”，不仅身处一定的历史实践活动中，而且本身就是推动人类历史发展与变迁的现实主体。正因如此，具有历史与实践双重概念属性的马克思主义的“妇女”才能成为妇女解放的主体，马克思主义妇女理论也才能成为一切被压迫、被奴役、被专制妇女寻求的解放之路。

最后，妇女的解放与人的解放保持高度一致。妇女在社会第二次分工中被剥夺了生产工具的占有权，不得不成为家务劳动者，受男子的奴役。恩格斯在《家庭、私有制和国家的起源》（以下简称《起源》）中毫不客气地指出："在家庭中，丈夫是资产者，妻子则相当于无产阶级。"[3]87 私有制家庭中两性关系就如同工业领域中的劳资关系，"由于分工使他们有了一种必然的联合，而这种联合又因为他们的相互分离而成了一种对他们来说是异己的联系"。[2]202 这些"异己的联系"形成了"虚幻的共同体"（资产阶级国家）。这种虚幻的共同体对现实的个人是一种束缚，压迫着个体自由。

作为"现实的个人"，在私有制中异化的妇女是无法在观念领域获得解放的。马克思指明，实现人的解放的现实路径在于从观念领域回到现实世界。"如果他们把哲学、神学、实体和一切废物消融在'自我意识'中，如果他们把'人'从这些词句的统治下——而人从来没有受过这些词句的奴役——解放出来，那么'人'的'解放'也并没有前进一步。"[2]154 妇女的解放不能依靠新旧观念的更替或者彼此观念的批判，只有物质生产领域对妇女异化的彻底扬弃，妇女才能获得根本的解放和自由。因而，妇女的解放作为一个历史性范畴与人的解放保持着高度一致性。马克思在《形态》中为人的解放理论确立了三个基本原则：私有制的消灭、生产力的高度发展和人的自由本质的实现。恩格斯在《起源》中为妇女解放指明的现实路径是消灭私有制和一切妇女重回公共劳动，这与人的解放理论三原则保持着高度一致。只有在生产力高度发达的基础上，家务劳动才可以被纳入社会劳动，为妇女走向公共事业创造条件。妇女大量地、大规模地重回公共劳动，才能打破私有制和旧式分工对妇女的束缚，并消灭由此而产生的各种观念和妇女的异化状态，实现劳动向自由活动的转变。只有如此，妇女才能真正认识到作为人的本质力量，并把这种力量组织成为"真正的共同体"；妇女也才能控制自己的自由发展和运动条件，全面地发展自己的一切能力、发挥自己的全部才能、展现自己的全部个性，妇女的彻底解放才能实现。

二、马克思主义对“妇女”内涵的科学阐释

“现实的个人”从物质性、实践性和社会性三个角度构成了马克思主义妇女解放理论中关于“妇女”内涵的出发点，从而也形成了马克思主义对“妇女”内涵科学阐释的三个理论维度：阶级、实践以及革命。

（一）“妇女”内涵的阶级性

马克思虽未对阶级进行概念上的明确规定，但阶级依然是马克思主义理论体系中的核心概念。西方学者因马克思在阶级概念界定上的缺失而质疑阶级的合理性，但正如马克思所言：“无论是发现现代社会中有阶级存在或发现各阶级间的斗争，都不是我的功劳。”[3]426 阶级的存在是一个不争的事实，马克思的伟大贡献在于发现阶级存在与生产发展相联系，并提出阶级斗争与无产阶级专政一系列理论。这些关于阶级的重要而伟大的理论，在阶级立场上与性别相融合，从“现实的人”的理论角度赋予了“妇女”所特有的阶级内涵。

首先，妇女解放的主体是具有历史能动性的无产阶级。马克思主义视域下的阶级是一个具有历史主体能动性的概念。唯物史观把阶级作为分析社会历史发展与社会现实的一个主要概念范畴，阶级对立与阶级斗争是社会发展的主要动力，“至今一切社会的历史都是阶级斗争的历史”。[2]399 但马克思更强调阶级作为具有历史能动性主体所具有的概念特性。阶级的存在与社会物质生产相连，“社会阶级在任何时候都是生产关系和交换关系的产物，一句话，都是自己时代的经济关系的产物”。[4]544 也就是说，在私有制产生之后，无论妇女归属于何种民族、国家、性别、种族，也无论她接受何种信仰、观念、思想，她的存在始终以特定阶级关系的物质生产为基础，并与特定历史阶段相联系。

倍倍尔（August Ferdinand Bebel）在《妇女与社会主义》开卷语中写道：“被压迫是妇女和工人共同的命运。”[5]2 这句话是对“妇女”阶级内涵的进一步深化。在明确妇女也是阶级存在之后，进一步确定了劳动妇女的阶

级属性，即劳动妇女属于工人阶级（无产阶级），从而与资产阶级女权主义划清界限。承认妇女属于不同阶级，就是将资产阶级女权主义所宣扬的“女性”这个虚拟的“姐妹同盟”肢解在阶级概念之中。

在阶级社会中，妇女虽然在整体上处于被压迫地位，但不同阶级所受压迫程度并不相同，反压迫的诉求也大相径庭。统治阶级妇女由于受自身阶级利益限制，无法将性别压迫完全等同于阶级压迫，在维护本阶级利益上，甚至会与男性统治阶级形成对被统治阶级妇女的压迫同谋。而广大劳动妇女所受的压迫，实质上是阶级压迫与性别压迫的双重压迫。对劳动妇女而言，父权制与私有制带来的压迫同时存在，妇女受压迫根源与无产阶级保持一致。只有推翻私有制，妇女才会获得真正的解放。柯伦泰（Kollontai）在《妇女问题的社会基础》的小册子中特别强调工人阶级妇女与统治阶级妇女不能结盟，“虽然两个阵营都遵循‘妇女解放’这一总口号，但它们的目标和利益却不尽相同”。[6] 在马克思主义妇女解放思想中，妇女解放的主体并不指征单纯的性别人群，也不涵盖所有的阶级妇女，而是旗帜鲜明地举起无产阶级大旗，以无产阶级妇女作为妇女解放的主体。

其次，“妇女”以维护无产阶级妇女的利益为根本利益。马克思没有给予阶级一个完整的定义，但根据资本主义私有制、雇佣劳动关系和产品分配界定了资产阶级和无产阶级。依照这一思路，列宁在《伟大的创举》中将“阶级”描述为在生产力发展与社会分工基础上，形成的特定生产关系中具有相同地位和共同利益的社会集团。[7]11 形成于经济领域的阶级关系决定了阶级本质在于占有本集团或其他集团的利益。在第二次社会大分工后，妇女被排斥在社会生产之外，被迫退回家庭劳动，失去了生产资料和生活资料的所有权。生产资料私人所有致使妇女分属于不同的阶级，即便是身处社会统治地位的统治阶级妇女，其家庭内部所产生的阶级压迫，仍使其处于被奴役的地位。而被统治阶级妇女的命运更加悲惨，她们不得不忍受来自统治阶级和家庭内阶级压迫的双重剥削与压榨。

马克思主义视域下的妇女解放以维护无产阶级妇女利益为根本，强调无产阶级妇女在此基础上形成统一的阶级意识和阶级组织。基于生产关系、具有阶级意识和阶级组织确保了妇女从自在阶级上升为自为阶级。

无产阶级妇女成为自为阶级保证了阶级斗争在政治行动上的一致性和斗争的有效性，在这一点上与资产阶级女权主义形成了鲜明的区别。资产阶级女权主义试图抹杀不同妇女的利益需求，提出妇女作为一个跨阶级的普遍概念，从而消解了妇女解放的政治行动。

同时，妇女利益也包括无产阶级妇女内部不同阶层的特殊利益。正如马克思和恩格斯在《共产党宣言》中指出的，阶级社会不仅分裂为不同的阶级，“而且几乎在每一个阶级内部又有一些特殊的阶层”。[8]42 无产阶级妇女的阶级性并不剥夺妇女的多样性，马克思主义的“妇女”内涵的开放性和包容性就在于承认无产阶级妇女内部因宗教、种族、民族、地域、国别、职业等分成不同阶层，认可各阶层妇女拥有的特殊利益。

（二）“妇女”内涵的实践性

马克思主义认为物质生产实践不仅是人与动物的根本区别，而且在实践中形成一定社会关系制约和改造人的存在方式。马克思主义的“两种生产”理论肯定了妇女的实践活动不仅形成于社会大生产领域，而且也存在于家庭之中。两种生产实践推动了妇女的发展，也形成了压迫妇女的异己力量。

首先，在实践活动中形成的自然分工是妇女受压迫的根源，而非妇女形成的原因。西方马克思主义女性主义认为马克思和恩格斯承认自然分工是将妇女置于“母性、家庭→不参与公共生产活动→男女不平等”的逻辑关系中。这样的逻辑关系将生育固化为一种自然现象，结果只能是女性的存在受制于她们无法控制的生物进程，妇女注定成为社会剥削的对象。贾格尔（Alison M. Jaggar）据此指出，马克思主义“在两种观念之间摇摆：女性完全参与生活的每个领域的激进观念与女性的生物性可能只允许她们部分地参与的设想”。[9]101 这些马克思主义女性主义学者质疑马克思主义妇女理论把妇女的压迫问题追溯至性别分工，同时又把性别分工还原为一种生理因素，从而陷入理论的悖论。

如果抛开马克思和恩格斯承认自然分工的理论意图讨论自然分工，无疑会陷入上述本质决定论的陷阱，自然分工也注定成为马克思主义与女性主义之间“不幸婚姻”的原罪。事实上，当我们追溯理论的原点，两者的理论诉求存在着根本性不同：女性主义力图解决性别不平等，而马克思主义则力图解决阶级不平等。

两性间的自然分工，在马克思和恩格斯看来并不是真正意义上的分工。“分工只是从物质劳动和精神劳动分离的时候起才真正成为分工。”[2]163 马克思和恩格斯意识到真正分工的产生并非单纯地源于物质生产领域的变化，而是生产力、社会状况和意识彼此之间发生矛盾的结果，“而要使这三个因素彼此不发生矛盾，则只有再消灭分工”。[2]162 这样，马克思和恩格斯对分工的解释就从劳动类型的不同转向生产资料占有的不同。从历史唯物主义出发，马克思和恩格斯关注到家庭中的自然分工与原始公有制破坏后产生的个体家庭之间的矛盾全部都包含在分工当中，分工带来不平等的所有制已经蕴含在最初的个体制家庭。“家庭中这种诚然还非常原始和隐蔽的奴隶制，是最初的所有制。”[3]163

由此看来，马克思和恩格斯认为自然分工与真正分工的区别在于是否产生私有制，将人类最初性别分工归于自然分工的真正立意也在于指认阶级压迫和性别压迫的社会历史性。

其次，马克思和恩格斯肯定家务劳动存在的目的在于揭示家庭是私有制最初的形态。第二次社会大分工带来了家庭制度的变化，专偶制家庭中两性的财富占有权发生了颠覆性的变化，“在家庭中，丈夫是资产者，妻子则相当于无产阶级”。[3]85 在专偶制家庭中，丈夫凭借生产工具的所有权无偿占有妻子的家庭劳动成果，家务劳动则因产生于私领域而被认定为无偿劳动。然而，正是因为家务劳动具有劳动价值，社会生产领域的资本增值逻辑同样适用于家务劳动，阶级社会的阶级压迫与阶级对立也同样存在于家庭。“现代的个体家庭建立在公开的或隐蔽的妇女的家务奴隶制之上，而现代社会则是纯粹以个体家庭为分子而构成的一个总体。”[3]85 显而易见，马克思和恩格斯并没有将性别分工的自然起点作为其合理性的依据，而是基于唯物史观揭示出，恰恰是家务劳动与社会公共劳动具有同等的剥削性，致使所有妇女都处于奴隶地位。

最后，马克思和恩格斯提出妇女解放必须在实践中完成。妇女解放的先决条件是回到劳动的公共领域，而实现先决条件的前提是消除家庭的社会经济属性，即消除家庭再生产被纳入资本增值的过程中。这是恩格斯在《起源》中为妇女解放指明的道路。因而，妇女解放必须具备两个条件，一是妇女重新回到公共事业。“家务劳动只占她们极少的工夫的时候，才有可能。”[3]178 这再次强调了物质生产实践对妇女解放的决定作用，妇女承担家务劳动并不是其自然属性决定，而是取决于一定的社会生产关系。二是消除个体家庭作为社会经济单位属性。家庭成为社会经济单位是私有制社会的一个显著标志。消除个体家庭作为社会经济单位属性就是消除私有制，只有消除人和劳动的两个异化，才能让妇女成功回到公共劳动。

妇女的解放必须与人类社会的物质劳动实践发展相适应，重回公共事业和消灭私有制是妇女获得解放的双重条件，缺一不可。在私有制社会，即便妇女重回公共领域，劳动的异化也无法使其获得真正的解放。正如第二次世界大战以来，西方白人妇女发现自己重回公共领域后，不得不承担起社会和家庭两份工作，这反而使白人妇女在争取主体性的斗争中愈加失去自身的主体性。即便是政府为妇女出台诸多福利政策，白人妇女的收益也逃不脱资本增值的环节，结果只能是妇女的异化愈加严重。正如蔡特金（Clara Zetkin）所指出，妇女劳动的本质问题在于同男工一样受到资本家的剥削，同工不同酬仅是这个本质问题的外在表现而已，因此“妇女的解放同全人类的解放一样，最终必将是劳动从资本中解放出来的事业”。[10]153 在苏维埃俄国成立后，列宁在《致女工》一文中也指出，消灭私有制后的广大苏维埃妇女依然需要在社会劳动实践中实现男女平等。“我们要使女工不但在法律上而且在实际生活中都能同男工平等”。[11]306

（三）“妇女”内涵的革命性

寻求人类解放是马克思主义的理论主旨，也是其理论发展的深层逻辑。在资本主义社会，马克思发现了一种而且只有“一种积极的特点”[12]204，那就是妇女走出家庭参与社会公共劳动，让两性集体劳动的其他历史条件“变成人类发展的源泉”[13]591，让妇女成为阶级社会的革命力量。

首先，“妇女”的革命性在于妇女是社会变革中最主要、最重要的革命力量。马克思不仅在理论上发现妇女在变革社会中的“积极特点”，而且这位革命的哲学行动家在“第一国际”活动中再次肯定了妇女在变革社会中的伟大作用。在1868年致路·库格曼的书信中，马克思对妇女在“第一国际”革命运动中的作用给予了肯定，“每个了解一点历史的人都知道，没有妇女的酵素就不可能有伟大的社会变革，社会的进步可以用女性（丑的也包括在内）的社会地位来精确地衡量”。[3]480这段文字与恩格斯在《反杜林论》中肯定“在任何社会中，妇女解放是衡量普遍解放的天然尺度”[14]276的论述共同构成了“妇女”内涵的革命核心，即妇女是社会变革中最主要、最重要的革命力量。

马克思在女性后面特别注明“丑的也包括在内”，国内的中文译本编者对此注解为：此处“女性”按照德文字面意思是“美性”。[3]480难道马克思对女性的社会地位也区分了美丑吗？回到这封信的写作背景，马克思希望库格曼博士看到这样一个事实，无论是“第一国际”把哈里特·劳夫人选入了总委员会，还是美国“劳工同盟”对妇女代表的吸纳，这些都说明工人运动中对妇女的平等地位的保障来自组织关系中对妇女既是革命的力量，又是革命的原因的承认。不仅在工人组织当中如此，资产阶级妇女争取平等的运动也包括在内。推进妇女平等与解放的任何行动都具有历史进步意义。恩格斯在《反杜林论》中再次肯定傅立叶的妇女解放的“天然尺度”时，特别注释了这种尺度适用于任何社会，而且具有解放的普遍含义。所以，这里“美”与“丑”已经不再具有美学意义上的判断，而是马克思对“妇女”革命内涵的肯定，即在包括资产阶级妇女在内的妇女解放运动中，广大劳动妇女是推动社会变革和进步的主要力量。无论是推动社会变革的“酵素”，还是衡量社会进步的“天然尺度”，广大劳动妇女必然是其中最主要、最具有革命性的力量。

其次，“妇女”的革命性还来自广大劳动妇女与工人阶级的革命目标保持一致，并在革命中形成同盟。对妇女的历史主体的认可是“妇女”革命内涵的另一特征。西方女权主义理论认为，父权制压迫下的女性是社会的“他者”，因而强调妇女解放的目的在于追求女性的主体性身份，从而在妇女解放运动中拒绝与其他集团结盟。受后学影响的女权主义更是把那些游离于现有分工体系之外的有色妇女、家庭主妇、无固定职业的零工妇女看作无法归类的“异质妇女”，这些妇女存在不过是以其“特殊经历保持思想上和认知上的‘空白’，并且由此来揭示欧洲中心主义知识的局限性”。[15] 相较之白人妇女独立的解放运动，这些妇女不过是作为性别斗争的符号存在。正因如此，无论是强调独立性并与其他政治运动不结盟的白人女性解放运动，还是仅仅被当作性别斗争符号的“异质妇女”，这些都正在或已经被证明其斗争的乏力，并时刻面临着被解构的风险。唯物史观的人民立场，赋予妇女解放改造世界的伟大历史使命，只有妇女解放运动与无产阶级解放运动共同构成伟大的人类解放运动，妇女解放以历史主人翁的姿态与工人阶级结盟，才能在这场轰轰烈烈的人类解放运动中，消灭阶级剥削与性别剥削，并在未来社会中，以两性共同的公共劳动消除异化，成为推动社会发展的力量源泉。

正如列宁所言，无产阶级革命就是对一切被压迫者的解放。[11]264 作为阶级社会中受压迫最深重的广大劳动妇女，理所应当成为革命的主力军，“没有广大劳动妇女的积极参加，社会主义革命是不可能的”。[11]278 从农奴解放到推翻资产阶级的压迫，正是与无产阶级革命目标高度一致，妇女运动才具有了真正意义上的解放。

三、马克思主义理论中“妇女”内涵的当代价值

马克思主义妇女理论是马克思主义理论体系的重要组成部分，是对历史

上所形成的男女不平等的根源和广大劳动妇女解放问题做出的理论思考与探索。“妇女”是马克思主义妇女理论的主体，“妇女”所具有的阶级性、实践性和革命性是马克思主义妇女理论不同于其他妇女解放学说的科学特质，也是确保妇女解放得以实现的理论基石。

20 世纪 90 年代以来，国家话语与女性话语关系成为反思中国妇女解放的一个重要研究思路。国家话语“妇女”遮蔽下的中国妇女“被解放”“被塑造”，从而失去妇女主体性的观点被越来越多的学者所接纳。告别革命的“妇女”，重新唤回五四时期的“女性”，从而摆脱国家意识形态以争取女性主体性几近成为知识女性的共识。带有政治和历史内涵的“妇女”在一片质疑声中逐渐被中性而温和的“女性”所边缘。代表公领域的“妇女”在中国社会的失语和边缘化，妇女群众面临着从国家承认的可见政治力量的势衰。[16]

在唯物史观视域下，“妇女”并非一个恒定不变的概念，在不同的历史阶段，“妇女”有其不同的历史内涵。正如任何概念内涵“如果不能根植于自身的历史土壤中，就不能转换成有历史价值和现实指导意识的实践”[17]，马克思主义对“妇女”内涵的阐释对中国妇女解放的科学指导，正是根植于中国革命和社会主义建设的历史土壤。

一方面，在中国革命和社会主义建设历史语境下建构起来的中国妇女是马克思主义的“妇女”内涵的中国化。

马克思主义的“妇女”自五四时期随着社会主义思潮进入中国，就与社会改造、民族解放以及人的自由相联系。“妇女”成为变革时代最具代表性的词汇，两性关系也成为彼时各种社会关系交会时展现权力的一个场域。资产阶级各政治力量将妇女的境遇作为封建制度的缩影，在倡导女权的背后更多的是资产阶级推翻封建等级制的平权诉求，“妇女”内涵在资产阶级革命中的工具作用远远大于价值意义。随着马克思主义的传入和中国工人阶级运动兴起，妇女在中国历史中所具有的历史能动性逐渐被发现。

正如马克思所指出，妇女既是革命的力量，又是革命的原因。[3]480 在中国共产党领导的1922年中国工人运动大风暴中，妇女作为工人阶级中最具有抗争性的革命力量而被赋予了改变中国社会的政治内涵，也改变了自晚清以来妇女解放运动的工具性。此后，随着中共二大第一个关于妇女运动决议的通过，“妇女”在中国的内涵从此与马克思主义相连，与中国共产党的思想、路线、方针相连，与中国革命和未来社会建设相连，与全世界妇女的解放相连。

以无产阶级劳动妇女为主体的马克思主义的“妇女”，立足于无产阶级妇女利益，并在革命中与工人阶级结成同盟，这种以物质实践为基础的政治同盟，不仅确保了妇女获得真正的解放，而且彻底粉碎了资产阶级女权所粉饰的“姐妹同盟”。因此，党领导下的中国妇女，根本区别于西方“个人权利神圣不可剥夺”的“个人”，也绝不是某种女性主义作为研究范畴的“妇女”。她们是与国家民族命运同构的历史主体，是国家民族复兴和走向全面发展的、能动而鲜活的社会主义实践主体、理论主体和话语主体，而并非社会契约中被治理的客体。党领导下的中国妇女与马克思主义的“妇女”一脉相承的阶级性、实践性、群众性和革命性为自身解放赢得一个又一个胜利，其实践经验也成为马克思主义中国化不可或缺的组成部分。

另一方面，以马克思主义的“妇女”内涵为基石的中国特色社会主义妇女理论，重构了社会主义妇女的世界意义。

被新自由主义经济横扫下的世界，贫富差距日益加大，社会分裂日趋明显，以“个人主义”“自由主义”“消费主义”为代表的中产阶级价值观占据社会价值主流。尽管世界正进入一个更自由、更多元的时代，但阶级问题上依然被冷战意识所把持。底层人民，特别是底层劳动妇女被剥夺了话语权。后殖民主义让世界妇女在阶级与性别身份上的认同与联合日趋困难。面临着世界百年未有之大变局，以马克思主义的“妇女”内涵为基石的中国特色社会主义妇女理论的世界意义在于，将中国妇女解放话语带入世界妇女解放话语体系和实践，以社会主义意识形态的“妇女”内涵革新家庭、国家和市场关联下固化的性别关系，重构社会主义妇女主体性。

正如马克思所强调，人作为主体是一切历史活动的起点，人的主体性也只有在历史实践中才能实现。[18]92 中国妇女的主体性形成于近代中国的社会变革和民族救亡之中，完善和发展于社会主义建设征程之中。党领导下的中国妇女在内涵上既是对马克思主义的“妇女”内涵的理论赓续，也是实践的、发展的马克思主义的“妇女”。在中国共产党领导的革命、建设和改革的百年征程中，形成了诸如“妇女群众”“劳动解放”“半边天”等独具中国社会主义特色的“妇女”内涵表述。

新时代中国特色社会主义建设更是为“妇女”内涵赋予了勃勃生机。站在新的思想维度、新的历史高度的中国特色社会主义新时代，“妇女”内涵也与时代携手共进。习近平总书记针对新时期男女平等提出“三个平等”战略思想和发挥妇女在家庭和社会“两个独特作用”的思想，不仅将妇女价值观与五大发展理念和社会主义核心价值观相统一，而且是在马克思主义“两种生产”理论基础上对妇女价值肯定的升华。它把妇女的劳动价值内涵从物质实践领域升华至精神实践领域，从而搭建起妇女内涵国家意识形态化与保障妇女权益、促进妇女自身发展的互生互促关系，为第三世界妇女提供“共赢共享”的解放新思路，丰富了世界妇女理论建构和实践探索。

展望未来，以马克思主义的“妇女”内涵为基石的中国特色社会主义妇女理论，不仅具有将中国妇女的内涵带入世界妇女解放理论和全球妇女解放实践的可能，而且必将在中国革命和社会主义实践中继续挖掘马克思主义关于“妇女”的理论内涵、革命意义和现实价值，重建全球妇女运动中阶级与性别身份的历史关系。

【参考文献】

[1] 西蒙娜·德·波伏娃. 第二性 [M]. 陶铁柱，译. 北京：中国书籍出版社，1997.

[2] 马克思，恩格斯. 马克思恩格斯选集（第 1 卷）[M]. 中共中央马克思恩格斯列宁斯大林著作编译局，编译. 北京：人民出版社，2012.

[3] 马克思，恩格斯. 马克思恩格斯选集（第 4 卷）[M]. 中共中央马克思恩格斯列宁

斯大林著作编译局，编译 . 北京：人民出版社，2012.

[4] 马克思，恩格斯 . 马克思恩格斯选集（第 3 卷）[M]. 中共中央马克思恩格斯列宁斯大林著作编译局，编译 . 北京：人民出版社，2012.

[5] 奥古斯特・倍倍尔 . 妇女与社会主义 [M]. 葛斯，朱霞，译 . 北京：中央编译出版社，1995.

[6] 莎朗・史密斯 . 马克思主义、女性主义与妇女解放 [J]. 金寿铁，译 . 国外理论动态，2019（7）.

[7] 列宁 . 列宁选集（第 4 卷）[M]. 中共中央马克思恩格斯列宁斯大林著作编译局，编译 . 北京：人民出版社，2012.

[8] 马克思，恩格斯 . 马克思恩格斯文集（第 2 卷）[M]. 中共中央马克思恩格斯列宁斯大林著作编译局，编译 . 北京：人民出版社，2009.

[9] 阿莉森・贾格尔 . 女性主义政治与人的本质 [M]. 孟鑫，译 . 北京：高等教育出版社，2009.

[10]《国际共产主义运动史文献》编辑委员会 . 第二国际第一次代表大会文件 [Z]. 北京：中国人民大学出版社，1989.

[11] 中华人民共和国全国妇女联合会 . 马克思恩格斯列宁斯大林论妇女 [M]. 北京：人民出版社，1978.

[12] 中共中央马克思恩格斯列宁斯大林著作编译局《马列主义研究资料》编辑部 . 马列主义研究资料（第 2 辑）[Z]. 北京：人民出版社，1987.

[13] 马克思 . 资本论（纪念版第 1 卷）[M]. 中共中央马克思恩格斯列宁斯大林著作编译局，编译 . 北京：人民出版社，2018.

[14] 马克思，恩格斯 . 马克思恩格斯全集（第 26 卷）[M]. 中共中央马克思恩格斯列宁斯大林著作编译局，编译 . 北京：人民出版社，2014.

[15] 王宏维 . 论马克思主义女权主义国际化与本土化 [J]. 学习与探索，2009（4）.

[16] 宋少鹏 . 资本主义社会主义和妇女——为什么中国需要重建马克思主义女权主义批判 [J]. 开放时代，2012（2）.

[17] 钟雪萍 . 错置的焦虑 [J]. 读书，2003（4）.

[18] 马克思 .1844 年经济学哲学手稿 [M]. 中共中央马克思恩格斯列宁斯大林著作编译局，编译 . 北京：人民出版社，2000.

马克思恩格斯妇女解放理论及其在中国的发展初探

——基于对中国共产党妇女政策及主要领导人相关论述的分析

朱晓佳 *

摘要：马克思、恩格斯关于妇女解放问题的论述，构成了马克思主义妇女理论的核心内容。马克思、恩格斯从人性、劳动和人的再生产角度出发，阐释了妇女受压迫的根源，指明了妇女解放的道路。马克思主义妇女理论指引并推动着中国妇女解放运动的进程，逐渐形成了具有中国特色的社会主义妇女解放理论与发展道路。马克思恩格斯妇女解放理论及其在中国的发展，既对中国妇女解放和发展具有理论和实践意义，也对世界妇女解放具有借鉴价值和现实意义。

关键词：人的解放；妇女解放；马克思主义妇女理论

全人类的解放是马克思主义不懈追求的奋斗目标。马克思主义对于“解放”的讨论着重于“人的解放”的概念。对于“人的解放”，马克思首先定

---

* 朱晓佳，女，中华女子学院女性学系讲师，哲学博士，主要研究方向为性别研究、家庭伦理学与女性主义伦理学。本文系国家社会科学基金项目“社会主义发展进程视域下中国妇女运动经验研究”（项目编号：19BKS189）的阶段性成果。本文刊登于《中华女子学院学报》2022 年第 4 期，本次出版略有修改。

义了“人”的概念：“人之所以为人，是由于我们是有目的或有意识地改造和利用自然。在这个过程中，我们创造自己，也创造人类的历史。”[1]7-9 人性是自由的，人的劳动能够有目的或有意识地改造和利用自然，创造自我和人类历史。因此，“解放”的本质就是打破各种束缚，实现人之为人的自由。马克思对于“人”的经典定义，是马克思主义哲学和解放理论的基础。马克思恩格斯解放理论是包括妇女解放的，他们对于妇女解放问题的论述，构成了马克思主义妇女理论的核心内容，为全世界妇女解放指明了道路。

一、马克思和恩格斯基于“人的解放”的妇女解放理论

在马克思之前，19 世纪空想社会主义者就提出了女性解放问题，认为女性解放与社会进步、人的解放之间有着十分密切的关系。圣西门提出：“妇女既可以参加选举，也有资格当选。”[2]23 傅立叶指出：“妇女解放的程度是衡量普遍解放的天然尺度。”[3]647 这句话后来在马克思与恩格斯合著的《神圣家族》中被引用并受到了极大肯定。马克思在 1868 年致库格曼的信中曾提到，“每个了解一点历史的人都知道，没有妇女的酵素就不可能有伟大的社会变革，社会的进步可以用女性（丑的也包括在内）的社会地位来精确地衡量”。[3]480 因此，马克思和恩格斯的人类解放理论是包括妇女解放的。他们将妇女解放置于人的解放过程之中，在《家庭、私有制和国家的起源》《共产党宣言》《英国工人阶级状况》等经典著作中都可以找到马克思和恩格斯对于妇女问题的论述。

人的解放是马克思一生的追求，他从对“人”的定义出发进行论述，揭示出“解放”的本质是打破束缚，实现人的自由；“解放”的实质是消除人的劳动异化；“解放”的途径是消灭资本主义制度，实现共产主义。

（一）从人的解放到妇女解放的阐释

与黑格尔和费尔巴哈不同，马克思找到了历史活动的起点，形成了对“人”的正确认识。马克思认为“人”是历史的前提，其“不是处在某种虚幻的离群索居和固定不变状态中的人，而是处在现实的、可以通过经验观察到

的、在一定条件下进行的发展过程中的人”。[4]153 人类生存的第一个前提条件便是生产物质生活本身，“人们为了能够‘创造历史’，必须能够生活”。[4]158 没有物质的丰富和生产力的进步，人不可能存活下来。在进行物质生产的同时，人们产生了家庭关系与更广义上的社会关系，人就是由这种物质生产活动及在其基础上形成的社会关系所塑造的。马克思认为，现实的历史的人不是具有某种先定或先验本质的存在，而是在客观的物质生产和历史实践活动中不断创立和确认自己的存在，人的本质处于不断生成的过程中。由于人是历史中的人，因此他要随着具体的物质生产水平的发展与社会制度的变化而变化，不同社会形态中人的需求和具体表现都不相同，在这个意义上，马克思认为“整个历史也无非是人类本性的不断改变而已”。[4]252 由于人不是抽象的人，人的解放自然也不是抽象的解放。人的内涵是在物质生产活动与现实关系中形成的，人的解放是一个历史的具体的过程，在生产力与生产关系的互动中，在社会制度的更替中才能逐步创造出人的解放的实现条件。

马克思和恩格斯的妇女解放理论是基于人的解放理论之上的。因此他们对女性的理解也是基于对人的理解。恩格斯的《家庭、私有制和国家的起源》被认为是马克思主义讨论女性问题的经典之作，他在此书中用“两个生产理论”阐明了妇女受压迫的原因。恩格斯认为，整个社会中存在着两种生产：物质资料的生产和人自身的生产（人的繁衍）。在原始社会，妇女既是生育活动的承担者，又要大量参与生产活动，这一时期妇女通常拥有比男子更高的地位。妇女后来之所以成为受压迫的对象，是因为随着生产力的发展，社会分工将女性排挤出生产劳动之外，男性占有了社会财富，女性只能从事后一种生产——生育活动。这样一来，女性丧失了生产资料所有权，她们从事的家务劳动也失去了原来的公共性质，成为家庭中的私人事务。在私有制度下，女性只能在经济上依赖男性，而经济的依赖是一切从属的基础，她们在各方面都受到男性的支配，甚至成为男性的所有物。[5]35-95 在马克思和恩格斯看来，女性受压迫只与生产力发展的一定历史阶段相联系。既然私有制的出现是女性受压迫的根源，那么随着生产力的进步和社会关系的变革，女性自然可以改变自身所处的社会关系，回归社会领域，从而实现自身解放。恩格斯认为，只要女性仍被排挤出社会之外，女性的解放便是不可能的。只有允许女性进入公共生产领域，并且将女性的家务劳动变成一种公共性质的活动，女性才有可能摆脱奴役状态，达到解放的目标。[5]85-87

马克思和恩格斯批判了以往哲学中对“人”的抽象设定，将人看作现实的历史的人。人的自由全面发展是马克思主义关于人的解放思想的最终目标。在《共产党宣言》中，马克思和恩格斯指出：“代替那存在着阶级和阶级对立的资产阶级旧社会的，将是这样一个联合体，在那里，每个人的自由发展是一切人的自由发展的条件。”[4]422 实现人的解放，就是要达到每个人都自由全面发展的状态。而要实现人的自由全面发展，就必须先克服人的异化状态，使人获得真正的自由。

（二）从消除异化劳动到妇女解放的阐释

人与动物最本质的区别是劳动，人的劳动本应是自由的，但在资本主义生产条件下，劳动却仅仅成为人自身谋生的手段，原本自主的劳动也沦为异化劳动。在《1844 年经济学哲学手稿》中，通过对工人劳动过程的分析，马克思指出了异化劳动的四个具体表现：劳动产品的异化、劳动过程的异化、人与人类本质的异化以及人与人之间关系的异化。人在劳动过程中创造出产品，实现自身劳动的对象化，这本该属于工人的劳动产品，最后却被资本家占为己有，劳动产品和劳动过程都发生了异化。而这两个异化进一步导致了劳动本身的异化，劳动不再是属于工人自身的东西，它与人的本质相脱离。工人阶级和资产阶级之间形成根本对立，这是人与人之间异化的最集中体现。[3]267-277 马克思认为，要实现异化劳动的扬弃，就要通过共产主义革命的途径，从而完成对私有财产的积极扬弃，达到人对自身本质的真正占有。[3]297

马克思、恩格斯进一步指出，在资本主义社会中，异化的范围覆盖到社会的方方面面，一切的自然关系和社会关系，包括男女关系、家庭关系等都发生了异化。“资产阶级撕下了罩在家庭关系上的温情脉脉的面纱，把这种关系变成了纯粹的金钱关系。”[4]403 在资本的作用下，家务劳动成为一种异化劳动，人在追求交换价值和物质剩余的过程中被一步步对象化为物，看似美好的家庭和婚姻成为两性冲突的战场。恩格斯在《英国工人阶级状况》中，进一步描述了资本主义劳动分工对进入工厂工作的女性的影响，指出她们遭受着经济上的剥削以及道德和身体上的摧残。资本主义生产制度及职业结构巩固了男性的统治地位，女性在生产活动中被边缘化，这进一步加深了女性的劳动异化程度，资本主义和父权制的相互作用给女性带来了沉重的枷锁与负担。

（三）从制度变革到妇女解放的阐释

马克思认为，要通过制度的变革和社会的进步才能实现人的真正解放。马克思首先认识到生产力的发展在人的解放过程中具有基础性作用。他指出：“当人们还不能使自己的吃喝住穿在质和量方面得到充分保证的时候，人们就根本不能获得解放。”[4]154 当生产力高度发达到可以生产出充足的物质生活资料时，人类获得解放和实现自由发展的物质条件才能有所保障。在《1857—1858 年经济学手稿》中，马克思阐述了人的发展的“三形态”理论，即从人的依赖性到物的依赖性基础上的人的独立性，再到人的个性自由的发展。社会生产的发展制约着人的发展，没有生产力的不断进步，就难以摆脱对物的依赖性，人的个性自由发展也就没有充足的物质基础和现实条件。[6]107-108 另外，生产力的发展必然会引起生产关系的变革，而那些阻碍生产力发展的生产关系，将在历史发展的进程中一步步被推翻，从而形成新的生产关系，建立新的社会制度。人类历史上每一次大的社会变革都是建立在生产力发展的基础之上的，因此人的解放也要建立在生产力极大进步、物质生产极大丰富的基础之上。

当然，实现人的解放，只有生产力的进步还是不够的，必须对社会关系进行变革，使生产资料归人民所有。资本主义社会建立在生产资料私有制的基础之上，这就决定了必然导致人与人之间的剥削与压迫，在这样的私有制社会中产生不出实现人的自由全面发展的条件。必须通过生产关系变革，改变物质生产过程中人与人之间的相互关系，才能为人的解放创造条件。要改变现存社会人压迫人的制度，顺利实现人的解放，就需要一个特定阶级来承担这样的历史重任。它是一个被排挤在市民社会之外的市民社会阶级，一个因承受着普遍苦难而没有自身特殊利益的阶级，一个完全丧失且只有通过人的完全恢复才能回归自身的阶级。它背负着最沉重的锁链，除了求助于人的权利之外，无法实现自身的解放，这个阶级便是无产阶级。无产阶级的解放具有普遍解放的性质，它与人的解放是不可分离的同一个过程。无产阶级只有推翻私有制、消灭阶级差别与对立，只有解放全人类，才能解放自己。

人的解放不仅需要物质基础和制度前提，还需要经济、政治、文化等社会各领域的发展和进步。在各方面都充分发展的理想社会中，人才能自由地从事各类个性发展活动。正如马克思、恩格斯在《德意志意识形态》中指出的："任何人都没有特殊的活动范围，而是都可以在任何部门内发展，社会调节着整个生产。"[4]165 这样每个人都可以根据自己的兴趣和需求去进行各项创造活动，而不是被局限在某一生产领域或某一个职业当中。在《家庭、私有制和国家的起源》中，恩格斯尖锐地指出，私有制是男女不平等的起源，它将女性从母系制中所处的优越地位中拉入被男性压迫和奴役的处境。要改变女性受压迫的状况，恩格斯提出的解决方案是："鼓励女性大规模参与社会生产，从而摆脱私人性家务劳动的束缚，进而将家务劳动变成一种'社会事业'。而要将这一点变为现实，就得要求家庭不再是社会的经济单位。"[5]87 这些都需要在生产资料转为社会所有的过程中实现。

二、马克思恩格斯妇女解放理论在中国的发展

马克思主义妇女理论传入中国以后，在中国百年发展的不同时期，中国共产党始终坚持运用马克思主义妇女理论的原理和方法，从人的解放内涵出发，在妇女解放、异化劳动和社会制度三个方面，对马克思主义妇女理论进行继承和发展。中国共产党成立初期就以马克思主义妇女理论指导妇女运动。李大钊等人发表了《战后之妇女问题》《妇女解放与 Democracy》等文

章，呼吁妇女冲破封建礼教，树立自主精神，争取自身解放。1922年，中国共产党第二次全国代表大会颁布了《关于妇女运动的决议》，将马克思主义妇女理论作为指导思想，“以马克思主义为指针，发动、领导妇女在社会阶层、斗争实践、自身解放中提升地位、发挥能力、实现价值”。[7]《关于妇女运动的决议》从党的层面提出了妇女解放运动和无产阶级革命运动同步的观点。中国共产党始终把妇女解放工作放在重要位置，领导和推进中国妇女解放事业。

（一）毛泽东妇女解放思想的形成

毛泽东同志在马克思主义妇女理论指导中国妇女革命实践的过程中，集中全党的经验和智慧，创立了毛泽东妇女解放思想。这一时期的妇女解放思想，主要也是围绕人的解放内涵的三个方面来论述妇女解放的。

第一，妇女解放要消除对妇女的束缚与压迫，实现妇女作为“人”的自由。要想解放中国妇女，必须结合中国的实际情况，毛泽东同志科学地分析了中国妇女当时的生存状况，提出“四权”压迫：“这四种权力——政权、族权、神权、夫权，代表了全部封建宗法的思想和制度，是束缚中国人民特别是农民的四条极大的绳索。”[8]31 当时的中国妇女除了受到政权、族权、神权的压迫之外，还受到夫权的支配。在报告中“毛泽东运用历史唯物主义的手法，科学分析了中国农村妇女的生活状况，并指出了妇女求解放的道路”。[9]27 从人性自由、男女平等角度出发，1946年延安边区政府制定的《陕甘宁边区宪法原则》确立了男女平等原则，1949年《中国人民政治协商会议共同纲领》及新中国成立后的四部宪法都确立了男女平等原则，在宪法和法律层面保障女性公民的法律地位。

第二，妇女解放要消除其在生产和再生产过程中的异化，才能使其更广泛、积极、主动地投入社会建设。毛泽东妇女解放思想，主要从生产资料归谁所有、人们在生产和生活中的相互关系角度，消除妇女的劳动异化。首先，毛泽东同志肯定了妇女的重要作用：“妇女的伟大作用第一在经济方面，没有她们，生产就不能进行。”[10]9 要从国家和法律层面保障妇女的经济权利。政府在土地法和继承法等法律层面，提出保障妇女具有同等的权利：《井冈山土地法》规定了“男女老幼平均分配”，《中华苏维埃共和国土地法》《中华苏维埃共和国劳动法》和《中国土地法大纲》中都提到男女平等地共同占有生产资料和土地资源，从根本上保证了生产资料归人民所有，包括妇女的财产权和土地所有权。这样就解决了妇女生产劳动和其劳动资料、劳动产品的“异化”问题。其次，保障了妇女同男性一样具有婚姻、生育自由的权利。在婚姻方面，《中华苏维埃共和国宪法大纲》《中华苏维埃共和国婚姻法》和新中国成立后1950年第一部婚姻法中都规定了“实行男女婚姻自由、一夫一妻、男女权利平等”，实现了妇女作为人的婚姻自由；在生育方面，肯定了妇女在生育中的重要作用，尊重妇女的生育权，消除妇女在“人的再生产”中的劳动异化。“计划生育也有希望做好”。[10]19 最后，为妇女平等地参与社会生产扫除障碍，即承认家务劳动的社会价值，使其成为一种“社会事业”。“如果每年每人没有一千斤、两千斤粮食，没有公共食堂，没有幸福院、托儿所，没有扫除文盲，没有进小学、中学、大学，妇女还不可能彻底解放。”[10]20 这些规定和做法，使妇女能够摆脱家务劳动的束缚，积极主动地参与社会生产，为妇女解放和国家建设贡献了巾帼力量。

第三，妇女解放要消灭资本主义制度，才能实现妇女的自主自由。中国的妇女解放事业，始终是阶级解放事业的有机组成部分。毛泽东同志指出：“劳动妇女的解放与整个阶级的胜利是分不开的，只有阶级的胜利，妇女才能得到真正的解放。”[10]4 “真正的男女平等，只有在整个社会的社会主义改造过程中才能实现。”[10]15 他首先厘清了中国的妇女解放与无产阶级运动的关系，妇女解放与无产阶级运动是相互统一的，只有通过阶级胜利和社会主义改造，中国的妇女才能真正彻底地解放。中国的妇女只有积极地投入无产阶级运动，“团结起来，参加生产和政治活动，改善妇女的经济地位和政治地位”。[10]13 中国妇女的解放运动是与民族解放和阶级胜利交织在一起的。当时的妇女生活改善委员会、女工农妇代表会议等都主张要保障妇女权益；《关于开展妇女运动的决定》《中共中央关于各抗日根据地目前妇女工作方针的决定》等决定中，都提到把妇女解放和民族解放、阶级胜利融为一体。

（二）中国特色社会主义妇女解放理论的确立

党的十一届三中全会以后，我国步入了改革开放和社会主义建设的伟大征程时期。邓小平、江泽民、胡锦涛等共产党人，总结和发展了妇女解放的新问题和新思路，提出了关于妇女解放的新观点和新论断，形成了新时期中国特色社会主义妇女解放理论。这一时期的妇女解放理论，同样围绕人的解放内涵的三个方面，突出强调在发展中寻求妇女解放。

第一，倡导妇女在发展中求解放。第六次全国妇女代表大会提出："围绕经济建设开展妇女运动，从社会发展中求妇女解放。"同时提出了"自尊、自信、自立、自强"的"四自"方针，倡导妇女解放和发展要以妇女自身为主体，在社会发展的过程中发展妇女本身。① 有学者专门对"妇女解放"和"妇女发展"两个概念进行了辨析："'妇女解放'泛指推翻妇女所受的压迫，解除妇女所受的束缚，使她们能够同男性平等的生存和发展。……'妇女发展'属于人的发展部分，人的发展，实际上又是指人的本质力量的发展，即人的劳动能力的发展，人的社会关系的发展，是人在劳动和社会关系中形成的主体性发展。"[11] 两个概念都是从马克思对于"人性"的定义出发，从不同角度提升妇女作为"人"的生存和劳动的基本能力。妇女解放和妇女发展是辩证统一的关系，即妇女在解放的过程中寻求发展、在发展的过程中寻求进一步解放。

第二，倡导妇女要以经济建设为中心，积极投入现代化建设，进一步消除劳动异化现象。首先，我国社会主义市场经济的确立，为妇女解放和发展提供了新的机遇。邓小平同志在"南方谈话"中提出了"抓住时机，发展自己，关键是发展经济，发展才是硬道理"的重要论述。我们党立足国情，号召妇女在市场经济面前抓住机遇、发展经济。同时，只有努力发展经济，对

---

① 有关全国妇女代表大会的具体内容参见历次全国妇女代表大会的有关文件，下同。

生产资料和劳动产品具有更多所有权和支配权，进一步消除劳动产品和劳动过程中的异化，妇女才能更积极地投入社会生产。其次，党和政府努力确保市场经济中男女两性能够平等、协调、均衡发展，《中华人民共和国妇女权益保障法》《女职工劳动保护规定》等一系列保障妇女劳动权益的法律、法规和政策相继出台，为妇女解放和发展提供了良好的社会环境。第七次全国妇女代表大会提出："广泛动员妇女投身改革开放和社会主义现代化建设事业。"第十次全国妇女代表大会提出"促进妇女全面发展"，并明确指出了妇女发展的道路。该阶段妇女解放和发展的核心问题，聚焦在经济发展方面。正如马克思所说，经济基础决定上层建筑。只有妇女广泛地参与社会生产并具有了一定的经济基础，在经济建设和现代化建设中体现出妇女的力量，才能在经济平等的基础上争取男女平等，实现妇女解放和全面发展。

第三，突出强调了社会文化在妇女解放中的重要作用。马克思指出，人的解放不仅需要物质基础和制度前提，还需要经济、政治、文化等社会各领域的发展和进步。在社会主义初步发展的过程中，物质基础和社会制度等方面都为妇女解放打下了坚实的基础，从社会文化和学术研究等领域进一步推进妇女解放和男女平等基本国策的落实。1990 年，江泽民同志科学地论述了马克思主义妇女观的内涵："妇女被压迫是人类历史发展的一定阶段上的社会现象；妇女解放的程度是衡量普遍解放的天然尺度；参加社会劳动是妇女解放的一个重要先决条件；妇女解放是一个长期的历史过程；妇女在创造人类文明、推动社会发展中具有伟大的作用。"[12] 胡锦涛同志也强调，要"牢固树立马克思主义妇女观，坚决贯彻男女平等基本国策"。[13] 这个关于马克思主义妇女观的科学论述，从人性、社会劳动、社会制度等方面，尤其从精神文明角度肯定了妇女在人类文明和推动社会发展中的巨大贡献。该论述同时指出，妇女解放需要一个长期的历史过程，需要从物质文明、精神文明、社会文化和社会制度等多个方面共同努力。

三、新时代中国马克思主义妇女解放理论的发展方向

党的十八大以来，中国特色社会主义进入新时代。习近平总书记多次强调妇女和妇女工作，讨论和回答了一系列关于妇女解放和发展的时代课题。他指出："妇女是物质文明和精神文明的创造者，是推动社会发展和进步的重要力量。"① 在中国特色社会主义新时代，妇女解放和发展取得了新的进展，同时也面临新的问题。习近平总书记关于妇女和妇女工作重要论述的提出，赋予了妇女解放新时代的新内涵。该论述主要也是从马克思关于人的解放、妇女解放内涵的三个方面进行阐释和发展的。

（一）坚持以妇女为本的人民性

从解放的本质看，要让人民不断地自由发展，积极鼓励人民实现梦想，努力实现中国梦。妇女和妇女工作重要论述坚持以妇女为解放的主体，充分发挥和肯定妇女在社会进步和人类文明发展中的作用，回应妇女在新时代社会主义发展过程中的所需所盼。妇女的解放和发展以妇女为本的人民性，是妇女解放和发展的原动力。第十一次全国妇女代表大会提出："动员和凝聚亿万妇女同心共筑中国梦。"第十二次全国妇女代表大会提出："团结动员各族各界妇女为决胜全面建成小康社会实现中华民族伟大复兴的中国梦而不懈奋斗。"妇女解放以妇女为本、以妇女为主体，将每个妇女的个人梦想与中国梦想融为一体。在全球妇女峰会上，习近平主席强调："没有妇女解放和进步，就没有人类解放和进步。……支持妇女建功立业、实现人生理想和梦想。"[14] 妇女的数量占全体人民的一半，妇女在发展中的地位和作用日益凸显；妇女的解放和发展是全体人民发展的重要组成部分，它关系到人类的解放和进步。

（二）为妇女全面发展扫除障碍

妇女在社会发展过程中，在社会生产和家庭建设两个领域，都发挥着重

① 中共中央党史和文献研究院：《习近平关于妇女儿童和妇联工作论述摘编》，中央文献出版社，2023，第 29 页。

要作用，作出了巨大的贡献。习近平主席指出："追求男女平等的事业是伟大的。纵观历史，没有妇女解放和进步，就没有人类解放和进步。"[14] 同时，他还强调妇女在家庭建设，尤其是在调节家庭和睦、弘扬家庭美德等方面发挥了独特的作用。妇女的解放和全面发展，不仅关系到社会和谐，也关系到每一个家庭的和谐建设与发展。他号召："广大妇女要自觉肩负起尊老爱幼、教育子女的责任，在家庭美德建设中发挥作用，帮助孩子形成美好心灵，促使他们健康成长，长大后成为对国家和人民有用的人。"[15] 因此，妇女在社会和家庭建设两个维度发挥作用的同时，需要党和政府为其扫清阻碍其发展的障碍，让妇女全面发展和全身心投入社会主义中国梦建设而再无后顾之忧。可以说，习近平总书记关于妇女和妇女工作的重要论述，号召为妇女全面发展提供良好的社会环境，是从社会生产和家庭再生产两个维度来努力消除对妇女劳动的异化。

（三）坚持和发展中国特色社会主义道路

妇女和妇女工作重要论述坚持和发展中国特色社会主义道路，在"五位一体"和"四个全面"战略布局中不断地推进妇女解放和发展事业。

第一，广大妇女要坚持中国共产党的领导，坚持马克思主义妇女理论。广大妇女只有继续坚持中国共产党的正确领导，积极投身社会主义建设，才能实现人的解放，拥有和男性一样作为"人"的基本权利。

第二，广大妇女要继续发扬努力奋斗、积极向上的精神，成为自身解放和发展的内动力。妇女解放的主体是广大妇女，妇女要树立主体意识，发扬"四自"精神，积极主动参与社会生产和再生产活动，在为社会发展贡献妇女力量的同时，展示女性魅力、实现自我解放和自身价值。

第三，广大妇女要团结起来，凝聚力量，共同发展。妇女解放和全面发展离不开共产党的领导和妇联组织的号召。只有凝聚力量并且具有全球视野，借鉴国际先进理念和战略，才能共同发展。"推动妇女事业发展，做好妇联工作，必须有改革创新精神。要对照党中央新要求和广大妇女新期待，以作风建设的实际成效推进妇女事业发展。要通过立体化、多层面的组织体系最广泛地把广大妇女吸引过来、凝聚起来，让广大妇女在身边就能找到妇联组织、得到及时帮助，把妇联组织当作可以信赖和依靠的地方。”[15]该论述强调了新时代妇女解放和发展工作中妇联组织的重要作用，发挥妇联组织领导和凝聚妇女的能力，指导妇女在党和国家大局发展中找准妇女工作的切入点、结合点和着力点。同时，该论述还指出了中国妇女解放和发展与全球妇女解放和发展事业的关系，要借鉴先进理念，总结中国经验，为世界妇女解放贡献中国智慧和中国力量。

总之，马克思恩格斯妇女解放理论是以“人的解放”为基础的，对于妇女问题的认识和解释，也是基于“人”的定义。马克思主义妇女理论传入中国以后，中国共产党不断将其丰富、创新和发展，毛泽东妇女解放思想、中国特色社会主义妇女理论、新时代妇女和妇女工作的重要论述等都是运用马克思主义妇女理论的原理和方法，结合中国的国情，与时俱进地推动马克思主义妇女理论中国化的进程。这些理论从根本上继承和丰富了马克思和恩格斯“人的解放”“妇女解放”的内涵和外延，根据不同时期我国妇女解放和发展中面临的不同问题和困难，为中国的妇女发展指明了道路，也为世界妇女的解放和发展提供了理论和实践依据，贡献了中国智慧和中国力量。

【参考文献】

[1] Richard Schmitt. *Introduction to Marx and Engels* [M]. Boulder, Colorado：Westview Press, 1987.

[2] 圣西门 . 圣西门选集（第 1 卷）[M]. 王燕生，徐仲年，徐基恩，等译 . 北京：商务印书馆，1979.

[3] 马克思，恩格斯 . 马克思恩格斯选集（第 3 卷）[M]. 中共中央马克思恩格斯列宁斯大林著作编译局，编译 . 北京：人民出版社，2012.

[4] 马克思，恩格斯 . 马克思恩格斯选集（第 1 卷）[M]. 中共中央马克思恩格斯列宁斯大林著作编译局，编译 . 北京：人民出版社，2012.

[5] 马克思，恩格斯 . 马克思恩格斯选集（第 4 卷）[M]. 中共中央马克思恩格斯列宁

斯大林著作编译局，编译 . 北京：人民出版社，2012.

[6] 马克思，恩格斯 . 马克思恩格斯全集（第 30 卷）[M]. 中共中央马克思恩格斯列宁斯大林著作编译局，编译 . 北京：人民出版社，1995.

[7] 周铁均 . 中国共产党第一个关于妇女运动的决议 [EB/OL]. 人民网，http ：//dangshi.people.com.cn/n1/2021/0308/c85037-32045661.html，2021-03-08.

[8] 毛泽东 . 毛泽东选集（第 1 卷）[M]. 北京：人民出版社，1991.

[9] 全国妇联妇女研究所理论室 . 毛泽东妇女思想研究 [M]. 北京：红旗出版社，1993.

[10] 全国妇女联合会 . 毛泽东主席论妇女 [M]. 北京：人民出版社，1978.

[11] 李静之 . 论妇女解放、妇女发展和妇女运动 [J]. 妇女研究论丛，2003（6）.

[12] 江泽民 . 全党全社会都要树立马克思主义妇女观——在“三八”国际劳动妇女节 80 周年纪念大会上的讲话 [N]. 人民日报，1990-03-08.

[13] 胡锦涛 . 胡锦涛同全国妇联新一届领导班子成员座谈 [N]. 人民日报，2003-08-28.

[14] 习近平 . 促进妇女全面发展　共建共享美好世界 [EB/OL]. 人民网，http ：//politics.people.com.cn/n/2015/0928/c1024-27639863.html，2015-09-27.

[15] 习近平 . 坚持男女平等基本国策　发挥我国妇女伟大作用 [N]. 人民日报，2013-11-01.

马克思恩格斯两性关系思想及其当代价值

李　玲*

摘要：两性之间的关系，在社会结构中是历史最为久远、影响最为普遍的一种社会关系。历史上人类一直在探索规范两性之间的社会关系的合理原则。马克思、恩格斯在深入总结两性关系历史发展过程和客观规律的基础上，深刻阐明两性关系问题的重要性、两性的辩证统一性、两性的对立冲突及其根源、两性和解路径等基本问题。马克思恩格斯两性关系思想内涵极其丰富，实质包含妇女解放理论和爱情观、婚姻观、家庭观等内容，是对妇女解放和爱情、婚姻、家庭等两性关系问题的整体阐释，内在要求实现妇女解放、男女平等和两性和谐共生的辩证统一。全面深入地认识和掌握马克思恩格斯两性关系思想及其当代价值，对促进妇女全面自由发展、解决两性之间的对立冲突、构建男女平等基础上和谐共生的两性关系和社会主义先进性别文化，具有重要而深远的意义。

关键词：马克思；恩格斯；男女平等；两性关系；两性和谐共生

---

* 李玲，女，海南师范大学马克思主义学院讲师，法学博士，主要研究方向为马克思主义妇女理论中国化研究。本文系2022年度海南省高等学校科学研究一般项目“构建海南和谐社会中的两性关系问题研究”（项目编号：Hnky2022-14）、2021年海南省马克思主义理论研究和建设工程重点项目委托专项课题“马克思主义基本原理同中华优秀传统文化相结合”（项目编号：2021HNMGCWT03）及海南省哲学社会科学规划课题“马克思主义妇女观观照下的海南农村妇女解放研究”〔项目编号：HNSK（JD）17-21〕的阶段性成果。本文刊登于《中华女子学院学报》2023年第1期。

两性之间的关系，在社会结构中是历史最为久远、影响最为普遍的一种社会关系。历史上人类一直在探索规范两性之间的社会关系的合理原则。马克思、恩格斯认为两性关系问题是关系到人类文明进步的重大问题，所以，马克思明确要探索“家庭和两性关系的更高级的形式”[1]563，恩格斯也积极推想“资本主义生产行将消灭以后的两性关系的秩序”[2]96。马克思、恩格斯在深入总结两性关系历史发展过程和客观规律的基础上，深刻阐明两性关系问题的重要性、两性的辩证统一性、两性的对立冲突及其根源、两性和解路径等基本问题。马克思恩格斯两性关系思想内涵极其丰富，实质包含妇女解放理论和爱情观、婚姻观、家庭观等内容，是对妇女解放和爱情、婚姻、家庭等两性关系问题的整体阐释，内在要求实现妇女解放、男女平等和两性和谐共生的辩证统一。

目前，学术界关于马克思恩格斯妇女解放理论以及他们的爱情观、婚姻观、家庭观等思想的单一方面研究成果已经非常丰富，但把上述研究对象综合起来纳入马克思恩格斯两性关系思想体系进行研究的成果并不多见。综合研究马克思恩格斯两性关系思想，可以克服片面研究马克思恩格斯妇女解放理论和爱情观、婚姻观、家庭观的不足，在强调妇女解放和男女平等的基础上，同时关注男性的发展和两性和谐共生问题。两性和谐共生是马克思恩格斯思想的应有之义，也是长期被遮蔽的一个重要理论维度。已有关于两性关系问题的研究成果，如何华征的著作《现代化语境下的两性和谐问题：马克思主义妇女观和西方女性主义比较研究》、胡晓红的著作《走向自由和谐的两性关系》、冷舜安的博士论文《当代中国性别和谐研究》、李庭的博士论文《从“两性平等”到“两性和谐”》等，都体现了从妇女解放、男女平等进一步发展到两性和谐共生的价值主张，在一定程度上阐释了马克思、恩格斯关于两性和谐共生的基本思想。妇女解放、男女平等和两性和谐共生的辩证统一，是两性走向真正和解的必然要求，缺一不可。“马克思的幽灵始终保持着通向几乎所有重大问题域的出场路径”[3]283，当代社会两性关系问题纷繁复杂，要更好地解决两性关系问题，还要回到马克思恩格斯两性关系思想中去寻找智慧和启迪。

一、马克思恩格斯两性关系思想形成与发展的理路

马克思、恩格斯虽然没有论述两性关系问题的专著，但是他们在多部经典著作中论及两性关系问题。在马克思、恩格斯所处的时代，妇女解放的思潮和运动成为人们解放思想的催化剂，资本主义生产方式使两性关系开始发生显著变化，并使无产阶级家庭出现两性关系的新形态。在这样的历史条件和时代背景下，马克思、恩格斯注重借鉴人类思想史上的性别文明成果，批判地继承古希腊、文艺复兴和启蒙运动时期的男女平等思想，以及批判地继承空想社会主义的妇女解放思想和人类学关于古代社会两性关系的思想，坚持以辩证唯物主义和历史唯物主义作为理论基础，全面深入地研究两性关系问题。梳理马克思恩格斯两性关系思想形成与发展的理路，有助于更深入地理解马克思恩格斯两性关系思想的内涵和实质。

早在《论离婚法草案》中，马克思就很关注两性的婚姻关系和伦理理性，他既反对封建婚姻制度和限制离婚自由，又反对基于个人幸福主义而不顾家庭责任的草率任性的离婚。在《1844年经济学哲学手稿》中，马克思从人学维度开启对两性关系的探讨。他批判粗陋的共产主义提出的公妻制主张，揭示其实质仍然是将女性视为私有财产，是文明的倒退和人的本质异化的表现。马克思认为：“人对人的直接的、自然的、必然的关系是男人对妇女的关系。”[4]184 在马克思看来，男人对妇女的关系（两性关系）是人类社会最基本的关系，两性关系既有自然属性又有社会属性，两性关系的状况是判断人与人的关系和人的社会属性的参数或尺度之一。如果男性玩弄女性或者压迫欺凌女性，反映的是男性作为人的无限退化和缺乏文化教养。马克思、恩格斯不仅关注妇女解放，而且关注更深层次的两性关系的人性回归问题。只要存在人类社会，就必然会有两性关系的问题，两性关系深深影响着人类文明进程，也是衡量人类文明进步的重要标尺。这些基本观点是马克思、恩格斯研究两性关系的逻辑基点。

伴随辩证唯物主义和历史唯物主义的创立，马克思、恩格斯开始从劳动、生产、阶级、婚姻家庭、历史发展等维度更加深入地考察两性关系问题。在《德意志意识形态》《共产党宣言》《资本论》《家庭、私有制和国家的起源》等经典著作中，马克思、恩格斯深刻地揭露两性关系的对立冲突和异化发展以及这些问题产生的社会历史根源。如前所引述，马克思、恩格斯研究两性关系的目的是要解决两性关系的对立冲突和探寻更合理的两性关系的形式或秩序。在马克思、恩格斯看来，两性关系并不是一种抽象的、孤立的社会关系，而是由生产关系和阶级关系所决定的并表现在政治关系、文化关系、爱情和性关系、婚姻家庭关系等关系形态中的社会关系。人类历史的初期，两性关系是比较自由平等的，分工和私有制导致性别压迫和阶级压迫在历史上几乎同时出现，并相互交织和相互作用，使女性在两性关系中长期处于被压迫地位或从属依附地位，因此，马克思、恩格斯非常赞同空想社会主义者傅立叶提出的“妇女解放的程度是衡量普遍解放的天然标准”[5]250的主张。马克思、恩格斯认为，未来社会必将消灭私有制，而两性关系将随着私有制的被消灭走向平等和谐，两性关系的和解也会促进人类解放和每个人的自由全面发展。

二、马克思恩格斯两性关系思想的基本内容

马克思、恩格斯在深入总结两性关系历史发展过程和客观规律的基础上，深刻阐明两性关系问题的重要性、两性的辩证统一性、两性的对立冲突及其根源、两性和解路径等基本问题，形成两性关系思想。

（一）两性的辩证统一性

自从人类诞生以来，人分男女，这既是自然界生物进化的结果，也是“劳动创造了人本身”的结果。男女两性关系不仅具有客观实在性，而且具有不可分割的同一性。男女相互依存并相互合作，共同创造了人类历史。马克思、恩格斯在考察两性关系时，始终坚持唯物辩证法的立场、观点、方法，科学阐明两性之间相互联系、相互依存、相互作用、相互合作的辩证统一性。

1. 两性在人的本质上相互确证

马克思认为，人的本质是一切社会关系的总和。男人和女人的两性关系，作为一种基本的社会关系，可以折射人的本质和人性状态。对此，马克思在《1844年经济学哲学手稿》中做出深刻的分析。在马克思看来，如果男人不把妇女当人，男人也就是不把自己当人。男人越是把妇女当作自然的人，不把妇女当作平等的社会的人，人的本质就越表现为自然的本质，人的本性就越表现为自然的本性，人的文化教养程度就越低。当男人把女人同样视为人，即彼此都把对方当人的时候，任何一方都不是另一方要占有的对象或者满足需要的工具，此时的男人和女人才是真正意义上的人，才体现为既是自然的人又是社会的人，男人的本质就是妇女的本质，妇女的本质也就是男人的本质，从而才充分体现了人的教养程度。马克思还从人对人的需要的角度剖析两性关系。他指出，男人和女人的关系还表明：别人作为人在何种程度上对他来说成为需要，而他作为最具有个体性的存在在何种程度上同时又是社会存在物。这即是说，人对人的客观需要是“互需”，具有同一性、平等性。如果男人把妇女当成淫乐、压迫的对象，那就不是“互需”，更不是真正的人的需要，而是动物的本能的需要。马克思认为，只有合乎人性的需要才是真正的人的需要，才体现了人的自然性和社会性的辩证统一。总之，人通过两性关系表现出自己的人的本质、教养程度、合乎人性的需要等，通过相互尊重的、平等的两性关系，男人和女人确证自己是人，具有人的本质属性。

2. 两性在两种生产过程中的合作关系

马克思、恩格斯在研究人类历史发展规律的过程中创立了两种生产理论，即生活资料的生产和人自身的生产是历史中的决定性因素。人类社会发展的历史表明，任何社会的发展从根本上受制于两种生产，两种生产之间相互制约，物质生活资料的生产是人类诞生以来的第一个历史活动，而人类要代代相传，还必须通过生育来生产他人的生命。无论是生活资料的生产还是人自身的生产，都离不开两性之间的互相合作。

首先，人自身的生产是通过两性结合和生殖活动来完成的。迄今为止，以性为基础的两性生殖活动构成各个民族繁衍生息的基础。人作为一个物种，始终是自然界的一部分，种族繁衍始终要遵循两性结合和生殖活动的自然规律。当然，人还不同于动物，动物依靠自然本能就能够完成生殖活动和种的繁衍，而人不是，人自身的生产既要遵循自然规律还要遵循社会规律。人往往要先有情感、有爱情、有婚姻家庭，才能延续后代。在马克思、恩格斯看来，男女结合成夫妻，组成家庭，生育子女，是符合客观规律、实现人自身生产的基本形式。这是他们对有史以来人类进行人自身生产的历史活动的深刻总结。我国社会学家费孝通先生也将“男女们互相结合成夫妇，生出孩子来，共同把孩子抚育成人”的“这一套活动称之为生育制度”。[6]1

其次，物质资料的生产需要充分调动两性共同生产的劳动积极性、创造性。一方面，人人都应当享有从事物质资料生产的自由权利和平等权利。这是因为物质资料生产是劳动的主要形式，人的本质和意识活动要通过劳动来确证和实现。剥夺一部分人的劳动权利，实质就是剥夺一部分做人的权利。另一方面，生产力是人类社会发展根本的决定性因素，而人是生产力中最重要的主体。历史发展表明，男人和女人都可以作为劳动者推动生产力的发展。所以，恩格斯竭力主张妇女走出家庭重新回到公共事业中去。他甚至认为：“妇女说得非常少，做得非常多，平均每一个妇女的工作等于三个男人。”[7]234 任何一个社会，只有充分发挥男女作为历史主体的积极性、创造性，发挥男女两性各自的劳动优势和提高两性分工合作的效率，克服不平等的两性关系所造成的生产力严重浪费现象，才能使社会处于持续、协调、高效的良好发展状态。

3．两性在爱情、婚姻、家庭中的感情关系

恩格斯说：“人与人之间的，特别是两性之间的感情关系，是自从有人类以来就存在的。”[2]287 男女两性之间不仅是经济利益关系，还可能产生情感联系、婚姻家庭关系。从古至今，两性对情感、性、婚姻、家庭等方面的需要是客观存在的。马克思、恩格斯非常重视爱情、婚姻和家庭问题。他们反对资本主义社会以及之前社会的庸俗的、以利益为中心的爱情、婚姻、家庭关系，并对其进行了有力的批判，揭示了真正幸福的爱情、婚姻、家庭的本质和发展规律，也揭示了两性在婚姻家庭中的独特情感联系和满足彼此性与情感需要的同一性。

马克思、恩格斯认为，真正的爱情是两性之间的以性爱为基础的互爱、纯粹、严肃、忠诚的亲密情感关系。在给燕妮的信中，马克思曾谈道："在这爱情上集中了我的所有精力和全部感情。我又一次感到自己是一个真正的人，因为我感到了一种强烈的热情。"[8]515 在马克思看来，真正的爱情才能使一个人成为真正意义上的人，拥有真正的爱情证明一个人的生命表现是有力的、幸福的。马克思和燕妮忠贞不渝的爱情被后人视为真爱的榜样。在恩格斯看来，以纯洁的性爱为基础的、纯粹出于相互爱慕的、平等的、自由的情感才是真爱，强烈持久的性爱往往使相爱的双方渴望结合而不是分离，为了彼此结合，双方甚至甘冒生命危险。爱情是人类美好的情感，也是两性之间满足性的需要和互爱的情感需要的重要形式。

马克思、恩格斯的婚姻家庭观是以爱情为基础的平等而自由的婚姻家庭观。马克思反对抱着幸福主义、只想到个人幸福的轻率任性的离婚；强调立法者要尊重婚姻、承认婚姻深刻的合乎伦理的本质，而且已婚者的任性应该服从婚姻的本质。恩格斯指出："如果说只有以爱情为基础的婚姻才是合乎道德的，那末也只有继续保持爱情的婚姻才合乎道德。"[2]96 未来社会男女的婚姻都将彻底摆脱最卑下的利益、最鄙俗的贪欲的支配，成为真正意义上的婚姻。马克思、恩格斯无情地批判资产阶级的家庭，认为"资产阶级撕下了罩在家庭关系上的温情脉脉的面纱，把这种关系变成了纯粹的金钱关系"[9]34，预言资产者的家庭和卖淫现象"都要随着资本的消失而消失"。[9]49 在马克思、恩格斯看来，婚姻家庭是两性在纯洁的爱情基础上的稳定结合形式，婚姻家庭应当摆脱金钱造成的异化而回归以爱情、亲情为基础的关系本质，未来共产主义社会两性依然会通过爱情、婚姻和家庭达到和谐共生的文明形态。

4. 两性在人类解放进程中携手共进

一些西方女性主义者指责马克思、恩格斯是“性别盲”，即认为马克思、恩格斯忽视了性别压迫问题。其实，马克思、恩格斯不仅提出了男性对女性的性别压迫问题，而且认为这种压迫几乎是和阶级压迫同时产生并与阶级压迫相互作用的。但马克思、恩格斯并没有像西方女性主义者那样强调性别压迫，这是因为他们看到了两性关系的复杂性、辩证性，并不是以简单的二元对立思维去看待两性关系问题。

在马克思、恩格斯看来，性别压迫是一个社会制度问题，是一种社会形态中不合理的社会关系的体现，其根本上是由一定历史阶段的生产力水平所决定的生产关系造成的。也就是说，父权制社会并不是由男性的意志来决定的，而是由生产力的发展水平决定的。父权制社会不仅使女性受到压迫，也使男性受这种不合理性别制度的支配和控制，男性并非真正实现了自由意志和自由发展。随着社会生产力发展，性别压迫将逐渐被摧毁，继而形成性别平等制度。所以，在马克思、恩格斯看来，男人并非天生的压迫者，男女并非天生的仇敌，而是不合理的社会制度造成了男女两性的矛盾和对立。马克思认为，“生产者阶级的解放是不分性别和种族的全人类的解放”[10]568，未来共产主义社会将是“一个更高级的、以每一个个人的全面而自由的发展为基本原则的社会形式”。[1]683 所以，马克思、恩格斯主张的妇女解放并不是妇女站到男性的对立面与男性决裂或做殊死斗争，而是男女共同推翻“使人成为被侮辱、被奴役、被遗弃和被蔑视的东西的一切关系”[4]11，这个时候，男女是推动人类解放的盟友、同盟军，可以携手共进。妇女解放最终会伴随着人类解放的实现而实现。

（二）两性对立冲突的根源及其和解途径

马克思、恩格斯基于唯物史观分析两性关系对立冲突和异化发展的根源，并在此基础上提出调节两性关系的基本原则以及两性和解的根本途径。

1. 两性对立冲突和异化发展的根源

马克思、恩格斯认为，两性关系对立冲突和异化发展的根源是分工和私有制。

其一，性别分工造成男女不平等。马克思、恩格斯认为，人类社会最初的分工是基于性别和年龄的差别而形成的自然分工。在自然分工条件下，妇女具有劳动生产的优势，并且生育的子女只能确定母亲是谁，这些因素使妇女在历史的初期居于较高的社会地位。随着生产力的发展，社会生产更需要身强力壮的男性劳动力，并逐渐形成基于男女生理特征的所谓性别分工。性别分工即指男性在外从事物质资料生产活动，女性在家庭内从事人自身的生产和家务劳动。这种性别分工的结果是造成男女的地位不平等，男性从事社会生产，占有社会财富和社会地位，成为女性的统治者；妇女被排除在社会生产之外，被禁锢在家庭中从事家务劳动，沦为丈夫淫欲的奴隶和单纯的生儿育女的工具。而且，在婚姻关系中，男性可以一夫多妻，女性却被要求贞洁和忠诚，确保婚生的孩子继承父亲的私有财产。所以，家庭的奴隶制是最初的奴隶制，妇女是最早的名副其实的奴隶。男性的发展和自由是以女性的受压抑和痛苦为代价的。

其二，私有制和阶级对立是造成两性对立冲突的决定性因素。随着性别分工和社会分工的发展，社会生产力水平得到提高，剩余产品开始出现，男性由于掌握了物质资料生产，因而掌握了剩余产品和物质财富，逐渐确立起男性占有生产资料的私有制。在此经济基础上，男性掌握了家庭和社会的威权，并开始了对他人（包括女性在内）的劳动力的支配。妇女则失去了对生产资料的所有权，失去劳动的手段，丧失经济独立性，只能依附男性生存。所以，恩格斯指出，妇女受压迫“并不是妇女在经济上受压迫的原因，而是它的结果”。[2]87 卖淫现象的长期存在、把妇女当成淫欲的虏获物和婢女等不合理现象，归根结底都是男性占有生产资料的私有制造成的。恩格斯在《英国工人阶级状况》中以“工厂制度所必然造成的女人统治男人的现象”，说明“原来男人统治女人的现象也应该认为是不近人情的”。[5]432-433 在恩格斯看来，现在的女人也像过去的男人一样，把自己的统治建立在她为家庭谋得大部分甚至全部公共财产的基础上。也就是说，男女在家庭中的地位是依据他们为家庭创造的财产情况来决定的。所以，“现代社会的家庭正日益解体这一事实，只不过证明了维系家庭的纽带并不是家庭里的爱，而是隐藏在财产共有这一外衣下的私人利益”。[5]433 这深刻地揭示了从古至今造成两性关系对立冲突的根源是私有制和私人利益。

2. 两性和解的基本原则：男女平等和两性和谐共生

如前所述，马克思、恩格斯在批判现实的两性对立冲突的时候，积极探索“两性关系的更高级的形式”及“资本主义生产行将消灭以后的两性关系的秩序”。马克思在《资本论》中明确指出最终要实现两性平等。恩格斯在《家庭、私有制和国家的起源》中探索如何实现妇女解放和男女平等。马克思、恩格斯都认为，消除性别压迫，实现男女平等、性别平等，是衡量妇女解放程度的重要尺度。由此可见，马克思、恩格斯认为两性关系的更高级的形式或秩序首先应当确立起男女平等的原则。

两性和谐共生是马克思恩格斯两性关系思想的题中应有之义。在《1844年经济学哲学手稿》中，马克思已经开始从人学的维度开启对两性关系问题的探索，他认为侮辱和压迫妇女的两性关系是人性的退化，男人对妇女的关系是人与人之间本质关系的一种深刻反映，异化的两性关系是私有财产和人的异化造成的，两性关系应当是平等的、和谐的。在《国民经济学批判大纲》中，恩格斯指出，消灭私有制最终是为了实现两个和解，“即人与自然的和解以及人类本身的和解”。[4]63 “人与自然的和解”就是人与自然和谐共生，构建人与自然的生命共同体。“人类本身的和解”不仅包含消灭阶级压迫实现阶级关系的和解，而且包含着消灭性别压迫实现两性关系的和解。正如人与自然的和解是走向人与自然和谐共生，两性关系的和解也是走向两性和谐共生。马克思、恩格斯的爱情观、婚姻观、家庭观蕴含着两性和谐共生的基本意蕴。在马克思、恩格斯看来，真正的爱情、婚姻、家庭是幸福美好的，体现两性之间相互依存、相互尊重、相亲相爱的和谐共生关系。

因此，马克思所探索的“两性关系的更高级的形式”、恩格斯所探索的“资本主义生产行将消灭以后的两性关系的秩序”，应当是男女平等基础上的两性和谐共生。男女平等是妇女解放和两性和谐共生的基础。没有男女平等，不可能真正实现妇女解放和两性和谐共生。以性别不平等为基础的两性关系不可能真正达到和谐，要实现两性和谐共生只有以男女平等为基础、为前提。两性和谐共生是两性关系发展更高层次的价值目标和文明追求。狭义的两性关系是指以性爱、爱情为基础的男女关系，广义的两性关系指社会中所有的男女关系。无论是狭义的两性关系，还是广义的两性关系，两性和谐共生是指两性之间本质上应当是相互依存、相互尊重、相互促进、合作共赢、共同发展的和谐共生的状态，而不是相互对立、相互斗争、相互伤害、相互疏离的两败俱伤的不合理状态。男女两性不仅要实现平等尊重的公平生活样态，还要实现和谐共生的幸福生活样态。

3. 两性的彻底和解：实现共产主义

马克思、恩格斯认为，两性对立冲突、异化发展的根源是分工和私有制，因此，要实现男女平等基础上的两性和谐共生，促使两性关系达到彻底和解，根本途径是消灭不合理的分工和私有制，实现共产主义。

恩格斯反对传统西方哲学提出的女性缺乏理性、因而只适合从事家务劳动的毫无根据的谬论。他主张变革不合理的性别分工，认为妇女解放要求妇女可以大量地、社会规模地参加社会生产，家务劳动只能占妇女极少的时间。在马克思、恩格斯看来，妇女和男子的平等体现在拥有平等的参与公共事业的机会，所以必须消灭不合理的性别分工。消灭不合理的性别分工有助于消灭私有制、实现两性经济平等和人的全面而自由发展。

马克思、恩格斯推想共产主义社会两性关系会彻底和解。在《共产党宣言》中，马克思、恩格斯批判资产阶级把妇女看作单纯的生产工具，明确要消灭资本主义生产关系中产生的公妻制，即“正式的和非正式的卖淫”，主张妇女要得到尊重和平等权利，使人们最亲密的关系回归人自身。在《共产主义原理》中，恩格斯指出，共产主义社会两性关系将摆脱私有制的束缚而回归纯粹的私人关系，共产主义社会制度将废除私有制并将由社会教育儿童，从而消除私有制所产生的妻子依赖丈夫、孩子依赖父母的不平等关系。

在《家庭、私有制和国家的起源》中，恩格斯预想消灭资本主义生产之后的两性关系的秩序，认为消灭分工和私有制，人们在爱情婚姻上就能够真正实现自由自主，无论男女都不会再出于经济利益来决定婚嫁，而且生产资料一旦转归公有，社会的经济单位就不再是个体家庭，家务劳动则成为社会的必要劳动，抚养和教育孩子也是公共的事情，婚生的、非婚生的一切儿童都会被社会同等地关怀。这也就是说，当人类社会发展到人人全面而自由发展的共产主义社会的时候，妇女将得到彻底解放，两性关系将达到彻底和解。

三、马克思恩格斯两性关系思想的当代价值

马克思恩格斯两性关系思想阐明了两性的对立统一，提出了彻底解决两性对立冲突、异化发展的基本原则和根本路径，是正确认识两性关系、规范调节两性关系的科学指导思想，对促进妇女全面自由发展、解决两性之间的对立冲突、构建男女平等基础上和谐共生的两性关系具有重要的理论价值和现实意义。

（一）马克思恩格斯两性关系思想的理论价值

马克思、恩格斯提出，要探索“两性关系更高级的形式或秩序”，实质就是提出了两性关系理论命题。两性关系问题是对人类社会发展影响非常广泛的基本问题，从这个角度来看，马克思恩格斯两性关系理论命题具有本体论意义。但过去马克思恩格斯两性关系理论命题几乎被妇女解放理论命题完全遮蔽。这是由于特定的历史条件和历史背景：其一，两性关系中妇女是性别压迫的受压迫者，迫切需要解放；其二，各国马克思主义者迫切需要从马克思恩格斯思想体系中抽取出马克思恩格斯妇女解放理论，用以指导无产阶级妇女解放运动，以助推无产阶级革命运动。实践表明，妇女解放理论对于促进妇女解放具有科学真理的指导作用，但妇女解放和男女平等还很难完全解决两性之间的矛盾对立。把马克思恩格斯妇女解放理论与马克思恩格斯爱情观、婚姻观、家庭观、两性观等思想内容融合成一个整体，构建起马克思恩格斯两性关系思想，探求以两性都满意的原则来规范两性之间的社会关

系，体现了对两性关系问题的整体性观照以及两性关系发展的历史逻辑、理论逻辑和实践逻辑的辩证统一。坚持马克思恩格斯两性关系思想的指导，有助于在推进马克思恩格斯妇女解放理论研究的同时，深入进行马克思恩格斯妇女解放理论与马克思恩格斯爱情观、婚姻观、家庭观的整体性研究，切实探索实现妇女解放、男女平等和两性和谐共生的现实路径。

（二）马克思恩格斯两性关系思想的现实意义

相比马克思、恩格斯所处的时代，当代两性关系发展的进步主要体现在妇女解放和男女平等方面。但两性之间的矛盾冲突仍然普遍存在，主要体现在三个方面：其一，利益之间的矛盾冲突。男女权利、机会、资源分配仍然不平等，对家务劳动的承担程度也不平等，这些现象实质是性别不平等的体现。其二，情感之间的矛盾冲突。由于当代社会尚未形成与妇女解放相适应的新的婚姻家庭伦理观念，多数男性还停留在“男外女内”的传统观念中，而越来越多的女性婚姻家庭观念淡化，更倾向于追求独立和自由，两性之间难以建立起情感联系，呈现出疏离隔阂的发展趋势，婚姻、家庭、生育等领域纷纷出现令人担忧的社会问题。其三，侵害女性合法权益的事件凸显性别矛盾。尽管国家不断完善保障妇女合法权益的法律法规，但家庭暴力、强奸、性骚扰、猥亵、拐卖、逼迫卖淫等事件仍然时有发生。马克思恩格斯两性关系思想是解决上述两性关系问题的科学指南。

首先，妇女解放是两性和解的第一步，要坚定不移地推进妇女解放。社会主义制度具有保障妇女合法权益、促进妇女全面自由发展的制度优势，要充分发挥社会主义制度优势，为妇女生存发展创造更加安全的环境和更为有利的社会条件，使每一位妇女都有人生出彩、梦想成真的机会。妇女解放同时应避免男女同质化、女性男性化的异化发展趋势，以及片面追求独立自由而忽视婚姻家庭生育的单向度发展问题。妇女解放的目标并非男性的生存样式，而是妇女作为人、作为女性的人，能够按照自己的意志进行自由自觉的劳动，并全面地发展自己的个性和能力。人的本质是社会关系的总和，妇女在经济独立之上的单向度发展并不符合人的本质规律，妇女解放的实质是要求优化妇女生存发展所处的各种社会关系，使妇女发展全面的社会交往关系，并为社会的两种生产作出自己力所能及的贡献。

其次，要实现更加实质的和彻底的男女平等。应通过完善制度政策和采取各种有效措施解决针对女性的就业歧视、政治歧视、文化歧视等问题，做到性别歧视零容忍。当前很多女性对两性关系的不满主要源自家庭领域的男女不平等，实现家庭领域真正的男女平等是调节两性关系的必然要求。这要求男性要适应妇女解放之后女性内外兼顾的生存样式，自觉主动地从“男外女内”的传统观念中解放出来，树立起男性内外兼顾的新的婚姻家庭伦理观念，和女性共担社会发展和家庭建设的责任和义务，做对社会有责任、对家庭有贡献的新时代的文明男性。妇女解放发展和男性的发展不是此消彼长的关系，而是一枚硬币的两面。没有男性的发展，女性不可能得到真正的解放发展，两性的平等与和谐也无法真正实现。在彻底消除针对女性的性别歧视和偏见的同时，也应防止对男性的性别歧视和偏见，两性应互相帮助，携手推进人类解放事业。

最后，要构建两性和谐共生的社会主义性别文明。男女平等基础上的两性和谐共生是两性关系最合理的原则和形态，应注重构建两性和谐共生的性别制度和性别文化，引导两性消除彼此的隔膜、化解彼此的冲突、关注彼此的体验、满足彼此的需要，最终缔结彼此都感到满意的新的平衡关系。两性关系比较特殊的形态是爱情、婚姻和家庭关系，妇女解放发展的过程绝不是要抛弃和弃绝爱情、婚姻和家庭，而是使爱情、婚姻和家庭回归其本质，带给人获得感、幸福感、安全感，更好满足新时代人们日益增长的美好生活需要。要建设社会主义以爱情为基础的和谐婚姻家庭，应坚持以马克思恩格斯爱情观、婚姻观、家庭观作为根本指导思想，引导人们摒弃天价彩礼等功利主义、利己主义的爱情观、婚姻观、家庭观，用心追求纯洁美好的爱情与和谐幸福的婚姻家庭。

综上所述，马克思恩格斯两性关系思想对当代人类社会两性关系的发展具有重要启示。妇女解放不仅是妇女自身的解放问题，实质还是两性关系调整变革的历史过程，妇女解放是优化两性关系的第一步。男女平等和两性和谐共生辩证统一的发展理念和目标，是人类性别文明发展的新形态，要求人们正确理性地认识两性关系，既要消除性别不平等，积极化解两性之间的对立冲突和疏离隔阂，又要重视构建两性之间的同一性，促使两性努力形成真诚相待、和谐尊重、合作共赢的新的性别文明形态，从而“共建共享一个对所有妇女、对所有人更加美好的世界”。[11]

【参考文献】

[1] 马克思，恩格斯 . 马克思恩格斯文集（第 5 卷）[M]. 中共中央马克思恩格斯列宁斯大林著作编译局，编译 . 北京：人民出版社，2009.

[2] 马克思，恩格斯 . 马克思恩格斯文集（第 4 卷）[M]. 中共中央马克思恩格斯列宁斯大林著作编译局，编译 . 北京：人民出版社，2009.

[3] 任平 . 当代视野中的马克思 [M]. 南京：江苏人民出版社，2003.

[4] 马克思，恩格斯 . 马克思恩格斯文集（第 1 卷）[M]. 中共中央马克思恩格斯列宁斯大林著作编译局，编译 . 北京：人民出版社，2009.

[5] 马克思，恩格斯 . 马克思恩格斯全集（第 2 卷）[M]. 中共中央马克思恩格斯列宁斯大林著作编译局，编译 . 北京：人民出版社，1957.

[6] 费孝通 . 生育制度 [M]. 天津：天津人民出版社，1981.

[7] 马克思，恩格斯 . 马克思恩格斯全集（第 34 卷）[M]. 中共中央马克思恩格斯列宁斯大林著作编译局，编译 . 北京：人民出版社，1972.

[8] 马克思，恩格斯 . 马克思恩格斯全集（第 29 卷）[M]. 中共中央马克思恩格斯列宁斯大林著作编译局，编译 . 北京：人民出版社，1972.

[9] 马克思，恩格斯 . 马克思恩格斯文集（第 2 卷）[M]. 中共中央马克思恩格斯列宁斯大林著作编译局，编译 . 北京：人民出版社，2009.

[10] 马克思，恩格斯 . 马克思恩格斯文集（第 3 卷）[M]. 中共中央马克思恩格斯列宁斯大林著作编译局，编译 . 北京：人民出版社，2009.

[11] 习近平 . 促进妇女全面发展　共建共享美好世界——在全球妇女峰会上的讲话 [J]. 中国妇运，2015（11）.

列宁妇女解放思想与实践及其启示

韩　冰*

摘要：妇女解放一直是各国各政党关注的重要论题。沙皇压迫下的俄国妇女境地悲惨，渴望解放，列宁从马克思主义妇女理论出发，结合俄国国情，在领导苏联进行革命和建设的过程中形成了独具特色的妇女解放思想，其中把妇女运动与共产主义运动紧密联系起来、推动家务劳动社会化、普及教育培养妇女人才、设立妇女工作专门部门、以法律保障男女平等落到实处等思想与实践，极大地改变了当时苏联妇女的地位，使苏联成为当时世界上妇女解放做得最好的国家之一。当今，我国在推进妇女工作不断完善的过程中仍可以从列宁妇女解放思想中得到启示，要正确认识妇女问题的长期性、国别性、国际性特点，明辨以关注女性为幌子的各种错误思潮，积极落实妇女权益保障，在新时代更加充分发挥妇女“半边天”的作用。

关键词：列宁；妇女解放；男女平等

马克思主义创立以来，始终以实现人的解放为奋斗目标和价值追求，妇女解放是人的解放的重要组成部分，因此各国马克思主义者一直关注妇女解

---

* 韩冰，女，中华女子学院马克思主义学院讲师，法学博士，主要研究方向为马克思主义中国化、国际共产主义运动。本文系北京市高校本科创新项目“新媒体时代高校思政课‘四维驱动’混合式教学模式研究”（项目编号：ZJG100010618）及中华女子学院 2022 年度党建与思想政治教育专项重点课题“习近平新时代中国特色社会主义思想学科化学理化研究”（项目编号：ZKY2020602）的阶段性成果。本文刊登于《中华女子学院学报》2023 年第 2 期。

放问题。马克思、恩格斯等在探讨妇女解放问题过程中形成了马克思主义妇女理论，对各国产生重要影响。列宁在领导世界上第一个社会主义国家苏联进行革命和建设的过程中，最先将马克思主义妇女理论付诸实践，并在社会主义实践中不断丰富。列宁的妇女解放思想不仅直接指导了苏联特别是苏俄时期的妇女运动，还对很多地区和国家特别是社会主义国家的妇女解放事业产生了深远影响，促使这些地区和国家的妇女地位发生了根本性转变。归纳和总结列宁有关妇女解放的理论与实践，对我国当代妇女事业的发展仍具有重要意义。

一、列宁妇女解放思想形成的现实背景

时代是思想之泉，列宁妇女解放思想的形成与当时时代背景紧密相连。俄国 1861 年农奴制改革后，农业资本主义与工商业虽然得到发展，但是其封建性始终保留，不断发展成为军事封建帝国主义。在这一过程中，广大俄国妇女受到封建主义与资本主义的双重奴役，处境悲惨。与此同时，俄国妇女的主体意识不断觉醒，越来越多的妇女投身到解放运动的洪流中。沙俄浓厚的封建传统、俄国妇女解放意识的增强、妇女解放运动的兴起奠定了列宁妇女解放思想的现实基础。

（一）妇女境地悲惨，受沙俄军事封建资本主义压迫严重，渴望获得解放

经济上，广大劳动妇女遭受双重奴役。自 19 世纪 60 年代开始，俄国工业迅速发展。受女工劳动力更为廉价、男性劳工数量不足等原因的影响，19 世纪 80 年代以后，特别是第一次世界大战期间，工厂女工数量剧增。1887 年，女工的数量达到 19.2 万人，从 1901 年到 1913 年，工业企业的女工人数增长了 64.1%（工人总数增长 37%）。第二次世界大战期间，女工数量达到了 100 万。女工主要集中在纺织业、烟草、皮革等轻工业。[1]162 资本家们为了获得更多的利润，通过各种卑劣手段榨取女工的剩余价值。这一时期，俄国工厂的劳动条件极差。女工们常常要在炎热潮湿、充满粉尘的环境下工作

10 小时以上，因此许多人染上了各种疾病，如哮喘病、肺病、心脏病等。此外，资本家们利用妇女容易屈服的心理，通过就业竞争、机器替代等手段不断压低女工工资。她们仅能拿到男工工资的三分之二，却要面对严苛的规定，例如，迟到 15 至 20 分钟将被扣除日工资的 50%，患病和结婚都可能被解雇。[2]36 很多女工为了免遭解雇，怀孕后一直劳动到分娩，产后三四天就回厂工作。产后女工患病率、婴儿死亡率一直很高。在家庭中，带有浓厚封建主义色彩的俄国婚姻法和家庭法保护男子特权，规定妻子必须服从丈夫。繁重的家务劳动理所当然地压在妇女身上，劳动妇女低贱的社会地位和艰苦的生活大大缩短了她们的寿命，19 世纪末俄国妇女的平均寿命只有 33 岁。少数民族的妇女则处境更糟，尤其是东部地区少数民族的妇女。[3]

文化教育上，广大妇女被当成愚昧无知的存在。沙俄军事封建传统文化强调男尊女卑，女性鲜有机会进入学校接受正规教育。1861 年俄国亚历山大二世改革后，女性入学率和数量虽然有所提升，但只是经济条件较好的贵族家庭中的女孩有机会进入学校，全俄在校女生数量仅仅占比 1%。[1]167 19 世纪 70 年代以后，女子高等讲习所先后在一些大城市出现，但大多数学校仍然以招收贵族女孩为主，目标是把她们培养成为贤妻良母。即便如此，俄国政府认为女子学校是散播无政府主义和革命思想的温床，多次下令关闭学校和停止招收新生。同时，由于重男轻女观念盛行，在农村很少有家庭送女孩进入学校读书，不少人认为读书属于贵族的事情，因此直至 1911 年，初等学校女生所占比例仍然不足三分之一，农村妇女的识字率不足 10%。[1]167 俄国军事封建帝国主义内部，根深蒂固的性别观念和规范成为压迫妇女的另外一种重要形式，严重束缚了妇女身心发展与进步。

政治上，广大妇女被排除在外，无选举权与被选举权。资产阶级虽然打着人人生而平等的旗号，许诺给女性平等与自由，但是这仅限于口头，事实上却没有给予女性与男性完全平等的地位。沙皇政府统治时期，沙俄法律不仅没有给妇女参与管理国家事务的权利与机会，也没有选举权。女性仅仅作为男性的附属品而存在。

沙俄时期劳动妇女的悲惨境地越来越多地引起了人们的关注。列宁在领导布尔什维克的斗争中，一直密切关注妇女特别是底层劳动妇女的处境与解放问题，先后提出了一系列有关妇女解放的观点与理论。

（二）妇女解放意识不断增强，妇女运动虽有发展但不显著，迫切需要新的理论指导

一方面，俄国工业的迅速发展扩大了对劳动力的需求。特别是第一次世界大战的爆发，男性劳动力明显不足，大量女工填补空缺，广泛参与各产业。这在客观上促成了女性的经济独立，为她们摆脱家庭束缚、脱离父权制的桎梏提供了条件。同时她们在工厂中也开阔了眼界，不少女工乐于加入工人俱乐部，在资本家的压迫和剥削中，妇女组织逐步增多，争取平等的意识不断增强。

另一方面，俄国资本主义的改革和发展促使越来越多的中上层妇女步入社会，不少贵族和商人家庭鼓励女儿接受教育、追求体面工作。她们在获得经济独立的同时，主体意识大大提高，更加关注社会权利，对妇女缺乏政治权利表现出更多的不满。沙俄在克里米亚战争失败后，妇女问题在社会层面被广泛提出，寻求妇女解放的女权主义运动、民粹主义逐渐兴起。中上层妇女是这场运动的主要参与者，她们主张在不触动沙俄专制统治的基础上，以改良的方式提高妇女地位，争取女性高等教育权、就业权和选举权。俄国近代的妇女运动特别是女权主义运动有力地推动了俄国妇女主体意识的觉醒，在某种程度上也促使俄国社会在对待妇女问题上发生了一点儿改变，但是由于女权主义者们没有认识到社会根源与经济根源，妇女解放问题特别是中下层劳动妇女的解放问题始终没有得到解决。随着压迫加重，越来越多的劳动妇女加入工人运动中，迫切希望能够改变命运，实现解放。工人运动中女性的增加呼唤新的理论去指导和解决底层劳动妇女问题。

列宁在开展社会主义运动的过程中，看到了广大劳动妇女所受到的压迫与展现出来的力量，深刻认识到资产阶级女权主义的局限性与不彻底性。他在继承吸收马克思、恩格斯妇女解放理论的基础上，从苏俄国情出发，探索出一条落后国家实现妇女解放、底层劳动妇女实现解放的道路。

二、列宁对马克思主义妇女解放理论的丰富与实践

十月革命后，列宁结合俄国国情，针对妇女受压迫的根源问题、参政问题、教育问题以及家庭婚姻问题等提出了许多创造性观点和看法，不仅丰富和发展了马克思主义妇女解放理论，还在社会主义建设中通过颁布法律、发展教育等方式，成功推动马克思主义妇女理论从科学理论走向实践。

（一）分析妇女受压迫根源，坚持把妇女解放与共产主义运动紧密联系起来

列宁从马克思主义关于妇女受压迫根源的论述出发，分析了妇女受到不公正待遇的根源来自私有制，并进一步指出妇女解放与社会主义、共产主义运动二者是紧密结合在一起的。一方面，社会主义与共产主义是妇女实现真正解放的必要条件。列宁特别指出："只有通过共产主义，妇女才能获得真正的解放。必须切实地分析这个问题，……我们就和资产阶级的'妇女解放'运动真正划清了界限。这也使我们有所根据来把妇女问题看作是社会问题、工人问题的一部分，因而使我们能把妇女问题同无产阶级斗争和革命紧紧地联系起来。"[4] 同时，列宁认为妇女解放的真正实现与共产主义运动一样是一个长期过程，他在 1920 年纪念国际妇女节的文章中提出："让妇女参加社会生产劳动，使她们摆脱家庭奴役，从一辈子只是做饭、看孩子这种使人变得愚鲁、卑微的从属地位中解放出来。这就是主要的任务。这是一个要求根本改造公共设施和社会风气的长期斗争。但是斗争的结果一定会是共产主义取得完全胜利。"[5]309 另一方面，妇女解放运动是社会主义运动、共产主义运动不可缺少的重要组成部分。1918 年 11 月 19 日，列宁在第一次全俄女工代表大会上的演说中，充分肯定了妇女在社会主义革命中的作用："没有广大劳动妇女的积极参加，社会主义革命是不可能的。"[5]277 从这一观点出发，列宁批评了党内忽视妇女工作的同志，指出妇女工作"乃是党整个活动的极重要的部分，甚至是总的党的工作的一半"。[4] 在行动上，列宁不仅强烈支

持蔡特金建立妇女组织的建议，还积极倡议创办妇女杂志，以提高女性政治觉悟，推动她们组织起来参加社会主义、共产主义运动。1921 年召开的第三国际共产主义妇女代表会议第一次以文字方式确立每年 3 月 8 日为共产主义国际妇女节①，以此来推动妇女解放运动，力求自觉把妇女解放运动有组织地作为社会主义、共产主义运动的一个重要组织部分。[6]

（二）颁布法律，奠定实现男女平等的基础

列宁提出实现男女平等首先要从颁布法律入手，“妇女的法律地位最能说明文明程度”。[5]210 他主张“苏维埃共和国的任务首先是取消对妇女权利的各种限制”。[5]277 苏俄先后通过颁布宪法、劳动法、婚姻法等保障妇女解放、促进男女平等。1917 年 12 月，列宁签署的《关于公民的婚姻、儿童以及建立公民财产登记书的法令》由全俄中央执行委员会和人民委员会正式颁布，苏俄妇女第一次正式在法律上取得了平等权利。1918 年 7 月，苏俄颁布的第一个宪法又再次明确规定，妇女与男子一样享有选举和被选举权利。同年，莫斯科还召开了第一次全俄女工大会，从全国女工和女贫农中推选出来的 1147 个妇女代表参加并出席了会议。[7]180 苏俄妇女在社会主义民主政治方面的地位与参与度不断提升。在就业方面，1917 年 11 月人民委员会会议一致通过《全面禁止妇女从事夜间工作》的法令。将妇女工作的时间规定为：早上 9 点上班，下午 5 点下班，并明确说明不许加班。[8]199-200 1918 年 1 月通过了《病假实行保险》的法令，给在职的妇女提供一定时间的产假，并且这期间正常给妇女保留工资，还给妇女留有休息和哺育婴儿的时间；[9]643 同年 12 月颁布的《劳动法》则规定了男女之间无差别地享有劳动权利，但在那些

① 据国际共产主义运动专家高放先生考证，1910 年，第二国际在哥本哈根召开社会主义国际妇女代表会议，为纪念发生在美国纽约的两次女工争取解放的罢工，口头上规定 3 月 8 日为国际妇女节；1921 年，第三国际召开的共产主义国际妇女会议在文字上明确规定 3 月 8 日为国际妇女节；1977 年，联合国安理会更进一步超越意识形态色彩，重新规定 3 月 8 日为国际妇女节。详见高放：《“三八”国际妇女节的源头到底在哪里》，载于《百年潮》2008 年第 3 期。

特别严重而有害于健康的工作中，不准雇佣女工和 18 岁以下的童工。在保护生育方面，苏维埃颁布了一系列改善就业母亲环境的法律与措施，如提出怀孕的妇女可以带薪休息，可以享受免费的医疗援助，工人妇女在产前和产后各享有八星期的假期，凡有女工的工厂和企业均设立收乳儿和幼儿的托儿所，喂奶女工每隔三小时可脱离岗位喂奶一次，每次至少半小时，并缩短工时、领取喂奶补助等。[10]54 苏维埃政权建立之初一系列立法的颁布与实施，彻底扫除了法律上男女不平等的痕迹，成为世界上第一个完全取消了一切使妇女和男子处于不平等地位的政权，确保妇女摆脱了受奴役的历史，对世界其他国家特别是社会主义国家的妇女运动发展产生了积极的影响。

（三）培养妇女人才、设立专门部门，推动妇女参加国家和社会管理

在关于苏维埃政权的建设方面，列宁大力肯定妇女的作用，始终认为“苏维埃政权所开始的这一事业，只有在全俄国千百万妇女而不是几百个妇女参加进来时，才能够向前推进”。[5]298 经济上，通过消灭私有制，创办公共生活服务设施，使妇女走出家庭，实现经济独立，真正实现男女平等。列宁认为经济独立是妇女解放的首要条件，让她们“不要做‘家庭奴隶’，不要永远把自己仅仅限制在做饭和照料小孩的圈子里（这会使她们愚钝和受人鄙视）”[5]309，这样妇女就不会再因为经济地位低下而受到压迫，男女平等才能真正实现。政治上，大力培养和发展妇女人才，为妇女成长提供广阔平台。列宁认为社会主义政治应当不能缺少女性特别是劳动女性的参与。在《无产阶级在我国革命中的任务（无产阶级政党的行动纲领草案）》一文中列宁指出：“不仅要吸引妇女独立地参加一般政治生活，而且应当吸引她们参加经常的人人要担任的公务，否则，不仅社会主义，就连完备而稳固的民主制度也无从谈起。”[5]255 在讨论关于改组国家监察部工农检查处的问题时，列宁特别强调应补充“男子特别是妇女，都吸收进来参加工农检查工作”的条文，并且在重要职务担任上一视同仁，“使男女无论在选举法官或履行法官职务上都享有平等的权利”。[11] 同时，积极设立相关妇女组织与部门，推动妇女解放工作开展。1918 年召开的第一次全俄女工大会提出建立附设在党委会中的妇女委员会，主推妇女工作。第二年妇女委员会改为妇女部，仍附属于党委会，执行诸如召开妇女会议、参加制定改善妇女生活和劳动的有关法令、组织出版有关妇女问题的文献、推动妇女文化建设、扫除文盲、建立幼儿园等工作。在列宁的建议与推动下，共产国际设立了专门的妇女工作部，并通过决议加强妇女运动的组织性、制度性。1924 年共产国际第五次代表大会通过了《共产党在劳动妇女中的工作》的决议，把“必须大力展开在农村劳动妇女特别是农业国的农村妇女中间的工作”作为共产党工作的重要议题。[12] 在苏俄和之后成立的苏联建设过程中涌现出了大量妇女干部和劳动能手，如女生产队长、女科学家、女艺术家、女厂长、女集体农庄主席、女拖拉机手、女劳动模范等，苏俄和之后成立的苏联成为当时各国妇女解放运动中发展最快最好的国家。

（四）实行家务劳动社会化，把妇女从琐碎家务中解放出来

列宁认为，仅仅从法律上规定男女平等、鼓励妇女参与苏维埃工作是远远不够的。在家庭中，女性比男性承担着更多的复杂琐碎的家务劳动，这些劳动增加了妇女的负担，使她们成为家庭奴隶。“琐碎的家庭事务压迫她们，窒息她们，使她们愚钝卑贱，把她们缠在做饭管小孩的事情上。”[5]289 但是走向社会并不意味着完全解放，要真正实现妇女解放，必须使妇女彻底摆脱家务劳动繁重的环境。列宁把恩格斯关于家务劳动社会化的思想付诸行动，具体来讲就是“把琐碎家务普遍改造为社会主义大经济”。[5]289 通过国家创办一系列示范性设施来减轻妇女负担，实现解放。例如，他认为，“公共食堂、托儿所和幼儿园是这些幼芽的标本”，“在实际上能够解放妇女，减少和消除她们在社会生产和社会生活上同男子的不平等”。[8]13

布尔什维克党早在革命时期就成立了一些保育机构。1918 年后，苏维埃政权在之前的经验基础上建立了大量公共食堂、洗衣房、免费儿童营养医疗咨询所等，极大地减轻了在职妇女的压力。[10]644 例如，城市中的每家工厂都设有托儿所和幼稚园，解决女工工作期间无法照料孩子的困难；农村农忙时节也设有托儿所和儿童运动场，帮忙照顾孩子。除此之外，国家为托儿所中

的儿童免费提供营养餐，建立儿童疗养院。鼓励生育，既免除孕产妇医药费用，又为多子女家庭提供资金支持……这些医疗保障与家务劳动社会化的措施帮助母亲们解决了后顾之忧，为她们从家庭中解放出来，安心走向工作岗位，实现经济独立和自我价值提供了重要支持。

（五）普及女性教育，提升妇女主体意识

首先，妇女主体意识的觉醒在解放运动中具有重要作用。“从一切解放运动的经验来看，革命的成败取决于妇女参加解放运动的程度”[5]278，妇女主体意识的觉醒推动她们认识到革命的重要性，积极投身到无产阶级革命运动中去。苏维埃政权通过开展扫盲工作，促使妇女走向社会，在各领域各行业中占有一席之地。其次，在社会主义建设过程中，妇女发挥着“半边天”的作用。妇女的文化素质高低直接影响着社会主义建设的进程。同时，青少年是社会的未来，母亲对子女成长有着重要影响。为此苏俄和之后成立的苏联大力促进妇女接受教育，据统计，“一五计划”期间受过高等和中等教育的女性人数出现了大幅增长。1928 年，女性在国民经济、教育界、医药界里受过教育的人数分别为 14.6 万、21.15 万和 13.55 万。到 1933 年，这几个数字分别增至 373.5 万、38.72 万和 97.32 万，妇女接受教育的程度和范围得到了广泛提升。[13]38

在苏维埃政府的推动下，妇女们经过培训与学习，参与社会工作的意识与能力不断提高，她们投身到社会各个领域中，甚至在原来男性占优势的行业与领域也崭露头角。到 20 世纪 30 年代，苏联女性的家庭和社会地位已处于当时世界前沿，苏联妇女解放事业取得突出成就。

三、列宁妇女解放思想与实践的启示

在领导苏维埃俄国社会主义革命和建设过程中，妇女问题的重要性不断凸显，列宁及时关注并创造性地运用马克思主义妇女理论解决实际问题，第一个成功地将马克思主义妇女理论付诸实践，推动了苏维埃俄国乃至全世界妇女解放运动的发展，意义重大。列宁妇女解放思想对我们今天开展妇女工

作、认清妇女解放问题、探索马克思主义妇女理论中国化道路，仍具有现实启示意义。

第一，妇女解放既是全球性问题又具有国别特点。妇女占有“半边天”，因此，无论世界哪国，妇女问题都不容忽视。由于生产发展的历史特点，各国女性都不断面临着不同程度的受压迫、剥削、虐待、歧视的问题，所以要求实现经济、政治、文化、社会等的平等是各国女性的共同诉求。从资产阶级女权运动开始，到国际妇女节确立以后，关注与参加妇女解放运动的人数正在逐年增多，妇女问题的国际性、世界性和全球性日益凸显。在这一过程中，推动和加强世界各国妇女的联合与团结，成为推动世界妇女解放事业取得更显著成就的有效途径。但同时要看到，由于历史、文化、经济等方面的原因，各国的妇女发展水平参差不齐，妇女解放的道路也因此不可能千篇一律。俄国是军事封建资本主义国家，妇女解放具有反封建专制、反宗法主义、反资本主义的多重任务和特性。在列宁及其后继者的带领下，苏俄和之后成立的苏联开辟了一条具有自身特点的妇女解放之路，在当时世界各国中做得最多、最快、最好，有不少举措和理论值得我们学习和借鉴。中苏两国妇女问题既有相似之处，又存在不少差异。中国共产党在百年发展中，依据中国国情，借鉴苏联经验，逐渐探索形成了马克思主义中国化的妇女理论，不仅彻底铲除了千百年来束缚中国女性的政权、族权、神权、夫权，确立了男女平等的基本国策，还推动妇女在政治、经济、文化、社会各方面取得了极大成就，走出了一条具有中国特色的马克思主义妇女解放之路。当前我们在开展妇女工作时仍要沿着这条道路继续前进，探索符合我国国情和我国妇女特点的方法和途径。但我们也应该从妇女问题的世界性出发，加强与各国妇女组织之间的交流与合作，借鉴他国的有益经验，进一步推动马克思主义妇女理论中国化时代化。

第二，列宁的家务劳动社会化理论与实践为缓解妇女工作和家庭双重矛盾带来的一系列问题提供了借鉴。当前，妇女在减少家务劳动、教育、就业、薪酬、参与社会、政治管理等方面还面临多种任务有待解决。由于妇女受压迫是人类历史发展到一定阶段的产物，因此解决妇女问题需要长期的历史过程。不同时期、不同国家所面临的具体问题、具体任务各不相同，需要各国针对本国面临的形势和特点进行调整。苏联虽然在妇女解放中取得了不菲成绩，但由于后期出现一系列决策失误，也使其在后期发展中没有实现妇女的真正全面解放。我国在中国共产党的领导下，先后解决了妇女受帝国主义、封建主义压迫的问题，妇女在社会主义建设和改革开放中奋勇发展，开启了在新时代为实现中华民族伟大复兴而努力奋斗的奋进之路，可以说硕果累累。但是也应看到，虽然男女平等成为社会共识，但是这一观念并未全面落实且深入人心。例如，农村中重男轻女的现象仍较普遍，怎样看待和解决女性走向社会后家务与社会劳动量叠加问题，二孩、三孩状态下女性工作与家庭的平衡问题等，都成为广大妇女面临的难题。列宁提出的实行家务劳动社会化理论，让琐碎家务不再是妇女的沉重负担，为我们今天解决女性工作和家庭平衡难题提供了有效途径。

第三，应注意马克思主义妇女理论和运动与西方女权主义及运动有本质区别。虽然各阶级、各政党会普遍关注妇女问题，但是因为他们有着不同的出发点与立场，因此各自的理论与路径也会截然不同。马克思主义妇女理论关注劳动者，从争取妇女的平等劳动权出发，要求在消灭资本主义生产方式的基础上实现劳动妇女在经济和政治等方面的彻底解放。西方女权主义则更关注上层社会民众，从争取妇女平等的选举权出发，主张在保存资本主义生产方式基础上实现妇女政治平等权。二者虽然在争取政治平等权等方面有共同诉求，但从阶级属性等方面来讲又大不相同。列宁在领导苏俄革命和建设的过程中就反复强调要看到西方资本主义女权运动的片面性与不彻底性，马克思主义妇女理论与其有着根本区别。随着历史发展，尽管有些西方女权主义部分地借鉴了马克思主义妇女理论，但只是引用马克思、恩格斯的只言片语来解析西方社会中存在的妇女问题，其解决与分析妇女特别是劳动妇女受压迫问题的出发点与马克思主义存在着本质区别。当前世界处于百年未有之大变局之中，打着关注女性等幌子的错误思潮和“颜色革命”时有出现，我们要深刻总结经验教训，既要善于借鉴各国妇女理论的经验和合理成分，努力促进和扩大妇女运动的国际联合，也要自觉学习和掌握运用马克思主义理论，坚持马克思主义妇女理论的指导地位不能变，做到坚持中国共产党领导的中国特色社会主义妇女发展道路不能变，在实践中提高认识与辨识能力，努力为实现妇女各个方面的真正解放与平等而探索奋斗。

第四，不断促进女性人才可持续发展，发挥女性在社会发展中的重要作用。列宁十分重视发挥妇女在革命和建设中的作用，提出妇女地位是判断社会文明程度的标准，强调要大力培养女性人才。中国共产党成立以来，始终以马克思主义妇女理论为指导，积极践行列宁妇女解放思想，把妇女解放事业同党的中心任务结合起来，大力培养女性人才和妇女干部，不仅在短时期内实现了城乡妇女地位的显著提高，还在受教育水平、参与经济与社会管理水平等方面有了明显提升。近年来，女性在教育、卫生、文化、商业、外交等领域中发挥的作用越来越突出，真正起到了“半边天”的作用。党的二十大报告中特别强调要“消除影响平等就业的不合理限制和就业歧视”，“重视女干部培养选拔工作，发挥女干部重要作用”[14]，凸显了新时代党中央对女性人才培养的高度重视。在推进中国式现代化的进程中，要积极挖掘女性人才蕴含的巨大能量，充分发挥女性人才的重要作用，为中华民族伟大复兴作出贡献。

第五，开展妇女运动不仅仅是妇女的事情，应注意建好统一战线。妇女工作是不是仅仅是女同志的事情呢？列宁说：“这是错误的，根本错误的！这是真正的分立主义。”[15]76 妇女解放实质是男女携手共同推翻“使人成为被侮辱、被奴役、被遗弃和被蔑视的东西的一切关系”[16]，绝不应该是把两性对立、咄咄逼人的极端运动，也不应该是自说自话的小圈子。当前在中华民族实现伟大复兴的关键时期，我们更应看到两性间合作与包容的重要性。在开展妇女工作时，一方面要继续在社会上广泛宣传男女平等、就业平等等思想，另一方面也要努力创造和谐相处、合作包容的文化环境，呼吁更多男性参与到“他为她”的行动中，共担时代使命，共创中华辉煌。

总之，今天我们开展妇女工作时仍然能从列宁妇女解放思想中获得启发。如何在新时代更加充分发挥妇女“半边天”的作用，如何既在“大事”上提高妇女参与国家和经济、文化、社会事务管理水平，又在“小事”上发挥妇女在家庭家风建设中的重要作用；如何在社会和家庭中既能发挥女性的重要作用，又不给女性带来额外重负，也是我国妇女工作面临的全局性大问题。苏联在后期发展中就出现了长期忽视对妇女干部的培养和任用的严重问题，这是值得我们警戒的教训。近年来，我国女性在人大代表、领导干部中所占比例不断攀升，显示出我国对这一问题的日益重视。在联合国大会纪念北京世界妇女大会 25 周年高级别会议上，习近平主席还特别强调要让性别平等落到实处……保障妇女权益必须上升为国家意志。要以疫后恢复为契机，为妇女参政提供新机遇，提高妇女参与国家和经济文化社会事务管理水平。[17] 与此同时，党的十八大以来，以习近平同志为核心的党中央多次强调妇女在家庭家教家风建设中的重要作用。党的二十大首次将“加强家庭家教家风建设”写入报告，并从弘扬中国传统文化、推进文化自信自强的层面强调了其基础作用 [14]，进一步凸显了家庭家教家风建设在国家发展、民族进步、社会和谐、政党建设中的重要性。家国相连，家好才能国强。女性的特殊性使妇女在家庭中承担着更多的家庭责任，在这一过程中，需要广大妇女厘清家庭和社会关系，成为自尊、自信、自立、自强的新时代女性，积极营造家庭家教家风好风尚，也需要妇联等组织的各方协调与引领，为广大妇女搭建好的发展平台，只要多方齐头并进，妇女工作就一定能取得更长足的发展。

【参考文献】

[1] Stites Richard. *The women's Liberation Movement in Russia: Feminism, Nihilism, and Boishevism, 1860-1930* [M]. Princeton: Princeton University Press, 1991.

[2] Jane Mcdermid, Anna Hillyar. *Women and Work in Russia 1880-1930: A Study in Continuity through Change*[M]. London & New York: Longman, 1998.

[3] 朱瑜 . 苏联妇女社会地位的变化 [J]. 社会科学研究，2005（3）.

[4] 杨枝 . 记住列宁对妇女的教导 [J]. 读书，1960（3）.

[5] 中华人民共和国全国妇女联合会 . 马克思恩格斯列宁斯大林论妇女 [M]. 北京：人民出版社，1978.

[6] 高放 . 世界妇女解放运动的特点和规律 [J]. 社会科学研究，2005（3）.

[7] 列宁 . 列宁全集（第 35 卷）[M]. 中共中央马克思恩格斯列宁斯大林著作编译局，编译 . 北京：人民出版社，2017.

[8] E. H. Carr. *The Bolshevik Revolution, 1917-1923*[M]. London: Macmillan, 1952.

[9] 李平 . 世界妇女史 [M]. 海南：海南出版社，1993.

[10] Rudolf Schlesinger. *The Family in the U.S.S.R*[M]. London: Routledge and Kegan Paul Ltd, 1949.

[11] 李丹 . 列宁的妇女解放思想及其实践性探究（下篇）[J]. 佳木斯大学社会科学学报，2010（6）.

[12] 秦正为 . 马克思主义妇女解放理论与中国特色社会主义妇女发展道路 [J]. 学术界，2020（3）.

[13] 马佩云 .1922—1936 年苏联妇女社会地位变化研究 [D]. 硕士学位论文 . 黑龙江：黑龙江省社会科学院，2019.

[14] 习近平 . 高举中国特色社会主义伟大旗帜　为全面建设社会主义现代化国家而团结奋斗 [J]. 求是，2022（21）.

[15] 蔡特金 . 回忆列宁 [M]. 马清槐，译 . 北京：人民出版社，1957.

[16] 李玲 . 试论习近平对马克思主义妇女观中国化的新贡献 [J]. 中华女子学院学报，2019（4）.

[17] 习近平 . 在联合国大会纪念北京世界妇女大会 25 周年高级别会议上的讲话 [N]. 人民日报，2020-10-02.

立足新时代，深化马克思主义妇女理论中国化研究

刘利群　魏开琼*

习近平总书记关于妇女和妇女工作、妇联改革、家庭家教家风建设重要论述在推动新时代妇女事业高质量发展的同时，促进了马克思主义妇女理论的丰富和发展，推进了马克思主义妇女理论中国化。新时代背景下，进一步推动马克思主义妇女理论中国化研究，在研究领域应坚持以下方向论视角：一是坚持以马克思主义为指导，二是树立大历史观，三是坚持比较研究视角，四是强化问题意识。

在新时代的历史方位中，习近平总书记赋予了中国特色社会主义妇女理论新的时代内涵，不仅推动了新时代妇女事业的高质量发展，同时把中国化的马克思主义妇女理论推到了一个崭新的高度。

一、新时代探索：马克思主义妇女理论中国化的新飞跃

党的十八大以来，习近平总书记深刻阐述了妇女事业发展的一系列方向性、根本性问题，发表了关于妇女和妇女工作、妇联改革、家庭家教家风建设重要论述。

新时代以来关于妇女发展的论述。党的十八大以来，习近平总书记结合

---

* 刘利群，中华女子学院党委书记、院长、教授；魏开琼，中华女子学院妇女发展学院院长，教授。本文刊登于《中国妇女报》2022 年 9 月 27 日第 5 版。

新时代妇女发展的一系列重大理论和现实问题，围绕如何发挥妇女作用、促进男女平等、推进妇联改革创新等提出了一系列带有根本性、方向性、引领性的新思想、新论断、新要求，为新时代中国妇女事业发展指明了方向。首先，明晰了妇联组织作为党和政府联系妇女群众的群众组织定位。习近平总书记为新时代妇联工作和妇联改革指明了方向。妇联组织通过一系列改革创新，强化了自身的政治性、先进性和群众性。其次，厘清并回答了新时代妇女发展的若干基本问题，其中包括新时代中国妇女运动的最本质特征、时代主题、根本路径、实现男女平等的战略目标、促进妇女发展的战略举措、新时代妇女作用、妇联组织和妇女工作的根本要求等，为广大妇女群众投身社会主义事业提供了有力的指南。

新时代以来关于家庭建设的论述。家庭是社会的细胞，是国家发展、民族进步、社会和谐的重要基点。党的十八大以来，以习近平同志为核心的党中央高度重视家庭文明建设。2015 年春节前夕，习近平总书记在春节团拜会上强调，不论时代发生多大变化，不论生活格局发生多大变化，我们都要重视家庭建设，注重家庭、注重家教、注重家风。第一，在注重家庭上，要努力使千千万万个家庭成为国家发展的重要基点，成为人们梦想启航的地方，特别提到党员干部以及妇女这两个群体在家庭建设上的独特作用。第二，在注重家教上，广大家庭都要重言传、重身教，教知识、育品德，特别强调家长与妇联的责任。第三，在重视家风上，强调要以家庭的好家风支撑起全社会的好风气，特别提到领导干部建立良好家风的重要性，主张要学习老一辈革命家的榜样。第四，主张动员社会各界广泛参与，推动形成爱国爱家、相亲相爱、向上向善、共建共享的社会主义家庭文明新风尚。

新时代以来关于全球妇女事业的中国主张。习近平总书记多次就促进男女平等和妇女全面发展发表重要讲话，主张全球应加强妇女事业的合作，创造有利于妇女发展的国际环境，强调发达国家要加大对发展中国家的资金和技术援助，缩小各国妇女发展差距。在落实男女平等路径上，习近平总书记强调推动妇女走在时代前列，推动妇女和经济社会同步发展。在文化层面，主张应当消除对妇女的歧视和偏见，打破有碍妇女发展的落后观念和陈规旧俗，为妇女发展创造包容的社会文化环境。在制度层面，倡导应当将性别平等落在实处，为妇女全面发展提供制度与政策保障。特别呼吁要把保障妇女权益系统纳入法律法规，上升为国家意志，内化为社会行为规范。

新时代中国特色社会主义妇女理论的鲜明特色和时代价值。习近平总书记关于妇女和妇女工作、妇联改革、家庭家教家风建设重要论述，为中国特色社会主义妇女理论与实践指明了前进方向，提供了根本遵循。在这个过程中，有效发挥中华优秀传统文化、革命文化和社会主义先进文化的价值，推动两性和谐发展，推动马克思主义妇女理论与家庭观的中国化与时代化，在参与国际和区域多边机制下的妇女事务中，共同促进妇女发展，助力构建人类命运共同体，体现了新时代中国特色社会主义妇女理论的时代特色与价值。

习近平总书记关于妇女和妇女工作、妇联改革、家庭家教家风建设重要论述在推动新时代妇女事业高质量发展的同时，促进了马克思主义妇女理论的丰富和发展，推进了马克思主义妇女理论中国化。

二、目标和方法：推进马克思主义妇女理论中国化研究

为了进一步推动马克思主义妇女理论中国化研究，在研究领域应坚持以下方向论视角。

一是坚持以马克思主义为指导，构建中国特色社会主义妇女理论的知识体系。马克思主义是我们立党立国的根本指导思想。一百年来，党坚持用马克思主义的基本理论指导中国妇女运动的伟大实践，同时又基于中国妇女发展的现实，不断推动马克思主义妇女观中国化时代化。马克思主义妇女观承认妇女受压迫的历史性，揭示妇女解放的过程性，肯定妇女劳动的贡献性，阐明妇女解放的重要性，强调妇女解放是衡量整个社会文明程度的天然尺度，参加社会劳动是妇女解放的先决条件。妇女应发挥在家庭生活和社会生活中的独特作用，自觉承担起中华民族伟大复兴的责任和使命，在建功新时

代中作出新贡献。

二是树立大历史观，着力探索中国特色社会主义妇女理论的历史逻辑、理论逻辑和实践逻辑。首先，要认识到中国特色社会主义进入新时代的历史方位。只有认清我国妇女发展的历史方位，才能明确妇女发展的前进方向，确定相应的发展战略。其次，要提高研究过程中的历史思维能力。在妇女发展问题上，应坚持长程而非短程、全面而非片面、发展而非静止、具体而非抽象的眼光来看待妇女解放与发展的历史。再次，要准确把握研究的范式。中国特色社会主义妇女理论是马克思主义妇女理论与中国具体实际有机结合的理论成果。在不同历史阶段下，由于我国社会主要矛盾、党的中心任务与党对妇女工作要求的变化，妇女工作机制、妇女运动方针、妇女解放与发展实践也发生了相应的变化。最后，要准确把握妇女运动所取得的历史贡献。马克思主义妇女理论中国化历程的研究目的是通过展示妇女解放与发展的成就，特别是总结党的十八大以来妇联改革和妇联工作的成就，进一步明确捍卫“两个确立”的决定性意义。

三是坚持比较研究视角，研究阐释新时代中国妇女运动的重大成就、独特历史经验，分析中国妇女解放运动的世界意义。从历史层面的纵向比较和现实层面的横向比较研究中国妇女运动，有助于呈现中国在推动妇女发展上的经验与贡献，彰显中国妇女解放的独特性。第一，从国内研究来看，中国共产党领导的百年妇女解放运动所取得的伟大成就受到全世界的瞩目，尤其是以马克思主义理论为指导的妇女工作机制是学界一直以来研究关注的重点。第二，从国外研究来看，尽管马克思主义 / 社会主义女性主义也多从马克思与恩格斯关于妇女解放的经典论述出发讨论性别议题，然而，由于这一流派局限于对男女平等的理论追求，因而未能关注到人的全面发展与民族国家的议程。如何在马克思主义的指导下，从百年妇女解放运动的长程历史中，凸显中国妇女解放理论独特的话语体系也是研究的重要课题。第三，对中国妇女解放运动的研究应置于世界妇女运动的历史进程中，表达中国妇女解放的价值主张，提炼具有标识性的妇女解放概念与理论框架，从妇女解放实践与妇女理论发展层面为构建人类命运共同体贡献力量。

四是强化问题意识，加强对中国妇女解放运动的前瞻性研究。推动马克思主义妇女理论中国化的研究，尤其是重点研究习近平总书记关于妇女和妇女工作、妇联改革、家庭家教家风建设重要论述，一方面，应强化对现实问题的观照，在以往马克思主义妇女理论探讨的基础上，展开面向未来的前瞻性研究；另一方面，在新时代中国特色社会主义理论体系下，进一步深化并推进新时代中国特色社会主义妇女理论研究，进行马克思主义妇女理论知识体系的建构。

新时代马克思主义妇女理论创新发展

张冬梵　康沛竹*

摘要：创新是马克思主义妇女理论发展的不竭动力。新时代推进马克思主义妇女理论创新发展，应当把握好理论守正与理论创新的辩证统一。既要坚持马克思主义妇女理论的基本观点和方法，也要勇于开拓创新；应当把握理论创新与实践创新的互动统一，在新时代中国妇女发展的伟大实践中继续深化和发展马克思主义妇女理论，同时运用马克思主义妇女理论中国化最新成果引领新时代中国妇女事业高质量发展；应当结合中国具体实际和中华优秀传统文化不断丰富和发展马克思主义妇女理论，同时吸收借鉴西方女性主义的有益理论成果。

关键词：新时代；马克思主义妇女理论；妇女

马克思主义妇女理论是马克思主义理论体系的组成部分，是马克思主义基本原理在妇女问题上的运用。这一理论自 20 世纪初传入中国，至今已经有百余年的历史。马克思主义妇女理论在中国的传播、运用和发展，深刻改变了中国妇女的前途命运。新中国成立以来，以马克思主义妇女理论为指导，中国妇女解放事业不断取得新的进展；同时，中国妇女解放的伟大实践

---

* 张冬梵，女，北京大学马克思主义学院 2019 级博士研究生，主要研究方向为中国近现代史基本问题、马克思主义妇女理论；康沛竹，女，北京大学马克思主义学院教授、博士生导师，主要研究方向为中国近现代史、马克思主义妇女理论。本文刊登于《中华女子学院学报》2022 年第 5 期。

本身又进一步丰富和发展了马克思主义妇女理论。进入新时代，中国妇女解放与发展迎来新的机遇，也面临新的挑战。理论创新既是中国共产党领导中国妇女事业不断创造辉煌的宝贵历史经验，也是新时代促进妇女全面发展的必然要求。

一、在守正与创新的辩证统一中推进新时代马克思主义妇女理论创新发展

马克思主义妇女理论之所以能永葆生机活力，一个重要原因是遵循了守正创新之道。守正夯实基础，传承历史，注重联系；创新把握关键，谋划未来，追求发展。只有坚持理论守正，理论创新才能有坚实的基础和明确的方向；只有不断理论创新，理论发展才能获得不竭的活力和持续的源泉。守正与创新相辅相成，统一于马克思主义妇女理论发展的历史进程之中。

所谓理论守正，就是要坚持马克思主义妇女理论的基本原则和方法论，这是理论创新的前提和基础。马克思主义妇女理论是马克思、恩格斯在探讨人类社会发展规律的过程中加以阐述的，寓于整个马克思主义理论体系中。这一理论是时代的产物，而时代在不断地发生着变化；但时至今日，“从世界社会主义500年的大视野来看，我们依然处在马克思主义所指明的历史时代”。[1]66 只要大的历史时代没有变，马克思主义妇女理论就依然具有引领妇女解放的强大真理力量。我们必须准确把握这一理论的内涵体系和精神实质，反对任何形式的歪曲和误解。第一，妇女地位的变迁是社会历史的产物。男女不平等并不是人类与生俱来、亘古不变的生存法则，而是人类社会历史发展到一定阶段的社会现象，其产生根源在于私有制。恩格斯指出，“最初的阶级压迫是与男性对女性的压迫同时发生的”[2]78，伴随社会生产力的发展以及人类文明的进步，使妇女免于压迫和歧视，重构两性平等与和谐关系，是历史发展规律和大势。第二，消灭私有制是妇女解放的根本途径。既然妇女受到压迫的根源在于私有制，那么妇女解放只有消灭私有制才能真正达成。而在这一过程中，“一切女性重新回到公共的事业中去”被认为是

妇女解放的“第一个先决条件”。[2]88 第三，妇女是推动人类社会进步的重要力量，对人类自身生产有着特殊的贡献。马克思、恩格斯对妇女的地位与作用予以高度评价，将妇女解放的程度视作衡量人类社会解放程度的重要尺度。同时，经典作家从历史唯物主义出发，提出“两种生产”理论，既肯定妇女参与物质生产的重要意义，又将妇女在“人自身的生产”方面的重要作用提升到社会历史的高度来认识。第四，妇女解放辩证统一于社会解放和人类解放的进程之中。在马克思、恩格斯的视域中，妇女解放必然地被包含在人类解放之中。占人类半数的妇女是作为现实的人而存在的，具有人类的普遍属性。因此，人类的解放本身就包含着妇女的解放。妇女如果没有实现彻底的解放，人类的解放就无法实现。同时，妇女解放既受到社会发展程度的制约，也深刻影响社会发展的进程。妇女问题不是脱离社会发展客观实际的孤立存在，而是与社会发展同频共振。在某种程度上来说，妇女问题是社会问题的一个缩影，只有在社会问题的不断解决之中，妇女问题才能够得到同步解决。第五，妇女解放是一个漫长而艰巨的历史过程。妇女解放既是一种目的，也是一种过程。妇女解放的实现并不仅仅与生产力的发展密切相关，也受到生产关系的制约。但是，并非生产力发展，妇女地位自然随之提高，妇女解放的程度有时也会滞后于生产力发展。同时，妇女问题本身是一个历史问题，其解决也不可能一蹴而就。虽然男女平等业已成为现代文明社会共同追求的目标，但目前性别平等在世界各国仍然是一个未竟的理想，性别歧视在一些国家和地区依旧严重，阻碍妇女获得全面自由发展的因素仍然广泛存在于社会与家庭各个方面。实现妇女解放，还有很长的路要走，需要全人类携手持续付出努力。

当然，理论守正并不排斥理论创新。理论创新是理论守正的路径与目标，是马克思主义妇女理论发展的源泉。马克思、恩格斯并没有穷尽真理，而是为人类不断追寻真理开辟道路。可以说，一部马克思主义妇女理论发展史，就是马克思、恩格斯及其后继者们在理论守正的基础上，根据世界发展形势、本国发展实际及妇女发展实践，不断推进理论创新的历史。19 世纪中叶以来，伴随马克思主义的逐步传播，马克思、恩格斯关于妇女解放的理论学说也在世界各国，特别是在德国、俄国得到关注与发展。在德国，奥古斯特·倍倍尔（August Bebel）在推动无产阶级革命运动的同时也关注妇女问题。他所著的《妇女与社会主义》是第一部完整的马克思主义妇女专著。该书对当时存在的妇女问题上的种种偏见展开了批判，并结合妇女运动实践对马克思主义妇女理论的基本观点进行了系统的阐发。克拉拉·蔡特金（Clara Zetkin）也灵活运用马克思主义妇女理论分析妇女问题，发表《关于妇女劳动问题》《无产阶级妇女们，准备起来！》《组织起劳动女性》等大量演讲与论文；同时，她还将马克思主义妇女理论应用于社会主义实践之中，领导世界无产阶级妇女运动达到了一个新的历史高度。随着世界上第一个社会主义国家的建立，列宁、斯大林将马克思主义妇女理论由科学化为现实，并在妇女解放实践中极大地丰富和发展了这一理论。20 世纪初，马克思主义妇女理论传入中国。从那一刻起，它就成为当时中国先进知识分子观察和解决妇女问题的崭新视角。中国共产党不仅认识到这一理论对于中国妇女解放的重要指导意义，并且在成立之初就开始尝试进行对其中国化的探索。中华人民共和国成立后，社会主义制度逐步确立，马克思主义妇女理论也在这场深刻的社会变革中得以长足发展。特别是马克思关于“参加社会劳动是妇女解放的先决条件”的论断，深刻地改变了中国妇女的社会地位，“妇女能顶半边天”成为全社会共识。以中国共产党第十一届中央委员会第三次全体会议为起点，中国进入了改革开放的历史时期。在这一阶段，马克思主义妇女理论内涵得到了完整而明确的阐释，并且在开辟中国特色社会主义妇女发展道路方面发挥了至关重要的作用，使中国妇女解放事业实现飞跃式发展。

中国特色社会主义进入新时代，马克思主义妇女理论发展也进入崭新的历史阶段。在新征程新起点上，我们要有志不改、道不变的坚定和决心，始终不渝地坚持和发展马克思主义妇女理论，始终不渝地走中国特色社会主义妇女发展道路；同时，还要有主动应变、积极求变的勇气和魄力，紧跟社会发展、妇女解放的时代步伐，坚决破除因循守旧的思想藩篱。

二、在理论与实践的良性互动中推进新时代马克思主义妇女理论创新发展

实现理论与实践的良性互动，是马克思主义发展的本质要求。历史证明，马克思主义妇女理论不是凭空而来的，而是孕育于鲜活的实践；马克思主义妇女理论也不是故步自封的，而是在不断根据新的实践创新发展，并对实践产生深刻影响。在理论创新和实践创新的良性互动中，马克思主义妇女理论不断走向新的境界。

马克思和恩格斯在谋求全体人类解放的同时，也始终将妇女解放作为自己的重要课题。19 世纪上半叶，是西欧资本主义快速发展的时期，也是资本主义社会基本矛盾不断激化、经济危机频仍、妇女备受剥削的时期。“世界怎么了？”“人类向何处去？”这是马克思、恩格斯所处时代的世界之问、人民之问、时代之问。为此，他们积极投身于那个时代的社会实践之中，一同考察曼彻斯特和伦敦的工厂，近距离了解资本主义生产状况和工人境况，尤其关注女工的生存条件。马克思在《工人调查表》中极为关注妇女问题，特别罗列了关于女工的劳动强度、卫生条件、家庭状况等若干具体问题。通过亲身考察，他们深刻认识到，资本主义大机器使妇女和儿童都被裹挟到资本的车轮之下，沦为资本的奴隶，身心饱受摧残；特别是资本主义周期性经济危机，使女工及其家属都处于极端贫困的状态。但是，他们对妇女问题的认识并不仅仅止步于此。经过艰辛的理论跋涉，马克思、恩格斯获得唯物史观、剩余价值学说这两个伟大发现，并以此为理论武器，将妇女问题放在更宽阔的历史视野、更广泛的社会视域中进行整体性剖析，指出妇女受压迫是阶级压迫的特殊形式，妇女解放是全人类解放的重要组成部分，共产主义是人与自然界、人与人之间矛盾的真正解决，从而实现了对思辨哲学、改良主义和空想主义等关于妇女解放观点的批判性超越。同时，理论创新不只是为了更好地解释世界，更是为了更好地改造世界。马克思、恩格斯的理论探索并不只是停留在观念世界之中。马克思主义妇女理论就其本身来说，是马克

思主义理论体系内在不可分割的重要组成部分，因而也以鲜明的实践性为自身的理论特征。它在世界无产阶级革命实践中落地生根，成为领导无产阶级妇女运动的行动指南、理论武器和精神力量，推动了世界无产阶级妇女解放运动的浪潮，进而对世界范围内的妇女解放运动也产生了深刻影响。

然而，马克思、恩格斯对当时女性生存与发展实践的概括与总结，受到其所处时代社会发展水平的限制。因为每一代人都只能在他们那个时代的条件下进行认识，而且这些条件达到什么程度，他们便认识到什么程度。所以任何时代的妇女解放理论，不管它多么具有预见性，从根本上说都只能是它所在的那个时代女性存在与发展面貌的反映。这就决定了任何时代的妇女理论所达到的客观真理性和知识的全面性都是相对的，它只能随着社会和女性的发展逐步丰富和完善。进入 21 世纪，世界和中国发展变化的广度、深度都远远超出了马克思、恩格斯当时的想象，妇女解放所面临的许多现实问题难以在马克思主义经典著作中找到现成的答案。中国特色社会主义进入新时代，面对社会主要矛盾变化带来的新要求新特征，面对错综复杂的妇女发展环境带来的新矛盾新挑战，必须有推进马克思主义妇女理论创新发展的勇气和智慧。第四期中国妇女社会地位调查由全国妇联和国家统计局联合组织实施，以 2020 年 7 月 1 日为零时调查标准时点。这是继 1990 年、2000 年、2010 年这三期中国妇女社会地位调查后组织的又一次全国规模的国情、妇情调查。调查报告指出，随着我国经济和社会发展，妇女发展事业在教育、经济、社会保障、参政、婚姻家庭、健康、生活方式、法律认知与人权、性别观念与态度等各领域均取得了长足进步，同时也存在一些客观问题。这些问题有的是在新时期演化出新情况的老问题，有的是随着社会发展而产生的新问题。调查显示，城乡、区域和群体之间妇女发展存在差距，农村妇女参与民主政治建设和基层社会治理的意愿和水平均低于城镇妇女；妇女依然是家务劳动的主要承担者，尤其是在业妇女工作日平均家务劳动时间约为男性的两倍，面临公共劳动与家务劳动的双重压力；妇女家庭照料负担重，公共服务支持不足；针对妇女各种形式的歧视在各个领域不同程度存在，让性别平等真正成为全社会共同遵循的行为规范和价值标准依然任重道远。[3]社会在不断发展，这就意味着新情况、新问题、新挑战总会出现。如果不能及时研究、提出和运用妇女发展的新思想、新理念、新办法，马克思主义妇女理论就会丧失生命力。对于上述问题，我们应当灵活运用马克思主义妇女理论的基本观点和方法予以分析和解决，从而为这一理论注入新的时代内涵，更好地引领妇女解放实践。

总之，对妇女发展的关切，对新矛盾、新情况、新问题的敏锐把握，对实践中涌现出的新样态、新经验、新趋势的总结，始终是推动马克思主义妇女理论创新的不竭动力。我们要摆脱从理论到理论、从概念到概念的学院式的研究，胸怀现实与实践，从理论创新与实践创新紧密结合、良性互动出发，不断为马克思主义妇女理论发展注入新的时代内涵，保持和发扬其解释世界、改造世界的理论优势。

三、在坚持“两个结合”中推进新时代马克思主义妇女理论创新发展

习近平总书记在庆祝中国共产党成立100周年大会上的讲话中首次提出坚持“两个结合”的重要论断，即“把马克思主义基本原理同中国具体实际相结合、同中华优秀传统文化相结合”。[4]13 这是对马克思主义在中国发展的历史逻辑的深刻总结，也是新时代马克思主义妇女理论中国化时代化的基本遵循。

马克思主义妇女理论之所以具有强大的生命力，除了因为自身所具备的科学性、实践性、开放性之外，还因为具有鲜明的世界性、时代性、民族性，能够与世界各国相适应相契合。结合中国具体实际推进马克思主义妇女理论在新时代创新发展，要求准确把握中国基本国情、中国妇女发展实际以及中国妇女运动史。第一，全面认识和把握中国基本国情，这是在坚持结合中国具体实际中推进马克思主义妇女理论创新发展的基本要求。正如毛泽东所指出：“认清中国的国情，乃是认清一切革命问题的基本的根据。”[5]633 中国的基本国情主要包括中国的社会性质、社会发展阶段、社会主要矛盾等。

要从中国仍处于并将长期处于社会主义初级阶段、是世界上最大的发展中国家、进入中国特色社会主义新时代、主要矛盾是人民日益增长的美好生活需要和不平衡不充分的发展之间的矛盾等出发，来认识、剖析和解决当代中国妇女问题，从而不断推进理论创新。第二，充分考虑中国妇女发展具体实际，这是在坚持结合中国具体实际中推进马克思主义妇女理论创新发展的客观依据。随着我国经济社会的发展和性别平等社会环境的优化，妇女不但在经济建设中发挥重要作用，在民主政治建设和基层社会治理中的意愿和能动性也得到逐步提升，"半边天"力量进一步彰显；保障妇女合法权益的法律体系和制度机制逐步完善；妇女教育和健康水平提高，人力资源潜力得到进一步开发；妇女在家庭建设中所发挥的重要作用也逐步得到普遍重视与广泛承认；公众法治意识和性别平等观念逐步增强，性别平等日益成为全社会共同遵循的行为规范和价值；妇女参与国际交流与合作日益广泛，在国际舞台上发出中国声音、展现巾帼风采。同时，也必须承认，当前妇女解放的历史进程正处于"正在进行时"而不是"过去完成时"，难免会遇到新的问题和挑战。不同区域、群体之间的妇女发展存在差距，妇女发展的不平衡不充分问题突出。妇女在人身财产、就业创业、婚姻家庭等方面权益的保障力度仍需进一步加大。妇女参与国家和社会事务管理的水平有待全面提升。使妇女免于歧视仍面临现实困难，性别平等观念仍需进一步普及。实现妇女解放和发展，依然需要我们绵绵用力、久久为功。第三，加强对中国妇女运动史的经验总结和理论概括，这是在坚持结合中国具体实际中推进马克思主义妇女理论创新发展的必要条件。一般而言，具体实际就是当前的实际。但是过去、现在与将来不可割裂，只有看清历史才能够把握现在。既要了解中国妇女及其运动的昨天，又要了解中国妇女及其运动的今天，更要了解中国妇女及其运动是怎样从昨天走到今天。其中，最需要关切的是中国共产党领导中国妇女运动的百年历史。在这一过程中，中国共产党形成了诸多关于妇女解放和发展的重大成就和历史经验，这是马克思主义妇女理论在中国发展不可或缺的重要历史资源，必须高度重视和不断加强提炼、概括和总结。

继续推进马克思主义妇女理论在当代中国创新发展，不仅要立足中国具体实际，还要吸收借鉴人类文明一切有益成果，注重同中华优秀传统文化相结合。一方面，在如何对待中华传统文化这一问题上，应当采取辩证的观点和科学的态度。必须承认，因受到社会物质生产、时人认知水平等条件的制约，中华传统文化不可避免地存在糟粕部分。在漫长的封建社会中，中国形成了以“男女有别”“男尊女卑”“男主女从”为鲜明特征的传统性别文化，这无疑压抑、扼杀了妇女的地位与作用，与现代文明背道而驰，必须加以摒弃。同时，也不能全盘否定中国传统文化，要立足中华优秀传统文化来建构崭新的性别文化。作为中国共产主义运动的先驱、中国共产党创始人之一，李大钊在深刻理解和把握中华传统文化精髓的基础上提出，中国文化具有“容人并存的雅量”和“自信独守的坚操”[6]431，认为“吾民族可以复活，可以于世界文明为第二次之大贡献”[6]313。在中国妇女解放问题上，李大钊最早运用唯物史观分析“父为子纲，君为臣纲，夫为妻纲”“在家从父，出嫁从夫，夫死从子”等封建伦理道德的产生根源，指出中国封建社会里妇女地位低下是中国小农经济条件下的大家族制度的产物。历史经验表明，在中国这样一个文化底蕴深厚的国家发展马克思主义妇女理论，必须坚持同中华优秀传统文化相结合，走自己的路，创造与现代文明相接轨、与中华文明相融通的性别文化。另一方面，强调同中华优秀传统文化相结合，并不是要排斥其他国家的思想成果；对于西方女性主义一切有益的理论知识和研究方法，我们都要研究借鉴。马克思、恩格斯在创立马克思主义妇女理论时就批判吸收了前人的诸多有益成果，空想社会主义者在妇女问题上的诸多深刻见解为经典作家的理论创新提供了丰富的思想资源。今天，西方女性主义蓬勃发展，我们也要予以密切关注。但是，对西方女性主义的借鉴，不能采取不加分析、照单全收的态度。西方女性主义纷繁复杂，它既有对马克思主义的坚持和发展，也存在对马克思主义的误读和曲解，这需要我们审慎对待、仔细甄别。同时，对西方女性主义的借鉴，也不能采用生搬硬套的做法，在对其概念、话语、方法的具体借鉴上应充分考虑适用性问题。

总之，马克思主义妇女理论不仅是正确认识当代妇女发展问题的思想武器，也是科学解决当代妇女发展问题、不断追求妇女全面发展的行动指南。在过去的一百年中，坚持理论创新，不断推进马克思主义妇女理论中国化时代化，是中国共产党之所以能够团结凝聚广大妇女建功立业的不竭精神动力。在新时代的征程中，继续推进马克思主义妇女理论创新发展，对于当代中国妇女发展的伟大实践具有重要指导意义，马克思主义妇女理论也必将在新时代中国特色社会主义伟大实践中焕发出新的生机与活力。

【参考文献】

[1] 习近平 . 习近平谈治国理政（第二卷）[M]. 北京：外文出版社，2017.

[2] 马克思，恩格斯 . 马克思恩格斯文集（第 4 卷）[M]. 中共中央马克思恩格斯列宁斯大林著作编译局，编译 . 北京：人民出版社，2009.

[3] 第四期中国妇女社会地位调查主要数据情况 [J]. 妇女研究论丛，2022（1）.

[4] 习近平 . 在庆祝中国共产党成立 100 周年大会上的讲话 [M]. 北京：人民出版社，2021.

[5] 毛泽东 . 毛泽东选集（第 2 卷）[M]. 北京：人民出版社，1991.

[6] 李大钊 . 李大钊全集（第 2 卷）[M]. 北京：人民出版社，2013.

全人类共同价值视域下推动妇女全面发展探究

赵崔莉　陈　力*

摘要：全人类共同价值凝聚着人类不同文明的共识，为统筹中华民族伟大复兴的战略全局和世界百年未有之大变局，回应时代之变和世界之问提供了价值遵循。全人类共同价值的真理和目标蕴含着人对自由而全面发展的追求，妇女作为人类文明的重要创造者，一方面全人类共同价值为妇女全面发展提供了机遇、创造了条件，另一方面妇女的全面发展也为全人类共同价值的实现夯实了基础、提供了动力。唯有深刻地认识全人类共同价值视域下推动妇女全面发展的价值内涵、把握妇女全面发展的根本遵循、领悟妇女全面发展的时代意蕴、畅通妇女全面发展的实践路径，才能让中国特色社会主义妇女发展道路与中国式现代化的推进、人类命运共同体的构建、全人类共同价值的践行相互促进、相得益彰。

关键词：全人类共同价值；中国式现代化；中国特色社会主义妇女发展道路；妇女全面发展

---

* 赵崔莉，女，北京市习近平新时代中国特色社会主义思想研究中心研究员，对外经济贸易大学全球化与中国现代化问题研究所副所长、马克思主义学院教授，历史学博士，主要研究方向为妇女理论；陈力，男，对外经济贸易大学马克思主义学院2021级硕士研究生，主要研究方向为马克思主义基本原理。本文系对外经济贸易大学凌云计划“思想政治教育与企业党建融合创新研究”的阶段性成果。本文刊登于《中华女子学院学报》2023年第1期。

习近平总书记在党的二十大报告中强调："我们真诚呼吁，世界各国弘扬和平、发展、公平、正义、民主、自由的全人类共同价值，促进各国人民相知相亲，尊重世界文明多样性，以文明交流超越文明隔阂、文明互鉴超越文明冲突、文明共存超越文明优越，共同应对各种全球性挑战。"[1] 首先，"和平、发展"是全人类的共同事业，和平是人类生存的基础和前提，发展代表了人类对美好生活的追求，和平与发展仍是当今时代的主题；其次，"公平、正义"是人类共同理想，彰显了国际关系中主体的广泛性与普世性，应当成为处理国际问题的根本遵循；最后，"民主、自由"是人类共同追求，成为国际社会对待不同历史背景和政治制度国家的根本原则。[2] 全人类共同价值赋能中国推进全球治理和构建人类命运共同体，为包括广大妇女在内的全人类的共同发展提供了价值遵循。

全人类共同价值的提出实现了对西方"普世价值"的扬弃和超越，打破了"西方中心论"和西方话语霸权。一是在理论基础方面，全人类共同价值遵循唯物史观，将人视为社会历史的现实主体，是对"普世价值"以唯心史观为遵循的超越，彰显了共同价值的客观性和历史性；二是在思维方式方面，全人类共同价值对"普世价值"的不同体现在，实事求是思维对独断思维的超越以及共赢思维对零和思维的超越；三是在价值愿景方面，全人类共同价值将"人类文明的多样性及其和平相处"作为价值愿景，是对西方资本主义国家打着"普世价值"的幌子打压和排斥其他文明和价值、开展殖民扩张的超越。[3]

特别值得注意的是，习近平总书记在党的二十大报告中，再一次明确提出要"坚持男女平等基本国策、保障妇女儿童合法权益"，这是继党的十八大报告、十九大报告之后，该表述第三次写入党代会报告。妇女是人类文明的开创者、社会进步的推动者，是全面建设社会主义现代化国家的重要力量。弘扬全人类共同价值与推动妇女全面发展具有耦合性，"全人类共同价值"是中国共产党人以马克思主义为指导，在新的历史时期提出的关于人类共同价值的主张，"人的自由全面发展"是马克思关于人的解放和发展思想的价值主题和行动目标。一方面，妇女能够撑起弘扬全人类共同价值事业的“半边天”，妇女与男子一样，是物质文明和精神文明的创造者，在弘扬全人类共同价值方面发挥着不可或缺的作用，中国共产党推动全球妇女事业不断向前发展，体现了我国对弘扬全人类共同价值的殷切期待和大力支持。另一方面，弘扬全人类共同价值为推动妇女全面发展创造了历史性机遇。弘扬全人类共同价值理念，让妇女迎来实现更大程度、更深层次、更自由的个人全面发展和彻底解放的机遇。

一、全人类共同价值视域下推动妇女全面发展的价值内涵

全人类共同价值与推动妇女发展的理念紧密相关，是具有共同原则和目标的整体，都饱含着人类对构建新文明的不懈追求。全人类共同价值内涵丰富、真理性强，将妇女全面发展事业统一到全人类共同价值推进的伟大实践当中，为妇女全面发展提供了基础性条件。

（一）和平与发展为妇女全面发展提供保障

和平与发展是当今时代的主题，与世界如何发展、怎样发展密切相关，关乎妇女的生存权和发展权。和平与发展为全球妇女事业发展和妇女的全面发展提供重要保障，良好的国际发展环境能充分激发妇女向前进步的动力、释放妇女不断进步的活力而取得更大成就，为妇女发展提供广阔舞台。一方面，和平是妇女全面发展的关键要素，是实现妇女价值和理念的重要保障，只有和平的发展环境，才能让妇女自由地成长和发展。一是和平为中国特色社会主义妇女发展道路进一步发展创造良好的外部条件，和平是推动妇女事业繁荣发展的重要前提，是全体妇女的殷切期盼；二是和平为世界妇女发展道路创造条件，和平的世界发展环境是促进男女权利、机会、资源分配平等，促使妇女免于贫困、战乱、疾病和暴力伤害的重要外部条件。另一方面，发展能够体现出妇女的自身价值，为妇女实现个人理想并对民族和国家作出贡献提供现实基础。一是高质量的发展能让妇女群体抓住时代的机遇，让妇女更好地融入创业和就业当中，从而实现更大的成就和梦想。二是世界

的发展同样离不开妇女的贡献，在把握妇女事业发展机遇的同时，推动落实联合国可持续发展目标和全人类共同价值、推动世界发展需要广大妇女贡献出自身的智慧和力量。

（二）公平与正义为妇女全面发展提供准则

公平与正义是国际关系的重要准则，同样也是妇女全面发展的重要准则。公平与正义在妇女全面发展层面，则表现在平等依法行使民主权利、平等参与经济社会发展、平等享有改革发展成果等。一方面，公平能够保障妇女平等地享受社会发展带来的成果，保护妇女的正当权益，从而促进社会稳定，为推动妇女全面发展提供重要基础。特别表现在，男女平等一直以来是我国的基本国策，男女平等不仅是中国社会发展的必然趋势，而且是世界不可抗拒的历史潮流。在社会主义制度下，只有保证妇女在政治、经济、文化、社会、生态等各方面的平等地位，让妇女公平地享有各种权利，才能充分激发妇女的聪明才智，成为创造物质文明和精神文明的重要力量以及现代化建设的主力军。另一方面，正义是一种天下情怀，能够保证妇女站在历史的正确方位，顺应时代大潮流。正义尤其能够表现在为妇女发展提供法制保障，只有以法律法规和政府规章在内的法律体系维护妇女权益，才能为妇女发展创造最公平的发展环境。一是要加强针对妇女暴力的立法，完善制止家庭暴力的法规或政策；二是要在法律层面维护妇女的权益，着力查处并打击侵害女职工合法权益的劳动保障违法行为；三是关注国际司法合作，惩处跨国跨区域的拐卖妇女儿童犯罪；四是要重视宣传教育，重视营造维护女性权益的社会氛围，让维护妇女权益的宣传活动进校园、进课程、进乡村、进社区、进企业等，同时为妇女创造公平的发展环境，推动妇女主动用法律维护自身的合法权益，从而从主动和被动两个角度出发来保障妇女全面发展。总之，公平和正义能够推动构建相互尊重、公平正义、合作共赢的新型国际关系。[4] 公平与正义作为世界人民共同的梦想，为妇女发展提供公平正义的发展准则，能够推动世界各国妇女对理想的向往和追求，让发展成果惠及全体妇女，携手全球妇女实现全人类共同价值，携手构建人类命运共同体，推动全球向更加公平正义的方向发展。

（三）民主与自由为妇女全面发展提供路径

民主与自由是全人类的共同追求，是妇女实现全面发展的重要路径。民主是全球治理的主要原则，也是保障妇女权益的重要标准；自由是各国拥有选择如何发展的自主权，也是全人类实现自我价值的最终追求。其一，在追求民主方面，国家和社会能为妇女参与基层民主管理提供更多支持和条件，激发女性优势，推动基层民主化进程。体现在：一方面，要促进妇女民主政治觉醒，提高妇女参与民主政治建设的激情；另一方面，促进更多妇女参与基层民主治理，让妇女在基层民主治理当中的数量和比例占据更大优势；再一方面，推动妇女在民主政治建设中发挥更大作用，让妇女有更多途径、更多渠道去参与民主政治建设，促进妇女干部能力更强、影响力更大、工作效率更高。其二，在追求自由方面，妇女全面发展蕴含着妇女能够建立自由化的人格。一方面，对于妇女自身而言，追求自由能够帮助妇女实现自我认知更加清醒、自我接纳更加适从、自我调适更加协调、自我发展更加顺利；另一方面，对于外部环境而言，自由的外部环境能够让妇女接受教育的水平更高、被认可的程度更深，促进全社会妇女的自我觉醒，对妇女的价值观、世界观、人生观、家庭婚姻观、生育观等产生积极影响。

二、全人类共同价值视域下推动妇女全面发展的根本遵循

中国是全球妇女事业发展的支持者、推动者和实践者，全人类共同价值蕴含着促进全球妇女全面发展的价值理念。中国在构建中国特色社会主义妇女道路、推动全球妇女发展方面取得了诸多成效，这依赖于坚持中国共产党对妇女工作的全面领导、坚持以人民为中心的发展思想、坚持人类命运共同体的构建等根本遵循。

（一）坚持党对妇女工作的全面领导是首要原则

习近平总书记指出：“在革命、建设、改革各个历史时期，我们党始终坚持把实现妇女解放和发展、实现男女平等写在自己奋斗的旗帜上，始终把

广大妇女作为推动党和人民事业发展的重要力量，始终把妇女工作放在重要位置，领导我国妇女运动取得了历史性成就，开辟了中国特色社会主义妇女发展道路。”[5] 党领导妇女事业取得伟大成就，从实践当中开辟了中国特色社会主义妇女发展道路。党的二十大报告指出：“全面建设社会主义现代化国家、全面推进中华民族伟大复兴，关键在党。”[1] 所以，要确保党始终成为妇女工作的坚强领导核心。在理论层面，要坚持马克思主义基本原理及其妇女观与中国实际相结合，不断坚持和发展新时代中国特色社会主义妇女理论。在实践层面，以妇女群众为中心，加强党对妇女工作的领导，建强建优基层妇联组织，加大对基层妇联党建工作的指导，助力妇女事业取得更高成就，实现妇女的全面发展。同时，把党的路线方针政策贯彻落实到妇联工作全过程，让广大妇女在感受到党对妇女的关心和爱护的同时，把党的意志和主张转化为广大妇女的思想自觉和行动自觉，促使妇女由衷地团结在党的周围。

中国共产党推动全人类共同价值的实现，为全世界妇女解放事业不懈奋斗，这种大党担当源于马克思主义的科学理论和价值追求。一方面，马克思从人的自由全面发展角度来阐述妇女的自由全面发展，突出强调包括妇女的自由全面发展是人类解放的重要标志，妇女实现自由全面发展受到历史条件的各种限制，包括生产力的发展、政治上的支持、社会意识形态的改变等。全球妇女全面发展的道路离不开马克思主义的正确指导，马克思主义客观把握和遵循了妇女发展的客观规律，为我们描绘出共产主义妇女自由全面发展的美好愿景。另一方面，弘扬全人类共同价值是当代中国马克思主义、是 21 世纪马克思主义的重要理论内容[6]，全人类共同价值是中国共产党人用马克思主义观察时代、把握时代、引领时代的伟大思想创造。新时代，中国共产党始终用马克思主义的真理推动妇女事业不断发展，将弘扬全人类共同价值与推动全球妇女事业相促进、相融合，充分体现了中国共产党胸怀天下的政党精神和品质，在世界妇女发展的实践中彰显出中国共产党的责任和担当。

（二）坚持以人民为中心的发展思想必须贯穿始终

党的二十大报告指出：“我们深入贯彻以人民为中心的发展思想，在幼有所育、学有所教、劳有所得、病有所医、老有所养、住有所居、弱有所扶上持续用力……建成世界上规模最大的教育体系、社会保障体系、医疗卫生体系……人民群众获得感、幸福感、安全感更加充实、更有保障、更可持续，共同富裕取得新成效。”[1] 坚持以人民为中心的发展思想是十年来我国取得巨大成就的重要原因之一，也是推动妇女事业发展、推动妇女全面发展的重要因素。新时代坚持以人民为中心的发展思想，在推动妇女全面发展层面需要立足我国社会的主要矛盾，即“人民日益增长的美好生活需要和不平衡不充分的发展之间的矛盾”[7]，以妇女发展面临的现实问题为着力点，针对全体妇女的需求，为妇女创造高品质的生活，满足妇女对美好生活的向往，不断提高妇女群体的获得感、幸福感、安全感，推动妇女生活水平不断提升。

以人民为中心不仅表现在为中国人民谋幸福，还表现在为全人类谋大同。习近平总书记指出：“中国共产党所做的一切，就是为中国人民谋幸福、为中华民族谋复兴、为人类谋和平与发展。”[8] 中国梦与世界人民对美好生活的追求相通，中国对实现妇女全面发展的期望与联合国对妇女事业推动的最终目标相通，中国共产党以人民为中心推动各项事业不断发展，中国的发展不仅为中国特色社会主义妇女发展道路奠定基础，满足中国人民对美好生活的需求，更能带动全球妇女发展事业，造福全世界人民。中国梦是和平、发展、合作、共赢的梦，是中国妇女乃至全世界妇女实现自由而全面发展的梦想，要同世界各国携手，拓展友好合作，走出一条相互尊重、公平正义、合作共赢的中国特色社会主义现代化道路，以中国式现代化推动妇女发展更加全面自由，人类生活更加幸福美好，世界更加和平安宁。

（三）坚持以构建人类命运共同体为重要纽带

全人类共同价值是在全球化时代人类应对共同难题和挑战的大环境下形成的，全人类共同价值为构建人类命运共同体凝聚价值共识，而人类命运共同体的构建则为全人类共同价值提供实践场域。党的二十大报告提出：“中国始终坚持维护世界和平、促进共同发展的外交政策宗旨，致力于推动构建人类命运共同体。”[1] 全人类共同价值是构建人类命运共同体的理论基石，坚持弘扬全人类共同价值，推动人类命运共同体为妇女发展提供了途径和方案。促进性别平等、为妇女赋权、建立家庭友好型社会等，最终推动妇女全面发展，是建设人类命运共同体的应有之义。“一带一路”的建设也为妇女参与各领域发展、实现个人梦想提供了平台。妇女不仅能够成为建设人类命运共同体的受惠者，还能成为作出重大贡献的参与者。

全球妇女事业发展和妇女全面发展是人类命运共同体构建的重要组成部分，在百年未有之大变局时代背景下，当今世界发展仍存在着不平衡不充分的现象，尤其新冠疫情对妇女发展产生巨大影响，需要加强全球妇女事业的合作，消除疫情、暴力、歧视、贫穷等现实问题。诸多全球性问题的出现让全人类命运紧密相连，让全世界妇女发展事业殊途同归。中国高度重视在妇女领域的对外交流合作，并不断通过举办全球性妇女论坛等活动加深全球妇女之间的联系、交流与合作，同时为世界妇女运动提供中国方案、贡献中国力量。

三、全人类共同价值视域下推动妇女全面发展的时代意蕴

党的二十大将弘扬和平、发展、公平、正义、民主、自由的全人类共同价值，推动建设持久和平、普遍安全、共同繁荣、开放包容、清洁美丽的世界等内容写入党章，这是历史上的首次，充分彰显了中国共产党在推进中国式现代化的历史进程中，积极处理中国人民和世界人民之间的友好关系、弘扬全人类共同价值的积极态度，有利于为性别平等的国际话语体系增添新内涵，有利于向世界讲好中国妇女故事激励全球女性，有利于弘扬以男女平等为核心的先进性别文化，向世界展现了中国共产党愿意为推动全人类共同事业、实现全人类共同梦想而努力的政党形象。

（一）有利于为性别平等的国际话语体系增添新内涵

联合国对妇女权利的支持始于《联合国宪章》。《联合国宪章》第一条指出：联合国的一大宗旨是“促成国际合作，……不分种族、性别、语言或宗教，增进并激励对于全体人类之人权及基本自由之尊重”。[9] 联合国一直致力于性别平等和增强妇女权能工作，并通过联合国妇女署开展一系列工作，包括：帮助请求援助国家制定妇女平等的政策、法律并提供服务、资源等；通过设立两性平等基金来增加妇女从事经济活动和政治活动的机会；通过妇女地位委员会来评估全球两性平等事业的进展，并制定全球标准，通过具体的政策来促进两性平等和提高全球妇女的地位；通过加强对相关国家的培训，来帮助其采取实际行动维护妇女人权，消除对妇女的暴力行为等。联合国促进妇女事业发展、保障妇女权益的行为和目标与中国提倡的全人类共同价值不谋而合，都能够推动全球妇女自由而全面的发展，建立并完善性别平等的国际话语体系。

中国妇女事业在国际多边妇女事务中的作用与影响日益凸显。中国在新时代走出了具有中国特色的妇女事业发展道路，采取了一系列实际行动促进中国妇女事业蓬勃发展，并为全球妇女运动作出了巨大贡献，为完善性别平等的国际话语体系彰显了中国智慧，提供了中国方案。其一，具有丰富国际性别平等理论体系的作用，中华优秀传统文化中蕴含着“阴阳结合、阴阳和谐互补”“立德修善、成人达己”“夫妇齐体”[10] 等价值观，能够极大地丰富国际性别平等理论体系的底蕴和内涵。其二，中国倡导的全人类共同价值与西方“零和博弈”“弱肉强食”“强制输出”等观念，有着本质的区别和不同，中国倡导的全人类共同价值将引领世界妇女运动向着“合作共赢”“兼收并蓄”“包容互惠”“共同发展”迈进。

（二）有利于向世界讲好中国妇女故事激励全球女性

在对外传播中，女性形象是中国形象的重要组成部分，女性故事是中国故事的重要组成部分。党的十八大以来，习近平总书记高度重视对外宣传工作，谈到要在对外宣传中“讲好中国故事”。[11] 党的二十大报告指出：“讲好中国故事、传播好中国声音，展现可信、可爱、可敬的中国形象。加强国际传播能力建设，全面提升国际传播效能，形成同我国综合国力和国际地位相匹配的国际话语权。”[1] 对外讲好新时代女性故事，展现新时代女性的风貌与形象，能够有效传播中国国家形象，展现一个进步、团结、向上的新时代中国。[12] 重点可以讲述的是：其一，向世界讲述中国女性脱贫攻坚故事，展现新时代中国女性昂扬的精神风貌，进而鼓励全球女性用自己的双手告别贫困，创造美好的生活；其二，向世界讲述中国女性运动员的故事，中国女性运动员在世界上广受好评，不仅有着强劲的实力，在各种大赛当中大放异彩，还有着顽强拼搏、爱国奉献、团结奋斗的“女排精神”“女足精神”，进而可以鼓励世界女性积极参与运动，享受运动带来的魅力；其三，向世界讲述中国女航天员故事，进而鼓励全世界的女性敢于有梦、勇于追梦、勤于追梦。

总之，铸就社会主义文化新辉煌，需要向世界讲好中国妇女故事，一方面，向世界展现出中国制度之“优”，中国在承办北京冬奥会等大型国际赛事、抗击疫情、打赢脱贫攻坚战等实践当中，在党中央的集中统一领导下，坚持以人民为中心，坚持集中力量办大事，用行动凸显了我国政治制度和治理体系的显著优势；另一方面，可以向世界展示出中国担当之“优”，中国在面对百年变局与世界疫情交织、经济全球化遭遇逆流、大国博弈日趋激烈、世界进入新的动荡变革期的国际环境之下，不但重视国内发展，同时关心世界其他国家人民，帮助其他国家抗击疫情、发展经济、消除贫困等，体现中国的大国情怀和大国担当，真正践行全人类共同价值。

（三）有利于全球妇女共同融入“国内国际双循环”

内循环是中国经济社会发展的基础，外循环是中国融入全球的桥梁和纽带，双循环新发展格局能够推动深层次的改革开放。党的二十大报告提出：“高质量发展是全面建设社会主义现代化国家的首要任务……没有坚实的物质技术基础，就不可能全面建成社会主义现代化强国。”[1] 党的十九届五中全会通过的《中共中央关于制定国民经济和社会发展第十四个五年规划和二〇三五年远景目标的建议》提出："要加快构建以国内大循环为主体、国内国际双循环相互促进的新发展格局。"[13] 新发展格局内涵丰富，强调世界是一个不可分割的命运共同体，新发展格局不仅对推动中国经济高质量发展有重要作用，更对促进全球经济复苏，实现各国互利共赢，共创世界美好未来有着重要意义。全人类共同价值与新发展格局构建的目标和内涵存在一致性，将有利于世界各国与中国的发展良性互动，有利于世界人民与中国人民共同创造美好未来。

双循环新发展格局具有宏观的时代背景，一方面是世界百年未有之大变局的时代背景，另一方面是中华民族伟大复兴的战略全局背景。在此大背景下，新时代统筹推动中国经济高质量发展和促进妇女全面发展，应当帮助妇女融入新发展格局。新发展格局能够提升妇女发展的社会层次，为妇女发展提供更加良好的机遇，激发妇女在推进中国式现代化进程中的重要作用。同时，新发展格局不仅为中国妇女通过国内国际双循环融入世界发展浪潮，实现全面发展提供了途径，而且为世界妇女参与中国国际双循环提供了机遇，将更好地激发世界经济市场活力、拓宽世界经济市场前景、优化世界经济市场格局，为实现全世界妇女全面发展、践行全人类共同价值开辟空间，增添动力。

改革开放是党和人民大踏步赶上时代的重要法宝，是决定当代中国命运的关键一招。而"一带一路"倡议是我国深化改革开放的重要战略，"一带一路"建设扩大了我国的国际"朋友圈"，使我国实现"双循环"具备了基础性国际条件，也对推动妇女全面发展发挥着重要作用。"一带一路"是商贸往来之路，是文化交流之路，从古至今都与女性有着密切联系。一是"一带一路"促进女性参与经济活动，融入国家发展大局。女性参与经济活动迎来了发展的重要历史时期。体现如下：其一，沿线国家和地区经济不断发展，企业生产规模不断扩大，为女性提供了更多的就业岗位，拓宽了女性就业的空间和领域；其二，"一带一路"带来的众多贸易、投资项目，为女性创业提供了更多的机遇，尤其是数字经济的发展让女性更便捷地融入世界市场经济当中，女性在电商领域取得显著成就。二是“一带一路”关注教育性别平等，搭建友谊桥梁，促进民心相通。教育方面的国际合作与交流是推动人类文明进步的重要途径，同时教育也是改变女性命运、促进女性发展的有力手段。打造“一带一路”教育共同体是切实践行民心相通的重要举措。同时，应充分利用中国—东盟教育交流周、中日韩大学交流合作促进委员会、中阿大学校长论坛、中非高校 20+20 合作计划、中日大学校长论坛、中韩大学校长论坛、中俄大学联盟等已有平台，加强教育合作，打造高校联盟。

（四）有利于弘扬以男女平等为核心的先进性别文化

以男女平等为核心的性别文化是社会主义先进文化的重要组成部分，具有满足男女两性发展的需要、实现性别解放、促进全面发展的重要价值。社会主义先进性别文化是世界性别文化的瑰宝，对推动全世界妇女实现自由而全面的发展有着促进作用。弘扬以男女平等为核心的先进性别文化，为中国特色社会主义妇女发展道路奠定文化基础。一方面，要以马克思主义妇女观为引领，持续加强先进性别文化研究，构建性别文化研究体系，深刻把握性别文化形成和发展的规律，让先进性别文化的理论根基更加稳固。[14] 另一方面，要加强对性别文化的宣传，用马克思主义妇女观的基本立场、观点和方法武装群众，教育群众，从而抵制封建落后的性别文化以及资产阶级腐朽的文化对新时代妇女价值观的侵蚀。[15] 推动先进性别文化融入思想政治理论课、融入大众喜闻乐见的文艺作品等，帮助人民群众树立正确的性别文化导向，从而让以男女平等为核心的先进性别文化成为社会普遍认同的主流价值观。

党的二十大报告提出：“全面建设社会主义现代化国家，必须坚持中国特色社会主义文化发展道路，增强文化自信，围绕举旗帜、聚民心、育新人、兴文化、展形象建设社会主义文化强国，发展面向现代化、面向世界、面向未来的，民族的科学的大众的社会主义文化，激发全民族文化创新创造活力，增强实现中华民族伟大复兴的精神力量。”[1] 先进性别文化不仅是社会主义文化不可分割的一部分，更是世界文明的瑰宝，在推动全世界妇女全面发展、弘扬全人类共同价值方面有重要意义。

四、结语

从党的十八大到二十大，习近平总书记对妇女事业发展高度关注。习近平总书记指出：“在21世纪的今天，开创美好生活离不开妇女事业全面进步，也需要广大妇女贡献更大智慧和力量。”[16] 这是一个充满挑战的时代，也是一个充满希望的时代。党的二十大报告中，习近平总书记提出了新时代新征程中国共产党的使命任务，并指出：“中国共产党的中心任务就是团结带领全国各族人民全面建成社会主义现代化强国、实现第二个百年奋斗目标，以中国式现代化全面推进中华民族伟大复兴。”[1] 新时代开启新征程。在全面建设社会主义现代化国家、全面推进中华民族伟大复兴、弘扬全人类共同价值的伟大征程中，一方面，妇女发展环境不断优化、妇女地位不断提升，为妇女全面发展提供了契机。另一方面，妇女的全面发展又能够反作用于人类文明的不断向前，让妇女全面发展与弘扬全人类共同价值相互协调、积极互动，推动妇女走在人类文明向前发展的前列，保证诸多伟大目标的实现，促进全人类共同价值的实现也是人类文明赋予妇女的伟大使命。

【参考文献】

[1] 高举中国特色社会主义伟大旗帜　为全面建设社会主义现代化国家而团结奋斗[N]. 人民日报，2022-10-17.

[2] 崔梦 . 全人类共同价值的生成逻辑、影响因素和弘扬路径分析 [J]. 中共济南市委党校学报，2022（5）.

[3] 李永胜，张玉容 . 论全人类共同价值对“普世价值”的超越 [J]. 西安交通大学学报（社会科学版），2022（6）.

[4] 张新平，代家玮 . 全人类共同价值的基本内涵、世界意义与实践路径 [J]. 社会主义核心价值观研究，2022（3）.

[5] 习近平在同全国妇联新一届领导班子集体谈话时强调　坚持男女平等基本国策　发挥我国妇女伟大作用 [J]. 中国妇运，2013（11）.

[6] 张士海，张宏旭 . 新时代弘扬全人类共同价值基本问题探讨 [J]. 思想战线，2022

（5）.

[7] 习近平 . 决胜全面建成小康社会　夺取新时代中国特色社会主义伟大胜利——在中国共产党第十九次全国代表大会上的报告 [N]. 人民日报，2017-10-28.

[8] 习近平 . 在庆祝中国共产党成立 100 周年大会上的讲话 [N]. 人民日报，2021-07-02.

[9] 联合国 . 联合国宪章［EB/OL］.https：//www.un.org/zh/about-us/un-charter，2021-02-23.

[10] 孙雅 . 性别平等的人类命运共同体构建研究 [D]. 硕士学位论文 . 黑龙江：哈尔滨工业大学，2021.

[11] 刘亚琼 . 习近平关于“讲好中国故事”的五个论断 [J]. 党的文献，2019（2）.

[12] 栾轶玫，鲁妮 . 新时代女性形象与中国国家形象传播 [J]. 对外传播，2021（11）.

[13] 中共中央关于制定国民经济和社会发展第十四个五年规划和二〇三五年远景目标的建议 [N]. 人民日报，2020-11-04.

[14] 张彦红 . 弘扬社会主义先进性别文化 [N]. 学习时报，2017-01-04.

[15] 李震雷 . 以马克思主义妇女理论大众化促先进性别文化建设 [J]. 学校党建与思想教育，2013（27）.

[16] 习近平 . 在联合国大会纪念北京世界妇女大会 25 周年高级别会议上的讲话 [N]. 人民日报，2020-10-02.

三个“独特”决定妇女运动走中国式现代化道路

崔美娜*

摘要：中国妇女运动的发展是在中国式现代化进程中整体推进的，受到中国式现代化道路一般原则的指导。从纵向上看，中国式现代化道路探索出新时代人类发展的新样态，不是简单延续中国传统社会变革的母版；从横向上看，中国式现代化道路打破了“现代化等同于西方化”的苑囿，不是教条套用国外现代化发展的模板；现代化道路并没有固定的模式，只有适合民族繁盛、国家长治、全体人民发展需要的，才是正确的选择。自中华人民共和国成立起，中国共产党就把科学社会主义的基本原则同国家具体实际、历史文化传统、时代要求紧密结合起来，探索出一条把为民族谋复兴、为人民谋幸福的蓝图变为美好现实的道路。与此同时，中国妇女运动在中国共产党的领导下，因着“独特的历史命运、独特的文化传统和独特的基本国情”，走上了具有“中国式现代化”特征的道路。

关键词：妇女运动；中国式现代化；三个“独特”

党的二十大报告指出：“中国式现代化，是中国共产党领导的社会主义

---

* 崔美娜，女，华东理工大学马克思主义学院副教授，法学博士，主要研究方向为马克思主义中国化、妇女理论与实践。本文系 2021 年教育部哲学社会科学研究重大课题攻关项目“习近平总书记关于坚持系统观念的重要论述研究”（项目编号：21JZD003）的阶段性成果。本文刊登于《中华女子学院学报》2023 年第 2 期。

现代化，既有各国现代化的共同特征，更有基于自己国情的中国特色。”[1]20 中国妇女运动的发展是在中国式现代化整体进程中推进的，受到中国式现代化道路一般原则的指导。2013 年 8 月，习近平总书记在全国宣传思想工作会议上指出：“独特的文化传统，独特的历史命运，独特的基本国情，注定了我们必然要走适合自己特点的发展道路。”[2]156（以下简称三个“独特”）三个“独特”是引导人们更加全面客观地认识当代中国、看待外部世界的根本遵循，是考察中国式现代化道路的演进逻辑、中国特色、价值超越的基本依据。从三个“独特”的视角来考察中国的妇女运动进程可见，独特的历史命运铸就了妇女运动的现代化主题，独特的文化传统积淀了妇女运动的现代化底色，独特的基本国情淬炼了妇女运动的现代化特征，三个“独特”决定了中国妇女运动既与现代化同步，又以现代化为目标，中国妇女运动与中国式现代化道路同向同行，三个“独特”决定了妇女运动的中国式现代化道路的时代面向。

一、独特的历史命运铸就妇女运动的中国式现代化主题

妇女的命运历来被一个国家、一个民族的命运所缠裹，不同时期的时代要求是对不同历史阶段主题的注解。近代中国徘徊在国家蒙辱、人民蒙难、文明蒙尘的历史长廊，直到无产阶级走上历史舞台，担起推翻“三座大山”的历史重任，才找到开辟民族救亡和人民图存的正路。无产阶级把马克思主义理论作为行动指南，中国的妇女解放事业和无产阶级伟大事业紧密结合，把马克思主义妇女观作为理论武装，特别是中国共产党成立以来，中国妇女运动开启并书写出了一部在中国共产党的领导下，不断实现妇女解放和平等发展的奋斗史。中国妇女运动始终是中国革命、建设和改革的一部分，以中国共产党为领导力量，在社会主义的制度保障中，自觉发挥妇女能动性，在实践中连接起新民主主义革命、社会主义革命和建设、中国特色社会主义建设和新时代中国发展的妇女运动百年征程，不断推进中国妇女的解放和发展，独特的历史命运铸就了妇女运动的中国式现代化的主题。在新时代新征

程中，实现中华民族伟大复兴是中国式现代化的使命任务，也是中国式妇女运动现代化的应有之义。

（一）确立马克思主义妇女观作为妇女运动的理论武器

新中国的妇女运动把马克思主义妇女观作为理论武器，这是由马克思主义妇女观的基本立场决定的。从理论内涵看，“马克思主义妇女观，是运用辩证唯物主义和历史唯物主义的世界观、方法论，对妇女社会地位的演变、妇女的社会作用、妇女的社会权利和妇女争取解放的途径等基本问题做出的科学分析和概括”。[3] 马克思主义妇女观与西方妇女解放思想和女性主义思潮最大的区别在于，马克思、恩格斯用阶级性的观点来考察妇女受剥削、受压迫的根本原因。生产力的发展促使社会分工随之变化，两性劳动者因分工的差异导致了社会地位的分野，尤其是生产资料私有制和对立阶级的产生，宣告妇女既失去了生产资料的所有权，又失去了参与社会生产的劳动权，经济上的不独立导致了社会身份的从属，“在家庭中，丈夫是资产者，妻子是无产阶级”[4]80，男女不平等由此产生。马克思主义妇女观从人类历史进程中透视出妇女受剥削、受压迫的地位不是天然预设的，而是在人类社会发展的一定阶段，随着阶级产生而发生的。按照人类社会发展的动力和目标来看，无产阶级通过发展生产力促进人类社会不断进步，进而消灭私有制，消灭剥削阶级压迫，妇女解放运动在人类的全面解放中方能彻底清除男女不平等的社会根源。这也印证了马克思所提出的“没有妇女的酵素就不可能有伟大的社会变革。社会的进步可以用女性的社会地位来精确衡量”[5]59 的论断。

“没有妇女的解放，就没有全人类的解放；没有妇女事业的进步，就没有全社会的进步。”[6] 确立马克思主义妇女观作为妇女运动的理论武器，使中国妇女运动有了正确的方向。自此，中国妇女运动融入中国的现代化建设道路中，广大的中国妇女积极参加社会生产劳动，在政治、经济、家庭、社会等建设方面撑起中国社会主义建设事业的“半边天”，也用行动和价值争取到了平等的社会地位，只有马克思主义妇女观才能真正推动中国妇女事业走上现代化道路。

（二）依靠中国共产党作为妇女运动的领导力量

中国共产党的领导地位是在中国独特的历史命运中确立的，是经过百年党史实践淬炼和检验的。中国共产党是我国社会主义现代化建设总舵手，是妇女运动的政治风向标，是汇聚万众共克时艰的主心骨，是推动妇女事业的领导力量。中国共产党从建党之初就把妇女解放事业和无产阶级伟大事业紧紧连接，发挥妇女能动性，在中国特色社会主义道路中实现价值、获得解放和发展。习近平总书记指出："在革命、建设、改革各个历史时期，我们党始终坚持把实现妇女解放和发展、实现男女平等写在自己奋斗的旗帜上，始终把广大妇女作为推动党和人民事业发展的重要力量，始终把妇女工作放在重要位置，领导我国妇女运动取得了历史性成就，开辟了中国特色社会主义妇女发展道路。"[7]

新中国成立后，在中国共产党的领导下，妇女运动奋楫笃行，蓬勃开展。毛泽东同志把马克思主义妇女观置于中国妇女解放运动的实境中考量，提出"全国妇女起来之日，就是中国革命胜利之时"；[8]36 邓小平同志把马克思主义妇女观融入改革开放伟大变革中接续发展，提倡妇女主动解放，主动发展，发挥主体能动性，在社会主义建设大潮中建功立业；江泽民同志提出全党全社会都要树立马克思主义妇女观，妇女事业是中国特色社会主义现代化建设事业的重要命题；胡锦涛同志要求马克思主义妇女观要与坚持"广大妇女的主体地位，与国家和民族同呼吸、共命运，走中国特色社会主义道路，中国共产党的领导"[9] 相统一，把准中国妇女运动的政治方向；习近平同志在考察中国妇女发展道路的独特性和新时代面临的新情况后，提出了"我们党始终坚持把实现妇女解放和发展、实现男女平等写在自己奋斗的旗帜上，始终把广大妇女作为推动党和人民事业发展的重要力量，始终把妇女工作放在重要位置"。[7] 坚持走中国特色社会主义妇女发展的现代化道路，必须把党的领导贯穿于妇女事业的全过程。

（三）依托社会主义制度作为妇女运动的前提保障

只有社会主义才能救中国，只有中国特色社会主义才能发展中国，这是中华民族在危亡之际孜孜以求的正道，也是以中国共产党百年征程做背书的真理。妇女解放事业是无产阶级革命事业的重要组成部分，中国妇女运动正是在社会主义制度的前提保障中获得发展的。中共二大做出《关于妇女运动的决议》："妇女解放是要伴着劳动解放进行的，只有无产阶级获得政权，妇女们才能得到真正的解放，只有社会主义制度才能真正解放妇女。"[10]256 恩格斯在《家庭、私有制和国家的起源》中揭示，妇女既是家庭中的"无产者"又是社会中的"无产阶级"，要切断男女不平等的根源，就要斩除私有制，消灭阶级分化。如何实现私有制的消亡、阶级的消失？《共产党宣言》从人类历史的发展进路中推演出答案。

实现共产主义和人类解放具有历史必然性。生产力和生产关系、经济基础和上层建筑的矛盾运动使人类社会不断从低级形态向高级形态跃进，生产力的发展和社会劳动分工的变化孕育出不同阶级类型，其中工业化的生产方式变革不断滋生出无产阶级和资产阶级的鸿沟，而随着现代化大工业生产的不断升级，促进生产力发展的要素越加丰富。马克思曾在《共产党宣言》中预言："现代工业越发达，男工也就越受到女工和童工的排挤。……对工人阶级来说，性别和年龄的差别再没有什么社会意义了。……他们都只是劳动工具，不过因为年龄和性别的不同而需要不同的费用罢了。"[11]35 因而我们可以推导出，因生产力的发展和社会分工的差异导致男女地位不平等，妇女陷入被压迫、被剥削的境地，而随着现代工业所带来的生产力提升和生产方式的变革，妇女势必会冲破阶级压迫的枷锁。资产阶级是不会也不能允许妇女运动如此发展的，只有社会主义制度才能触发这种现代化的工业化大生产的可能性。中国妇女运动正是在社会主义制度的保障下，获得来自国家自上而下的支持和强力干预，将妇女解放置于国家解放、民族独立的事业中，在历史舞台上以无产阶级的群体身份获得主体性的地位。

二、独特的文化传统积淀妇女运动的中国式现代化底色

马克思指出："人们自己创造自己的历史，但是他们并不是随心所欲地

创造，并不是在他们自己选定的条件下创造，而是在直接碰到的、既定的、从过去承继下来的条件下创造。”[12]470 中国妇女运动是与中国式现代化道路同向同行的，这其中包括冲破封建腐朽的性别观念树立新中国女性的主体意识，承继民族良俗打造妇女在家风建设中的独特地位，推进制度化体系保障妇女权益，独特的中华文化传统和中国特色社会主义建设历史实践，积淀了妇女运动的中国式现代化底色。

（一）积极构建中国妇女的女性主体意识

马克思曾把人分为“有个性的人”和“偶然的个人”。两者的本质区别在于人在社会交往中所属的地位不同，前者处于有选择权的主动地位，后者处于被奴役的从属地位。两性关系中，妇女因私有制的产生失去了经济上的独立和人格上的独立，在社会交往中处于后者，即“偶然的个人”。妇女解放就是使女性从“偶然的个人”转变为“有个性的人”，在社会交往中获得与男性平等的地位。

古代中国传统的封建妇女观中，男权制文化影响深远。从“三从四德”到“家长制”，夫权、族权、神权、政权成为束缚旧中国妇女的“四条绳索”。[13]31 哪里有压迫，哪里就有反抗。伴随着近代民族救亡运动的主旋律，妇女运动也在呼唤并积极构建女性主体意识。太平天国运动时期，我国历史上第一支女子军队建立，并在《天朝田亩制度》中规定“分田照人口，不论男妇”，揭开男女平权运动的序章；“戊戌维新”时期，康有为在《大同书》中呼吁“女子当与男子一切同之。此为天理之至公，人道之至平”[14]166，并创办女子不缠足组织和兴办女学来推动妇女解放运动，成为近代中国妇女运动的思想启蒙；辛亥革命时期，女性通过建立妇女团体、传播报刊等形式争取男女平等权利，有组织地走向革命前台，促进中国妇女觉醒；新文化运动揭开了反帝反封建的新篇章，批判传统礼教对妇女摧残和压迫成为新文化运动时期妇女运动的主题，尤其是早期马克思主义者们开始探索用阶级斗争的学说重新思考妇女解放问题，在思想上推动了妇女解放运动的深入发展。

独特的文化传统和历史实践表明，妇女运动要走出一条中国式现代化道路，就要积极建构女性主体意识，清除轻视和辱没妇女的糟粕观念，扫除实现男女平等的思想障碍。“要消除针对妇女的偏见、歧视、暴力，让性别平等真正成为全社会共同遵循的行为规范和价值标准”[15]，中国式现代化的妇女运动必须坚持男女平等基本国策，发挥妇女主体能动性，树立自尊、自信、自立、自强的“四自”精神，形成争取权益保障、推动男女平等的自觉意识。明确“妇女平等依法行使民主权利、平等参与经济社会发展、平等享有改革发展成果”[16]的任务目标，把妇女切实享有权利平等、机会平等和结果平等作为促进妇女全面发展的价值主张。

（二）充分发挥妇女在家风建设中的独特作用

马克思主义妇女观不是片面强调妇女“重新回到公共的事业中去”，而是要公正评价和重视妇女在“两种生产”中的独特作用，树立正确的家庭观和和谐的性别观。家庭是社会组成中最具凝聚力的单元，良好的家风有利于个人的私德养成，从内而外地严私德，才能推己及人地守公德，进而从家而国地明大德。人无德不立，国无德不兴，家风的培养关乎社会和谐、国家稳定的价值观锻造。

中国自古崇尚“和”文化，“以和为贵”“家和万事兴”“琴瑟和鸣”等都表达出家庭性别平等、和谐相处的美好愿景。习近平总书记在会见第一届全国文明家庭代表时肯定家庭在德育中重要的地位，指出：“尊老爱幼、妻贤夫安，母慈子孝、兄友弟恭，耕读传家、勤俭持家，知书达礼、遵纪守法，家和万事兴等中华民族传统家庭美德……是家庭文明建设的宝贵精神财富。”[17]中国独特的传统文化中可溯源妇女在家风营造和赓续中的独特地位，孟母三迁、岳母刺字等典故无不述明妇女在家风建设和传承中所具有的独特作用，习近平总书记提出新时期的家庭观“要注重发挥妇女在弘扬中华民族家庭美德、树立良好家风方面的独特作用”[7]，这些为妇女运动的中国式现代化沉淀了一抹温暖的家庭观底色。在《中国妇女发展纲要（2021—2030年）》中特别设立“妇女与家庭建设”目标，着重提出了要充分发挥妇女在家庭生活中的独特作用，弘扬中华民族家庭美德、树立良好家风，支持妇女成为幸福安康家庭的建设者、倡导者，在策略和措施层面鼓励和支持妇女在家庭生活中发挥独特作用。

（三）切实推动女性权益保障制度化发展

区别于西方女权主义或者资产阶级女性主义运动自下而上开展的特点，自新中国成立后，在中国共产党的领导下，妇女事业成为中国社会主义事业的重要组成部分，妇女解放和男女平等是中国现代化道路的目标之一。独特的历史传承使中国的妇女解放运动受到从国家层面自上而下的推动，在法律、法规、政策、纲领等多方面完善女性权益保障体系，使妇女地位通过制度化的形式得以保障。

比如在立法层面，新修订的《中华人民共和国妇女权益保障法》于2023年1月1日起施行。这是这部法律实施30年后的一次全面修订，其对于回应社会有关妇女问题的关切，解决妇女发展领域的突出问题，激发广大妇女推进实现中国式现代化的主人翁精神，促进妇女事业和经济社会同步发展，确保广大妇女共享新时代改革发展成果，具有重大而深远的意义。

又如在纲领层面，我国先后制定了四个阶段的《中国妇女发展纲要》。自1995年开始从政治、经济、教育、健康方面明确我国妇女发展的阶段性任务，到2021年不断细化妇女在健康、教育、经济、决策和管理、社会保障、家庭建设、环境、法律领域发展的主要目标，并提出相应配套政策及措施，规定组织与实施要求、监测和评估准则，有效地维护了妇女权益，提高了妇女整体素质，有利于加快实现男女平等的进程，发挥广大妇女在中国式现代化建设中的重要作用。

三、独特的基本国情淬炼妇女运动的中国式现代化特征

党的二十大报告指出："党的百年奋斗成功道路是党领导人民独立自主探索开辟出来的，马克思主义的中国篇章是中国共产党人依靠自身力量实践出来的，贯穿其中的一个基本点就是中国的问题必须从中国基本国情出发，由中国人自己来解答。"[1]18 人口规模巨大的"家底"、全体人民共同富裕的

目标、“两个文明”相互协调的要求、人与自然和谐共生的理念、走和平发展道路的指向，这些是新时代中国式现代化道路的基本国情，也是中国妇女事业现代化之路的基本国情。实现中华民族伟大复兴，是中国共产党的百年梦想，是新时代中国的历史重任，也是中国妇女现代化道路的时代使命。

（一）妇女劳动者撑起人口规模巨大的现代化进程的“半边天”

中国式现代化是人口规模巨大的现代化。根据我国第七次人口普查的统计结果显示，全国总人口共有 1411778724 人[18]，其中，女性人口总数为 688438768 人，占全国人口总数的 48.76%[19]，妇女劳动者撑起人口规模巨大的现代化进程的“半边天”是中国式妇女运动现代化的特征之一。

一方面，没有妇女的解放，就谈不上无产阶级的解放；没有妇女事业的发展，就不会有中国特色社会主义事业的成功。习近平总书记在同全国妇联新一届领导班子成员集体谈话时强调：“做好党的妇女工作，关系到团结凝聚占我国人口半数的广大妇女，关系到为党和人民事业发展提供强大力量，关系到巩固党执政的阶级基础和群众基础，必须坚持男女平等基本国策，充分发挥我国妇女伟大作用，为实现‘两个一百年’奋斗目标、实现中华民族伟大复兴的中国梦而奋斗。”[20] 另一方面，我国仍处在社会主义初级阶段，对于 21 世纪中叶我们要完成的中华民族伟大复兴的目标，需要全体劳动者依靠勤劳奋斗提高生活福祉。妇女作为劳动者的组成部分，是中国式现代化建设的重要力量，而实现民族复兴大计、撑起中国式现代化进程的“半边天”，是新时代中国式妇女运动现代化的使命。习近平总书记强调：“要加强党对妇女工作的领导，坚持中国特色社会主义妇女发展道路，把握实现中华民族伟大复兴的中国梦这一当代中国妇女运动的时代主题，促进男女平等，发挥妇女在各个方面的积极作用，组织动员妇女走在时代前列，在改革发展稳定第一线建功立业。”[20]

（二）巾帼须眉平等共享全体人民共同富裕的现代化成果

共同富裕是中国特色社会主义的本质要求。共同富裕坚持把实现人民对美好生活的向往作为现代化建设的出发点和落脚点，着力维护和促进社会公平正义，着力促进全体人民共同富裕，坚决防止两极分化。男女平等地共享全体人民共同富裕的现代化成果是中国妇女运动争取男女平等和女性权益的应有之义，是中国式妇女运动现代化的特征之二。

一方面，中国式现代化所要实现的目标是随着生产力的发展，社会财富的创造不断丰富，人民对美好生活的向往日益满足，生活富裕、精神富足的现代化成果为全体人民共享。在妇女事业中，这种“共享”体现为“发展离不开妇女，发展要惠及包括妇女在内的全体人民”。[21] 另一方面，共同富裕着力维护和促进社会公平正义，在妇女事业中，这种“公平正义”体现为坚持马克思主义妇女观，促进妇女事业与经济社会协调发展、妇女与男性平等发展和妇女自身全面发展，“在中国人民追求美好生活的过程中，每一位妇女都有人生出彩和梦想成真的机会”[21]，这是促进全体妇女自由全面发展的根本价值诉求和价值取向，是更深层次的平等共享。

（三）妇女在物质文明和精神文明相协调的现代化中彰显创造伟力

物质富有、精神富足是中国式现代化的根本要求。习近平总书记谈到妇女在人类文明中的重要作用：“妇女是物质文明和精神文明的创造者，是推动社会发展和进步的重要力量。没有妇女，就没有人类，就没有社会。”[21] 妇女解放的目标不是一蹴而就实现的，男女不平等起源于生产力发展和生产关系的改变，也必将由生产力的高度发展和生产关系的本质变革所改变。在发展和变革的众多影响因素中，物质文明和精神文明都会对其发展产生制约。所以，妇女要在物质文明和精神文明相协调的现代化中彰显创造伟力，这是中国妇女运动现代化的又一显著特征。

纵观人类发展史，女性因其性别角色，承担人的种族繁衍和物质生产“两种生产”的重任，既生产作为“劳动者”的人，又生产劳动者的“劳动资料”，在社会发展和人类文明创造中具有强大的创造力和生产力，推动人类历史的前进。妇女在“两个文明”相协调的现代化道路目标中，彰显强大的创造力量。新时代的中国女性发挥自立自强传统，自觉践行习近平新时代中国特色社会主义思想，积极追求宏伟的梦想，追求新的目标，热心于伟大的事业，在新时代展现出新女性的风采[22]，各族、各行、各界的广大妇女担负起新时代赋予的光荣使命和责任，为实现中华民族伟大复兴的中国梦而不懈奋斗。

（四）中国妇女运动持守人与自然和谐共生的现代化发展理念

人与自然是生命共同体，人与自然和谐共生是中国式现代化的发展理念。环境问题和妇女问题不是毫无关联的“空集”。生态女性主义认为，因性别气质的差异，处在男女不平等的社会关系中的妇女和自然具有相似之处——两者都处在被奴役、被压迫的从属地位。这种观点带给我们的启示是：“探讨女性和自然的被剥削与被压迫，指出性别、环境与发展等问题之间的意识形态的关联性。”[23]126 人与自然的关系不应建构在人类是自然界的统治者的基础上，正如女性不应是男性的附属品，人与自然之间应该建立可持续发展的生态系统，而男性与女性应该建立起平等和谐的社会系统，相互依存，永续发展，这也是马克思主义妇女观把男女平等作为妇女解放目标的底层逻辑。生态文明是人类文明的新形态，持守人与自然和谐共生的发展理念，是中国式妇女运动现代化道路具有创新性的重要特征。

回归到现实的生活和生产实景中，女性承担着与男性不同的家庭角色和社会角色，生态环境对女性的影响也更具有独特性。因而国家通过接续制定和执行《中国妇女发展纲要》，聚焦“妇女与环境”专项领域，提出充分发挥妇女在生态文明建设中的重要作用，在持续改善妇女生活的环境质量、为城乡妇女提供安全饮水保障、加强符合妇女需求的卫生厕所建设、在突发事件应对中关切妇女特别是孕期、哺乳期妇女及困难妇女群体的特殊需求等生态文明建设领域中着重考虑社会性别因素，为推动社会性别主流化提供现实措施，提升了中国妇女运动现代化的效能。

（五）中国妇女运动为世界妇女运动提供走和平发展道路的现代化新模式

中国式现代化坚持走和平发展道路，契合世界妇女运动的应有之义。妇女事业是现代文明社会发展的重要议题，需要和平的国际环境来维护，需要联合国可持续的机制来协调，需要各国妇女组织的交流互鉴，共同促进。习近平总书记指出：“世界的发展需要进入更加平等、包容、可持续的轨道，妇女事业是衡量的重要标尺。”[15] 打破西方女权主义和资本主义社会妇女运动的理论局限和历史局限，走和平发展道路的中国妇女运动道路为世界妇运提供了一种现代化发展的新模式。

在第四届世界妇女大会上，中国作为东道国聚焦“以行动谋求平等、发展与和平”主题，把实现男女平等的指导方针以《北京宣言》和《行动纲领》的形式固定下来，成为世界各国政府推进妇女事业的庄严承诺。此后，系列纪念《北京宣言》的倡议赓续《北京宣言》的主流共识，如 2005 年发布《北京 +10 宣言》号召世界各国妇女“团结合作，实现性别平等、发展与和平”；2010 年在上海举行“妇女与城市发展暨纪念第四次世界妇女大会十五周年论坛”，聚焦“妇女与城市发展”主题进一步推动全球妇女赋权和性别平等事业的发展；2015 年国家主席习近平主持全球妇女峰会，并发表题为《促进妇女全面发展　共建共享美好世界》的重要讲话；2020 年国家主席习近平在联合国大会纪念北京世界妇女大会 25 周年高级别会议上讲话，承诺中国将继续加大对全球妇女事业支持力度，并倡议在 2025 年再次召开全球妇女峰会。中国将保障妇女发展和妇女权利纳入政府的经济社会发展规划和国家人权行动计划，深度参与国际妇女事务，积极作为，成为全球减贫、抗疫合作、举办多边活动、履行性别平等与妇女发展的国际公约的参与者、推动者、引领者，为全球男女平等与妇女发展事业贡献中国方案与中国力量。

中国式现代化是实现中华民族伟大复兴的光明大道，中国妇女运动是在中国式现代化进程中整体推进的，中国独特的历史命运铸就了妇女运动的中国式现代化主题，独特的文化传统积淀了妇女运动的中国式现代化底色，独特的基本国情淬炼出妇女运动的中国式现代化特征。新时代，三个“独特”决定妇女运动的中国式现代化道路要在推动中国梦的进程中，保障性别平等落到实处、促进妇女走在时代前列，任务艰巨，但使命光荣。

【参考文献】

[1] 党的二十大报告辅导读本 [M]. 北京：人民出版社，2022.

[2] 习近平 . 习近平谈治国理政（第一卷）[M]. 北京：外文出版社，2018.

[3] 江泽民 . 全党全社会都要树立马克思主义妇女观 [N]. 人民日报，1990-03-08.

[4] 恩格斯 . 家庭、私有制和国家的起源 [M]. 中共中央马克思恩格斯列宁斯大林著作编译局，编译 . 北京：人民出版社，2018.

[5] 中华人民共和国妇女联合会 . 马克思恩格斯列宁斯大林论妇女 [M]. 北京：人民出版社，1978.

[6] 胡锦涛 . 在纪念“三八”国际劳动妇女节 100 周年大会上的讲话 [N]. 人民日报，2003-03-08.

[7] 习近平 . 坚持男女平等基本国策　发挥我国妇女伟大作用 [J]. 妇女研究论丛，2014（1）.

[8] 彭珮云 . 中国特色社会主义妇女理论与实践 [M]. 北京：人民出版社，2013.

[9] 李玲 . 试论习近平对马克思主义妇女观中国化的新贡献 [J]. 中华女子学院学报，2019（3）.

[10] 中共中央党史和文献研究院 . 中国共产党重要文献汇编（第 2 卷）（1922 年）[M]. 北京：人民出版社，2022.

[11] 马克思，恩格斯 . 共产党宣言（马克思诞辰 200 周年纪念版）[M]. 中共中央马克思恩格斯列宁斯大林著作编译局，编译 . 北京：人民出版社，2018.

[12] 马克思，恩格斯 . 马克思恩格斯文集（第 2 卷）[M]. 中共中央马克思恩格斯列宁斯大林著作编译局，编译 . 北京：人民出版社，2009.

[13] 毛泽东 . 毛泽东选集（第 1 卷）[M]. 北京：人民出版社，1991.

[14] 康有为 . 大同书 [M]. 郑州：中州古籍出版社，1998.

[15] 习近平 . 在联合国大会纪念北京世界妇女大会 25 周年高级别会议上发表重要讲话 [N]. 人民日报，2020-10-02.

[16] 习近平 . 在妇女与可持续发展国际论坛开幕式上的致辞 [N]. 人民日报，2011-11-10.

[17] 习近平 . 在会见第一届全国文明家庭代表时的讲话 [N]. 人民日报，2016-12-16.

[18] 国家统计局 . 第七次全国人口普查公报（第二号）[EB/OL]. http：//www.stats.gov.

cn/tjsj/tjgb/rkpcgb/qgrkpcgb/202106/t20210628_1818821.html，2021-5-11.

[19] 国家统计局 . 第七次全国人口普查公报（第四号）[EB/OL]. http：//www.stats.gov.cn/tjsj/tjgb/rkpcgb/qgrkpcgb/202106/t20210628_1818823.html，2021-5-11.

[20] 习近平：组织动员妇女走在时代前列建功立业 [EB/OL]. 新华网，http：//www.xinhuanet.com/politics/leaders/2018-11/02/c_1123654725.htm，2018-11-02.

[21] 习近平 . 促进妇女全面发展　共建共享美好世界——在全球妇女峰会上的讲话 [J]. 中国妇运，2015（11）.

[22] 关于中华全国妇女联合会第十一届执行委员会报告的决议 [J]. 中国妇运,2018(11).

[23] 方刚，罗蔚 . 社会性别与生态研究 [M]. 北京：中央编译出版社，2009.

主题二

妇女运动史研究

中国共产党领导下的妇女运动时代主题的变迁

张春鹏　康沛竹*

摘要：百年来，在中国共产党的领导下，中国妇女运动不断发展，始终和党的中心任务相联系。在新民主主义革命时期，妇女运动与反帝反封建的任务相结合；在社会主义革命和建设时期，党积极动员妇女参加社会主义革命和建设；在改革开放新时期，妇女运动在改革开放的伟大实践中不断前行；新时代以来，党积极发挥妇女在家庭生活和社会生活中的两个独特作用，妇女运动为实现中华民族伟大复兴而奋斗。从反帝反封建到为实现中华民族伟大复兴而努力，妇女运动的时代主题与时俱进。把握百年妇女运动时代主题的变迁，坚持妇女运动中的基本原则，有利于做好新时代的各项妇女工作。

关键词：中国共产党；妇女运动；时代主题

习近平总书记指出："实现中华民族伟大复兴，是党和国家工作大局，也是当代妇女运动的时代主题。"[1]182 百年来，中国共产党领导下的妇女运动始终和党的中心任务联系在一起。与西方妇女运动不同，中国的妇女运动

---

* 张春鹏，男，北京大学马克思主义学院2019级博士研究生，主要研究方向为中国近现代史基本问题；康沛竹，女，北京大学马克思主义学院教授、博士生导师，主要研究方向为中国近现代史、马克思主义妇女理论。本文刊登于《中华女子学院学报》2022年第6期。

“高扬男女平等的旗帜，以争取男女平等参与、平等分享的权利为目标，在中国共产党的坚强领导下，妇女通过不懈的奋斗，实现了在政治、经济、法律、教育、婚姻、健康等方面平等权利的保障”。[2]3 党始终领导妇女运动，妇女运动也积极配合党在各个阶段的不同任务。从反帝反封建到为实现中华民族伟大复兴而奋斗，妇女运动的时代主题不断变化。

一、在实现无产阶级解放中争取妇女解放

鸦片战争以来，中国逐渐沦为半殖民地半封建社会，妇女尤其是劳动妇女的生存状况更加恶劣，无数仁人志士探索中国妇女解放的出路。资产阶级维新派代表康有为等人就注意到妇女解放的重要性，提出了“兴女学”“废缠足”的主张。以孙中山为代表的资产阶级革命党人也主张妇女解放，支持妇女参政。但因资产阶级自身的软弱性和妥协性，加之其妇女理论具有不彻底性，未能改变妇女被压迫的命运。五四运动之后，工读主义也曾兴盛一时，主张成立工读互助团，受压迫的女性互相帮助。但随着经费不足，工读互助团也随即失败。李大钊等人运用唯物史观才揭示了妇女遭受压迫的根源，指明了妇女解放的方向。党在新民主主义革命时期的主要任务是反对帝国主义、封建主义、官僚资本主义，争取民族独立、人民解放，这也是妇女运动的时代主题，妇女解放要与阶级解放相结合。

高度重视妇女问题，将妇女解放与阶级解放相联系。在 1922 年，党的二大上颁布了《妇女工作决议案》，主张“妇女解放要在社会主义的社会中才得完全实现”，“只有无产阶级获得了政权妇女才能得到真正解放”。[3]160 因国共合作的现实需要，1923 年通过的《妇女运动决议案》中区分了劳动妇女运动和一般妇女运动，并制定出不同策略。在《湖南农民运动考察报告》中，毛泽东用马克思主义妇女理论探析中国妇女问题，注意到封建制度下男子和女子都受政权、族权、神权三种权力的束缚，而女子额外地“还受男子的支配（父权）”。[4]31 “四条绳索”的论断进一步丰富了马克思主义关于妇女受压迫根源的观点，论证了包括妇女在内的农民是新民主主义革命的

重要力量。在大革命失败后，党在1928年的《妇女运动决议》中进一步明确“在无产阶级领导之下，彻底的摧毁半封建宗法社会的束缚，能引导妇女群众到解放的道路”。[5]498

加强对妇女运动的领导，推动妇女运动发展。党积极学习苏联的组织经验，在1922年成立中央妇女部负责妇女工作，向警予担任妇女部的第一任部长。在之后的革命过程中，党还曾成立过妇女运动委员会。妇女部、妇女运动委员会等党内机构贯彻了党的各项妇女政策，落实党对妇女运动的领导。在1927年之前，党领导的妇女运动主要集中于城市，在妇女团体的配合下组织妇女罢工，还通过女校教育以及报刊宣传等来提高妇女的阶级觉悟，培养妇女干部。当时上海的中华女界联合会就在党的领导下积极创办平民女校，涌现出王一知、丁玲等一批妇女干部。大革命失败后，随着农村革命根据地的开辟和发展，农村妇女运动也在蓬勃发展。在农村，党成立姐妹会等组织，积极宣传封建制度对女性的束缚和压迫。

制定相关法律，保障妇女权益。1931年中央苏区制定的《中华苏维埃共和国宪法大纲》就体现了男女平等的思想，规定男女享有平等的选举权和被选举权。根据地还相继出台了婚姻法，保护妇女的婚姻自由。毛泽东曾领导苏维埃共和国制定了第一部婚姻法，当时中央苏区提出了“结婚、离婚绝对自由”的口号。陕甘宁边区1939年制定了《陕甘宁边区婚姻法》，保障了陕甘宁边区妇女的婚姻自由。在土地法的制定中也遵循了男女平等的原则，1929年4月江西苏区颁布的《兴国土地法》中明确规定“男女老幼平均分配”。[6]69 1936年9月13日党中央通过的《中国土地法大纲》也明确了“不分男女老幼，统一平均分配”。[6]92

动员妇女参加生产劳动，实现经济独立。马克思曾指出：“妇女的解放，只有在妇女可以大量地、社会规模地参加生产，而家庭劳动只占她们极少的工夫的时候，才有可能。”[7]181 这也是支援战争的现实需要。随着战勤和征兵任务日益繁重，经济发展也面临着劳动力短缺的难题，为此党呼吁广大妇女积极参加劳动，利用典型示范、宣传报道、技能培训等各种方式提高妇女劳动的积极性。1943 年通过的“四三决定”批驳了以往妇女工作忽视生产的错误倾向，将战斗、生产、教育确定为根据地妇女运动的三大任务。[8]8 此后，1948 年的“四八决定”重申了生产作为妇女解放运动的关键。各地妇女投入生产，支援了战争的胜利。

二、在社会主义革命和建设中发挥妇女伟大的人力资源作用

1949 年中华人民共和国成立，开启了社会主义革命和建设的序幕。这一时期党的主要任务是进行社会主义革命，推进社会主义建设。为此，1953 年中国妇女第二次全国代表大会上明确要“大力发动和组织广大妇女群众，充分发挥其潜在的劳动力量”。[8]85 随着社会主义改造的完成，1957 年中国妇女第三次全国代表大会进一步发出号召：“团结和动员全国妇女为建设社会主义祖国而奋斗。”[9]10 动员妇女参加社会主义革命和建设成为这一时期妇女运动的主题。

落实立法工作，尊重妇女各项权益。在新中国成立后，制定全国性的婚姻法成为党和国家的紧迫任务。1950 年，新中国成立后的第一部法律《中华人民共和国婚姻法》出台，明确规定：“男女婚姻自由、一夫一妻、男女权利平等。”[8]199 废除了几千年来的封建妻妾制度，使妇女地位得到了法律肯定和保障。在 1953 年国家制定的《中华人民共和国劳动保险条例》中规定了女工的产假，而且“产假期间，工资照发”。[8]180 在 1954 年颁布的《中华人民共和国宪法》中规定女子有同男子平等的选举权和被选举权。1960 年党中央还批转了《关于女工的劳动保护工作的报告》，主张把改善女工的劳动条件的要求纳入技术革命规划，加强妇幼保健工作。宪法和系列法律法规政策的出台，搭建了保障妇女权益的法律框架，改善了女性的生活状况和社会地位。

加强妇联的组织建设。1949 年 3 月 24 日，中华全国妇女联合会正式成立。随后，1949 年党的妇女工作委员会与全国妇联的党组委员会职能合并，蔡畅担任书记，邓颖超任副书记。在党的领导下，妇联依托已有行政区的基

础而迅速发展，截至1956年，各级妇联组织已相继建立完善。妇联充当党和政府的工作助手，在组织妇女、联系妇女、教育妇女等工作上起到了积极作用，贯彻了党和国家的各项政策和指示。妇联组织的充实也为做好妇女工作提供了组织基础。

废除阻碍男女平等的封建陋习。新中国成立初期，社会上还存在着娼妓、缠足、童养媳等封建陋习，阻碍了男女平等的实现。为此，1949年颁布的《中国人民政治协商会议共同纲领》肯定了男女平等的法律地位。毛泽东专门指出："时代不同了，男女都一样。"[10]20 此外，党和政府还领导开展了废娼运动，严禁缠足，打击拐卖妇女现象，在照顾到失足妇女尊严的基础上将其改造为自食其力的劳动者，打破传统落后思想对女性的束缚和荼毒。党还极为重视妇女教育，通过夜校和识字班等方式来提高妇女的知识水平和政治素养。

发挥妇女的建设作用。社会主义建设的艰巨任务离不开妇女在内的广大群众的参与，"中国的妇女是一种伟大的人力资源。必须挖掘这种资源，为了建设一个伟大的社会主义国家而奋斗"。[11]64 为提高妇女的生产积极性，党积极改变男女工资不平等的现状，在《高级农业生产合作社示范章程》中规定，"不分男女老少，同工同酬"，而且"合作社的领导人员和工作人员，女社员应占一定比例"。[6]155 党还制定了"勤俭建国、勤俭持家"方针，并且"特别要依靠妇女团体做工作"[12]104，这对于调动妇女生产积极性、培养勤俭社会风气至关重要。妇女身份从革命者转变为建设者，妇女运动的范围也扩展到城乡的各个领域。在农村，妇女积极投身农业生产，涌现出梁军、王秀芬等大批妇女劳动模范；在城市，妇女在各行各业积极劳动，涌现出裔式娟、郝建秀、孔庆芬等一批妇女模范。其中，孔庆芬是中华民族航海史上第一位女航海家。

三、动员妇女投身改革开放伟大实践

党的十一届三中全会把党和国家的工作重心由以阶级斗争为纲转移到

经济建设上来。随后党在十三大上制定了社会主义初级阶段的基本路线，即“以经济建设为中心，坚持四项基本原则，坚持改革开放”。[13]13 在此大背景下，历次中国妇女全国代表大会制定出了妇女运动的阶段性目标。从 1978 年中国妇女第四次全国代表大会要求妇女运动为“四个现代化”服务，到 1998 年中国妇女第八次全国代表大会主张妇女运动“为实现中国跨世纪的宏伟目标作贡献”，再到 2008 年中国妇女第十次全国代表大会强调妇女运动“为夺取全面建设小康社会新胜利而奋斗”，党始终动员妇女投身改革开放的伟大实践。

捍卫马克思主义妇女理论的指导地位。伴随着对外开放，西方女权主义开始传入中国，并对中国的妇女运动构成冲击。随着苏联、东欧剧变后，社会主义阵营内的妇女运动也陷入低潮。面对这种情况，江泽民在庆祝三八妇女节 80 周年纪念大会上的讲话《全党全社会都要树立马克思主义妇女观》中指出：“马克思主义妇女观，是运用辩证唯物主义和历史唯物主义的世界观、方法论，对妇女社会地位的演变、妇女的社会作用、妇女的社会权利和妇女争取解放的途径等基本问题作出的科学分析和概括。”[14] 其捍卫了马克思主义妇女理论的科学性和指导地位。

将男女平等确定为基本国策。虽然中国的婚姻法和宪法中都规定了男女平等，但受经济发展水平和封建思想的影响，实际生活中的男女不平等的现象仍然存在，男女平等这一目标尚未完全实现。与此同时，男女平等在世界范围内也受到广泛关注，联合国世界妇女代表大会相继召开。在 1995 年的第四次世界妇女代表大会上，江泽民宣布：“我们十分重视妇女的发展与进步，把男女平等作为一项基本国策。”[15] 这一举措呼应了世界范围内妇女运动的发展趋势，进一步推动了我国妇女运动向前发展。

注重妇女的发展权益，制定妇女发展纲要。党高度重视妇女的发展权益，妇女要在经济发展中实现自身的持续性发展，发展权益也进一步丰富了妇女权益的内涵。为保障妇女的发展权益，1995 年政府制定《中国妇女发展纲要（1995—2000 年）》并规划了发展目标，即“妇女的整体素质有明显提高，在全面参与经济建设和社会发展，参与国家和社会事务管理的过程中，使法律赋予妇女在政治、经济、文化、社会及家庭生活中的平等权利进一步得到落实”。[16]之后政府陆续颁布了《中国妇女发展纲要（2001—2010年）》《中国妇女发展纲要（2011—2020年）》。党和国家的统筹规划进一步增强了妇女运动的科学性。

大力发展经济，发挥女性的积极作用。邓小平曾指出，经济不发展，包括妇女问题在内的许多问题都不会得到解决。[17]195 胡锦涛也明确指出：妇女问题“必须通过发展才能得到解决”。[18]除大力发展经济外，党鼓励妇女参与生产建设，积极为妇女搭建工作平台，认真贯彻男女同工同酬的原则。1991年党还开展了“双学双比”和“巾帼建功”活动，动员妇女为国建功。

四、发挥妇女在社会生活和家庭生活中的独特作用

党的十八大以来，我国进入中国特色社会主义新时代，社会主要矛盾已经转化为人民日益增长的美好生活需要和不平衡不充分的发展之间的矛盾。党在新时代的主要任务是要朝着中华民族伟大复兴的目标继续前进。实现中华民族伟大复兴也成为妇女运动的时代主题，党积极发挥妇女在社会生活和家庭生活中的两个独特作用。

让妇女的人生在实现中华民族伟大复兴中出彩。新时代是当前妇女运动新的时代方位，也为妇女运动提出了更高要求。习近平总书记呼吁：“每一位妇女都有人生出彩和梦想成真的机会。”[19]238 党和国家进一步发挥女性作用，为女性提供更多的机遇和平台，增强妇女在民族复兴伟业中的获得感、幸福感、安全感。同时还积极发挥妇女在家庭教育中的作用，妇女“关系到家庭和睦，关系到社会和谐，关系到下一代健康成长”。[20]为此党主张“发挥妇女在社会生活和家庭生活中的独特作用，发挥妇女在弘扬中华民族家庭美德、树立良好家风方面的独特作用”。[1]184 妇女的两个独特作用明确了妇女作为连接家庭和社会纽带的重要意义，也是将马克思主义妇女理论同新时代妇女运动的具体要求相结合的典范。

实现妇女“三个平等”的战略目标。随着中国妇女运动的不断发展，也随着世界范围内妇女运动的不断前进，为中国妇女运动提出了新要求。对此，习近平总书记创造性地提出妇女“三个平等”的战略目标，强调“实现妇女平等依法行使民主权利、平等参与经济社会发展、平等享有改革发展成果”。[1]182 妇女是民族复兴伟业的建设者，同样也是民族复兴伟业的共享者，“发展要惠及包括妇女在内的全体人民”。[21]“三个平等”的战略目标囊括了政治权益、经济权益和发展权益，这是对男女平等这一基本国策的具体化和时代化。随后党在十九大报告中进一步强调要坚持男女平等基本国策。这加强了中国落实男女平等基本国策的力度。

增强妇联的服务意识，发挥妇联的积极作用。妇联作为党和国家的工作助手，在解决中国妇女问题上起到了积极作用。进入新时代，习近平总书记对妇联提出了更高的要求，妇联要“最广泛地把广大妇女吸引过来、凝聚起来”。[22] 党还规定妇联要成为妇女的贴心组织，成为妇女同胞可以信任和依赖的组织，从而更好发挥其服务职能。为实现这一目标则需要进一步完善妇联组织，建立立体化、多层面的组织体系。同时还要提高妇联干部的服务意识，做到“真实反映她们意愿，真心实意为广大妇女办事”。[22]

立足全球，加强妇女问题的国际治理。妇女问题作为全球性议题，需要加强国际间的对话和合作。习近平总书记秉持人类命运共同体的理念，始终重视并积极推动全球妇女问题的解决。在 2015 年的全球妇女峰会上，习近平主席呼吁:“确保妇女能够平等分享发展成果。”[21] 2020 年，在纪念北京世界妇女大会 25 周年高级别会议上，习近平主席积极支持联合国把妇女工作放在优先位置。党和国家始终认真遵守和贯彻落实各项协议，提出将向联合国妇女署捐款 1000 万美元用于支持落实《北京宣言》和《行动纲领》。此外，中国还搭建了全球合作平台，邀请 3 万名发展中国家妇女来华参加培训，为世界范围内妇女运动作出了积极贡献。

百年妇女运动的时代主题变迁折射出百年来中国的发展和进步，也反映了百年来妇女运动始终坚持的基本原则。

男女平等是百年妇女运动的目标。党从成立起就重视男女平等，积极宣传并致力实现这一目标。与此同时，男女平等议题也受到世界范围内的关注，在1975年第一次世界妇女大会通过的《墨西哥宣言》中提出："男女平等，即男女的尊严和价值的平等以及男女权利、机会和责任的平等。"[23]12 1980年和1985年第二次世界妇女大会和第三次世界妇女大会分别召开，将世界妇女运动引向深入。党始终重视并不断落实男女平等的目标，这也是我国妇女运动对世界范围内妇女运动的贡献。

坚持党对妇女运动的领导。"坚持党的领导是做好妇女工作的根本保证，是必须坚持的正确政治方向"[20]131，党的领导贯穿于百年妇女运动的全过程。党领导妇女运动是基于中国国情探索妇女解放的必然选择。在半殖民地半封建社会，资产阶级维新派和革命派都探索妇女解放，但因其阶级局限性和妇女理论的不彻底性，妇女解放以失败而告终。五四运动前后，李大钊等人在传播马克思主义的同时传播了马克思主义妇女理论，揭示私有制是男女不平等的根源，为我国的妇女运动指明了方向。中国共产党的成立使妇女运动有了坚强的领导核心。

始终坚持和发展马克思主义妇女理论。习近平总书记指出："在坚持马克思主义指导地位这一根本问题上，我们必须坚定不移。"[24] 马克思主义妇女理论是妇女运动必须坚持的基本理论，百年来妇女运动的实践也证明了这一点。马克思主义妇女理论的生命力不仅在于其科学性，还在于其实践性。党还不断丰富和发展马克思主义妇女理论，开创了妇女理论的新境界。

【参考文献】

[1] 中共中央文献研究室．习近平关于社会主义政治建设论述摘编 [M]. 北京：中央文献出版社，2017.

[2] 顾秀莲．20 世纪中国妇女运动历史（上卷）[M]. 北京：中国妇女出版社，2008.

[3] 中共中央文献研究室，中共中央档案馆．建党以来重要文献选编（第 1 册）[Z]. 北京：中央文献出版社，2011.

[4] 毛泽东 . 毛泽东选集（第 1 卷）[M]. 北京：人民出版社，1991.

[5] 中共中央文献研究室，中共中央档案馆 . 建党以来重要文献选编（第 5 册）[Z]. 北京：中央文献出版社，2011.

[6] 中华全国妇女联合会 . 中国妇女运动百年大事记（1901—2000）[M]. 北京：中国妇女出版社，2003.

[7] 马克思，恩格斯 . 马克思恩格斯文集（第 4 卷）[M]. 中共中央马克思恩格斯列宁斯大林著作编译局，编译 . 北京：人民出版社，2009.

[8] 中华全国妇女联合会 . 中国妇女运动重要文献 [Z]. 北京：人民出版社，1979.

[9] 中华全国妇女联合会 . 中国妇女第三次全国代表大会重要文献 [Z]. 北京：中国妇女杂志社，1958.

[10] 中华全国妇女联合会 . 毛泽东主席论妇女 [M]. 北京：人民出版社，1978.

[11] 毛泽东周恩来刘少奇朱德论妇女解放 [M]. 北京：人民出版社，1988.

[12] 全国妇联办公厅 . 中华全国妇女联合会四十年（1949—1989）[M]. 北京：中国妇女出版社，1991.

[13] 中共中央文献研究室 . 十三大以来重要文献选编 [Z]. 北京：中央文献出版社，2011.

[14] 江泽民 . 全党全社会都要树立马克思主义妇女观——在“三八”国际劳动妇女节 80 周年纪念大会的讲话 [N]. 人民日报，1990-03-08.

[15] 江泽民 . 在联合国第四次世界妇女大会欢迎仪式上的讲话 [N]. 人民日报，1995-09-05.

[16] 中国妇女发展纲要（1995—2000 年）[N]. 中国妇女报，1995-08-08.

[17] 邓小平 . 邓小平文选（第二卷）[M]. 北京：人民出版社，1994.

[18] 胡锦涛 . 在纪念联合国第四次世界妇女大会 10 周年会议开幕式上的讲话 [N]. 人民日报，2005-08-30.

[19] 全国妇联办公厅 . 中国妇女第十二次全国代表大会文件汇编 [Z]. 北京：中国妇女出版社，2019.

[20] 习近平同全国妇联新一届领导班子成员集体谈话 [N]. 人民日报，2013-11-01.

[21] 习近平出席全球妇女峰会并发表讲话　强调要促进妇女全面发展　共建共享美好世界 [N]. 人民日报，2015-09-28.

[22] 习近平 . 坚持男女平等基本国策　发挥中国妇女伟大作用 [N]. 人民日报，2013-11-01.

[23] 北京市妇女联合会 . 走向 1995 第四次世界妇女代表大会必读 [M]. 北京：中国妇女出版社，1995.

[24] 习近平 . 在哲学社会科学座谈会上的讲话 [N]. 人民日报，2016-05-19.

中国共产党成立之初妇女运动基本主张与策略探析

——以改造上海中华女界联合会为例

韩贺南*

摘要：改造上海中华女界联合会，是中国共产党成立之初领导妇女运动的重大举措，铸就了党开辟妇女革命宣传、平民妇女教育、妇女运动人才培养多位一体格局的基础和枢纽。党在秘密工作的险峻环境下，公开提出了关于妇女运动的基本主张和行动方略，充满智慧和策略。将中国传统文化的天时、地利、人和转化为机缘、地缘、人缘优势；运用中国化、时代性语言阐释了马克思主义妇女理论精髓，以指导妇女运动；在阶级、民族、人类、社会的宏阔视域下，最大限度地吸引、凝聚妇女团体和妇女群众，扩大革命力量。这为此后的工农妇女运动做了准备。

关键词：中华女界联合会；妇女运动；中国共产党

以往，学界关于中国妇女运动研究，范围宽宏，涵盖所有争取妇女解放、男女平等的社会运动。近几年来，中国共产党领导的妇女运动似有作为

---

* 韩贺南，女，中华女子学院教授，法学博士，主要研究方向为女性学理论、马克思主义妇女理论中国化。本文系国家社会科学基金项目“社会主义发展进程视域下中国妇女运动经验研究”（项目编号：19BKS189）的阶段性成果。本文刊登于《中华女子学院学报》2022 年第 4 期。

一个独立研究领域或为一个学科的趋势。由此，中国共产党成立之初对妇女运动的领导，或可称为开局之举，其历史地位更加彰显。

关于中国共产党早期的妇女解放运动，学界早有关注，主要关注以下方面：首先是中国共产党妇女运动理论基础研究。着力探讨马克思主义妇女理论的传入，尤其是马克思主义妇女理论的经典著作《家庭、私有制和国家的起源》的翻译与传播；国际共产主义运动早期社会主义者关于妇女解放论著的译介，如，奥古斯特·倍倍尔（August Bebel）的《妇女与社会主义》，克拉拉·蔡特金（Clara Zetkin）、罗莎·卢森堡（Rosa Luxemburg）等关于妇女解放的主张。此外，还有中国共产党早期领导人、接受马克思主义的先进分子李大钊、陈独秀、李达、陈望道、向警予等关于妇女解放的思想主张。其次是党的妇女运动实践研究。主要聚焦于中国共产党第二次全国代表大会妇女运动决议，探讨这一时期党的妇女运动方针，尤其是妇女解放道路的选择，为何、如何将妇女解放纳入阶级、民族解放之中。在具体实践活动方面，着重于妇女组织、妇女宣传动员、女工工作等研究。在一些重大事件选择上，中国共产党成立后，对上海中华女界联合会的改造、女工罢工斗争等进入研究视野。在研究范式上，有比较宏观的阐释，亦有运用“新史学”方法的细密辨析。

关于建党之后党领导妇女运动的实践，一般认为，改造上海中华女界联合会、创建上海平民女校、创办《妇女声》，构建了“三位一体”的格局。“以中华女界联合会为根本，以《妇女声》为宣传阵地，平民女校则为二者培养人才”。[1]可见，改造上海中华女界联合会，是三维架构之根基。学界对此问题的研究，从笔者所见资料来看，自20世纪八九十年代即有较多关注，主要见于这一时期出版的中国妇女运动史著作之中。多为一般记载，着墨不多，仅简要介绍其成立时间、地点、主要负责人和宗旨。近年来，尤其是在中国共产党百年华诞之际，关于党的诞生地的学术研究成果丰富起来，如对上海博文女校作为中共一大代表住宿地的研究受到关注。由于上海中华女界联合会的会址、负责人及其一些活动与该校有着密切关系，拓展了该会的一些信息。此外，关于中国共产党创始人及一些先进分子在建党前后的活动研究也涉及这一问题，如李达和王会悟研究，尤其是王会悟生平事迹研究，呈现了一些细节。由于关于该会的史料记载匮乏、专门研究不足等原因，对于该会的一些基本情况和相关信息研究惜为粗略。即便如此，还是开启了进一步研究的可能。

本文在既有研究的基础上，探讨的问题为：中国共产党为何以及如何能够改造上海中华女界联合会？到底改造了什么？从而探究中国共产党领导妇女运动的方法与策略。主要运用文献研究方法，试图深入更加细密的历史事实，勾连当时宏观社会背景和具体情境，在文献中发现在时、在地、在事，中国共产党领导妇女运动的问题意识、基本理论、行动方案和主要策略，探究其内在理路。同时，在某些方面注重探讨女性先进分子的革命活动与日常生活的连接，力图在理性、情感、伦理等多个层面体会她们的革命逻辑。

一、中国共产党改造上海中华女界联合会之所以可能

中国共产党为什么改造上海中华女界联合会？或言，改造上海中华女界联合会的目的到底是什么？为什么会选择上海中华女界联合会而不是其他妇女团体？为什么上海中华女界联合会能接受改造？许多问题需要进一步探讨。

（一）缘何改造上海中华女界联合会

学界对中国共产党为什么改造上海中华女界联合会，主要有如下观点。第一，认为中国共产党成立之后，“把妇女解放问题作为党的重要任务之一”[2]，改造上海中华女界联合会即是要完成妇女解放任务。第二，认为这是建立妇女组织的一种方法。由于“中国共产党成立之初，直接建立妇女组织较为困难”，故而“直接改造中华上海女界联合会开展妇女工作”。[3]前者从中国共产党对待妇女解放的态度上认识这一问题，即认为改造上海中华女界联合会是党对妇女解放主张的实际践行；后者则从党领导妇女运动的方法上看待改造上海中华女界联合会的动因。而要深入认识这些问题，需要进一步

步探究当时的具体背景和情境。

关于中国共产党改造上海中华女界联合会的过程，文献记载不多，其细节研究成果鲜见。许多研究从中国共产党重视妇女解放的角度，直接关注改造宣言的发表及其大致内容。笔者试图综合分析近年来关于这一问题的相关文献，如一些人物传记、年谱、口述史资料，来进一步认识其改造过程。自1921年7月中国共产党成立至1921年9月1日《新青年》第9卷第5号刊发《上海中华女界联合会改造宣言及章程》，相隔仅仅一个多月时间。从时间上看，中国共产党成立后即着手改造上海中华女界联合会。据王会悟年谱记载，1921年7月，王会悟“按中央局指示推动上海女界联合会改造”。[4]关于中国共产党改造上海中华女界联合会的社会背景，党成立后所面临的革命形势，以及党对妇女与革命关系的认识，这些问题学界多有研究，此不赘述。简而言之，壮大党的力量，扩大革命队伍是党此时的重要工作。党的群众工作，主要从三方面展开：工人运动、青年运动和妇女运动。可以说，当时的妇女运动形势是党改造上海中华女界联合会的重要背景。近代以来，肇始于戊戌维新时期的中国妇女运动，至党改造上海中华女界联合会之时，基本属于资产阶级民主革命范畴。“第三阶级妇人运动”[5]78是妇女运动的主体，资产阶级妇女、知识妇女是妇女运动的主要力量。党着力培育劳动妇女运动，力图将妇女运动引导到无产阶级革命的轨道上来。继辛亥革命时期中国近代第一次妇女参政高潮之后，沉寂数年，自1920年下半年省自治和联省自治，各地制定宪法和法律，女界趁机兴起第二次妇女参政高潮。一方面是女权运动再度风起云涌，另一方面是劳动妇女运动正在孕育之中。党当时领导妇女运动的主要策略便是改造女权运动，这是党领导妇女运动必经的步骤。

女子社团是当时妇女运动的主要组织形式。简要说来，它是妇女的“结群”。最初是个体的联合，到了党改造上海中华女界联合会之时，已经出现了团体联合的态势。1897年夏秋之际，中国近代史上第一个以妇女为主体创办的女子社团——“中国女学会”在上海诞生，自1901年至1911年武昌起义，历经辛亥革命，此十年间女子社团迅速发展。“1905年前设立者约11个”，1905年后“猛增到40余个”。[6]174 五四运动时期女子社团呈现出“规模化、同盟化和政治化”[7]的倾向。五四运动中，各地妇女联合起来，参加反帝爱国运动。1919年下半年至1920年、1921年至1922年，承袭五四运动经验，扩大联合，各地女界联合会纷纷成立。特别是1920年下半年，省自治和联省自治中，相继出现了许多致力于妇女参政运动的团体。

在这样的背景下，党选择了改造一个较有影响的妇女团体，把党的妇女运动理论与实践主张贯穿其中。

（二）为何选择上海中华女界联合会

如前所言，学界关于上海中华女界联合会的研究已有一些成果。以下通过对这些成果的简要梳理来进一步认识，中国共产党何以选择该组织进行改造。

该会成立于1919年7月上旬。有研究认为，“于博文女校召开的第三次筹备会上，制定了该会的简章”[2]，确定了会名、会址。亦有研究明确了其确定时间为“1919年7月5日”[3]，据此可以推断，这一天为该会第三次筹备会时间。目前尚未看见对第一次、第二次筹备会时间的考证结果。还有研究者认为，1919年“7月11日下午，中华上海女界联合会在博文女校开成立大会”，明确这一天即为该会正式成立时间。关于会址，在前文所言第三次筹备会上已经确定，“暂假法租界贝勒路博文女校内”[3]“1919年9月15日迁入霞飞路358号”[2]。

对于该会负责人及主要成员，有研究提及，在该会成立大会上钮永建夫人黄梅仙当选会长，李果当选副会长①，“该会负责人还有黄兴夫人黄宗汉、博文女校教职员程孝福等”。[3] 关于会长黄梅仙的史料记载较为鲜见，她的一个重要身份是钮永建夫人。钮永建（1870—1965），该会成立前后其身份大致为，“1912年任南京临时政府参谋本部参谋次长，后代行总长职务”，

① 关于副会长李果当时是博文女校校长还是副校长，学界说法不一。

“1917年任广州大元帅府参谋次长兼兵工厂厂长，1927年任南京国民政府秘书长。后历任江苏省政府主席、行政院内政部部长”等职务。[8]有研究表明，钮永建较为重视民众教育，为了挽救民族危机，他“注重‘政’‘教’结合，强调‘全民训练’”。[9]他的夫人黄梅仙担任上海中华女界联合会会长，除借助钮永建夫人身份外，与钮永建注重民众教育是否有关联，需要进一步研究。辛亥革命时期，一些妇女团体借助夫人身份发起并运作的不乏其例。辛亥革命爆发以后，急需军饷，女界成立了“上海女界协赞会”（1911年11月28日），主要任务就是募集军饷，“伍廷芳夫人任会长，张默君任总干事”。[6]239伍廷芳（1842—1922）为“中国近代第一个法学博士”[10]，清末民初著名法学家和外交家。辛亥革命爆发后，伍廷芳投身革命，“1911年11月6日，沪军都督府宣告成立，伍廷芳出任外交总长”。[10]上海中华女界联合会以钮永建夫人为会长似依此例。其他负责人和发起人多为上海博文女校教职员。需要说明的是，学界关于上海中华女界联合会创建及其活动研究，均提及徐宗汉在其中的重要作用，但均未明确说明其在创建之时及此后的职务。唯见有研究谈到，1916年，博文女校“由黄兴夫人徐宗汉，章太炎夫人汤国梨及邵力子、邹鲁、张继等组成校董会”。[2]或可认为徐宗汉作为辛亥革命先驱、国民党元老，实为当时妇女运动的领导者，是女校、妇女团体等组织的创建者，她选择得力人员具体开展工作，把握这些组织的活动方向，决定这些机构的重大事情，而不会在具体机构中担任职务，亦未可知。

该会宗旨、机构设置与主要活动。上海中华女界联合会第三次筹备会确定了该会宗旨，即“竭女子之知能，启发国民之自觉，提倡社会服务”。[3]“该会设有教育部、宣传部及工会组织部”。[3]创办会刊《上海女界联合会旬刊》，副会长李果为总编辑。其主要活动为举办家庭演讲会，如，1919年7月15日，“郑璧、李果在钮永建家举行的首次家庭演讲会上发表演讲”；[3]又如，1919年11月29日，该会代表“李果参加松江召开的国民大会并发表演说，力主家庭演讲，唤醒国人迷梦，一致对日”。[3]有研究认为，该会初创时期，主要活动内容有“爱国教育、女子觉悟、家庭教育、儿童教育等”。[3]

以上诸问题的回溯，为进一步分析该会当时的性质提供了一些可能。首先，该会成立于 1919 年 7 月上旬，其成立的背景，正值五四运动中上海学生罢课、商界罢市、工人罢工的“三罢”之后。1919 年 5 月 11 日，上海学生联合会正式成立，“5 月 26 日，上海公私立中等以上男女学校的学生 2.5 万人齐集在西门公共体育场，举行罢课宣誓典礼，会后举行游行示威”。[2] 5 月 31 日，上海学联在公共体育场召开追悼北大学生郭钦光烈士大会。6 月 5 日，上海商界宣布罢市。时隔一个月后，7 月 5 日，上海女界联合会召开筹备会，11 日召开成立大会。其次，该会发起人、负责人及其主要成员，除徐宗汉、黄梅仙等资产阶级革命家和上层女性外，大部分是知识女性，其主体是博文女校的教职员与学生。就该会始创的宗旨来看，有三个要点：其一，肯定女子的知能；其二，主要目标为启发民众自觉；其三，从家庭着手。具体说来，自信女子具有一定的智识和能力，试图通过家庭演讲等形式，动员民众，启发国民，尤其是女性，激发其反帝爱国的自觉性，同时致力于家庭教育、儿童教育等社会服务。由此看来，既有研究将其看作以上层知识妇女为主要成员的进步团体，或言求妇女解放、致力于妇女参政的团体等，或为粗略，似有不妥。

本文以为，仅就近代女子社团的兴起与发展脉络来看，一般来说有两种情况：一是，女子社团始创于社会改革或革命等重大社会运动之初始。女子团体的成立就是为了结群参加当时的社会运动。二是，女子社团是社会运动的直接结果，在社会运动中兴起，跟进后续社会运动的思想和目标。而上海中华女界联合会属于第二种。就女子社团对社会革命和妇女解放关系的对待和处理来看，总体说来，是将社会革命和妇女解放结合在一起的，但在具体诉求上，不同时期、不同活动则着重点不同。在某一社会运动初始和高潮中，除却社会运动本身对妇女解放的蕴涵而外，妇女社团自身的直接诉求则以社会革命为中心。而在社会运动结果阶段，则转为着力关注妇女权利问题。众所熟知的《中华民国临时约法》颁布前后的妇女参政运动便是显例。上海中华女界联合会成立初衷为反帝爱国，而不仅仅是争取妇女权利。

综上所述，初创时期的上海中华女界联合会是在五四运动中孕育，五四运动后期诞生，由女性资产阶级民主革命家或先进分子等发起，以女校教职员等知识女性为主体的反帝爱国、追求妇女解放的进步团体。

当时中国共产党选择上海中华女界联合会进行改造，主要基于该组织反帝爱国、主张妇女解放的政治立场与倾向，及其在上海乃至全国女界的重大影响。除此之外，另有地缘、人缘关系等其他因素。上海作为中国共产党的诞生地，其地缘的重要作用，学界多有关注，此不详述。仅就人缘而言，中国共产党改造上海中华女界联合会之时，一些支持、信仰马克思主义社会主义革命的女性先进分子云集其中，如王会悟、王剑虹、高君曼等。据王会悟生平事迹研究，1920 年春，王会悟因声援新文化运动，发动同学离校，创办进步刊物，受到当局镇压。为避抓捕，“前往上海寻找妇女解放途径”。[4] 经上海学联评议长何世桢介绍，“到上海女界联合会兼任文秘工作”，“在女界联合会结识知识女性高君曼，并得以拜会其丈夫陈独秀”。[4] 学界对高君曼与上海中华女界联合会的关系虽鲜有研究，但此处可见，高君曼与上海中华女界联合会亦有联系。此外，有研究表明，1920 年 7 ～ 8 月，王剑虹“经父亲的老朋友、国民党元老谢持介绍”，“来到上海（中华）女界联合会徐宗汉处做些文字工作”。[11]7 当时上海学联和上海中华女界联合会具有很大影响力，是先进女性云集之地。一些团体的女性领导敞开怀抱，接纳先进女性。有研究提及王会悟初到上海之时，“暂住何家一周”（何家为何世桢家），后“转住徐家”（徐家为徐宗汉家）。[4] 可见，当时先进女性之间，携手前行，交往密切。此外，需提及的还有该会成员黄璧魂等。1920 年 12 月，陈独秀担任广东省教育委员会委员长，“他聘请黄璧魂担任秘书”，“陈独秀、沈玄庐等创办《劳动与妇女》杂志，黄璧魂参与其中”。[3] 这些先进女性无疑成为中国共产党改造上海中华女界联合会的重要力量。

二、以科学理论引领妇女运动方向

中国共产党对上海中华女界联合会的改造，基本内容主要体现在《上海中华女界联合会改造宣言及章程》（以下简称《宣言》）中。《宣言》阐释了改造上海中华女界联合会的原因、理论基础，重新制定了该会宗旨，提出了十大纲领。

（一）多维视域下的“妇女运动观”

《宣言》秉承新文化运动的科学主张，运用生物学、历史学、民族学等研究结论，阐释了对性别问题的看法，回顾了人类解放的历史进程，阐释了妇女解放与人类解放的关系，提出了对当时妇女运动的基本主张。

《宣言》指出，首先，生物学研究表明人类“没有性的区别”。[12]11《宣言》主要依据生物学研究成果，概要说明，无论是生物界还是人类，都“没有性的区别”，即性别没有高低贵贱、优劣之分。女性既不是非人类，也不是差等人类。其次，历史学研究证明女子有许多社会功绩，然而，世界各民族却都对妇女抱有偏见。最后，人类历史是寻求解放的历史。“女子解放，正是这解放历史中底重要部分。”[12]11 上述观点旨在说明两个问题：其一，妇女解放是人类问题，不是单独的妇女问题；其二，妇女解放是世界问题，不是哪一国家、哪一民族的问题。这一认识，在理论上突破了人权理论，借鉴了多学科理论，在实践上突破了以往的人权诉求，直接针对当时存在的女权运动不改变社会制度，只求具体的参政、财产权等，或以男子为斗争对象的问题。为在实践上将女权运动引导到无产阶级革命道路做了理论铺垫。或者说，在这里，中国共产党表明了对妇女运动的基本理论主张和立场，即妇女运动不是孤立的、以男子为斗争对象的妇女争取权利的运动，而是人类解放、世界革命的一部分。这一宏阔的理论视野，来源于感知动荡的世界，中华民族受到帝国主义的侵略，寻求民族独立、人民解放的理论求索和现实慎思。马克思主义、社会主义是世界的，是人类的；社会革命也是世界的，是人类的；妇女运动当然也是世界的，是人类的。《宣言》把这一认识看作“时代性”。人类解放、世界革命是时代潮流，如果将妇女运动仅仅局限在女权运动，就是落后于时代。“以前的理想及组织方法都不足应时代的要求，因为时代精神天天迫着我们中华女界联合会有改造的必要。”[12]11 《宣言》这一观点既体现又利用了中国人崇尚思想、行为符合时代潮流，顺应历史发展的文化特质，旨在引导妇女团体、妇女运动尽快步入马克思主义社会革命的道路。

（二）“部分”与“整体”辩证思维下的责任认同

《宣言》运用辩证法思想阐释了“部分”与“整体”的关系，说明妇女解放是人类解放整体的有机组成部分。着力论述了妇女运动不仅有自身的任务和目标，而且肩负人类世界解放的责任，不能忽略这一责任。这一观点具有鲜明的针对性，针对的是当时女权运动的政治立场，即在不改变现存社会制度的情况下追求妇女权利，不致力于社会革命。这是关于当时妇女运动方向的理论导向。继而跟进的实践问题即是，既然责任如此重大，妇女团体不寻求改变则难以承担重任，必须找到新的方法和策略。首要是“联合”，“纠合我们中华要求解放的女子”，依靠众人合力“使我们要求的声音一天一天高起来，使我们奋斗的力量一天天强大起来”。[12]11《宣言》运用了“纠合”概念，表明联合的条件即为凡是要求解放的女子，范围宽广，表现出党的自信心、感召力和凝聚力。

此外，《宣言》运用责任意识感召妇女群众。责任意识是中国传统文化的重要理念。“天下兴亡，匹夫有责”，“匹妇亦有责焉”，这是近代以来妇女的自勉和社会期待。《宣言》将中国传统文化精神与时代主题相融合，在人类历史与现实世界、民族独立与妇女解放多维交织的情境中，感召民众，鼓舞女子将投身社会革命、挽救民族危亡作为体现个人道德和人格追求的行为，从而使党的主张能够为民众所接受，进而付诸行动。

三、宗旨改造与纲领的创拓

《宣言》对上海中华女界联合会的宗旨进行了革命性改造，并提出了十大纲领。十大纲领中包括六项权利、四项主张，旗帜鲜明，策略深藏。

（一）从改良到革命的宗旨

上文已述，上海中华女界联合会成立时的宗旨是“启发民众自觉”和

“社会服务”。改造后的宗旨是“拥护女子在社会上政治的及经济的权利，反抗一切压迫”。[12]12 前者倡导尽妇女所能，进行社会改良。而后者，从妇女权利入手，致力于反抗一切压迫的社会革命。进一步分析可见，该宗旨关于妇女权利的表述及实现的道路也颇具深意。该宗旨有两个核心内容，一是拥护妇女权利，二是反抗一切压迫。围绕这两个问题，深藏其中的是通过社会革命实现妇女权利的主张。如，关于妇女权利，主要强调两方面，一是政治权利，二是经济权利。而且表明这两项权利须在社会中取得。当时，中国最大的政治是民族独立、人民解放。在帝国主义侵略、军阀混战的“兵匪世界”、半殖民地半封建的中国社会，强调人民的政治权利和经济权利是奢谈。要取得女子在社会中的这两项重要权利，只有社会革命一途。这里的获取政治、经济权利显然不同于女权运动主攻的参政权、财产继承权、教育权、职业权等社会改良主张。此外，《宣言》中摆脱一切压迫的宗旨，主要意涵为，在当时的中国社会，不能抛开阶级、民族压迫追求女子解放。由此，将妇女运动指引到社会革命的轨道。

在当时党的活动还没有公开，资产阶级改良主义尚有一定影响，马克思主义的社会革命立场还被称为“过激党”主张的背景下，如何能够将通过社会革命手段实现妇女解放作为该会的宗旨？从理论逻辑上讲，即是将妇女解放作为反抗一切压迫的一种特殊形式。要追求妇女解放，就要反抗普遍的、一切形式的压迫。而妇女解放历经自戊戌维新到新文化运动的倡导，获得了社会上一定的同情和支持。妇女解放符合女子社团的使命，为各界妇女所接受，借妇女问题而提出无产阶级社会革命主张，避其锋芒。此外，当此第二次妇女参政运动高潮兴起之时，以妇女权利为要义，不仅顺应而且引领了妇女运动潮流。通过社会革命手段争取妇女权利，其社会革命主张，既适时又合情合理，既隐蔽又彰显。

总之，该会宗旨凸显妇女权利，从妇女权利入手，将党的社会革命主张蕴涵、彰显其中。这种“穿针引线”，以小见大，将重大主题融进容易被民众所接受的运动、活动中，是当时党的妇女运动策略之一。

（二）六项权利的“保留”与拓展

《宣言》提出十项纲领，“以求全国女同胞之赞可”。[12]11 如何代表各妇女团体的基本愿望，是达致众心所归的关键。关于改造后的纲领与该会成立之初的纲领有何不同，由于当时相关文献甚少，难以对照。以下仅以与此《宣言》时间比较接近的《长沙女界联合会成立宣言》(1921 年 1 月)、《北京女权运动同盟会宣言》(1922 年 8 月）做一比较。

如何对待女权运动，是当时党领导妇女运动不仅要面对，而且要审慎、策略对待的问题。《宣言》首先承接了女权运动的基本主张。所言“承接”，即接受和保留。不仅接过来，更要创新意、开新局。从《宣言》的文本来看，接受了当时女权运动权利诉求的基本内容框架。当时女权运动的基本权利诉求大致有五个方面，涉及教育、职业、参政、遗产继承、婚姻领域，各项权利的排序和目标大同小异。以《长沙女界联合会成立宣言》为例，这五项权利的顺序为：“财产均分权”“公民选举、被选举权”“教育同等权”“职业对等权”“婚姻自决权”。[13]9《北京女权运动同盟会宣言》提出七项权利，首项亦为教育权，要求“开放一切教育机关”，第二项为“人民权”，要求“男女平等的人民权利”。以下五项，均为改造“私法”与“公法”，要求法律增加男女平等内容，重点改变纳妾、买卖婢女、公娼、缠足等弊俗和社会丑行，要求制定保护女工的法律。[14] 妇女团体借助省自治与联省自治、各地制定宪法等法律之机，以修法为主攻方向。北京女权运动同盟会纲领大略反映了这一情况。

比较上述两个妇女团体的纲领，《宣言》在妇女权利方面，基本涵盖了当时女权运动的基本诉求，主要为教育、家庭、参政、财产、工作等权利。所不同的是，与长沙女界联合会宣言相比，增加了女工和童工权利。后此一年的北京女界联合会宣言，亦关注了女工权利，而未涉及童工问题。

如此，沿用女权运动权利诉求的基本框架，意涵深远。首先，在基本立场和态度上，在倡导妇女解放与维护妇女权利方面，党支持女权主义的一些主张，但关于妇女解放道路的立场不同。这与辛亥革命时期妇女参政遇到的社会阻力迥然不同。妇女解放是党的奋斗目标之一，制定妇女运动纲领是党对妇女解放主张的实际践行。其次，从学理与实践角度来看，如前所言，党掌握了来自各领域的关于妇女解放的科学理论，更为了解当时妇女团体的现实关注，因而赞同女权运动的妇女权利框架；最后，在策略上，沿用女权运动的基本主张，表明联合女权运动的诚愿，通过妇女运动的先行力量，带动广大妇女群众。

《宣言》既然沿用了当时女权运动的基本诉求，那么又如何体现党的妇女解放主张，并且，这些主张要使以资产阶级上层妇女为主体的妇女团体认同并付诸行动，党到底采取了怎样的策略？

从方法上看，《宣言》采取了从部分到整体，从微观到宏观，系统改造的方式。六项权利中无一全盘采用女权主义主张，而是在争取这些权利的理论与事实依据、目的和目标等方面全面进行了改造，“植入”党的主张。所谓“植入”，即原本并没有马克思主义妇女解放的理论主张，尤其是社会革命观点，诸如，将妇女解放作为人类解放整体的一部分，走马克思主义社会主义革命道路等，而党在《宣言》中将这些主张深植进去，使其生根发芽。也即促成对原有观点的改造，生成新的主张。这既不是简单的纳入，也不是均质和无序的混合，而是培育和主导。

又如，《宣言》对第一项权利，即教育权的说明，基本诉求是女子“得入一切学校与男子受同等教育”。[12]12 其理由有两点：一为“两性一体”；二为“男女共同为社会服务”。很显然，《宣言》从社会构成与进化视角看待女子教育权问题，这里的“两性一体”是李达早在 1920 年 8 月《女子解放论》一文中提出的观点。李达认为，组成社会的单元并非个体的人，而是男女的结合，因为男女结合才有繁衍，才谈得上社会存在与进化。他旨在说明，妇女解放对于社会进化是不可或缺的，具有深层次、系统性地促进社会变革的意义。《宣言》在这里以这一理论为基础，倡导妇女教育，使女性增长智识，“为社会服务”。在当时的背景下，既有原来该会倡导的启发民智，又有促推妇女参加社会革命之意。

而相比之下，当时《长沙女界联合会宣言》倡导妇女权利的理论依据是人权理论，在人权框架下争取妇女的各项权利，教育权置首。关于妇女应该享有人权，该会提出四点理由：其一，从人权来源的角度来看，认为“人权由于‘天性’”，说明女子具有天性，当具人权；其二，人权即是人类生活，人权体现在人类生活中，“女子有生活即有人权”；其三，人权应平等，“男女权利不平等，所以要恢复女子人权”；其四，运用社会互助理论，认为人权应该“互相维系”，“讲求社会协助，所以运动恢复女子人权”。在此人权框架下，关于女子教育权，该会做出如下阐释：“须取得‘教育同等权’，以求知能的发达。”[13]9 而其通过教育增长知识和能力，目标是恢复女子人权，即将教育作为恢复女子人权的重要条件。而《北京女权运动同盟会宣言》关于妇女权利的理论基础则是“两性平等”“男女平等”理论。这里的男女平等理论，虽则借鉴了当时各种理论思潮，也受到马克思主义阶级理论的影响，但基本价值取向仍属于资产阶级的自由平等观，亦即主张资产阶级民主主义社会理想下的男女平等。该宣言指出：“我们不相信不打破男女两性的阶级，真正的民主主义能够存在”[14]58，“我们认教育上的平等，为一切平等的渊源”。[14]59 该宣言将教育平等与当时女界联合“反抗男子专制运动”的现实结合起来，反思如何达致女权运动男女平等的目标。其倡导教育平等的目的是男女平等。如此，女权运动的各项目标关注的核心问题是妇女的人权或男女平等问题，中国共产党对女权运动的改造，是从这些权利入手，“植入”党的社会主义革命主张。如，《宣言》中婚姻家庭权被排在第二项，主要目标不同于女权运动婚姻自由的普遍诉求，而是聚焦为言论和行为自由，具体为“一切言论行为概不受父母翁姑或夫的干涉”[12]12，主要理由是“减轻女子家庭痛苦”。[12]12 这一项的出发点是对女性切身痛苦的关注，就女子自身而言，解决的方法即是女性走向社会，参加社会革命。再如，关于第三项的参政权，在一般所求选举权和被选举权的基础上，增加了“从事其他一切政治的活动”[12]12 的权利，其行为导向亦为鼓励妇女参加政治活动。关于职业权，不同于女权主义经济独立的主张，而强调作为人的生存权，为生存而斗争，为生存而男女联合，从而导向工人运动。

总之，六项权利中均明确而坚定地体现了党的主张。六项权利因具体内容而异，但核心问题是引导妇女走向社会，从事反对帝国主义、封建主义的革命运动，为党领导女工运动做了准备。

（三）阶级、社会、民族、人类宏阔视域下的四项主张

如果说，在上述六项权利中，以女权主义权利框架为基础，“植入”党的意图，那么，《宣言》中的四项主张，构建了妇女与社会革命关系的“四维框架”，即从阶级、社会、民族、人类的宏阔视野出发，高屋建瓴又脚踏实地，直接号召妇女投入工农运动，参加反对封建军阀和帝国主义的斗争。

第一，以阶级理论为基础，号召妇女参加农会、工会活动。《宣言》指出：“男女劳动同一阶级。”[12]12《宣言》在这里有针对性地提出劳动妇女的阶级属性问题，号召劳动妇女参加工人、农民运动。如此，回避对资产阶级女权运动的阶级性质的断定，既表明合作并存的包容态度，又将重要观点“植入”其中，彰显了这项主张的革命性和行动导向。此外，更具深意的是，以阶级为纽带，从个体行动切入，将妇女运动与工人、农民运动连接起来，从而构建党的工人运动、农民运动、青年运动、妇女运动“一盘棋”的总体格局。第二，以男女社会义务平等为理由，主张女子和男子携手，加入一切抵抗军阀、财阀的群众运动。以男女同为社会成员，具有同样权利和义务的理论为依据，在实践上，引导女性参加反对军阀、财阀的群众运动。第三，从民族生存权的角度，号召妇女与帝国主义侵略者斗争。这里的民族生存权，在宏观层面上，紧密围绕民族独立、人民解放的社会主题。在中观层面上亦有双重含义：一方面，运用民族归属和民族情感引领妇女；另一方面，民族生存权之“权”，将民族独立与女权、妇女解放聚焦到同一场域。第四，以“人类利害共同”为依据，“主张与国外妇女团体联合”。中国共产党主张中国妇女团体与国外妇女团体联合，具有深刻的理论与实践依据。马克思主义社会主义革命道路，是全世界、全人类解放的必由之路，也是全世界妇女解放的必然选择。

《宣言》的四项主张是一种充满智慧的行动动员。其以阶级、社会、民族、人类解放的宏观理论，包容了各种不同观点，暂时避开不必要的冲突，迅捷发出行动动员。

四、结论

中国共产党成立之后，领导妇女运动的重大举措即是对上海中华女界联合会的改造。这是构建妇女革命宣传、平民妇女教育、妇女运动人才培养“三位一体”格局的根基和枢纽。党在艰难险峻的秘密工作背景下，纠正女权运动在理论和实践上的偏误，提出了关于妇女运动的基本主张，即运用马克思主义妇女理论指导中国妇女运动，将妇女运动引导到无产阶级革命的轨道上来，充满智慧和策略。

第一，在改造对象的选择上，体现了党对妇女运动的态度，即密切关注，置身其中，因势利导。党关注妇女运动的动向、发展态势；了解妇女团体的政治立场、地缘、人缘等各种条件；牵引“领头羊”，即抓住重要团体，扩大影响力。此外，将女性先进分子安排到有影响力的妇女团体之中，成为党的妇女运动的先遣队。这一切体现了初创时期的中国共产党密切联系妇女群众的思想和方法。

第二，以科学理论引领妇女运动方向。从理论视野上看，秉承新文化运动的科学精神，站在当时科学理论的前沿，运用生物学、历史学、社会学等科学理论，阐释性别问题，提出就男女对人类历史和社会的贡献与作用而言，没有“性”（性别）的差异，而这在当时具有石破天惊、振聋发聩的作用。就理论的现实意义而言，直接针对当时女权运动只注重现存社会制度下妇女具体权利的获得，甚至以男子为斗争对象，而不注重社会革命的倾向问题，适时提出妇女解放与人类解放、妇女运动与人类解放运动的关系问题。认为妇女解放是人类解放整体的有机组成部分，妇女运动作为人类解放运动整体的重要组成部分，应该担负起人类解放的责任，从而引导女权运动，打破狭隘的眼界和陈旧的行动模式，尽快转入无产阶级革命轨道。在理论形态上，为了便于各派妇女普遍接受，主要采取了两种策略：一是保持马克思主义妇女理论的原则性与宏观性，如，提出阶级解放、民族解放、人类解放、妇女的社会责任等概念，含义颇丰，可以避免具体利益群体的冲突；二是适应中国人的价值理念，赋予马克思主义妇女理论特质以中国化、适时性语汇，如提出“时代性”与“世界性”等概念。初步体现了当时党进行妇女理论建构的路径与策略，直接针对妇女运动的现实问题，借鉴相关科学理论，回答关于性别的基本理论问题；纠正现实中的理论误区，提出基本理论主张，并在历史与现实、中国与世界多维视野中赋予马克思主义妇女理论特质、价值以及中国化、时代性概念。追求“时代性”“世界性”既铸就了党的先进性品质、国际视野，同时对于改造妇女运动而言，又是一种实践策略，可以隐藏政治立场的分歧，直接达致所追求的行动目标。

第三，对待女权运动的态度与策略。这一时期，党对女权运动采取了既联合又改造的策略，以民族独立和妇女解放问题上的一致性为基础，求得与各派妇女运动的广泛联合，又运用马克思主义妇女理论引领妇女运动方向，在实践上将妇女运动引导到马克思主义社会革命道路上来。在具体方法上，形式上保留女权主义的基本权利诉求，回避关于指导思想和道路问题上的可能分歧，实质上将党的基本立场和主张深植其中。《上海中华女界联合会改造宣言及章程》全文没有出现马克思主义、社会主义等概念，却将马克思主义妇女解放的基本观点、方法作为一条红线贯穿其中，且鲜明地体现了将妇女解放纳入无产阶级革命轨道的行动趋向。

需要讨论的问题是，马克思主义妇女理论中国化研究，一直存在过于原则化、抽象化、口号式的问题。近年来，有研究者认为这是个方法论问题，即认识的僵化。本研究发现在当时背景下，理论的高屋建瓴是一种策略。如，在阶级、社会、民族、人类解放的四维框架中，动员妇女参加工农运动，参加反军阀、财阀，反帝国主义的斗争，最大程度地凝聚妇女群众而避免纷争。而这样具有在时、在地性的理论形态，留在历史的记忆中，成为理论原则，或为经典，难以逾越。要将这些理论原则当作研究问题，而不是前提，进一步深入细致研究，这就需要深入历史脉络和机理，发现丰富的实践活动和理论形态，以丰富中国化马克思主义妇女理论。

【参考文献】

[1] 刘人锋．论《妇女声》与中共早期的妇女运动 [J]. 湖南第一师范学院学报,2010（6）.

[2] 韩晶．博文女校与近代上海 [N]. 文汇报，2017-06-30.

[3] 邵雍．中华女界联合会与近代妇女运动 [J]. 上海师范大学学报（哲学社会科学版），2019（2）.

[4] 段欣．王会悟生平事迹年表 [J]. 中共创建史研究，2021（3）.

[5] 陈望道．我想（二）[A]. 五四时期妇女问题文选 [Z]. 北京：生活・读书・新知三联书店，1981.

[6] 吕美颐，郑永福．中国妇女运动（1840—1921）[M]. 郑州：河南人民出版社，1990.

[7] 陈文联．结群索权：五四时期女子社团探析 [J]. 南昌航空大学学报（社会科学版），2019（2）.

[8] 石磊．钮永建其人其事 [J]. 档案春秋，2018（1）.

[9] 李玉．钮永建民众教育思想研究 [J]. 社会科学辑刊，2018（2）.

[10] 熊月之．"双视野人"与辛亥革命——以容闳、伍廷芳与唐绍仪为分析对象 [J]. 广东社会科学，2021（5）.

[11] 杨绣丽．巾帼的黎明——中共首所平民女校始末 [M]. 上海：上海人民出版社，2019.

[12] 上海中华女界联合会改造宣言及章程 [A]. 中华全国妇女联合会妇女运动历史研究室．中国妇女运动历史资料（1921—1927）[Z]. 北京：人民出版社，1986.

[13] 长沙女界联合会宣言 [A]. 中华全国妇女联合会妇女运动历史研究室．中国妇女运动历史资料（1921—1927）[Z]. 北京：人民出版社，1986.

[14] 北京女权运动同盟会宣言 [A]. 中华全国妇女联合会妇女运动历史研究室．中国妇女运动历史资料（1921—1927）[Z]. 北京：人民出版社，1986.

新民主主义革命时期党促进男女平等和妇女解放制度机制的探索

范红霞*

摘要：新民主主义革命时期，中国共产党坚守为中国人民谋幸福、为中华民族谋复兴的初心使命，在带领中国人民实现中国从几千年封建专制政治向人民民主的伟大飞跃过程中，将实现男女平等和妇女解放的历史重任扛在肩上，领导中国妇女进行了28年艰苦卓绝的斗争，在争取民族独立、人民解放中实现自身解放。为促进男女平等和妇女解放，中国共产党注重从制度机制上提供保障，探索并逐步形成了促进男女平等和妇女解放的领导机制、工作机制和法律政策初步框架，为新中国成立后，党在全国范围内建立促进男女平等和妇女解放发展的制度机制积累了宝贵经验，奠定了坚实基础，提供了基本思路和框架。

关键词：男女平等；妇女解放；制度机制

所谓“制度机制”，是制度和机制的合称。制度是在一定历史条件下形成的政治、经济、文化等方面的体系、法令、礼俗等规范，是人们必须遵守

---

* 范红霞，女，全国妇联妇女研究所妇女历史研究室副研究员，历史学博士，主要研究方向为中国妇女运动史、妇联组织和妇女工作。本文系研究阐释党的十九届六中全会精神国家社科基金重大项目“中国共产党领导妇女运动百年重大成就研究”（项目批准号：22ZDA023）的阶段性成果。本文刊登于《中华女子学院学报》2023年第3期。

的规章、条例、规则、办法的总称。制度具有根本性和决定性作用。机制是泛指一个工作系统的组织或部分之间的结构关系和运行方式，是制度化了的方式方法。合理有效的机制有助于更好地促进制度作用的有效发挥。1921年中国共产党成立后，就把为中国人民谋幸福、为中华民族谋复兴作为自己的初心使命，“把实现妇女解放和发展，实现男女平等写在自己奋斗的旗帜上”[1]31，义无反顾地肩负起领导妇女运动的历史重任，把民族解放与妇女解放紧密融合在一起，在争取民族独立和人民解放中争取妇女解放。为此，中国共产党进行了长期探索和实践，努力为男女平等和妇女解放提供制度机制保障。

一、探索促进男女平等和妇女解放的领导制度机制

研究和理解党促进男女平等和妇女解放发展的制度机制，首先有必要厘清与之相关的几个概念：妇女运动、妇女工作、妇女组织。妇女运动是在一定社会条件下，以女性为主体而进行的有组织、有领导、有纲领、有规模的，争取妇女在政治、经济、文化、教育、社会及家庭等方面享有与男性平等权利的社会运动，其终极目标就是实现男女平等和妇女解放与全面发展。妇女工作是妇女运动在工作层面的表达，是妇女运动的主要实践形式，党的妇女工作是党的群众工作的重要组成部分。妇女组织是为维护妇女权益，争取男女平等和妇女解放发展而结合起来的社会团体，党领导的妇女组织是党开展妇女工作的桥梁纽带和有力助手。因此可以说，妇女运动是实现男女平等和妇女解放发展的途径，而妇女工作是妇女运动的实践形式，妇女组织则是开展妇女运动和妇女工作的组织保障。所以党领导妇女运动和妇女工作的制度机制也即是党促进男女平等和妇女解放发展的制度机制。

（一）通过制定妇女运动纲领和方针任务，为促进男女平等和妇女解放提供政治保障

新民主主义革命时期，中国共产党将男女平等和妇女解放纳入自己的革命纲领，将妇女运动融入民族民主革命洪流，根据不同阶段革命的主要任

务和妇女实际，通过党的代表大会宣言、民主革命纲领、妇女运动的专门决议和妇女工作决定，以及中央通告等，确定妇女运动纲领和妇女工作方针任务，以加强对妇女运动和妇女工作的领导，为促进妇女解放提供领导保障。

1922 年党的二大宣言就明确宣示了男女平等的政治主张，将“工人和农民，无论男女，在各级议会、市议会有无限制的选举权，言论、出版、集会、结社、罢工绝对自由”，“制定关于工人和农人以及妇女的法律”[2]133 等列为自己的任务和当下的奋斗目标。党的二大还制定了党领导妇女运动、促进妇女解放的第一个纲领性文件——《关于妇女运动的决议案》，将党的民主革命纲领贯彻到妇女运动中，提出为所有被压迫妇女们的利益而奋斗的目标。此后，1923 年党的三大、1925 年党的四大、1926 年四届中央执行委员会二次扩大会议、1927 年中央常委会议、1928 年党的六大都通过了关于妇女运动的决议，1929 年至 1931 年，中共中央先后发出《关于女工农妇运动的工作路线》的通告，颁布《中央关于劳动妇女斗争的纲领》和《中央关于扩大劳动妇女斗争决议案》等。这些纲领性文献确立了建党初期、国共合作下、北伐战争中、土地革命和农村革命根据地建设中的妇女运动纲领和方针。

抗战时期和解放战争时期，中共中央没有再制定专门的妇女运动决议案，而是通过向全党、各级党委、中央妇委发布指示、决定，提出妇女运动的方针任务；或由中央妇委根据中央决定和指示精神拟定妇女运动方针任务，经中央批准后予以确定。如 1937 年七七事变后，中共中央制定了全面抗战路线。为做好全面抗战路线下党的妇女工作，团结各阶层妇女组成最广泛的抗日民族统一战线，党及时调整妇女运动和妇女工作方针，9 月由中央组织部颁布《妇女工作大纲》，制定了全面抗战路线下党的妇女工作基本任务、路线、斗争纲领和策略等。1939 年，中央妇委发布《关于目前妇女运动的方针和任务的指示信》，指示信中说“这一指示信是经中央书记处讨论和通过的”。[3]146 随着抗战进入相持阶段，敌后战场斗争形势日益严峻，从根据地经济日益困难的实际情况和党领导妇女工作的规律出发，中共中央于

1943 年制定《关于各抗日根据地目前妇女工作方针的决定》，确立动员妇女参加生产这一根据地妇女工作新方向。解放战争时期，中共中央于 1948 年发布《关于目前解放区农村妇女工作的决定》，确立解放战争中妇女工作的方针任务和工作方法，对做好妇女工作进行部署。

（二）通过建立妇女组织，为开展妇女工作、促进男女平等和妇女解放提供重要组织保障

组织起来是马克思主义的重要思想。党一成立对此就有比较清楚的认识，并着手创建妇女组织的工作。1921 年 8 月，中国劳动组合书记部成立宣言提出："我们只有把一个产业底下的劳动者，不分地域，不分男女老少，都组织起来，做成一个产业组合。因为这样一个团体才能算是一个有力的团体，要这样的组织法，劳动者才能用他们的组织力，做奋斗事业，谋改良他们的地位呢。"[2]46 为领导妇女运动，刚刚成立的中国共产党便于 1921 年 8 月帮助上海中华女界联合会改组，作为党的临时中央妇女机构。1922 年党的二大提出尽快创建妇女部的主张。1923 年党的三大决定，"为集中本党女党员之活动及系统的指导全国妇女运动起见，应设立妇女委员会"[4]68-69，并决定在中国劳动组合书记部附设妇女部。由此表明，党已把创建妇女工作机构提上日程。1924 年 5 月，中央妇女部正式成立，任命向警予为部长，要求在党的各级委员会下设立妇女部，以专责成。大革命失败前，各地大多建立了妇女部或妇女运动委员会，但"多很不健全，故都不能指挥各种的妇女运动"[5]321，为此于 1926 年 10 月起进行改组，撤销中央妇女部，成立中央妇委，地方各级党部的妇女部也相应取消，改组或组织妇女运动委员会。大革命失败后，党的妇女组织遭受了极大破坏，在农村革命根据地建设过程中，党内恢复重建各级妇委，中央委员会及各级党部委员会下成立妇女运动委员会，中央妇委主任由中央委员担任。抗战时期，中央一级仍设立中央妇委，1943 年，中共中央机构调整中，将中央妇委与中央职工运动委员会、中央青年运动委员会等合并成立中央民运委员会，下设职工、农民、青年、妇女 4 个组。1945 年 8 月，中共中央重建中央妇委，蔡畅任书记。在地方一级，

1942年2月，中共中央书记处通过《关于根据地各级妇委组织工作条例》，对各级妇委组织及人员设置、工作任务、领导关系等做出规定，规定在中央局、中央分局、区党委各级设立妇委，地委以下不设妇委，而是在妇女群众团体内设立统一的党团组织，经过党团组织领导妇女群众组织工作。

除在党的系统建立妇女组织外，在政府系统，苏维埃时期从中央到地方各级苏维埃政府建立了具有咨询协调性质的妇女生活改善委员会，作为政府的专门委员会，委员由各级党组织的妇委书记，苏维埃政府妇女工作负责人，共青团、工会等群众团体的妇女部门领导人组成。其宗旨是使劳动妇女能切实享有苏维埃政府对妇女权利的保障，取得与男子同等的权利，消灭封建旧礼教对妇女的束缚，使妇女得到真正解放；其主要职责是联系妇女群众、对妇女问题开展调查研究，向政府提供政策建议。1932年4月，中央政府妇女生活改善委员会成立，随后各级苏维埃政府妇女生活改善委员会逐步建立。

注重在工、农、青等群众团体中建立妇女组织。1923年青年团二大决定在“工会中设一青年女子部”。[4]71 1925年党的四大提出建立“无党的妇女团体之组织”，指出“吸收妇女中进步分子组织无党的妇女团体在客观上十分必要”。[4]280-281 同年5月，在中共两广区委领导下成立了广东妇女解放协会。土地革命战争时期，党注重对女工农妇运动的领导，一方面，在工会、农会、青年团中设立妇女运动委员会或妇女委员会，或在工会组织下建立女工部。另一方面，为动员妇女群众参加苏维埃各项建设，根据地建立了较为普遍的妇女群众组织——女工农妇代表会议，“女工农妇代表会议是传达共产党及工会的影响到女工及农妇群众中去的最好的组织方式，经过这些代表可以和整个女工农妇发生密切联系”[6]302，扩大党在劳动妇女群众中的影响。全民族抗战爆发后，为建立抗日民族统一战线，争取抗战胜利，迫切需要将各阶层妇女组织起来。为此，中共中央高度重视建立健全妇女群众组织。1937年7月陕甘宁边区党委做出《关于妇女组织的决定》，要求以村为单位组织妇女抗日救国联合会，到1940年，在各敌后抗日根据地大多建立了妇救会、妇女协会、妇女抗敌会等妇女抗日群众组织。1937 年 9 月，陕甘宁边区党委又做出《关于边区妇女群众组织的新决定》，决定建立各党各派各界妇女联合的群众组织——各界妇女联合会，要求各级党委加强对妇联会的领导，1938 年 3 月，陕甘宁边区各界妇女联合会成立。解放战争时期，解放区各级党组织进一步健全妇委组织，县以上基本建立了妇委，进一步明确妇委是党内组织。妇女群众组织主要是妇女联合会。抗战胜利前夕，为加强对解放区妇女运动的指导，促进全国妇女的团结和民主运动，中共中央决定成立解放区妇女联合会，6 月，解放区妇女联合会筹备会成立，后因解放战争爆发，解放区妇女联合会没能成立，筹备会实际代行了解放区妇女联合会的职能。1948 年 12 月，中共中央做出《关于目前解放区农村妇女工作的决定》，提出妇女代表会议是更广泛、更民主地联系妇女群众最好的组织形式，各级各地均应有此种组织。1949 年 3 月 24 日，中国妇女第一次全国代表大会召开，成立中华全国民主妇女联合会，从此，全国有了统一的妇女群众组织。

新民主主义革命时期，党逐渐探索建立了涵盖党、政、群三大系统的妇女组织体系框架，即党内设妇委（或妇女部），苏维埃政府设妇女生活改善委员会，工、青、农等群众团体设妇委，广大妇女群众中设妇救会、妇联会、妇女代表会等妇女群众组织，为党领导妇女运动和妇女工作，促进男女平等和妇女解放发挥了重要组织保障作用。

二、探索促进男女平等和妇女解放的工作制度和机制

（一）逐步确立全党做妇女工作的方针

妇女工作究竟由谁来做，反映了党对妇女工作性质和作用的认识问题。新民主主义革命时期，党对这一问题的认识有一个逐步深化的过程。

从党发布的有关文件基本反映出，党成立初期和大革命时期大体认为妇女工作应由妇女来做。如 1923 年陈独秀在党的三大上所做报告中指出："要在妇女中进行工作，女党员的人数也还太少。"[2]245 党的三大决定中国劳动

组合书记部附设妇女部，要求“由女同志负责担任此种工作”。[4]66 1925 年党的四大通过的妇女运动决议指出：“女党员担任妇女运动确有许多便利。从经验上说，没有女党员的地方，妇女运动常常无从着手。”[7]251

土地革命战争时期，党对这一问题的认识已有所改变。早在 1927 年 2 月，中共中央局委员瞿秋白初步表达出妇女工作男子也可以做的观点。他指出：“不注意妇女，是党的程度之测量表。如今女同志幼稚，亦许要派几个男同志管理指导，这是应该的。”[8]87 在开辟农村革命根据地过程中，党对妇女工作的认识逐步深化。1929 年中共中央指出，“妇女运动要由女同志担任”是“妇女运动中一个最不正确的观念”，是“机械地分工”，在妇女干部非常缺乏的情况下，这一观念客观上是放弃妇女工作，“若等到大批女干部培养成熟再做妇女运动，这是一件不可能的事”，要求妇委负责同志“不限定是女同志”。[9]660-661 为纠正这一错误，1930 年中共中央强调“各级党部不要以为发展妇女工作组织妇委，妇委负责进行就够了”[6]71，“必须动员整个党的组织”来推进妇女运动，而不仅在各级妇委中经常讨论执行，自省委至区委也必须列为工作议程专门讨论，必须认为妇女工作是“党的全部工作中不可分离的一部”。[6]65 1933 年，苏区中央局在布置三八节工作时强调，“绝不能将三八节工作当作无关轻重的妇委或女同志的工作”，“这是最有害的机会主义的观点”[10]295，要求各级党部负责落实相关工作。

解放战争时期，党对妇女工作的认识更加深刻，全党做妇女工作的方针得以确立。在 1947 年全国土地会议上，中共中央委员会书记刘少奇强调，“妇女工作是党的和群众工作的重要的一部分，必须注意去做。经验证明，单靠女同志把妇女工作做好是不可能的，应当由全党来做”。[11]371-372 1948 年 5 月，中共中央对妇女工作的指示强调，发动妇女参加土改、生产、支前等工作，应该“成为全党的任务，不能仅交由少数妇女同志去负责”。[10]457 12 月发布的《中国共产党中央委员会关于目前解放区农村妇女工作的决定》中明确提出“贯彻全党做妇女工作的方针”。至此，全党做妇女工作作为党的工作方针确定下来。

（二）逐步建立请示报告制度

请示报告制度是加强党的集中统一领导，统一全党意志和纪律，保证党的路线方针政策正确贯彻执行的重要制度保障。党成立后一直在探索并在部分工作中运用请示报告的工作方法，到1948年，请示报告制度正式建立起来。

早在大革命时期，为加强对妇女工作的领导，中央妇女部就要求各地妇女部书记每月向中央妇女部报告当地妇女运动情况。同时建立《中国妇女》通讯机制，要求各地地委或区委指定《中国妇女》通讯员，每月至少报告一次当地妇女运动发展情形。

抗战时期，报告工作机制进一步规范。为加强党对妇女工作的领导，1939年中央妇委发出指示，要求各省县党部与省县妇女部、妇委共同负责定期向中央妇委报告工作。一般每年三八妇女节，中共中央会向各级党委发出指示，要求各级党委向中央或中央妇委报告妇女工作情况及纪念三八节相关工作。如1941年三八节前，要求各级党委“将妇女工作总结及‘三八’工作总结于4月1日以前报告中央”。[3]481 1940年陕甘宁边区党委在《关于深入妇女工作给各级党的指示》中要求各级党委通过会议制度、汇报制度、报告制度，“经常地讨论妇女工作，帮助和督促各级妇联建立经常的工作”。[3]273

解放战争时期，各解放区迅速扩大的现实，要求必须加强和维护党的集中统一领导。1948年1月以后，中共中央发出《关于建立报告制度》的党内指示、《关于各中央局、分局、军区、军委分会及前委会向中央请示报告制度的决议》等，要求在全党各级组织中建立请示报告制度。为加强党内民主，中共中央于同年9月发出《关于健全党委制》的决定，其中要求民众团体党组必须建立健全的党委会议制度。为贯彻中央决议和指示精神，1948年9月，中央妇委召开会议，学习讨论请示报告制度和建立党委制问题，10月，邓颖超将会议内容以书面报告形式向毛泽东报告，并作为中央妇委向毛泽东及中央的第一次书面报告。在报告中，邓颖超表示，今后将按期向毛泽东和中央提交书面工作报告。1948年9月21日，邓颖超在解放区妇女工作会议上的报告中也提出，要建立定期的妇女工作报告制度，以后中央妇委每两个月向中央和毛泽东进行一次报告。此后，请示报告制度在妇女工作中逐步得到贯彻。如 1949 年 2 月晋绥边区第三届妇女代表大会通过决议，要求各级妇联必须建立健全领导制度，实行集体领导，分工负责，会议制与报告制按规定执行，村向区、区向县每一个月做口头报告一次，县以上每两个月做书面报告一次，临时有问题随时报告。报告制度的建立使党对妇女运动和妇女工作的领导进一步加强和规范化。

（三）建立健全党委领导妇女工作的制度机制

党自成立后一直不断思考和探索如何领导和具体指导妇女工作，用什么样的制度机制更加有效等问题。苏维埃时期，中共中央要求各级苏维埃政府派人出席妇女工作会议，政府主席团及各部门讨论有关妇女问题时，妇女生活改善委员会派人参加。

抗战时期，党日益重视党委领导妇女工作的制度机制建设。一方面加强对各级妇委的领导，将妇委作为各级党委最重要的工作部门之一，各级妇委有关妇女运动的重要决定、指示等，必须经过同级党委审查和批准；党委指定专人领导妇委工作，中央妇委主任一度由中央委员、中央书记处书记担任；各级党委负责人要参加妇委的会议，党委开会吸收妇委或群众团体党团负责人参加。上级妇委对下级妇委指示工作，必须经过下级党委，下级妇委向上级妇委报告工作，也必须经过同级党委。为加强党对妇女群众组织的领导，各级党委在妇女群众组织中设立党团组织，通过党团领导其工作，各党支部要经常检查和讨论党团的工作。党团是党设在非党组织中的党组织，通过党团发挥党在这些组织中的作用，由此便形成了党领导妇女群众组织的组织制度和工作制度。各地在实践中，普遍的做法是由妇委或妇女部担任妇女群众组织的党团。

解放战争时期，中共中央要求各级党委在常委中指定专人领导妇委及其工作，妇委的书记或党组书记凡具备参加党委条件者要成为党委委员。各级党委将妇女工作列入工作议程，布置检查和总结工作时要包括妇女工作。

1949 年 4 月全国民主妇联成立后，中共中央于 5 月批准成立全国民主妇联党组，妇联党组委员会即中央妇委，二者合一，以保证党的路线方针政策、决议指示等在妇女群众中得到贯彻执行。

（四）探索培养女干部、发展女党员，发挥女党员和女干部在妇女工作中作用的机制

女党员、女干部是党开展妇女运动和妇女工作，促进妇女解放和发展的重要支撑。党成立后，深切感受到妇女人才的缺乏。1924 年，中国代表在共产国际妇女部第三次代表大会上的报告中明确表达了中国共产党对妇女人才的重视和渴望。报告中指出："吾们的人才实在有不敷分配的苦痛！吾们中国妇女运动不能发展最大的原因，便是太缺乏工作的人才。"[4]189 "吾们人才的缺乏，实是目前最大的恐荒［慌］问题，所以吾们必须要努力设法训练人才，乃尤是一件重要的责任。"[4]190

党一成立就注重发展女党员、培养女干部。党的一大通过的第一个纲领明确提出"不分性别、国籍，均可接收为党员"。党的二大至五大通过的党章中都规定党员无性别之分。党还通过开展运动的形式，快速发展女党员。如 1930 年 11 月，中共中央发出《开展征求女党员女团员的大运动》的通告，要求各党、团支部开展发展女党员女团员运动。1932 年进一步在发展党员运动中掀起发展女党员运动。

党培养女干部主要通过学校系统培养和训练班短期培训两种途径。创办妇女学校是党培养女干部的重要途径。1922 年开办上海平民女校，作为党的第一所培养妇女干部的学校，开创了党培养妇女干部的有效途径。在农村革命根据地，毛泽东指导建立了闽西革命根据地第一所妇女学校——新泉工农妇女夜校。在抗日根据地，中央在延安创办了中国女子大学。在解放区，野战部队也成立了第二野战军女子大学等妇女学校。党还选拔女干部到党校、团校、干部学校、红军学校等学校学习。新民主主义革命时期，中国人民抗日军政大学、陕北公学、青年干部训练班、延安鲁迅艺术学院、中共中央党校、马列学院、卫生学校等学校都招收了一些女学员。

举办各种形式的训练班是党培养妇女干部最主要的方式。一方面，注重在各级党部、党委、党校等开办的培训班中吸收女干部参加。为切实保证训练班中女干部人数，党还要求相关部门做出计划，明确女学员的数量比例等。如要求“在一切党的与一切职工会的学校、训练班中，都应当吸收一定的百分数的妇女”[6]18，要求党的各级组织部、宣传部把培养教育女干部列入业务范围，有计划地吸收女干部参加。另一方面，举办专门的妇女干部训练班，如1941年党中央针对妇女工作干部异常缺乏的情况，要求各级党组织必须“(一) 努力吸收优秀的女工，农妇及智识妇女入党；(二) 在各抗日根据地内开办各种专门培养妇女工作的训练班和学校”[12]93，妇救会、妇联会等妇女群众组织也都积极开办培训班，培养和训练妇女干部。

三、探索促进男女平等和妇女解放的法律制度保障

注重从法律上保障妇女权益，是党促进男女平等和妇女解放的显著特征。早在1922年6月，刚成立不到一年的中国共产党在发表的对时局的主张中，就明确提出要敦促国民党政府制定保护童工和女工的法律，“承认妇女在法律上与男子有同等的权利”[2]98；在1926年发表的对时局的主张中再次明确提出：“承认妇女的选举权、被选举权及一切法律上和男子同等的权利。”[5]262党在建立苏维埃政权、创建抗日民主根据地和解放区过程中，积极践行其主张，制定和实施选举条例、土地法、婚姻法、劳动法、教育法等一系列维护妇女权益的法律政策，初步奠定了党促进男女平等和妇女解放的法律制度框架。

（一）男女平等宪法原则的初步确立

宪法作为国家的根本大法，是制定其他一切法律法规的基础和根本遵循。1931年11月中华苏维埃第一次全国代表大会通过了《中华苏维埃共和国宪法大纲》，确立了男女平等和妇女彻底解放的基本原则。《宪法大纲》规定：“在苏维埃政权领域内的工人、农民、红军兵士及一切劳苦民众和他们的家属，不分男女、种族（汉、满、蒙、回、藏、苗、黎和在中国的台湾，

高丽，安南人等）、宗教，在苏维埃法律前一律平等，皆为苏维埃共和国的公民。”“中国苏维埃政权以保证彻底地实行妇女解放为目的，承认婚姻自由，实行各种保护女性的办法，使妇女能够从事实上逐渐得到脱离家务束缚的物质基础，而参加全社会经济的政治的文化的生活。”[13] 650、652 宪法大纲明确规定妇女享有与男子同等的政治权利，赋予妇女平等的选举权和被选举权；苏维埃政权保障工农劳苦民众有受教育的权利，施行完全免费的普及教育，为妇女享有平等受教育权提供了宪法保障。1941 年颁布的《陕甘宁边区施政纲领》也坚持男女平等原则，规定“依据男女平等原则，从政治经济文化上提高妇女在社会上的地位，发挥妇女在经济上的积极性，保护女工、产妇、儿童，坚持自愿的一夫一妻婚姻制”。[12]243

1949 年 9 月中国人民政治协商会议第一届全体会议通过《共同纲领》，确立妇女的公民身份，明确法律面前一律平等，赋予妇女平等的选举权、被选举权。总纲规定，中华人民共和国废除束缚妇女的封建制度。妇女在政治的、经济的、文化教育的、社会的生活各方面，均有与男子平等的权利，实行男女婚姻自由。《共同纲领》是新中国的建国纲领，在全国人民代表大会召开和制定宪法前，具有临时宪法的作用，首次将男女平等原则纳入新中国的根本法律框架，是指导全国妇女运动和妇女工作的准则，为新中国促进男女平等和妇女发展奠定了制度基础。

（二）保障妇女的土地权益的法律政策

党成立前，早期马克思主义者就认识到经济独立对妇女解放的重要意义。如李大钊认为经济问题的解决是根本解决，“经济问题一旦解决，什么政治问题、法律问题、家族制度问题、女子解放问题、工人解放问题，都可以解决”。[14]6 陈独秀也认为“妇女问题虽多，总而言之，就是经济不独立”。[15]145 因此，党成立后，特别是在局部掌握执政后，就注重从法律政策上保障妇女经济权益。土地是广大农村妇女获得解放的经济基础。1928 年毛泽东主持制定的《井冈山土地法》最早确认了劳动妇女参与土地分配的平等权利，明确“以人口为标准，男女老幼平均分配”。按人口男女平均分配土地的原则贯彻于党在各个时期的土地政策纲领中，如 1931 年的《中华苏维埃共和国土地法》，1947 年的《中国土地法大纲》等均贯彻这一原则。在分配土地过程中，强调解决妇女土地所有权的首要原则和政策是在法律上和实际上都承认男女农民有同等权利，并采取切实措施保障妇女的土地权益，特别注意保护出嫁、离婚妇女的土地权。如 1934 年《中华苏维埃共和国婚姻法》明确规定："离婚后女子如果移居到别的乡村，得依照新居乡村的土地分配应分得土地。如新居乡村已无土地可分，则女子仍须有原有的土地，其处置办法或出租或出卖或与别人交换，由女子自己决定。"[6]374

（三）保障妇女政治权利的法律政策

享有选举权和被选举权既是公民享有政治权利的重要体现，也是公民参政议政的前提。新民主主义革命时期，除《宪法大纲》和《共同纲领》等保障妇女基本政治权利外，还颁布了一系列法律政策，如《苏维埃暂行选举法》《陕甘宁边区选举条例》《晋察冀边区暂行选举条例》《晋察冀边区选举条例》《晋冀豫边区村民代表会选举暂行条例》《晋冀鲁豫边区村政权选举暂行条例草案》等，都以法律形式保障了妇女选举权和被选举权。

为切实保障妇女的参政权，党及其领导下的政府还对妇女参政比例做出特殊规定。如 1930 年闽西苏维埃政府规定，闽西全区第二次代表大会选举中妇女代表要占全体工农兵代表的 20% 以上。1933 年中央执行委员会要求中华苏维埃共和国第二次选举运动中，乡苏维埃、市苏维埃代表中至少要有占 25% 的劳动妇女当选，在实际选举中，绝大多数市乡苏维埃妇女当选代表的比例都达到了 25%，部分地区如上杭的上才溪达到 60%，下才溪达到 66%。[16]103-104 在抗日民主根据地，许多边区政府都在颁布的选举条例等法律法规中，规定了保障妇女参政权利的内容。如 1939 年陕甘宁边区第一届参议会通过的《提高妇女政治经济文化地位案》，提出各级参议会应有 25% 的女参议员。

（四）保障妇女婚姻家庭权益的法律政策

解除封建婚姻的压迫和束缚，获得婚姻自由，是妇女的迫切需求，自然也是党解放妇女的重要任务。在根据地和解放区，党特别重视用法律保障妇女的婚姻自由权利，颁布了一系列婚姻法令，如在苏区颁布了《中华苏维埃共和国婚姻条例》（1931 年）、《中华苏维埃共和国婚姻法》（1934 年）；在抗日民主根据地颁布了《陕甘宁边区婚姻条例》（1939 年）、《晋冀鲁豫边区婚姻暂行条例》（1942）、《晋察冀边区婚姻条例》（1943 年）、《晋绥边区婚姻暂行条例》（1943 年）等，在解放区颁布了《陕甘宁边区婚姻条例》（1946 年）等，确立婚姻自由原则，废除包办强迫和买卖的封建婚姻制度，实行婚姻自由、一夫一妻制，禁止童养媳等。在离婚问题上注重实行保护妇女的政策。如 1931 年《中华苏维埃共和国婚姻条例》规定，“男女同居所负的公共债务，归男子负责结偿”，离婚后女子如果没有再结婚，“男子须维持其生活，或代种田地，直至再行结婚为止”。[6]153

另外，根据地政府和解放区政府重视保障妇女的平等继承权，颁行一系列有关财产继承的法令或规章制度，如陕甘宁边区《继承处理暂行办法》、晋察冀边区《关于女子财产继承执行问题的决定》、山东根据地《山东省女子继承暂行条例》、冀鲁豫行署《关于女子继承权等问题的决定》等，强调女子与男子享有平等的财产继承权，任何人不得加以妨碍和限制，对出嫁女及寡妇的财产继承权等做出明确规定。

（五）保障妇女教育、劳动等权益的法律政策

党注重提高妇女的文化水平，保障妇女平等受教育的权利。各根据地在创建之初就将保障妇女平等受教育权、实行免费的普及教育作为自己的政纲。中华苏维埃共和国建立后，临时中央政府颁布《中华苏维埃共和国小学校制度暂行条例》《苏维埃教育法规》，规定要特别注意妇女教育，要求小学教育中对于一切儿童，不分性别与成分差别，皆施以免费的义务教育。1940 年，陕甘宁边区政府颁行的《实施普及教育暂行条例》规定，学龄儿童不分性别均应入学完成小学课程，对无力入学者予以救济，对不送子女入学的家长进行说服教育以至强制执行，对踊跃送子女入学并积极动员其他儿童入学者给予奖励。同年颁布的《实施义务教育暂行办法》规定，边区 8 至 14 岁儿童不分性别均应接受初级小学三年的义务教育，并将义务教育实施计划纳入政府考核标准。为切实保障妇女的受教育权，苏维埃时期，中央要求妇女与男子同等年龄进同等学校，各列宁小学中女童要占半数，在各补习学校中妇女数量要超过男子。抗战时期，中共中央书记处指示设立女子两级小学或女子高等小学，以及女子师范和女子中学，提倡男女同学，要求一切学校均应吸收女子入学。

党一成立就注重妇女的劳动权益。1922 年党的二大妇女运动决议就提出要为女劳动者争取平等工价，制定妇孺劳动法。党的六大通过的《妇女运动决议》和《宪法大纲》都提出对妇女的特殊劳动保护，实行八小时工作制，禁止儿童、妊娠和哺乳期妇女做夜工，缩短夜工时间，同等工作应得同等工资，保护女性，禁止女工做过度和危险的工作。1930 年全国苏维埃区域代表大会通过的《劳动保护法》首次专门设立了女工专章，规定禁止妇女从事劳苦笨重和有碍健康的工作，为女工设立专门哺乳时间。1931 年《中华苏维埃共和国劳动法》设立“女工青工及童工”专章，规定实行男女同工同酬，注重女工的劳动禁忌、生育保护，具体包括生产前后带薪休息 8 周、每隔 3 小时哺乳半小时、生产前 5 个月及生产后 9 个月内不许开除女工、工厂设哺乳室和托儿所等。

四、结语

新民主主义革命时期，党在领导妇女运动过程中初步探索形成的促进男女平等和妇女解放的制度机制，保障并促进了广大妇女积极参加和支援革命及根据地、苏区、解放区的各项建设，斩断了“四条绳索”的束缚，获得了与男子平等的政治、经济、教育、劳动、婚姻自由等权益，实现了前所未有的解放。新民主主义革命时期党促进男女平等和妇女解放制度机制的探索，对新时代新征程上进一步推进国家治理体系和治理能力现代化，推进促进男女平等、妇女全面发展的制度机制建设具有重要启示意义。一是要坚持党的领导，坚定不移走中国特色社会主义妇女发展道路，不断增强历史主动，增强道路自信。二是要充分发挥社会主义制度的优越性，坚持以妇女为本，进一步强化国家意志，不断完善促进男女平等和妇女全面发展的法律政策体系和工作机制，为实现男女平等和促进妇女发展提供坚强有力的制度保障，增强制度自信。三是要充分发挥妇女组织作用，特别是妇联组织的桥梁纽带作用，深入推进妇联组织和妇女工作改革创新，切实提高妇联组织作为党领导下的群团组织的治理能力和治理效能。

【参考文献】

[1] 习近平．论坚持人民当家作主 [M]. 北京：中央文献出版社，2021.

[2] 中共中央文献研究室，中央档案馆．建党以来重要文献选编（1921—1949）（第 1 册）[Z]. 北京：中央文献出版社，2011.

[3] 中华全国妇女联合会妇女运动历史研究室．中国妇女运动历史资料（1937—1945）[Z]. 北京：中国妇女出版社，1991.

[4] 中华全国妇女联合会妇女运动历史研究室．中国妇女运动历史资料（1921—1927）[Z]. 北京：人民出版社，1986.

[5] 中共中央文献研究室，中央档案馆．建党以来重要文献选编（1921—1949）（第 3 册）[Z]. 北京：中央文献出版社，2011.

[6] 中华全国妇女联合会妇女运动历史研究室．中国妇女运动历史资料（1927—1937）[Z]. 北京：中国妇女出版社，1991.

[7] 中共中央文献研究室，中央档案馆．建党以来重要文献选编（1921—1949）（第 2 册）[Z]. 北京：中央文献出版社，2011.

[8] 中共中央文献研究室，中央档案馆．建党以来重要文献选编（1921—1949）（第 4 册）[Z]. 北京：中央文献出版社，2011.

[9] 中共中央文献研究室，中央档案馆．建党以来重要文献选编（1921—1949）（第 6 册）[Z]. 北京：中央文献出版社，2011.

[10] 中国妇女管理干部学院．中国妇女运动文献资料汇编（1918—1949）（第 1 册）[Z]. 北京：中国妇女出版社，1988.

[11] 中共中央文献研究室，中央档案馆．建党以来重要文献选编（1921—1949）（第 24

册）[Z]. 北京：中央文献出版社，2011.

[12] 中共中央文献研究室，中央档案馆 . 建党以来重要文献选编（1921—1949）（第 18 册）[Z]. 北京：中央文献出版社，2011.

[13] 中共中央文献研究室，中央档案馆 . 建党以来重要文献选编（1921—1949）（第 8 册）[Z]. 北京：中央文献出版社，2011.

[14] 李大钊 . 李大钊全集（第 3 卷）[M]. 北京：人民出版社，2006.

[15] 陈独秀 . 陈独秀文集（第 2 卷）[M]. 北京：人民出版社，2013.

[16] 中共中央文献研究室，中央档案馆 . 建党以来重要文献选编（1921—1949）（第 11 册）[Z]. 北京：中央文献出版社，2011.

中国共产党领导下的妇女解放路径探索

——20世纪三四十年代沂蒙革命根据地妇女的生产动员与妇女解放实践

史春风　周　昊*

摘要：马克思主义妇女理论将妇女走出家庭参加社会生产视为妇女解放的先决条件。作为马克思主义妇女理论的直接继承、发展与实践者，新民主主义革命时期，中国共产党将动员组织妇女参加社会生产作为其妇女工作的重要任务之一。20世纪三四十年代，沂蒙革命根据地大批男性参军支前，为弥补农业生产劳动力的不足，沂蒙根据地党组织采取多种方式积极动员妇女参加生产。党通过强有力的组织，为根据地妇女参加生产提供制度保障；多样化的宣传方式，为妇女参加生产进行舆论引领；通过技能培训，为妇女参加生产创造条件。在共产党切实有效的动员之下，沂蒙妇女积极参与农业生产，直接助力革命。在这一过程中，广大妇女开始摆脱传统性别禁锢，其个人形象认知、婚姻家庭、政治实践、社会经济生活、精神文化生活、社会心理均发生了巨大转变，推进了自身解放的进程。

关键词：马克思主义妇女理论；沂蒙革命根据地；生产动员；妇女解放

---

* 史春风，女，北京大学马克思主义学院副教授、博士生导师，主要研究方向为中共党史；周昊，男，北京大学马克思主义学院中国近现代史基本问题研究专业2021级硕士研究生，主要研究方向为中国近现代史基本问题。本文刊登于《中华女子学院学报》2022年第6期。

马克思主义妇女理论认为，妇女解放的第一个先决条件就是让一切女性重新回到公共劳动之中。马克思认为：“只要妇女仍然被排除于社会的生产劳动之外而只限于从事家庭的私人劳动，那么妇女的解放，妇女同男子的平等，现在和将来都是不可能的。”[1]181 列宁也指出：“要彻底解放妇女，要使她与男子真正平等，就必须有公共经济，必须让妇女参加共同的生产劳动，这样，妇女才能与男子处于平等地位。”[2]295 深受马克思主义妇女理论影响的中国共产党人认识到，妇女参加社会生产、经济独立是妇女实现解放的物质基础和前提。我国新民主主义革命时期的妇女运动，就是在实现妇女与生产劳动相结合，在发动广大妇女参加生产劳动、获得经济独立的过程中发展起来的。妇女通过参加生产，唤醒自身觉醒，从封闭于家庭中孤陋寡闻的“内人”，变成见多识广的“社会人”，成为参与新民主主义革命实践的重要一分子，这是妇女解放的重要前提和基础。

全面抗战爆发前的沂蒙地区，受“男主外，女主内”的传统习惯的影响，也由于妇女缠足的条件所限，加之儒学传统深厚，沂蒙妇女少有从事农业劳动的习惯。在根据地各级党组织广泛而深入的生产动员之下，沂蒙妇女由从前的“大门不出，二门不迈”，开始参与社会生产，直接助力革命。在此过程中，广大妇女开始摆脱传统性别禁锢，大大推进了自身解放的进程。

目前，学术界对沂蒙革命根据地妇女的研究大多集中于“爱党爱军、忠诚坚韧、勤劳勇敢、无私奉献”的“红嫂精神”的生成、其现代价值的挖掘等，在一定程度上屏蔽了沂蒙“红嫂”大规模参与劳动生产、直接参加革命的议题，在中国共产党对妇女的生产动员方面更鲜少涉足。① 本文拟结合相关档案文献对此进行研究。

一、组织起来：动员妇女参加生产的制度保障

马克思曾把没有组织的民众比作“一袋马铃薯是由袋中的一个个马铃薯所集成的那样”。[3]677 1943 年，毛泽东在陕甘宁边区劳动大会上曾做了《组织起来》的讲话。“组织起来”的妇女既是生产的直接参与者，也是动员妇女参加生产的主要力量。沂蒙根据地各级党组织通过建立健全各级妇女团体、培养妇女干部、提供法律保障等多种方式“组织起来”，为妇女走出家庭提供了强有力的制度保障。

第一，建立健全各级妇女团体，以集体力量带动妇女参加生产。

1938 年沂蒙根据地创建后，各级党委相继设立妇女部，1939 年年底，沂蒙根据地各地区开始建立各级妇女抗日救国会，此后，妇女识字班和姊妹团等妇女团体相继建立。根据地基层党组织通过这些妇女团体，将妇女吸纳入生产小组、合作社等组织，动员宣传妇女参加劳动。

1945 年秋，鲁中区沂南县孙祖区西铁峪村因为民夫支援前线，劳动力缺乏，而村干部没能组织好妇女工作，导致秋收减产。第二年秋收前，西铁峪村妇女识字班“组织了二个队廿二人给无人力的军属、民兵家属、自卫团员家属翻地瓜秧子，拿棉枝等零活”。[4] 鲁南区平邑县一区毛家岭村在 1947 年

---

① 相比于学术界对苏区、陕甘宁边区妇女参与生产劳动问题相对较多的研究成果，对于沂蒙根据地妇女劳动生产问题的研究略显沉寂，目前所见直接涉及该主题的文章是张庆伟的硕士论文：《山东根据地妇女生产动员研究》，探讨了 20 世纪三四十年代中国共产党在山东革命根据地进行妇女劳动生产动员的背景、内容、特点及影响等，不过尚有可深入挖掘之处。宋桂花的论文《从劳动解放到妇女解放：新文化视角下红嫂劳动叙述研究》（载于《山东女子学院学报》2020 年第 4 期）对此有所涉及，但由于该文主要以 20 世纪 80 年代以来有关红嫂的小说为研究对象，从新文化视角进行研究，与本文主题还有很大差异。王克霞的专著《革命与变迁：沂蒙红色区域妇女生活状况研究》（山东大学出版社 2011 年版）设专章讨论了根据地妇女的经济参与活动，研究颇有深度，但对共产党在其中的影响着力不多。

春耕前，三分之二的整劳动力支援前线，该村姊妹团组织团员参加春耕，足足代替了 21 个整劳动力。[5] 鲁中区沂南县岸堤区的袁家岩麓村在青壮年支援前线后，村妇女识字班组织全班 20 个妇女参加劳动，三天中妇女带着儿童就“挑粪一千六百七十三挑，合三百三十六车，等于三十四个整工”。[6]

在妇女团体的动员和组织下，妇女们因集体的力量突破了封建思想束缚，出现在过去只有男人才能涉足的公共活动空间中。

第二，培养妇女干部，以模范典型的力量影响妇女参加生产。

1942 年，山东分局妇委会和山东省妇联提出要大力培养妇女生产技术骨干，提拔“真正在群众中斗争中生产起来、为群众所拥护的干部”。[7]126 1945 年，山东省妇联进一步提出“要做到劳动妇女与知识妇女的真正结合与相互帮助”，在生产工作中突出劳动妇女干部的领导地位。①

1947 年春耕期间，滨海区莒南县涝坡区在积极参加支前工作和劳动生产的农民中提拔村干部 398 人，其中妇女村干部占了 192 人，全区 5 个村普遍增加两套干部，男性村干部领导男性出夫支前，妇女村干部领导妇女参加劳动。[8] 小坊前村在 200 多名男性民夫支前后，组织妇女参加劳动生产，并从表现突出的妇女中提拔了 12 名妇女村干部领导生产。[9]

劳动妇女干部熟悉基层工作，又比较耐心、仔细，善于深入群众，能够起模范带头作用，更容易说服和带领其他妇女参加生产劳动。莒南县涝坡区高家柳沟 19 岁的女村长沈文欣，在领导全庄支前和春耕工作时，不管遇到多大困难，她都处处带头。1947 年春耕时，虽然村里公事繁重，她仍抽空每天耕两亩地，还帮助军属耕种，并带动识字班妇女参加劳动。[10] 鲁中区妇联干部王寅负责妇女劳动动员，她不仅热心帮助妇女们解决切实困难，还参加变工组劳动，经常给变工组组员讲国家大事，在她的带领下，全村妇女都积极下地农作。[11] 鲁中南区莒沂县杨庄区大罗章村全村只有一张弹花弓，两头小驴，每天至多能弹一百斤棉花，1948 年秋，大罗章村接到弹公棉 5000 斤

① 山东省妇联宣传部:《山东妇运资料选》，1983，第 209 页。

的任务，原先50天才能完成的工作，由于妇女委员王德峰的有效组织，“白天驴拉，黑天人拉”，最终保质保量完成了支前任务。[12]

妇女干部特别是基层妇女干部的成长，让原先局限于家庭中的妇女获得了政治上和经济上的权利，而她们的典型示范作用也带动了更多妇女走出家门。

第三，建立健全相关法律法规，保障妇女合法权益。

一直以来，鲁中南地区妇女从来没有土地所有权，也没有属于自己的生产资料。家庭分家时，儿子可以分得土地，未婚女性则没有权利。针对这种情况，根据地通过法律手段逐步完善妇女合法权益。

1947年7月，华东局发布《关于山东土改复查新指示》，要求“按人口男女老少各得一份，求得多少均平，肥瘦均平”，并明确“妇女与男人同等分地，并保有产权，妇女出嫁或改嫁时其所得土地由她自己处理之”。[13]444 同年9月，全国土地会议通过《中国土地法大纲》，明确“乡村中一切地主的土地及公地，连同乡村中其他一切土地，按乡村全部人口，部分男女老少，统一平均分配”。[14]417

在获得土地所有权的同时，沂蒙根据地妇女也通过参与土改及土改复查，直接参与公共事务。自1947年2月开始，山东开始土改复查工作。由于男性普遍参军支前，很多地方土改复查工作主要依靠妇女。鲁中区沂北县“大量运用妇女力量，普遍开展土改复查，若干地区妇女已成为运动的主力”，翻身代表大会的700名代表中妇女代表就有500名。[15] 临邑县在土改运动中提拔了大批妇女村干部，“八百三十一名妇女参加村政工作，二百六十人任正副村长，五百余人任公安财粮支前委员”。[16] 沂北县涪河区在刚开始布置土改复查工作时，许多区干部、村干部思想不通，有人甚至说：“要叫妇女作复查工作，杀了她也完不成。”但妇女在复查工作中却表现得比男性更加积极，“斗争中大部是妇女发言”，男性干部后来也承认：“过去都是说妇女不能复查，这是咱思想上有毛病。”[17]

合法权益得到保障，激发了妇女参加生产的积极性。而在参与土改过程中，妇女们所表现出来的工作能力，也促使各级领导干部进一步意识到了将妇女组织起来的重要性。

二、多样化的宣传方式：妇女参加生产的舆论引领

重视政治动员一向是无产阶级政党的光荣传统。1847 年 12 月，恩格斯在为共产主义者同盟起草的章程中就将“具有宣传的能力和热情”规定为加入同盟的条件。[18]744 1902 年，列宁在《怎么办？》中也指出，要号召群众行动起来，所以“必须在群众中进行最广泛的政治鼓动”。[19]398 毛泽东在《论持久战》中也曾详细阐述政治动员的意义。

重视动员，要注意方式方法。1943 年 2 月，中共中央发出《关于各抗日根据地目前妇女工作方针的决定》，要求各地彻底转变妇女工作作风、方式、方法，“要进行深入的调查研究，了解农村妇女群众的生活、需要、情绪，顾及主观能力与客观条件，选择中心地区开展工作，逐渐影响邻近地区，以至于推动全局”。[20]127 沂蒙根据地各级党组织积极领会上级意图，通过多种形式进行动员。在这种彻底而广泛的宣传推动之下，根据地百姓对妇女参加生产的认知发生了巨大变化。

第一，通过召开村民会议、家庭会议，引导妇女参加生产。

鲁中南地区农村有召开村民会议的传统。庄长会在遇到涉及村庄管理的重大问题时召开集体会议，但妇女并没有参加这类会议的权利。沂蒙根据地创建后，传统村民会议相当程度上已经与农会、妇救会、青年团、姊妹团（姐妹团）等共产党领导下的基层群众组织相融合，根据地党组织充分利用这一村民“自治”团体，组织妇女参与村民会议，推动妇女参与生产劳动。

1945 年沂蒙根据地发起大生产运动。1946 年春耕前，鲁中区李家庄村干召开会议，将妇女参加生产确定为重要工作任务，并要求“村政的各种会议，一律吸收妇女参加”。之后该村每五天召开一次妇女座谈会，教育妇女“为什么劳动光荣，今天劳动和过去替地主干活有什么不同等”。[21] 1947 年 9 月济南战役爆发前，沂北县葛庄区东山村接到支前任务，村党支部召开党员

大会动员妇女参加劳动。会上妇女党员求大娘说："咱妇女过去上坡不习惯，现在咱得打破这一点，赶快把粪捣出；种地是妇女脚小跟不上趟，可以到地里扒粪，倒出整劳动力种地。"此后全村达成一致，妇女应下地劳动。[22]

仿照村民会议的形式，沂蒙根据地还形成了一种颇具特色的民主形式——召开"家庭会议"引导农民讨论决定家庭重要事务，并将之与生产运动相结合。1945 年年初，山东省战时行政委员会在开展大生产运动时，提出要"帮助农民通过家庭讨论编订兴家计划，培植新式家庭，使男女老幼均能够在大生产运动中起应有的作用"。①1947 年，沂蒙根据地号召突击春耕，临沭县大琅琳子村的闾长高树常召开了家庭会，"把全家大小劳动力，统统组织起来"，带领自己的妻子、父亲和两个孩子扶犁拉犁耕地。[23] 1948 年春，鲁中区沂源县张庄区娄家铺子村受灾，为了防止夏天出现饥荒，村党支部"便领导家家户户订出预防夏荒的计划"，提出"靠妇女搞副业挣饭吃，男人突击耕种"的口号。[24]

当妇女参加劳动受到家庭内部阻力时，村干部也会帮助召开"扩大的"家庭会议，吸纳本村积极分子参加进行调解。鲁中区的牛生明是民兵积极分子，却阻止妻子参加识字班和劳动生产，其妻求助于妇救会长。妇救会长当晚即召集积极分子帮助夫妻俩，召开家庭会议，经过大家的耐心批评和帮助，牛生明转变了思想，保证"不但自己加劲支援前线，还动员媳妇支援前线"。两人还发起了支援前线的竞赛。[25]

马克思指出："社会的进步可以用女性的社会地位来精确地衡量。"[3]586 旧中国传统婚姻制度之下，中国妇女"对社会上所发生的事情不得过问，男人谈话时，妇女不得插嘴，妇女只许片面地服从男人"。② 而家庭会议、村民会议的形式，让妇女们对家庭事务包括公共事务都有了参与权乃至决定权，

① 山东省财政科学研究所、山东省档案馆：《山东革命根据地财政史料选编》（第 2 辑），第 200 页。

② 中国人民政治协商会议山西省长治市政协文史处：《长治文史资料》（第 6 辑），1989，第 82 页。

其生产积极性自然被调动起来。

第二，冬学、民校、识字班、“庄户学”等民众教育形式的长效宣传。

冬学、民校、识字班、“庄户学”，是共产党结合根据地实际需要创立的一种民众教育形式。在进行妇女生产动员时，根据地将宣传妇女参加生产纳入民众教育的内容，成效显著。据对临沂妇联和临沂市党史委员会编辑出版的《沂蒙红嫂》和《沂蒙红嫂颂》的统计，两书中提到的革命战争时期的106位红嫂中，有16人是识字班成员。沂南县东北村公成美回忆：“我年轻的时候，正是炮火连天的战争岁月，村里的妇女‘识字班’那阵儿很活跃，推磨压碾烙煎饼，送军粮、做军鞋，站岗放哨当向导，埋地雷，抬担架，慰问伤病员没黑夜、没白日，不要命地干。我是识字班班长，又是青妇小队队长，什么工作都要做在头里，整天歌儿不离口，不知道什么叫苦，什么叫累。”[26]629

第三，通过歌谣戏曲等群众喜闻乐见的方式进行动员宣传。

“民歌民谣等民间文化形式是农村女性认识世界和表达自身的重要途径，以及保持和扩展自我空间的重要领域。”[27]169 沂蒙根据地建立后，用民歌歌谣宣传妇女参加生产的意义是其时广为使用的一种方式。

抗日战争和解放战争时期，沂蒙根据地各区县创作了“送郎参军”系列歌谣。抗战时期的《送郎参军》唱道：妇女在家中“又磨米（来）又磨面，供应军队吃饱饭”和“做军衣，做军鞋，支援军队打胜仗”，要求丈夫“打不倒日本鬼，不要回家乡”。① 解放战争时期，鲁南区创作的小调《送郎参军》鼓励男性“快快上前线，保卫家乡和田园”，并保证“你到前线去参战，家中的事情我照管”；[28] 鲁中区的小调《春季生产歌》也唱道：“青壮年支前线，咱妇女把生产搞，组织起来把粪挑，打破那老封建妇女把家当。”[29]

很多民歌民谣还将妇女参加生产劳动与妇女解放相联系。1947年，滨海区创作的《为的打老蒋》的歌词写道：“从前女人不算人，现在俺们把家当，

---

① 山东省妇联妇运史编辑室：《山东妇女民歌选》，1986，第72-73页。

男人女人都一样。”[30] 1947 年，沂蒙根据地新华书店发行的《文化翻身》期刊连载了歌谣《新编女儿经》，其开篇便是“忙生产，顶要紧，能劳苦，手脚勤，庄稼事，女当先，耕和耙，都学全”，也说明了妇女参加劳动与自身解放之间的关系——“吃己食，养己身，寄生虫，最可恨。”[31]

随着妇女劳动歌谣的创作与传播，“男支前，女生产”的劳动性别分工模式得到了根据地妇女的认可和接受，妇女不仅可以而且必须参加公共劳动成为共识。“许多妇女在生产事业中表现了光辉的成绩，被选为劳动英雄与模范工作者，她们在社会与家庭受到特别的尊敬。”[32]

三、技能培训：妇女参加生产的条件创造

要让从来没有参加过生产劳动的妇女走出家门，除了组织和宣传之外，很重要的是要“授之以渔”，教会妇女基本生产技能，这是能让妇女参加生产还能真正扬眉吐气的前提。1946 年，山东省妇联对各级妇女组织提出要求：“妇联应注意团结各种技术人才，与各阶层热心生产人士合作，做到有力出力，有钱出钱，有技术出技术，把一切可能运用的力量团结起来。”①

第一，培训妇女植棉技能。

1944 年，山东省战时行政委员会制定生产运动规划，此后根据地把培训妇女修棉技术作为重要工作之一。

山东省政府农业指导所派人到各村教授妇女打明条、拿枝子等修棉技术。蛟山区妇救会组织全区各村妇女干部学习种棉技术，“当场由区长带领大家到棉地亲自授以修棉办法”，妇女干部学会后即返回本村进行推广。[33]

根据地农民有一套祖辈承袭的旧植棉做法，很多人不愿接纳新技术。为推广新技术，基层妇女干部想了很多办法。莒南县路镇区赤石沟村妇女识字班在上课时“讨论怎样修理棉花，并到棉田里亲自试验”，经过识字班的示范，村里其他妇女也开始学习和运用新技术。段山子村召开妇女干部会议，

① 山东省妇联宣传部：《山东妇运资料选》，1983，第 254 页。

动员妇女率先打棉枝，但是一些妇女干部也对采用新技术存有疑虑，区干部得知后，带领妇救会、识字班干部20余人亲自试验，找了一块棉花田，一半打枝，一半未打，后经对比发现“打的结了十六个桃子，未打的只结了十个桃子”。妇女干部看到打枝的效果后，回到村里分头动员，推动了新技术的采用。[34]

新植棉技术有效提升了棉花产量，妇女感受到了参加生产劳动带来的切实利益，更乐于参加植棉劳动。

第二，培训妇女其他农作技能。

根据地一般是组织妇女和本村有农作经验的老年人一起参加农作，用师傅带徒弟的方式教妇女种地。1947年4月春耕开始时，鲁中区沂东县河阳区李家坡庄的劳动模范李学俭先去动员种地有经验的老人，负责教妇女锄地，他自己也亲自教授，帮助妇女完成了锄田工作。1948年6月，沂源县黄沟村男性出夫支前，全村26个妇女积极分子主动承担起农作的任务，“分组由男子带领，边锄边教”，最终“节省了277个男劳动力”。[35]

妇女学习和掌握劳动生产技术是动员妇女参加生产劳动的关键环节。妇女掌握了原先由男性垄断的农业技术后，真正拥有了获得经济收益的能力，为实现性别平等奠定了基础。

从来就没有什么救世主，妇女的解放是妇女自己的事情。只有妇女起来亲身参与革命和建设，才能改善自己的社会地位，获得真正的解放。沂蒙革命根据地时期，正是在马克思主义妇女理论指引下，共产党采取了切实有效、契合妇女实际需求的动员措施，最终使沂蒙妇女能够走出家门，参加社会生产。在走出家门的过程中，其个人形象认知、婚姻家庭、政治实践、社会经济生活、精神文化生活、社会心理等均较革命之前发生了巨大转变，这是沂蒙妇女走向解放、实现性别平等的关键一步。

【参考文献】

[1] 马克思，恩格斯．马克思恩格斯文集（第4卷）[M]. 中共中央马克思恩格斯列宁

斯大林著作编译局，编译．北京：人民出版社，2009.
[2] 中华全国妇女联合会．马克思恩格斯列宁斯大林论妇女 [M]. 北京：中国妇女出版社，1990.
[3] 马克思，恩格斯．马克思恩格斯选集（第 1 卷）[M]. 中共中央马克思恩格斯列宁斯大林著作编译局，编译．北京：人民出版社，1995.
[4] 西铁峪秋收结合支援前线办法 [N]. 鲁中大众，1946-08-25.
[5] 毛家岭春耕不犯愁 [N]. 大众日报，1947-02-23.
[6] 袁家岩麓壮年上前线半劳动力全部组织起来 [N]. 鲁中大众，1947-03-15.
[7] 中共山东省委党史研究室，山东省中共党史学会．山东党史资料文库（第 1 卷）[Z]. 济南：山东人民出版社，2015.
[8] 支前主动又不误生产 [N]. 滨海农村，1947-05-15.
[9] 小纺前公平算工账 [N]. 滨海农村，1947-05-27.
[10] 大姐当村长工作更加强 [N]. 滨海农村，1947-03-13.
[11] 妇女干部要向王寅同志学习 [N]. 鲁中大众，1947-04-08.
[12] 白黑加工弹棉花 [N]. 鲁中南报，1948-10-08.
[13] 中共山东省委党史研究室，山东省中共党史学会．山东党史资料文库（第 23 卷）[Z]. 济南：山东人民出版社，2015.
[14] 中共中央文献研究室中央档案馆．建党以来重要文献选编（1921—1949）（第 24 册）[Z]. 北京：中央文献出版社，2011.
[15] 包慧．沂北土改复查普遍开展 [N]. 大众日报，1947-05-28.
[16] 临邑商河土改中涌现很多女村干 [N]. 大众日报，1947-05-28.
[17] 李臻．说妇女不能复查是咱思想上有毛病 [N]. 鲁中大众，1947-06-16.
[18] 马克思，恩格斯．马克思恩格斯全集（第 10 卷）[M]. 中共中央马克思恩格斯列宁斯大林著作编译局，编译．北京：人民出版社，1998.
[19] 列宁．列宁选集（第 1 卷）[M]. 中共中央马克思恩格斯列宁斯大林著作编译局，编译．北京：人民出版社，2012.
[20] 中共中央文献研究室中央档案馆．建党以来重要文献选编（1921—1949）（第 20 册）[Z]. 北京：中央文献出版社，2011.
[21] 李家庄怎样教育妇女参加农作 [N]. 大众日报，1947-02-15.

[22] 整半劳力全面组织东山村突击种麦 [N]. 鲁中南报，1948-10-08.

[23] 李宜夫 . 全家突击干 [N]. 滨海农村，1947-04-07.

[24] 娄家铺子组织妇女劳动 [N]. 大众日报，1948-07-01.

[25] 牛生明、阎廷英小两口竞赛支援前线 [N]. 鲁中大众，1946-07-17.

[26] 中共山东省临沂市委党史委 . 抗日战争的艰难岁月——沂蒙军民反“扫荡”斗争纪实 [M]. 北京：中央文献出版社，2001.

[27] 王克霞 . 革命与变迁：沂蒙红色区域妇女生活状况研究（1938—1949）[M]. 济南：山东大学出版社，2011.

[28] 送郎参军 [N]. 鲁南时报，1946-09-29.

[29] 徐子文 . 春季生产歌 [J]. 文化翻身，1947（8）.

[30] 为的打老蒋 [N]. 滨海农村，1947-03-23.

[31] 罗涵之 . 新编女儿经 [J]. 文化翻身，1947（9）.

[32] 成仿吾 . 中国共产党与中国妇女解放 [J]. 时代妇女，1946（1）.

[33] 莒南临沭区村干部亲自动手教群众修棉 [N]. 大众日报，1946-07-08.

[34] 莒南临沭群众积极修棉 [N]. 大众日报，1946-07-17.

[35] 保证男子支前出工不误生产 [N]. 大众日报，1948-09-02.

从“小难民”到“小战士”：中国共产党与抗战时期的儿童动员

侯　杰　庞少哲*

摘要：抗战时期，中国共产党借助抗日救国教育、报刊媒体、节日纪念等社会动员方式，唤醒儿童抗战意识，使儿童不仅仅是直面国破家亡等现实苦难的“小国民”“小难民”，更要成为英勇抗击日本侵略者的“小战士”。在艰苦卓绝的抗战时期，儿童以多种形式响应了中国共产党抗日救国的号召。他们在战火中得到锻炼和成长，增强了国族意识和自我意识，为全民抗战作出不可磨灭的贡献。

关键词：中国共产党；儿童动员；抗战时期

日本侵华战争爆发后，儿童受到多方面的影响，一方面，成为受害者，被日本侵略军残暴杀害。另一方面，幸存的儿童，有些沦为日本侵略者铁蹄下的亡国奴；有些离乡背井，和父母兄弟姐妹一起逃难，饱受颠沛流离之苦；有些失去父母呵护，成为尝遍人生各种辛酸的“小难民”……战争、流血、死亡、疾病、饥饿、恐惧、贫穷、失学成为受到战争煎熬的广大儿童不

---

* 侯杰，南开大学历史学院暨中国社会史研究中心教授、博士生导师，主要从事近代中国社会史、社会性别史等研究；庞少哲，南开大学历史学院暨中国社会史研究中心博士生，主要从事近代中国社会史、社会性别史等研究。本文系2018年教育部人文社会科学重点研究基地重大项目“传统向现代的转型：中国近现代日常生活研究”（项目编号：18JJD770001）的阶段性成果。本文刊登于《河北学刊》2022年第4期。

得不面对的悲惨现实。因为家庭生活、社会活动等都发生了急剧的变化，所以他们自觉或不自觉地关注起了国事家事，有些人还不失时机地寻找与父兄一起抗击日本侵略者、为逝去的亲人报仇雪恨的机会。在抗战时期，儿童从“小国民”不幸沦为“小难民”，进而变成抗击日本侵略者的“小战士”，儿童在拥有不同主体身份的同时也扮演了越来越重要的角色，为抗战作出牺牲和贡献，成为世界反法西斯国家的儿童学习的榜样。早在抗战时期，世界学联代表团就曾“谓中国儿童之有组织的参加抗战，实可供诸世界儿童学习”①。

然而，儿童如何在天真烂漫的年龄被迫沦为命运多舛的“小难民”，并迅速成为救国救难的“小战士”，鲜有学者关注。学者们有关抗战时期儿童的研究主要集中于抗战儿童团、战时难童救济、儿童抗战游戏、战时儿童教育等方面。②因此，笔者拟重点探究“儿童”这一群体在抗战中的处境及其

---

① 《世界学联代表团备受武汉儿童欢迎》，《新华日报》1938 年 6 月 12 日第 3 版。

② 学界涉及儿童抗战的代表性作品有罗存康的《少年儿童与抗日战争》（团结出版社，2015）和刘海峻、崔士臣的《苏北少年儿童抗日运动》（天马出版有限公司，2005）。前者探讨了抗战时期在敌后根据地、国统区的儿童抗战，以及童子军、华侨儿童等群体的抗日活动；后者聚焦苏北地区少年儿童的抗战救亡活动。另有徐兰君的《儿童与战争：国族、教育及大众文化》（北京大学出版社，2015）从国难教育、劳动教育、儿童抗战戏剧、儿童旅行团、三毛漫画等不同角度切入讨论儿童与战争的关系。直接评价儿童抗战的作用成果如黄兆康的《简论少年儿童在抗战中的历史地位和作用》[江苏省中共党史学会编：《江苏省中共党史论丛》（第一辑），中共党史出版社，2006] 等。研究抗战儿童团的成果如冯兵、罗情情的《抗战时期中共动员儿童团的依据、失效与经验》（《历史教学问题》2020 年第 1 期），蔡洁的《流动的宣传队：儿童剧团与抗战时期的民众动员——以上海孩子剧团、厦门儿童救亡团为中心》（《广东社会科学》2022 年第 2 期）等；研究战时难童救济的成果如阚玉香的《抗战时期大后方难童救济教养的特点》（《甘肃社会科学》2012 年第 2 期），丁戎的《国内抗战时期难童救助研究综述》（《抗日战争研究》2011 年第 2 期）综合评析了改革开放以来学界关于难童救助的成果；研究儿童游戏的成果如王星慧的《华北抗日根据地的儿童抗战游戏》（《河北学刊》2017 年第 3 期）；研究战时儿童教育的成果如张晓玲的《寓教于战：晋绥边区战时的儿童教育》（《日本侵华南京大屠杀研究》2020 年第 3 期），刘齐的《以谣为枪：童谣与抗战时期的儿童教育》[朱庆葆主编：《民国研究》（总第 35 辑），社会科学文献出版社，2019] 等。

应对，揭示他们是如何从少不更事的战时“小难民”转变为抗战救亡“小战士”。重点考察中国共产党的舆论宣传、社会动员和组织建设与儿童抗战观念及其行为之间的联系。

一、儿童：日本侵华战争的受害者

九一八事变后，成千上万的中国儿童被日本侵略者强行卷入战争的旋涡，不得不承受各种灾难与不幸。原本需要国家和家长呵护的幼小生命，经受了常人难以想象的苦难，并被赋予抗击外来侵略者的神圣职责和使命。蒋介石就直言：“如果战端一开，那就是地无分南北，年无分老幼，无论何人，皆有守土抗战之责，皆应抱定牺牲一切之决心。”[①] 其中，就包括儿童。

被寄予抗战厚望的儿童，究竟该如何界定呢？从年龄来看，儿童社会学通常是把 0—14 岁的未成年人称为儿童。在抗战时期，对儿童年龄的划分并不统一。1931 年 6 月 18 日，中国共产党青年团中央局正式通过的《团中央关于儿童运动决议案》中，将儿童的年龄界定为 8—14 岁。1938 年，在国共两党合作后成立的第二战区战地总动员委员会率先通过的《第二战区战地总动员委员会抗日儿童团组织大纲》中，宣布其所领导的儿童组织为抗日救亡儿童团，吸纳的“儿童年在 7 岁以上，16 岁以下”[②]。1940 年晋西北抗日儿童团组织简章又规定儿童团员的年龄为“7 岁以上 13 岁以下”。1944 年，山东省抗日根据地将儿童团年龄限定在 7—15 岁。[③] 可见，儿童年龄的界定在不同时期、不同地区有一定差别。本文所研讨的儿童年龄为 7—16 岁。

---

① 张其昀：《先总统蒋公全集》第 1 册，台湾中国文化大学出版部，1984，第 1064 页。

② 共青团中央青运史工作指导委员会等：《中国青年运动历史资料》(14)，中国青年出版社，2002，第 36 页。

③ 马钊、山东省地方史志编纂委员会：《山东省志 68 教育志》，山东人民出版社，2003，第 148 页。

据不完全统计，全面抗战初期中国儿童人数在7000万—8000万[①]，其中包括大量的难童。七七事变后中国难童约400万人[②]，一时间，“九江、安庆、京汉线、京浦线、浙赣线、陇海沿线和长江中下游一带及内地，到处可见流浪的儿童，他们成了战争灾难最惨的受害者”[③]。难童群体的内部构成也比较复杂，从设在后方的儿童保育院接受前方难童的登记，即可见一斑。据统计（如下表所示），曾经在校读书的儿童占比较高，其次则为流浪儿。

难童构成一览表

成分	读书	小贩	种田者	学徒	当兵	做工艺者	拾荒者	拾粪者	脚夫	流浪儿	依父母过贫苦生活者
比例	30%	4.7%	7.3%	6.7%	2.2%	4.4%	7.6%	6%	2%	17%	12%

资料来源：永沂：《在儿童保育院》，《妇女生活》1938年第6卷第2期，第16页。

这些难童不论之前做什么，生活在什么样的家庭，也不管是否幸运地得到收留，都亟待社会的救助。这是国共两党领袖的共识。为了更好地“集体育儿，养教并举”，周恩来在1938年初就发出倡议[④]，得到国民党军政大员及社会贤达的支持。同年，宋美龄在《谨为难童请命》中也指出：“难童……是未来中国的壮丁，也就是支持国家实力的一部分，我们怎能够任他们去流浪，变成乞丐，变成匪徒，变成嗷嗷待哺的饿殍？”[⑤]中国共产党不仅呼吁国

---

① 关于全面抗战初期儿童的具体人数学界意见不一，有7500万、8000万、7000万等不同说法。（参见罗存康：《少年儿童与抗日战争》，团结出版社，2015，第2页；中国革命博物馆编：《民族小号手》，春秋出版社，1989，第253页；《拥护国联反侵略武汉各儿童团告同胞书》，长沙《大公报》1938年9月14 日。）

② 中国第二历史档案馆：《中华民国史档案资料汇编》第5辑第2编，财政经济（八），江苏古籍出版社，1997，第507页。

③ 北京保育生联谊会、晋察冀文艺研究会：《烽火摇篮：中国战时儿童保育会图片集》，中国妇女出版社，1996，第9页。

④ 韩作黎、欧阳代娜：《延安教育研究》，文心出版社，2003，第456页。

⑤ 宋美龄：《谨为难童请命》，《妇女生活》1938年第5卷第11期，第1-2页。

人“对流亡全国的受灾儿童，必予以适当收容与救济”[①]，而且坚持认为难童不仅仅是等待救助的弱势群体，也是抗战的重要力量。邓颖超还和宋庆龄、李德全等妇女领袖一起在汉口成立了“中国战时儿童保育会”。该会是一个具有统一战线性质的救助儿童的社会团体，宗旨是“抢救民族后代，培育无家可归的难童健康成长为抗日建国的力量”，以宋美龄为理事长、李德全为副理事长、邓颖超等5名共产党员为常务理事。该会在全国各地建立分会，并迅速形成每集中300至500名儿童，就向后方输送一次[②]的工作机制。抗战时期，该会在全国16个省及香港地区都成立了分会，成立了50所战时儿童保育院，抢救并收养了近三万名难童。[③]在陕甘宁边区，中国共产党也创办了托儿所、保育院。据1945年的统计，边区幼儿教育机构已发展到90多个，保育儿童2110多名。其中，寄宿制托儿所、保育院有儿童1180多名，全日制的托儿所有儿童930多名。[④]在其他抗日根据地亦建立起育儿院、保育院等幼儿教育机构，并取得一定的成效。

需要指出的是，中国共产党针对儿童救助所提出的思想主张产生广泛的社会影响，不再仅限于抗日根据地，也波及国统区，甚至在沦陷区亦秘密传播。更值得注意的是，在国共合作的背景下，中国共产党还积极争取国民党要员的支持和参与，巩固和扩大抗日统一战线，并收到一定的效果。

实际上，中国共产党对儿童事业一贯重视，早就提出一系列思想主张，并积累了许多经验。在中国共产党成立之前，李大钊、毛泽东等马克思主义者即认定被压迫的无产儿童为一支能改造现实中国腐朽落后面貌的真实阶级

---

① 《纪念“四四”儿童节》，《新中华报》1941年4月3日第1版。

② 杜文华：《省立宜都师范建立的前前后后》，载中国人民政治协商会议武汉市汉阳区委员会文史资料征集委员会：《枝城市文史资料 第3辑》，政协枝城市文史委，1989，第124页。

③ 韩作黎、欧阳代娜：《延安教育研究》，文心出版社，2003，第456页。

④ 伍雍谊：《中国近现代学校音乐教育1840—1949》，上海教育出版社，2011，第251页。

革命力量，阶级的革命儿童观初见端倪。[①]中国共产党成立后，在1921年8月16日发表的《中国劳动组合书记部宣言》中，以党的领导机关的名义，阐明组织劳工儿童，启发儿童的阶级觉悟，参加反抗压迫斗争的必要性。这直接促成了安源儿童团在1922年的成立。此后，各地的儿童团在中国共产党的领导下纷纷建立。1924年9月，李大钊发表了《上海的童工问题》，号召社会关注儿童，"赖上海的献身于无产同胞的青年团体"解救儿童"于黑暗生活中"。[②]由此观之，中国共产党关于儿童工作的思想主张，建立的团体组织，产生了一定的社会影响，凝聚起广泛的社会力量，为抗战时期有效地对儿童进行抗日救国的宣传和动员奠定了基础。

二、中国共产党对儿童的抗战动员

抗战爆发后，作为民族新生力量的儿童，成为中国共产党关注的焦点。1932年上海一·二八事变后，《共青团中央为上海事变致各地团部的信》号召儿童参加反日活动，并要在上海民众反日救国会中组织儿童队。[③]同年5月，共青团满洲省委首次在盘石发动中朝民众反日示威。在示威中，童子团尤为勇敢[④]，从而拉开了儿童有组织地开展抗日活动的序幕。此后，在中

① 如1919年9月15日，李大钊在《少年中国》上发表《"少年中国"的"少年运动"》，认为理想的"少年中国"需要经过"少年运动"，"由物质和精神两面改造而成"。前者本着"勤工主义"的精神，"使人人都须做工，做工的人都能吃饭"；后者本着人道主义的精神，用"互助""博爱""公善"来改造"堕落""残杀"和"私营"，清除"人心内部的恶"。并号召"少年好友们"，走出都市，融入山林村落的劳动生活里去。1919年10月23日，《北京大学日刊》第467号刊登毛泽东的《问题研究会章程》，共列71项内容，其中包括"公共育儿院设置问题""公共蒙养院设置问题""私生儿待遇问题""小儿劳作问题"等与儿童直接利益相关的内容。[中国新民主主义青年团中央委员会办公厅编：《中国青年运动历史资料》（1），1957，第77-82页。] 这表明，马克思主义者对儿童十分关注。

② 《上海的童工问题》，载《李大钊选集》，人民出版社，1959，第516-522页。

③ 中国新民主主义青年团中央委员会办公厅：《中国青年运动历史资料》（10），中国青年出版社，1960，第224-225页。

④ 清原满族自治县朝鲜族志编纂委员会：《清原朝鲜族志》，辽宁民族出版社，1999，第191-201页。

国共产党和中国共产主义青年团的领导下，儿童越来越多地参与了各地抗日斗争。

这一时期，儿童不仅成为一种政治符号，被赋予很强的文化象征意义，而且被视为抗日救国的重要力量，国家、民族未来的主人翁。毛泽东就发出号召："儿童们起来，学习做一个自由解放的中国国民，学习从日本帝国主义压迫下争取自由解放的方法，把自己变成新时代的主人翁。"①周恩来也特别强调，"儿童是社会力量的一部分，是抗日斗争中的一支小生力军。孩子们的抗日救国要和大人联合起来，要发扬救国、革命、创造三种精神"，要"一手打倒日本强盗，一手建设新中国"。陈毅亦表示："抗战事业应该让儿童参加。新四军愿意做儿童的良友。"②中共中央领导的晋察冀边区行政委员会机关刊物甚至还提出了战时小学儿童训练的目标："培养儿童民族的和社会的意识，学习抗战的理论和技能，提高政治的水准，坚强抗战的意志，在抗战建国这一国策底下，训练儿童成'战士'，成一个'建设新中国的健练工作者'，来参加抗战，来完成中华民族之自由解放，建设自由平等幸福的国家。"③

不仅如此，中国共产党还采取了诸如实施抗日救国教育、利用报刊媒体进行舆论宣传、纪念"四四"儿童节、树立儿童抗日榜样等诸多举措，向儿童进行抗战动员。这样既掌握了话语权，又在不同层面、不同领域塑造了儿童抗日"小战士"的形象，凝聚了儿童抗战的力量。

开展抗日救国教育是抗战时期中国共产党向儿童进行抗战动员的重要内容，并形成不同特色。在根据地，儿童使用的教科书、课外读本以及儿童刊物等，都直接服务于抗战。连儿童的日常生活空间，包括学校的校门、校

---

① 叶圣陶、冰心等：《我和儿童文学》，少年儿童出版社，1980，第198页。

② 中华全国妇女联合会：《中国妇女运动史（新民主主义时期）》，春秋出版社，1989，第401页。

③ 盛奇品：《战时小学儿童训练实施大纲》，《教育阵地》1939年第1卷第8期，第3页。

道、教室等校园环境都被充分利用起来，甚至连学生宿舍都被纳入抗战动员的范围。除了“悬挂‘闻鸡起舞’‘枕戈待旦’‘卧薪尝胆’等警惕标语”[①]，历史上勇于抵御外侮的民族英雄“文天祥、祖逖、苏武、蔡公时等名人遗像”[②]也都出现在学校等公共场合，让儿童随时可见。借助环境的营造和喜闻乐见的形式，中国共产党将抗战动员融入儿童的学习生活和精神世界，使儿童的日常生活与抗战动员紧密联系在一起。于是，抗日救国教育即为战时儿童的重要生活。

中国共产党高度重视儿童抗日救国教育，认定这是坚持长期抗战并夺取最终胜利的有效保证。1938 年 10 月，毛泽东在中国共产党六届六中全会扩大会议上作了《论新阶段》的报告，提出“伟大的抗战必须有伟大的抗战教育运动与之相配合”，应该把“实行抗战教育政策，使教育为长期战争服务”作为全民族抗战的紧急任务之一，并且要“改订学制，废除不急需与不必要的课程，改变管理制度，以教授战争所必需之课程及发扬学生的学习积极性为原则”，同时“办理义务的小学教育，以民族精神教育后代”。[③]至于小学抗战教育的方针，“应依据边区国防教育宗旨及实施原则，以发展儿童的身心、培养他们的民族意识、革命精神及抗战建国所必需的知识技能”。[④]这与国统区的抗日救国教育形成互动，对儿童均产生重要影响。在根据地，教师们在教室内外大讲抗战，号召学生杀敌、保家卫国，充满热情的儿童不免热血沸腾，做着抗战到底的各项准备。不仅如此，中国共产党还不断地参与国民党主导的小学童子军教育[⑤]，在国统区，教师们同样宣传抗日，取得意想不

---

① 张尚书：《小学国防教育实施草案》，《乡村改造》1936 年第 5 卷第 7 期，第 35 页。

② 张尚书：《小学国防教育实施草案》，《乡村改造》1936 年第 5 卷第 7 期，第 35-36 页。

③ 毛泽东：《论新阶段》，新华日报馆，1939，第 48 页。

④ 陈元晖：《老解放区教育简史》，教育科学出版社，1982，第 104 页。

⑤ 《中共中央书记处关于积极参加国民党区的小学教育与社会教育的指示》(1940 年 2 月 18 日)，载中共中央文献研究室、中央档案馆：《建党以来重要文献选编(1921—1949)》第 17 册，中央文献出版社，2011，第 142-145 页。

到的效果。如年仅13岁的梅爱文[①]便在强烈的抗战氛围中公开反对父亲梅思平[②]的汉奸行为，并表示与其划清界限，加入抗日队伍。[③]

尤为难得的是，中国共产党在游击区和靠近敌占区的地方也设立了一些抗日两面小学和隐蔽小学，以消解敌伪对占领区儿童实行的奴化教育。前者表面上贴着“大东亚共荣圈”等标语，用敌伪课本，专门应付敌伪的检查，实际上却使用抗日课本，进行抗日救国的教育；后者又叫地下学校，主要分布在敌伪控制得比较严密的地区，即便敌伪强制推行奴化教育，隐蔽小学也不失时机地传播抗战的思想主张，在儿童的心目中保留爱国、救国的火种。这两种学校及其实施的灵活多样的抗日救国教育，使仇日爱国的思想不同程度地进入儿童的心田。[④]

利用报刊媒介宣扬抗日救国思想，鼓励儿童投身其中。这是中国共产党鼓励儿童参与抗战的最重要的舆论宣传方式之一。抗战时期的儿童期刊共约有90种。[⑤]其中，中国共产党创办的儿童报刊不在少数。如《东南儿童》便是由杭苇和陈怀白在中共浙江省委的领导下创办的。在“省内某县的一所小学甚至还禁止儿童参加校外的救亡运动”的情况下，该刊为了避免儿童“被遗忘”，遂在公共领域进行有针对性的抗战宣传。[⑥]按照周恩来的指示，年

---

① 梅爱文（1926— ），出生于上海，母亲染病去世后被父亲梅思平送到温州，交由舅舅马骅抚养。在就读的旧温属联立中学举办的抗战演讲比赛中，梅爱文发表《我不愿做汉奸的女儿，我要打倒我的爸爸》的演讲，是全国第一份大义灭亲的反汉奸宣言。

② 梅思平（1896—1946），浙江永嘉人，毕业于北京大学政治系，获文学学士。五四运动时曾积极参加反帝爱国运动。战前历任国民党政府江苏江宁实验县县长、江宁行政督察专员等职，属“CC系”。抗战爆发后，为“低调俱乐部”的主要成员之一，拥护汪伪政权，宣扬降日卖国言论。

③ 梅爱文：《我不愿做汉奸的女儿，我要打倒我的爸爸》，《浙瓯日报》1939年12月15日第2版。

④ 李桂林：《中国现代教育史》，吉林教育出版社，1991，第228-229页。

⑤ 丁守和等主编《抗战时期期刊介绍》，社会科学文献出版社，2009。

⑥ 中国人民政治协商会议丽水县委员会文史资料委员会：《丽水文史资料　第2辑 抗日战争时期专辑》，丽水市委员会文史资料，1985，第48页。

仅14岁的范政[1]组建中国救亡剧团，并到境外宣传抗日。回国后，他编辑了一套《儿童抗战小全书》，其中包括《儿童抗战故事》《儿童抗战歌曲》《儿童抗战歌谣》及儿童舞蹈、儿童短剧、儿童绘画、儿童诗歌、儿童谜语、儿童游戏等20余种，寓教于乐，由桂林文化供应社出版[2]，产生了很好的宣传效果。此外，新安旅行团编辑出版了《儿童生活》《苏中儿童》《江淮儿童》《儿童画报》等刊物。1943年7月，为击退日寇“扫荡”，《儿童生活》还发动了“十万儿童签名运动”。抗战胜利前夕，新安旅行团的儿童团员达到18万人，超额完成党的任务。[3]可见，通过儿童期刊对儿童进行抗战动员，能更好地激发和调动同龄人的抗战热情。这是一种行之有效的媒体传播方法，也是中国共产党进行儿童抗战动员的成功经验，使成千上万的儿童既是中国共产党抗战动员的接受者，还是参与者，甚至是组织者。

这与国民党在国统区利用媒介宣传抗战、社会动员及其所产生的效果形成鲜明对比，耐人寻味。国民党虽然也向儿童灌输抗战的斗争精神，规训符合党国意志的理想国民[4]，但是多以训导者的姿态出现，逼迫儿童和读者们硬性接受，效果不彰，以至于最后不得不采取强制的手段，抓壮丁入伍。中国共产党在根据地一般都会巧妙地进行舆论宣传，对包括儿童在内的各界人士晓之以理，动之以情，提高人们的思想认识和抗战觉悟，进而借助参军光荣、杀敌立功的舆论宣传，使人们踊跃参军、抗战。在国统区，中国共产党

---

① 范政（1925—1968），原名李万万，吉林省延吉县（今延吉市）人。曾因积极参加1935年“一二·九”反帝爱国运动集会而被校方开除学籍，后参加《北平新报》儿童剧刊的编辑工作，年仅10岁。1937年，以记者身份参加由上海地下党组织的“绥远前线慰问团”。次年，随新安旅行团到兰州，不久加入中国共产党，之后在兰州《妇女旬刊》上发表《大人救国小孩也要救国》，号召儿童勇敢担起救亡责任。

② 中共吉林省委党史研究室：《吉林党史人物传略》，吉林人民出版社，2001，第392页。

③ 张爱萍：《纪念新旅　学习新旅（序言）》，载中国青年出版社：《红旗飘飘——纪念新安旅行团成立五十周年专辑》(29)，中国青年出版社，1985，第3页。

④ 陈莹：《视觉启蒙：民国时期面向儿童的电影教育与儿童电影（1918—1949）》，博士学位论文，香港城市大学，2020。

也会在儿童中传播抗日救国思想，吸引儿童参与中国共产党领导或国共合作组织、建立的抗日救国团体活动。其中就包括儿童抗敌工作团、儿童旅行团、儿童救亡剧团、歌咏队、舞蹈队、宣传队等，以沿途宣讲、戏剧表演、贴大字报、唱歌、跳舞、演讲等方式，揭露日本侵略军的暴行，宣传抗日救国的理念，同时，还因地制宜开展学习、生产、站岗、锄奸、战地服务等项工作。

实事求是地说，国共两党借助媒体进行抗战动员的效果明显不同。那么，中国共产党究竟采取了哪些宣传策略，取得较好效果的呢？中国共产党将媒体作为自身与儿童精神沟通的平台，尽力满足儿童的心理需要，为帮助他们解决战时遇到的各种问题提供服务。因此，儿童和读者们感受到中共创办的媒体不仅内容丰富多彩，而且非常贴心，关切他们的各种实际需要，如抗战时事与常识的普及、国民政府的抗日主张与政策的宣讲、抗战英雄事迹的传播等。这既有助于促成儿童对战争的基本认知，调动儿童对日本侵略者的仇恨情绪与抗战热情，又有利于在国共合作的背景下进行抗战的准备，字里行间充满了对儿童参与抗战的鼓励、支持。

公开纪念“四四”儿童节，是中国共产党将儿童纳入政治话语的重要方式，以引起社会各界人士对儿童群体的关心和爱护。1937 年 8 月，毛泽东在《为动员一切力量争取抗战胜利而斗争》中号召要把全中国人民动员起来，武装起来，参加抗战。[①] 于是，动员儿童参与抗战成为中国共产党的重要政治使命和长期任务。然而，儿童毕竟是一个非常特殊的群体，具有低龄化、独立性差、社会意识不强等群体特征。[②] 公开提倡和组织儿童节日纪念活动，是将儿童纳入公共视野，组织、开发儿童中蕴藏的抗战力量之有效的方式。换而言之，纪念话语是政党开发节日价值的一种尝试，也是向社会各界人士传达其政治意图的有效方法。中国共产党在 1939 年的“四四”儿童节工作

① 《为动员一切力量争取抗战胜利而斗争》，载《毛泽东选集》（第二卷），人民出版社，1991，第 355 页。

② 《延市千余小朋友热烈纪念儿童节》，《解放日报》1942 年 4 月 5 日第 2 版。

报告中指出，儿童节纪念大会的宣传内容包括："1. 儿童节的意义，尤其是在抗战中，尤其是敌后抗战儿童节的意义。2. 敌人欺骗诱惑儿童的政策，玩弄儿童的事实。3. 敌人屠杀儿童的实况，及沦陷区儿童的非人生活。4. 在抗战中儿童应为国家民族做些什么工作。"除此之外，中国共产党还准备了多种传单和儿童纪念册。[①]

中国共产党在抗日根据地利用节日开展社会动员，以政权的力量引领节日文化的方向，发挥教育民众的作用。[②]在纪念"四四"儿童节的时候，中国共产党组织和边区政府一般都会"表扬儿童模范"。[③]这些儿童模范往往是中国共产党各级领导机关根据管辖范围内的年轻人的学习、生产的积极性，带领儿童工作的领导力如何选出。而最光荣、最模范者，莫过于参军。[④]参与节日纪念活动的儿童及其家庭成员，自觉或不自觉地接受了中国共产党进行的抗战宣传与动员。如阜平一名抗属在参加1942年晋察冀边区儿童节纪念大会后，深有感触地说："真沾，怪不得说儿童是新中国的主人！真是一点也不差。"[⑤]其他民众也都说："儿童真不简单。"[⑥]这对于在社会上树立中国共产党的抗战形象，增强社会各界人士对党的抗战主张之理解起到了重要的推动作用。

榜样的力量是无穷的。抗战中涌现出来的英雄榜样，由于具有符合特定历史时期所需要的品质，凝聚着人们所向往的理想人格和言论行动，往往会成为万众瞩目的公众人物。经由节日纪念大会上受到的表彰，拥有模范等光

---

① 《"四四"儿童节工作报告》，《政治工作》1939年第7期，第17页。

② 韩晓莉：《革命与节日：华北根据地节日文化生活：1937—1949》，社会科学文献出版社，2019，第215页。

③ 《中共中央青委会关于儿童工作的决定》（1939年3月4日），载共青团中央青运史工作指导委员会等编：《中国青年运动历史资料》（14），中国青年出版社，2002，第449-450页。

④ 谢忠厚、张圣洁主编《冀鲁豫边区群众运动资料选编》，河北人民出版社，1992，第475页。

⑤ 《边区各地儿童热烈纪念四四》，《晋察冀日报》1942年4月12日第3版。

⑥ 《儿童们在自己的节日里》，《晋察冀日报》1942年4月15日第3版。

环的儿童，成为同龄人竞相模仿的榜样。这一时期，利用儿童模范等名人效应进行抗日救国宣传成为一种较为普遍的现象。为了更好地塑造这些榜样、模范的形象，中国共产党还充分运用儿童文艺宣传队的娱乐宣传以及媒体的广泛报道等方式，以取得最佳效果。而儿童文艺宣传队对英雄形象的宣传与表演不仅符合中国共产党的抗战救国的要求，而且深刻地影响了包括儿童在内的社会各界人士的价值观念。

显然，儿童英雄、榜样的宣传是一个影响儿童认知的过程，深刻地塑造了儿童集体意识。在“边区儿童每人都是抗战中的好汉”[①]等标语口号以及由抗日宣传画等营造的社会环境中，中国共产党不断地将政治理念转化为社会共识，促使包括儿童在内的社会各界人士由被动抗战向自觉参军转变，培养儿童乃至社会各界人士的抗战意识。毋庸讳言，中国共产党在抗战时期对儿童采取成人化的培养方式，是一种超越年龄因素对儿童精神世界的有效干预，以达到规范儿童行为模式的目标，帮助他们应对残酷的战争环境和生存考验。从全民抗战的角度来说，此举本无可指摘。在成人化的趋势中，儿童已早早走出象牙之塔，准备着以各种方式抵抗入侵的强敌。“一种实践道德、服务抗战的机会，让他们小小的年纪便浸润在社会生活和民族意识中”[②]，经受着惨烈和残酷的战争考验。

三、“小国民”和“小战士”的成长

实际上，儿童不论是在和平时期还是战争年代都是弱者，需要国家、父母和成年人的保护。这种“弱”，明显体现在儿童的身体和心智都有待成熟。在中国社会，“修身、齐家、治国、平天下”这道政治方程式，需要中国人一生来解答。因此，它对儿童的成长也具有牵引作用。在抗战时期，由于强敌的入侵，致使很多儿童失去了家庭，“齐家”无从谈起，只能投身“修

---

① 《陕甘宁儿童奋飞迈进》，《新中华报》1941 年 4 月 4 日第 1 版。

② 洞若：《纪念儿童节》，《战时教育》1938 年第 2 卷第 6 期，第 7 页。

身—治国—平天下”的潮流之中。所谓“修身”，有“克己”之意，是“客我”与“主我”之间的互动，带有很大的模糊性。“国”可理解为放大了的“家”。“穷人的孩子早当家”。当这些无家的年幼儿童失去了“家”，直接进入弥漫着炮火硝烟的“战场”，与成人并肩作战，考验着儿童的身体和心理。日本侵华战争一度使众多儿童成为“分散的”“异质的”“不确定的”个体，但是经过中国共产党主导的组织化管理，被纳入抗战组织，使他们成为“有组织有训练的儿童”，形成“直接参加抗战的一部分有力的力量”①。于是，“幼稚化”“游戏化”的儿童迅速经过成人化、社会化，迅速变为“缩小的成人”②。

为什么会出现这样的变化，关键是成千上万的儿童目睹了国破家亡的人间惨剧，失去了正常生活、学习的条件与可能，成为中国共产党抗战宣传和组织动员的受众群体。在中国共产党的舆论宣传、抗战动员中，儿童作为“小国民”和“小战士”的身份、地位已经逐渐形成，儿童的主体意识也越来越强烈。“儿童的政治意识反映的是儿童自身对政治生活的自觉与关注”。③因此，在抗战时期自主参军保家卫国的儿童层出不穷。儿童的政治社会化愈发成熟，由单纯消极被动的社会化对象逐渐转变为以自身的政治观念和行为影响他人的政治社会化的主体。例如，年仅 11 岁的史中水带领 4 个 10 岁左右的同伴，瞒着父母，自己做主，参军报国，并坚持认为“难道抗日还要父母批准吗？”。④ 美国记者斯诺（Edgar Snow）在采访中发现：边区的儿童红

---

① 《战时儿童保育会陕甘宁边区分会成立经过及其最近工作报告（1938 年 7 月 22 日）》，载中华全国妇女联合会、妇女运动历史研究室：《中国妇女运动历史资料（1937—1945）》，中国妇女出版社，1991，第 79 页。

② 鲁迅：《我们现在怎样做父亲》，载《鲁迅全集》第一卷，人民文学出版社，2005，第 140 页。

③ 王海英：《20 世纪中国儿童观研究的反思》，《华东师范大学学报（教育科学版）》2008 年第 2 期。

④ 史中水：《回忆抗日战争时期我参加儿童团的几件事——为纪念“卢沟桥事变”50 周年而作》，载中国人民政治协商会议绵阳市市中区委员会文史资料研究委员会：《绵阳文史资料选辑》（第 6 辑），文史资料研究委员会，第 75-84 页。

军中大部分是“自己做主参加红军”[①]的。这些北上抗日的儿童，从家中跑出来，成为不再依附父母和家人的“独立”个体，变成抗日“小战士”。从儿童到公民，一般来说是要走过一段漫长的路程。在卢梭看来，这不仅是由于人天性中的自爱心发展转变为怜悯心需要一个过程，而且也由于理智的觉醒与成熟需要等待。[②]然而，在抗战这一特殊时期，在中国共产党的抗战动员下，缩短了这一过程和等待时间，促使儿童迅速“长大”，与“成人”的界限变得模糊起来。他们集中国共产党抗日救国的期待与民族道义于一身，背负起社会各界人士的厚望与重托，与成人一起承担起抗日的重任。为纪念1939年的儿童节，《抗敌报》副刊《老百姓》推出纪念专栏，明确指出：儿童身上具有成人的力量。[③]在该报的社论中，特别强调边区儿童在某种意义上是和一切成年的国民，执行着同等的抗战工作。[④]由此也可以找到中国共产党的抗战动员取得显著效果的密码，即原本看似关联度不高的儿童们由只知有“小我”开始有了“大我”，要挺身而出，抗击日本侵略者。

实际上，不论是在国统区，还是根据地，儿童们形成了相同或相近的目标。“你如果问他‘你大了做什么’时，十之八九会回答你：‘我大了打日本鬼子。’”[⑤]包括因战乱而流离失所的难童，发表各自对抗战的见解时，亦知“我对于战事，非争取最后的胜利不可”，“假使把汉奸消灭干净，中国自然能得到最后胜利”。[⑥]1940年儿童节陕甘宁边区组织政治测验，虽然儿童的最大岁数不超过14岁，但都毫不犹豫地答出打日本救中国的大道理。[⑦]这一点也令日本侵略者感到恐惧，松冈洋右就曾说：“中国最可怕的是那无数充

---

① 爱特伽·斯诺：《西行漫记》，复社印行，1938，第409页。

② 卢梭：《爱弥尔》（上卷），商务印书馆，2008，第88页。

③ 《边区的儿童跳起来呀！》，《老百姓》第21期，《抗敌报》1939年4月2日。

④ 《纪念儿童节》，《抗敌报》1939年4月4日 第1版。

⑤ 永沂：《在儿童保育院》，《妇女生活》1938年第6卷第2期，第15页。

⑥ 《成都市保育院难童调查》，载金陵女子文理学院社会学系：《社会调查集刊》上，1939，第40-41页。

⑦ 《四四儿童节纪念大会特写》，《新中华报》1940年4月12日第4版。

满抗日思想的儿童。”[①]

抗日根据地的儿童能显现出英雄本色的关键，与中国共产党的抗战宣传和组织动员不无关系。在中国共产党领导下，很多普通家庭的父亲、母亲送子参军。在沂水县朝阳官庄村的王步荣，听说二儿子在战场上牺牲以后，又将年仅 14 岁的小儿子送上战场，并带动村庄出现母送子、妻送郎参军的场面。[②]陕西兴平县的张军也是在 14 岁时参加了抗日的队伍，其父知晓后，特地前往部队看望，并坚决支持孩子的人生抉择：“孩子的路走得对……这一辈子都要跟红军走，跟共产党走。”[③]当家长舍不得孩子参军，持反对态度时，有些儿童则想方设法、机智而巧妙地踏上抗战征途。1941 年，15 岁的小战士张光辉报名参军时，就遭到家长的强烈反对。“死活不放我去，我只得暂且支支吾吾，暗中等待时机。拖到四月份后，天气已渐暖和。有一天我便借口到外面站岗，带上棉袄和鞋子，瞒过双亲一气跑到八里外的庞家庄，到正驻在那里的抗日政府报了名。家里人见我一夜未回，耽（担）心出事，全家分头四处寻找，村党支部这才向他们通知了我已报名参军的事。第二天，我的三叔赶到庞家庄，先找我絮叨了许多当兵如何如何危险的废话，见我不理他，又找到组织上要求放我跟他回去。组织上表示完全尊重我个人的意见。三叔知道再说也没用，才气鼓鼓地一个人回去了。”[④]

毋庸讳言，并不是所有的儿童都态度如此坚决地参加抗战武装。如张光辉参军后，在躲避敌人“扫荡”撤离村庄，上山隐蔽并躲进一间凋敝地屋时，他同村的一位同学找来，本打算报名参军，“到此一看才知道八路军原

---

① 郭揽青：《五年来生活在山西敌后的儿童》，《难童教养》1942 年第 11—12 合卷，第 23 页。

② 汲广运、王厚香：《沂蒙精神的地域文化渊源研究》，山东人民出版社，2017，第 216-217 页。

③ 张育杰：《南韩村志》，三秦出版社，2017，第 247-249 页。

④ 张光辉：《从儿童团、小八路到老战士》，载中国人民政治协商会议重庆市江津市委员会文史资料委员会：《江津文史资料》（第 16 辑），江津市政协文史资料研究委员会，1995，第 29 页。

来是份苦差事，结果只在地屋中待了一夜，第二天一早就跑回家不干了”。[①]但在“地无分南北，人无分老幼”的抗战时期，没有参军的儿童也以不同的方式参与、支持着这场民族战争。他们的国族主义与主体意识不断增强，刘胡兰、王二小般的儿童英雄不断涌现。战争不仅改变了儿童个人的成长轨迹，也改变了民众对儿童群体“没有力量”“不能”且“不该”参加民族解放运动的传统认知。[②]值得肯定的是，儿童的自主参军意识和国族观念并非随着抗战结束即消失，而是在中国共产党的组织动员下，延续至解放战争。如《鸡毛信》中海娃的原型秦玉根[③]、安定苏区儿童团队长阎六[④]等，皆是典型代表。

至于那些失去父母沦为孤儿，或者缺失亲人陪伴的儿童又是怎样走向抗日战场的呢？美国学者普拉姆（M. Colette Plum）认为，战时大多数的儿童都不清楚他们的父母是否还活着。[⑤]作为日本侵华战争的直接受害者，这些儿童见证了战争的残酷和敌人的凶残。他们虽然年幼，但是已具备一定的社交认知和共情能力，能够真切地感受到战争给和平的人们带来的巨大痛苦和灾难。尤其是目睹家破人亡等一系列悲剧之后，他们的恐惧、无助已经没有家长或家人为自己排解，只能默默地将痛苦、悲愤埋藏在心底。这种压抑已久的悲愤心情，经中国共产党抗战动员的启示后，迅速地将个人的复仇之心

---

① 张光辉：《从儿童团、小八路到老战士》，载中国人民政治协商会议重庆市江津市委员会文史资料委员会：《江津文史资料》（第16辑），江津市政协文史资料研究委员会，1995，第30页。

② 张劲夫：《儿童与民族解放运动》，《妇女生活（上海1935）》1936年第2卷第3期。

③ 秦玉根，3岁沦为孤儿，其叔将其卖给地主，4岁为地主放羊，抗战时加入儿童团，查岗、放哨、送鸡毛信等。后参加解放战争、抗美援朝战争，先后荣立七次战功。

④ 阎六，在抗战时参加了八路军，后在解放战争的一次战斗中牺牲。参见冯毅：《安定苏区儿童团的活动》，载中共陕西省委党史研究室：《西北革命根据地回忆录精编5》，陕西人民出版社，2014，第409页。

⑤ M. Colette Plum, *Unlike Heirs: War Orphans During the Second Sino-Japanese War, 1937-1945* (Stanford Dissertation, 2006).

上升为民族主义与爱国主义的情绪，转换为抗日救国的动力。例如，在经历丧父丧母之痛后，延吉县（现为市）年仅 9 岁的金今（锦）女在中国共产党的关怀下，加入儿童团中的文艺宣传队，跟随抗日游击队进行抗战宣传。① 儿童团是中国共产党在根据地建立的儿童组织，承担起抗日宣传、侦察敌情、捉拿汉奸、站岗放哨、运送情报等任务。后因抗战需要，儿童团也开始实行军事化管理，团下设营、连、排等。② 在抗战的环境中，他们得到锻炼和成长。

需要强调指出的是，在中国共产党领导的军队中，涌现出许多儿童抗战的小英雄。不少八路军小战士在对日作战中表现英勇，不怕流血、牺牲。如 1943 年晋察冀军区第一军分区警卫连战士陈永福，曾孤身一人在敌占区据点斩杀了日军军官和多名特务，最后一次潜入敌占区执行任务时不幸壮烈牺牲，年仅 16 岁。③ 新四军中还有所谓的“小鬼班”，直接参加对日伪军的作战。较为著名的是新四军第四师第九旅第二十六团“小鬼班”参加了朱家岗战斗。这个“小鬼班”是由新四军收留的 20 多个淮北儿童组成，单独编成第二营四连三排九班。他们在老战士的带领下，凭借屋舍、壕沟的掩护同敌人厮杀，打退了敌人在东南圩门外 10 次以上的冲锋。④“小鬼班”作战英勇，表现出了抗战将士英勇顽强、不畏牺牲的战斗作风，以及中华民族同敌人血战到底的大无畏气概。

四、结语

抗战时期是打破家庭与社会、儿童与成人等一系列界限，进而重新建构

---

① 尹成春：《“百灵鸟姑娘”——抗日小战士金今女的故事》，载中国人民政治协商会议龙井县委员会文史资料研究委员会：《龙井文史资料》（第 3 辑），政协龙井县文史资料研究委员会，1990，第 11-19 页。

② 罗存康：《少年儿童与抗日战争》，团结出版社，2015，第 26-30 页。

③ 罗存康：《少年儿童与抗日战争》，团结出版社，2015，第 176 页。

④ 中共淮阴市委党史工作委员会：《淮阴人民革命斗争史》，黑龙江人民出版社，1993，第 142 页。

个人乃至群体主体身份的重要时刻。忍受日本侵华造成的各种苦难的儿童无论是主动还是被动地离开家长、家人的庇护，以实际行动响应中国共产党抗日救国的号召，以多种形式参与抗击日本侵略者的活动，为建立与巩固中华民族抗日统一战线，并取得抗战的最后胜利作出了努力和贡献。这足以证明中国共产党对儿童进行抗战动员取得了重要成效。

通过抗战动员，中国共产党成功地激发了儿童的爱国之心，强化了他们对国家、民族的认同，义无反顾地参加抗日组织和儿童团，抗击日本侵略者。其需要成人百般呵护的传统形象与现实战争中英勇无畏的表现之间出现的巨大反差，远远超出社会各界人士的刻板印象，再加上节庆活动的渲染和儿童集体力量的展示，使得社会各界人士对儿童抗战的认知方式和思想观念也产生了变化。加之这种源自战争的创伤性体验不仅仅是儿童个人或集体感知的，更是包括社会各界人士所拥有的相同或相似的经验。因此，中国共产党抗日救国宣传的受众群体不仅仅是儿童，还包括儿童身边的社会各界人士。换而言之，抗战时期中国共产党围绕儿童所进行的各种抗战活动，既是对儿童群体的期待，也是对社会各界人士的呼唤。可见，对儿童的宣传抗战，也成为中国共产党与社会各界人士之间的连接纽带，儿童是个人、家庭、学校、国家与社会的重要连接点，也是中国共产党对社会各界人士进行抗战宣传的有效中介。

值得注意的是，儿童不仅与成人一起共同面对日本侵略者给中华民族带来的灾难，承受战争创伤，而且还承受难以言状的苦难，沦为“小难民”。在中国共产党的抗战动员下，他们勇敢地承担起与成人相同或类似的抗战责任。这足以表明他们的国族意识和主体意识在战争的环境下迅速形成并促使他们做出正确的抉择，成为“小战士”。儿童的社会化与成人化是抗战时期儿童群体的一大特征。

在劳动中获得解放：基层传播视野下的妇女生产实践

——以解放战争时期晋冀鲁豫《人民日报》为例

李　飞　李佳璐*

摘要：中国共产党对妇女解放中追求劳动权的实践经历了一个从观念到普遍事实的过程。解放战争时期，劳动中获得妇女解放成为一种普遍的社会实践，基层动员与基层传播功不可没。文章以基层传播为研究视野，以晋冀鲁豫《人民日报》为主要史料，考察解放战争时期妇女生产劳动实践与妇女解放之间的互动状况，发现基层传播中是以劳动解放促进妇女解放，基层中的群体传播主要围绕政治表达与解决妇女内部矛盾进行，并调整生产关系中的不适应部分，从而推动妇女解放事业的发展，保障妇女劳动权。

关键词：基层传播；劳动实践；妇女解放

马克思曾高度评价妇女解放的价值与意义，恩格斯更是将妇女解放作为衡量一个社会解放的标准，称“妇女解放的程度是衡量普遍解放的天然尺

* 李飞，男，中华女子学院文化传播与艺术学院讲师，主要研究方向为中国共产党新闻传播事业、媒体文化与视觉文化；李佳璐，女，中华女子学院文化传播与艺术学院专业2019级本科生。本文系中华女子学院2021年度校级科研规划重点项目“延安时代的妇女事业与马克思主义中国化”（项目编号：ZKY201020111）的阶段性成果。本文刊登于《中华女子学院学报》2022年第6期。

度”。[1]610 马克思主义是在生产劳动视野中审视妇女解放的，原因在于无产阶级追求的所谓“劳动权”，“就是支配资本的权力，支配资本的权力就是占有生产资料”[2]6，即将包括妇女在内的所有劳动者都纳入劳动生产体系中来，参与到生产、管理、分配等全过程之中。因此，在这种意义上，“劳动权”不只是一种法律意义上的权利，更是一种争取劳动者生产自主性的实践。在这种生产劳动的视野中，妇女是与男子并无二致的劳动主体。劳动成为妇女解放、追求男女平等的“媒介”。一方面，其促使妇女与无产阶级一同追求劳动权，能够从异化的劳动关系中解脱出来，参与到生产资料的分配中，并将自身纳入共产主义运动；另一方面，劳动本身促使妇女走向社会，参与社会化大生产，培养自知自为的能力，在社会实践中践行男女平等原则。

在中国，共产党对妇女解放中追求劳动权的实践经历了一个从观念到普遍事实的过程。中国共产党继承了国际共产主义运动的妇女解放成果，并形成了自身的妇女解放道路。1922 年，中国共产党在第一个关于妇女运动的纲领性文件中，就强调劳动实践作为走向妇女解放的路径，“妇女解放是要伴着劳动解放进行的，只有无产阶级获得了政权，妇女们才能得到真正的解放”。[3]160 由于当时党的工作重心在城市，妇女运动与妇女工作的重心也在城市。正如有研究者所指出的，其主体主要是城市中的女学生，只是随着中国革命重心从城市转向农村，其群众基础的主体才转化成为农妇。[4] 这种转变也是中国共产党人在革命中思想与实践摸索的结果。1929 年，毛泽东将妇女提升到“决定革命胜败的一个力量”[5]98-99 的高度。土地革命时期，中国共产党在领导妇女运动过程中积累了以劳动妇女作为自己的社会基础的经验。[6] 抗日战争时期，毛泽东在 1939 年延安中国女子大学开学典礼上强调了妇女在中国革命中的重要作用，“全国妇女起来之日，就是中国革命胜利之时”。[7] 妇女解放与劳动实践紧密结合，是中国共产党领导的妇女解放道路的重要特征。实际上，早在 1937 年，中组部就曾发布《妇女工作大纲》，强调“从争取抗战民主自由中争取男女在政治上、经济上、文化上的平等，改善与提高妇女地位”[8]，认为妇女解放的价值在于发挥妇女在社会生产实践中的作用。这是源于在抗日战争背景下，后方的妇女扛起了男子在前线打仗后留下的劳动生产重任，在社会生活中发挥着举足轻重的作用。1941年10月，《解放日报》发表文章分析妇女解放问题，对“不从经济基础上去探究妇女被压迫的根源，而把妇女被压迫受痛苦归咎于男子；他们不向民族解放社会解放运动中争取妇女解放，而认为只要妇女觉悟起来，向男子斗争就够了”[9]为论点的妇女主义进行了批判，强调从社会物质生产中最根本的经济基础角度挖掘妇女受压迫的根源，在民族解放运动中发挥妇女的作用，同时实现特定阶段的妇女解放目标，追求更普遍的妇女解放。

一、研究缘起

解放战争时期（1946年6月底至1949年10月），追求劳动权、在劳动中获得妇女解放成为一种普遍的社会实践。随着解放区土地改革政策与实践的推广及各种生产劳动宣传的展开，社会各阶层都卷入了新的社会生产关系调整之中，以实现最大限度的劳动解放，释放出更多的生产力参与劳动生产，尤其是在强调男女平等的《中国土地法大纲》公布之后。伴随着这一时期的劳动解放而出现的妇女解放，反过来因为生产领域更为平等的生产关系的出现，妇女参与到生产分配与生产管理中。在这个过程中，各根据地（后称为解放区）的党报为组织生产所进行的生产动员与生产传播作用不可忽视。1946年11月8日，邓颖超高度评价了中国解放区的妇女，认为在土改运动中劳动妇女的伟大力量明显地表现出来了，并强调“妇女是改革土地制度和人民解放战争中一个不可忽视的极重要的力量”。[10]

晋冀鲁豫《人民日报》创刊于解放战争爆发前一个月（1946年5月15日），一直到1948年6月14日，是晋冀鲁豫中央局机关报。作为延安整风后创办的晋冀鲁豫中央局机关报，其直面边区/解放区政治、经济、社会生活中的各种问题，并通过党报来指导日常工作，让人民群众参与到“国家大事”中去。这些“国家大事”包括基于中国新民主主义革命实践，对组织劳动生产、调整生产关系等与劳动权紧密相关的变革，从而实现劳动解放。与劳动解放相伴随出现的妇女解放，也是晋冀鲁豫《人民日报》关注的话题。晋冀鲁豫《人民日报》作为该区党指导基层工作的组织工作中心，是当年党的妇女工作与经验传播的见证者，更是党指导、组织妇女开展生产活动，即妇女解放的见证者与历史材料。因而本文将解放战争时期的晋冀鲁豫《人民日报》作为史料，考察当时环境下党如何将妇女从受压迫的状态中解放出来，并变成后方生产的主力。

所谓基层传播，是指中国革命在革命年代形成的服务于群众宣传和社会动员的传播实践，强调对传播内容、传播主体、传播媒介和传播受众的四重改造。[11] 从基层传播的视野来审视解放战争期间妇女在劳动中获得解放的历史实践，强调的是在基层社会变革过程中，传播内嵌于社会中，是整个社会变革的一部分。基层传播与基层实践紧密结合，在贯彻落实党的政策，在新生产方式、新劳动主体形成、新的更平等的男女关系形成过程中发挥着积极的作用。本文通过分析晋冀鲁豫《人民日报》基层传播的具体情况，管窥党领导的妇女解放工作是如何在基层传播层面以劳动解放促进妇女解放的。

二、基层传播：以劳动解放促进妇女解放

解放战争时期，后方生产备战成为基层生产动员中极为重要的内容。在大量男劳动力抽调到前线、劳动力短缺的情况下，妇女在生产运动中贡献了自己的力量。从 1946 年 6 月 1 日到 1948 年 6 月 4 日，晋冀鲁豫《人民日报》文章中，篇名中包含“妇女生产”的有 7 篇、“妇女劳动”的 2 篇、“妇女互助”的 6 篇；正文中包含“妇女生产”的有 49 篇，“妇女劳动”的 33 篇、“妇女互助”的 44 篇；均以 1947 年最多，而 1947 年是土改大力推进的一年。这种广泛的对妇女劳动的报道，让妇女劳动经验与基层生产动员变成一种日常生活实践，在基层传播了妇女劳动的新经验、新常识。

（一）基层传播内容：妇女劳动经验

拉扎斯菲尔德（Paul F. Lazarsfeld）和默顿（Robert King Merton）认为，大众传媒具有社会地位赋予功能。[12] 报道本身赋予了事件重要性，尤其是晋

冀鲁豫《人民日报》这样的机关报，所报道之事皆为当时的工作重点。自创办以来，该报就对劳动生产进行了广泛报道。到 1947 年，该报涉及生产运动的文章多达 33 篇，包括军区展开节约生产运动、纪念“二七”职工大生产运动、生产节约运动、春耕大生产运动、防旱备荒生产节约运动等，还包括各地基层落实生产运动的经验介绍，绝大多数文章会提及妇女劳动。妇女劳动与各种促使生产解放的具体生产运动紧密结合在一起，成为基层社会组织劳动生产中的重要议程。在基层传播实践中，“劳动解放”的目标中内嵌了妇女劳动解放，赋予了妇女劳动重要的社会地位。

首先，生产运动在基层传播中起到了社会示范作用，让社会看见妇女的劳动贡献，提升了妇女的生产自信。山西长治二区苏店原本盛行轻视妇女的思想，但互助组很快用实践回击，并赢得了尊重：毕二云互助组的妇女割谷快，“二云嫂一天割了二亩四，秋国老婆一天割了二亩二”。后来，该地更是提出了“妇女儿童齐动手，能顶男人多半手”的口号。[13] 这些在晋冀鲁豫基层中广为流传的经验，肯定了妇女解放带来的妇女劳动经验价值，鼓励妇女在后方生产中发挥更重要的作用。1947 年的晋冀鲁豫地区，妇女儿童等辅助劳动力担负了全区农业生产中百分之三十到四十的生产任务，很好地支援了战争。很多妇女在农业生产中学会了“全把式”。[14] 在这种基层农业生产中，妇女和劳动实践紧密结合，打破了此前男劳动力对劳动技能的垄断，显示了妇女的力量，培养了妇女的劳动自信。正如潞城魏花园的妇女会委员孙秀芝所言：“青壮年都去参战也碍不着种麦，有年纪的摇耧，俺妇女帮耧，还不是一样种麦吗？”[15] 这样的妇女自信是妇女广泛参加社会劳动，在劳动中的贡献被社会看见、被认可所产生的生产自信。这种自信让妇女从此前的劳动畏难情绪中走出来，开始主动承担起生产中的责任。

其次，基层传播本身反过来也推动了生产实践的发展，用妇女解放的成果推动生产。大生产运动中，一个很重要的经验是对妇女劳动实践与劳动权的肯定，如树立劳动模范，表彰先进。晋察冀边区在推动生产实践过程中，奖励了各种模范妇女，包括韩凤龄（大生产运动积极分子）、张小丑（青年妇女模范）、刘金荣（纺织能手）、戎冠秀（拥军模范）等。[16] 这些针对生产实践推出的妇女模范是人民英雄史观的体现，让普通的劳动妇女因为劳动生产实践成为当时劳动解放背景下的聚光对象。她们的事迹在基层传播中为广大妇女提供了行动榜样，为妇女更广泛的劳动参与起到了动员和宣传作用。

最后，生产运动与基层传播互动激发了妇女的生产积极性，在生产实践中巩固了妇女解放的成果。解放战争时期，基层诉苦会在动员妇女参加土改实现翻身后，进一步激发了她们的阶级自觉，并使其在走出家门后参加社会生产中的联合与生产互助。这种联合与生产互助显示了生产关系调整对生产力的解放作用，妇女生产互助实践丰富了农村生产管理的精细化。例如，阳城范村女劳动英雄赵美英在劳动互助中按照工作需求随时工作，纺花织布、犁地锄麦、开荒种地、送粪等样样精通，并通过精准的配工搭配，提升了工作效率，她领导的互助组十天内就能锄苗 1300 亩。[17] 妇女在劳动生产中还形成了相互配合、相互帮助的劳动互助关系。这种劳动互助通过发挥集体合作与资源配置的优势，克服个体单打独斗的不足，提高了生产效率，激发了生产热情。1947 年太行春季百日纺织运动中发动了 744634 名妇女参加纺织（占全区妇女劳动力的 74%），共织布 760 万斤，供给了全区军民穿衣，并帮助华北军民熬过国民党的经济封锁，实现了“生产自给”“生产救荒”。[14] 妇女在劳动生产实践中帮助边区共度时艰，使得妇女工作的重要性与工作经验被广泛传播，从而进一步巩固了妇女解放成果。

（二）基层传播主体的改造：妇女走出家庭劳动

解放战争期间，晋冀鲁豫解放区在战争背景下广泛进行生产动员，让妇女走出家庭参加劳动实践。当时，在妇女没发动起来前，很多地区“对村中的事了解不多，过去妇女仍然被关在家里，很少参加村中一般的活动，客观上造成她们的落后”。[18] 妇女的日常生活空间被局限在家庭，和社会生产形成了隔阂。与此同时，劳动并没有和妇女紧密相连，在特定的地区，劳动成为一种不得不为之、谋求生计的方式。1946 年河北武安城在发动妇女生产前，从事劳动的主体是贫苦妇女——76 人纺织，205 人下地劳动。在当时，一些妇女养成了爱吃穿不劳动、懒惰腐化的习惯，如“抽洋烟，整天串门子打牌”“热天坐在家里还要人打扇”[19]，亟须将其改造成为劳动主体。

当时，中国共产党要推进生产运动，就必须改变广大妇女与生产劳动隔离的现状，扩大劳动实践主体的范围。中国共产党通过组织动员妇女参加社会化生产劳动，重构家庭与社会关系，成为当时妇女解放的切入点。[20]早在 1942 年 12 月在陕甘宁边区高级干部会议上，毛泽东在其《经济问题与财政问题》报告中便对当时的妇女组织没有找到工作方向提出了批评，认为应该研究与帮助广大妇女群众参加劳动生产。[21]在解放战争时期，党的妇女工作则是通过对基层妇女进行生产劳动动员实现的。动员基层妇女的目的是，通过将妇女从传统社会生产关系中解放出来，成为劳动的主体，以劳动解放来促进妇女解放。在当时解放区，妇女参加纺织、下地劳动等关系到根据地自给自足，同时能够让妇女在经济上获得独立，提高妇女社会地位。[22]发动妇女参加生产意味着一方面要培养妇女劳动生产实践能力，另一方面要将以往不参加劳动，甚至是边缘的人均纳入生产劳动中。在根据地民主政府和妇联会的推动下，武安城政府改造被视为寄生性群体的妇女下地劳动，挑水纺花，同时组织妇女民校，举办妇女生产学习竞赛等。在这样的动员与学习技术后，武安城过去根本不劳动的妇女 763 人学会和正在积极学习纺花，73 人学织毛衣，43 人学用织袜机织袜子，470 人参加田地劳动。[20]这样，劳动主体结构由从前未曾或很少参加社会劳动的妇女变成劳动实践主体，同时被视为“寄生性群体”的妇女也被改造纳入“劳动为荣”的队伍之中。

（三）基层传播媒介：以传播催动妇女劳动意识觉醒

基层传播的制度基础是中国共产党依靠组织的力量深入基层社会，是“从群众中来，到群众中去”的群众路线的体现。[23]晋冀鲁豫《人民日报》作为当时晋冀鲁豫中央局机关报，对该地区全局工作进行指导，不仅组织基层工作、传播先进经验，还扮演着基层传播中枢的角色，因而既是地区全局性媒介，同时又兼具基层传播媒介的功能。与此同时，其晋冀鲁豫中央局机关报的身份，传播的内容代表着党组织的态度与意志，因而该报具有很强的组织传播性质。

晋冀鲁豫《人民日报》同时也介绍了基层组织中基层传播媒介的运作机制。其中典型代表当属后池村的生产宣传经验。该村的广播和大众黑板报成为动员妇女最有力的武器。大众黑板报的媒介成本低，在被媒介化过程中以简明扼要的方式传播本地日常生产生活中的大事情。广播这种新媒介传播形式则和基层生产动员紧密结合——在基层组织宣传中，一旦上边放广播，下边就进行宣传解释，使群众容易接受。这样一来，在基层宣传中，模范人物的模范事迹经由广播台的广播表扬与宣传员讲解，被赋予了重要位置，受到当地的尊重，使得上广播成为妇女力争上游、高扬主体性的动力。“人家能上广播台咱就不能上？咱也好好干。”[24] 正是这种对在基层广播中被传播、被认可的需求驱动，妇女们的生产积极性被调动起来，完成了此前被认为是男人的工作。由此可见，基层传播媒介的运用能够带来妇女劳动的成就感、获得感，通过让她们成为劳动实践中新模范的方式，将基层妇女动员起来，并逐步内化为自我劳动意识，实现了劳动意识的自我觉醒，以饱满的精神面貌参与到社会化大生产中来。

三、基层中的群体传播：在参与和传播中解放

在基层传播中，为有效提高妇女的阶级意识和争取男女平等的信心，解放区开展了形式多样的妇女政治动员活动，如“妇女座谈会”“诉苦大会”“婆婆会”“媳妇会”等群体传播活动，来发挥党领导妇女组织的作用。各种妇女群体通过参与表达政治诉求，在交流传播中解决矛盾，从而保障在更大范围内争取妇女劳动权。

（一）妇女座谈会：政治传播与基层工作形式

妇女座谈会是一种了解妇女群众思想、工作情况，表达相应政治诉求的途径。晋冀鲁豫边区妇女代表曾于 1946 年 9 月 11 日集会座谈，拥护宋庆龄、邓颖超参加国际妇女大会。到会代表二百余人，翻身的妇女与群众领袖共占

到会代表的百分之六十。[25] 由此，解放区的翻身妇女与群众领袖作为一种新的力量出现在政治舞台，将解放区与世界联系起来，向世界表达着解放区妇女的心声。

妇女座谈会作为中国共产党领导妇女的工作方式，在基层广泛应用。首先，妇女座谈会是了解基层情况的手段。在土改中，武乡韩壁村可以实现耕者有其田，正是建立在对 34 名妇女及其他群体进行座谈的基础上的，获知了基层妇女中存在着“翻身是男人事”“怕报复”等错误思想，并制定了相应的对策推动妇女事业发展。[26] 其次，妇女座谈会也是一种思想宣传的动员手段。1948 年《人民日报》宣传安国七区东恍里村的土改经验，提及该村召开妇女座谈会，将之作为一个思想动员的讲台，同时妇女座谈会也是一个移风易俗、重塑价值的过程，生产积极分子带领妇女参加生产劳动，“逐步打破了妇女以劳动为耻与认为妇女不会下地劳动的错误思想，树立了劳动光荣的观念”。[27] 最后，妇女座谈会是我党完善妇女工作、实现批评与自我批评的一种形式。例如，冀南、太行、太岳各区的妇女座谈会对妇女工作进行了检讨和自我批评，认为此前抗战中的妇女工作主体存在相当大局限，“是以能说会道的妇女为工作对象”，而没有重视“不识字不会说的广大劳动妇女力量”。[28] 同时由于在男女平等问题上片面强调妇女利益，导致发生了男女对立、婆媳不和等现象，结果“路线方针错了，工作没有成绩，妇女工作干部也就失掉对妇运的信心”。[28] 这种对妇女工作的自我检讨与批评，强化了妇女工作的阶级基础与群众基础，为妇女工作争取了更多的支持力量，从而避免了妇女工作窄化。

（二）诉苦大会：土改运动的妇女政治传播形式

诉苦大会是在土改运动中被广泛运用的工作方式之一。尽管在进行土改动员、斗地主等基层传播活动中不乏男性，但效果相对更好的是以妇女为主体的诉苦活动。诉苦是革命理性与情感工作相结合的体现，而其中苦情戏和共克时艰的情感宣传更是主要的传播内容。因此，基层组织充分发挥女性在思想工作中的情绪感染作用，推动基层土改运动的深入开展。在晋城三区坪头村减租运动中，水和的母亲控诉被债主、地主、恶霸们压迫时，现场全体起立，高呼“你的痛苦就是我们大家的痛苦！天下农民是一家”，群众干部们也当场检讨了自己一年多没有给老太太解决问题的错误，这使得老太太心里存着的闲气也就消了。[29] 在这种基层传播的诉苦活动中，情感传播比逻辑说理具有更重要的作用。当穷人进行诉说，对社会不公与悲惨命运进行控诉时，会引起在场有类似经验的人的情感共鸣。苦难作为穷人的普遍性经验，成为连接群众的纽带，阶级自觉与反抗、变革的意识也在此萌发。在这种政治状况下，基层群众干部进行检讨与启发，推动诉苦大会向推动土改、变革封建生产关系的方向发展。诉苦仪式中凸显了群众的力量，深化了“受苦人共同体”的认同，并催生了阶级自觉，即所谓“天下农民是一家”。这种认同有助于让群众认识到团结起来力量大，更容易推动土改工作。

实际上，在各地土改中，妇女成为诉苦的主体，诉苦内容包括日常生活的方方面面。例如，冀县“有三个妇女没有房子住，在地主和富农的宅子里时时遭受房主驱逐；一个媳妇一夏天只有一套单衣”[30]，林县则深挖妇女在家庭与社会生活中是受苦最深的人的经历，“许多男人被地主逼得远逃，在家顶门应事，挨打受骂的是妇女；很多妇女给地主当使女、小老婆，都是因还不起租息所迫”[31]。在基层，正是启发贫苦妇女诉苦，从个人的日常生活经验出发，使得深受社会压迫的妇女在大庭广众下将憋在心里的苦楚以扯家常、漫谈等方式说出来，成为发动诉苦的关键。同时，通过比较发现妇女的典型案例做诉苦示范，启发更多的妇女从麻木状态或落后状态中走出来，意识到自己的处境，从而认识到阶级对立与妇女团结争取解放的必要性。动员过程的诉苦不单纯是诉苦，不仅有着自己独特的发声机制，还有着完善群众诉苦、干部检讨、启发动员、增强意识的一整套完整流程。这让妇女群众从长期的剥削痛苦中苏醒过来，建立起“阶级斗争”“封建剥削”等抽象概念与自身生命经验的关系，并在诉苦的过程中，被纳入中国共产党的政治议程中，参加相应的政治运动，在现实政治斗争中翻身。

（三）婆婆会：传播与妇女、家庭矛盾解决机制

婆婆会着力解决的是家庭内部婆媳关系与矛盾，促进妇女群体内部的团结。黎城的经验是直面纺织生产中出现的妇女与家不和的问题，通过召开媳妇会、婆婆会，采取“二八分红”的方式，即“给外纺织家庭得二媳妇得八，给自家纺织媳妇得二家庭得八”来改善婆媳关系。[32] 在这种劳动分配之中，考虑到纺织婆媳作为不同社会群体，属于不同利益主体，因而具有不同的利益诉求。这种劳动分配有利于营造向上和向善的家庭环境，兼顾了各方利益，减少了妇女内部因利益分配不均带来的妇女解放的阻力。同时，婆婆会发挥调整旧家庭关系、让家庭关系走向和谐民主的功能，使得妇女能够在新型家庭环境下获得理解与解放，从而身心愉悦地投入日常劳动生活。冀县二区堤里王村在调整婆媳关系过程中开了三个会来解决婆媳矛盾：一是青年妇女与有婆婆的中年媳妇座谈会，了解她们社会生活与参加社会活动的需求；二是闺女会议，主要是动员闺女们在家庭中发挥建设性作用，如参加家庭劳作，克服挑唆婆媳矛盾的坏习惯；三是婆婆会议，在会议上说明媳妇诉求，妇联会做婆婆思想工作并立新规矩，建设新型的家庭关系，让婆婆们安心。[30] 婆婆会是将婆媳作为有着不同利益诉求的群体，发挥妇女组织的沟通与建设性作用，从而调整家庭内部的关系，使得婆媳之间、姑嫂之间的关系得到了改善，促进了家庭民主和睦。这种和睦关系避免不同家庭主体之间因为利益分配出现内讧，在翻身斗争中被地主利用做文章，从而各个击破。[33] 而妇女组织的作用被认可后，会进一步发展壮大，促进了妇女解放。

四、余论：妇女在劳动中解放的历史经验

解放战争时期，晋冀鲁豫出现了丰富的以劳动解放促进妇女解放的基层传播实践。妇女在党的领导下，从家庭走向社会，从个体到互助合作，并反过来促使劳动实践带来的妇女解放向生产关系领域扩展，扩大了妇女劳动权的实践范围。[34] 妇女劳动权也向分配领域延伸，妇女开始参与到处置生产劳

动所得之中来，形成新的基于互助合作的分配关系。晋冀鲁豫《人民日报》记载着互助合作中妇女在劳动中获得解放后，在管理分配制度形成过程中的贡献。例如，1946 年，女劳动英雄赵美英在石振明创造的三票制度基础上，针对“所得分归妇女自己，还是归家庭”的问题进行了补充，提出了七三分红办法，即“七分归家庭，三分归妇女自己得”。[35] 又如，长治二区互助组中，天河曹林水队三分队的妇女组织参加秋收时规定了家庭分红办法。[36] 这恰恰是在边区政府的政治保障下，以基层传播与协商的方式让妇女参与到劳动分配管理制度建设中，从而真正保障妇女劳动权。

这正是解放战争时期，党领导的妇女运动在农村基层之中，以劳动解放促妇女解放的缩影。广大农村妇女在基层传播的动员下，走出家门参加生产劳动实践，以妇女解放促生产，并以劳动生产实践推动事业发展，进一步扩大了妇女解放成果。在当时解放区的妇女政治动员形式多样、成效巨大，有效提高了妇女的阶级意识和争取男女平等的信心。在基层传播中，实现妇女生产动员，并以妇女座谈会、诉苦大会、婆婆会、媳妇会等群体传播活动发挥妇女群体在参与表达中的政治诉求，并搭建以协商方式解决问题矛盾的机制。这样的基层传播机制将农村妇女组织到生产型的社会空间中，成为生产劳动的主体，并在生产互助合作中进一步获得分配权，参与劳动管理与分配制度的制定。在这样的中国特色的妇女解放方案中，妇女劳动权的实践是回归到当时妇女中的绝大多数——广大农村劳动妇女。她们不再只是待启蒙的、亟须被唤醒性别意识的女性个体，而是在党的领导下积极参与社会生产劳动实践、创造物质财富的主体。在劳动实践中，妇女不再是依附者，而是劳动的主体，并能够获得自身自主性。在劳动实践中以一种“嵌入式”的方式推动妇女解放，努力创造面向绝大多数穷苦人的男女平等的新秩序。在这种中国共产党领导的“嵌入式”的妇女解放道路中，妇女解放是整个新秩序中非常重要的组成部分，其不仅服务于当时中国社会整体矛盾的解决，而且在劳动解放过程中与人民事业协同发展。

【参考文献】

[1] 恩格斯．马克思恩格斯选集（第 3 卷）[M]. 中共中央马克思恩格斯列宁斯大林著作编译局，译．北京：人民出版社，1995.

[2] 马克思．1848—1850 年的法兰西阶级斗争 [M]. 中共中央马克思恩格斯列宁斯大林著作编译局，译．北京：人民出版社，2014.

[3] 关于妇女运动的决议案（1922.7）[A]. 中共中央文献研究室，中央档案馆．建党以来重要文献选编（1921—1949）（第 1 册）[C]. 北京：中央文献出版社，2011.

[4] 宋少鹏．赋予五四运动以社会性别：女学生的主体性和能动性 [J]. 华南师范大学学报（社会科学版），2009（6）.

[5] 毛泽东．毛泽东文集（第 1 卷）[M]. 北京：人民出版社，1993.

[6] 宋少鹏．苏区妇女运动中的性别与阶级 [J]. 妇女研究论丛，2012（1）.

[7] 何立波．创办延安中国女子大学 [J]. 党史纵横，2012（3）.

[8] 中共中央组织部．妇女工作大纲 [A]. 中华全国妇女联合会妇女运动历史研究室．中国妇女运动历史资料 [M]. 北京：中国妇女出版社，1991.

[9] 略谈妇女工作作风 [N]. 解放日报，1941-10-26.

[10] 邓颖超．中国解放区妇女的政治地位 [J]. 新妇女，1946（9）.

[11] 张慧瑜．基层传播的理论来源与历史实践——以 20 世纪 40 年代《解放日报》改版和《在延安文艺座谈会上的讲话》为核心 [J]. 现代中文学刊，2022（3）.

[12] Lazarsfeld P F, R K Merton. Mass Communication, Popular Taste, and Organized Social Action [A]. L Bryson. *The Communication of Ideas* [M]. New York: Cooper Square, 1964.

[13] 互助组长王希文　注意解决老弱困难 [N]. 人民日报，1947-08-12.

[14] 各个战线上的女战士　华北妇女和妇女代表团介绍 [N]. 人民日报，1949-03-24.

[15] 潞城各街劳畜力大调动割完谷子先垡地丢下玉茭妇女撇 [N]. 人民日报，1947-10-21.

[16] 曲晓鹏．抗战时期晋察冀边区的妇女权益问题研究 [J]. 抗日战争研究，2006（2）.

[17] 女英雄赵美英领导得力，范村妇女积极互助，她们向男人竞赛，争取全组做到耕三余一 [N]. 人民日报，1946-06-26.

[18] 田二庄发动妇女经验 [N]. 人民日报，1948-04-05.
[19] 田林 . 纺织学习担水下地　武安城妇女呈新风气民教馆奖励生产学习模范 [N]. 人民日报，1946-07-19.
[20] 宋少鹏 . 价值、制度、事件：“男女同工同酬”与劳动妇女主体的生成 [J]. 妇女研究论丛，2020（4）.
[21] 毛泽东 . 经济问题与财政问题 [M]. 沈阳：东北书店，1947.
[22] 自卫战争中的民间纺织 [N]. 解放日报，1946-10-18.
[23] 张慧瑜 . 重返根据地：以基层传播为方法 [J]. 传记文学，2022（9）.
[24] 后池村的生产宣传 [N]. 人民日报，1947-08-11.
[25] 邯市各界妇女二百人集会　拥护宋庆龄邓颖超出席国际妇联大会 [N]. 人民日报，1946-09-18.
[26] 魏效泉 . 十年斗争翻透身　武乡韩壁实现耕者有其田 [N]. 人民日报，1947-04-21.
[27] 文正 . 东恍里正确执行土改政策　各阶层安心发展生产 [N]. 人民日报，1948-08-19.
[28] 中央局全区土地会议决定发动妇女参加平分 [N]. 人民日报，1948-01-30.
[29] 一个诉苦大会——太岳通讯 [N]. 人民日报，1946-06-05.
[30] 冀县农民运动中发动妇女经验 [N]. 人民日报，1947-01-12.
[31] 注意培养贫苦妇女骨干　通过翻身促进家庭和睦　林县发动妇女经验 [N]. 人民日报，1947-01-30.
[32] 范任卿 . 打破思想顾虑表扬模范　黎城推进百日纺织 [N]. 人民日报，1947-04-03.
[33] 店头妇女参加了翻身潮 [N]. 人民日报，1947-01-26.
[34] 高小贤 .“银花赛”：20 世纪 50 年代农村妇女的性别分工 [J]. 社会学研究，2005（4）.
[35] 金沙，陈全禄 . 石振明的三票 [N]. 人民日报，1947-08-22.
[36] 高熙，生秀 . 长治二区秋收运动初步经验 [N]. 人民日报，1947-10-21.

新中国成立初期女工就业权保障工作述论（1949—1956）

林　沁*

摘要：保障妇女就业是妇女解放的前提和基本要求。中国共产党自成立之日起，就致力于推动妇女广泛参与劳动生产，将保障妇女就业作为促进妇女解放事业的首要阵地。新中国成立之初，新生人民政权充分认识到女工具备工人阶级与妇女群众的双重身份，围绕保障女工就业展开了一系列积极探索。通过制定法律法规、建立组织体系、发展福利事业、进行文教宣传等具体措施，在改善女工就业环境的同时，也影响着新中国工业领域的性别关系，在构造和形塑新中国工业领域的性别观念、性别形象及性别分工等方面取得了一些历史成效，至今仍具有重要的借鉴意义。

关键词：新中国成立初期；女工；就业权保障；性别关系

在妇女劳动权这一个由诸多要素构成的系统中，就业权是前提和基础。[1]诚如列宁所指出的："要使妇女达到完全的解放和与男性的真正平等，则需要社会经济发展，需要妇女参加一般的生产劳动，那个时候妇女将会站到同男性同样的地位。"[2]新中国成立之初，新生人民政权贯彻全心全意依靠工人阶级的方针，积极动员工人恢复和发展生产。为使社会动员广度和工业建

---

*　林沁，女，福建师范大学马克思主义学院硕士研究生，主要研究方向为当代中国史。本文刊登于《山东工会论坛》2023 年第 3 期，全文转载于人大复印报刊资料《工会工作》2023 年第 5 期。

设效率最大化，工业领域女性就业者的数量显著提升。目前学界有关妇女就业保障的研究多从宏观视角将全体妇女视为一个整体，缺少对不同时期、不同身份妇女群众就业保障工作的细化研究①。新中国成立后，新生人民政权如何保证妇女顺利进入以往由男性主导的工业领域，延续和发扬保障妇女就业的传统？又以什么样的政策与措施保护女工的平等就业权，实现女工数量迅速增长？而这一系列政策与举措又勾绘出新中国工业领域怎样的性别关系？诸多问题有待解答。以1949年至1956年为时间跨度，本文着眼于梳理新生人民政权在这一时期保障女工就业的实践，研析在这些政策行动之下工业领域新型性别关系之变化，希冀为解决当下妇女就业问题、塑造先进性别文化与平等性别关系提供一些思考。

一、新中国成立初期女工就业的困境

新中国成立后，受社会经济恢复发展、政治动员等多方面因素影响，城市女工数量显著上升。1949年，全国共有60万名女职工，占全社会总就业人数的7.5%。[3] 至1957年增长为328.6万人，在全民所有制职工的比重也上升至13.4%。[4]“女工占有相当数量，在生产建设上是一支不可忽视的力量”。[5] 同时，女工所从事的岗位类型也更加丰富，不仅出现在轻工业领域中，在重工业岗位上也有她们的身影。“在过去从来没有妇女参加的重工业和建筑工程技术工种方面，也有了女性，福建机器厂32名女学徒原先从未见过机器，经过学习，已有9名会独立操作机器，在建筑工业中，女瓦工们学会铺砖、砌墙、粉墙，有的还学会砌墙柱、砌外墙等高难技术”。[6] 女工们积极响应生产号召，纷纷走出家门，走向岗位，为建设新中国贡献自己的力量。然而，正如学者指出，社会上始终存在针对男性与女性在性格特质、分工类别、能力倾向等方面的刻板观念。[7] 长期积淀的传统性别观念以及女

---

① 黄桂霞在《中国共产党妇女就业保障思想与实践的发展》[妇女研究论丛，2011，(4)：49-58] 一文中梳理了新中国保障妇女就业的方式，其中对女工的劳动保护和生育保护制度进行了探讨。

性自身生理特征使新中国成立初期的女性就业保障工作仍存在一些问题，阻碍就业的因素一时难以消除，在岗女工也面临失去工作的风险，忽视女工就业保障的现象时有发生。

首先，女工特殊时期就业保障不够到位，随意拒绝和解雇女工的现象较为常见。过去女工最显著的是在怀孕及生产前后工作没有保障，甚至因怀孕而被开除解雇。[8] 部分在《人民日报》上刊登招收工作人员的工厂单位甚至将“不收孕妇”作为招工事宜特别提出说明。处于特殊时期的在岗女工也缺少应有保障。“福州造纸厂、建华火柴厂等工厂女工，在产前 2 个月资方给 1 个月的遣散费，产后即失业”。[9]294 有些工厂还出现女工为求得工作机会，或是不想因此失业而隐瞒怀孕的现象，到了临产时还在机器旁边工作，更有甚者采取打胎流产的办法，严重损害其生命健康。此外，特殊时期就业保障的缺位间接导致了女工一结婚就遭到解雇的普遍现象。这是因为在厂方、资方看来，成立家庭意味着女工或将面临处理家务牵累、育儿压力等问题，进而影响生产效率，如在福建制茶业就出现了随意解雇已婚女工的不合理情况。[10]

其次，厂方与行政部门存在轻视女工的观念，缺乏正视女工劳动能力的意识。新中国成立之初，社会上的性别偏见依然较为凸显。在招工、用工过程中，性别作为一个或明或暗的要素起着限制妇女就业的作用。一方面，部分工厂资方认为“女同志事情多、麻烦”[11]，因此不愿意多培养和提拔女工。而行政部门也不够重视女工工作，一些行政部门人员强调一般工作的繁忙，很少或没有专门讨论过女工工作。[12] 另一方面，由于工业行业一直以来是以男性为主导的工作场域，妇女劳动者在行业中时常处于边缘地位，工作能力与行业地位时常受到质疑和忽视。新中国成立初期，部分工厂中依然存在不平等看待女工的现象，女工的就业保障更得不到应有的重视。

最后，部分女工倾向于贬低自身劳动价值，参加劳动的积极性、主动性不高。一方面，自卑情绪在女工群体中蔓延，如福州建华火柴厂的女工在工人干部培训班上坦言，过去总认为“女人总不及男人”，时常感到自卑。[13]

还有女工羞于所从事的工作及所在工厂，不愿告诉别人。另一方面，由于这种自卑心理的长期存在，一些女工养成了轻视劳动的思想，并且认为自己在工厂地位不高，工作能力也不足，自己的意见和参与未必有用，导致部分女工对于工厂经营与发展漠不关心，这些都在一定程度上加深了工厂内部的传统性别结构，许多工厂实际上仍以男工人为主导，他们参与工厂管理和各项工作的积极性和实效性往往要高于女工。

女工是工人阶级的一部分，是新中国的“主人翁”；同时女工又是妇女的一部分，是妇女群众中的先进代表，她们与其他阶层妇女有着共同的要求——妇女解放。因此，女工能否在工业领域占一席之位不仅关乎新中国工业建设，还关乎其他妇女群体的生产动员工作，影响着妇女整体的解放。新中国成立初期，新生人民政权充分认识到女工特殊的社会历史地位，在1949年3月中国妇女第一届代表大会上，邓颖超作《中国妇女运动当前的方针任务》报告，指出城市妇女工作应当成为当前的重要议题，以城市妇女工作为重心，其中工作对象应以先进阶级的女工为主，团结其他劳动妇女及其他各阶级妇女。[14] 于是，维护女工就业权益，保障她们顺利进入工业生产领域成为新中国成立初期的一项重要事项。

二、新中国成立初期女工就业保障工作的基本内容

为动员城市妇女积极投身工业建设，新生人民政权从法律法规、组织建设、福利事业及文教宣传等层面采取措施，在一定程度上减轻了妇女因传统观念、生理特点造成的就业困难，缓解了妇女参与劳动生产的顾虑，明显改善了女工的就业环境，从而提高了生产效率，推进了新中国成立初期城市建设与经济恢复的进程。

（一）制定法律法规，提供保障依据

新中国成立初期，新生人民政权制定了一系列与妇女就业有关的法律法规，从法律层面为促进妇女就业提供了基本依据。女工作为妇女群众的一部分，其就业权益也一同得到保障。

1949年9月，中国人民政治协商会议第一届全体会议通过的具有临时宪法性质的《共同纲领》赋予广大妇女同等的社会权利。在总纲第六条提出，“妇女在政治的、经济的、文化教育的、社会的生活各方面，均有与男子平等的权利”，就业权也包括于其中；而经济政策第三十二条指出要“保护青工女工的特殊利益”。[15]1950年6月，中央人民政府颁布《中华人民共和国工会法》，为保护女职工权益制定了基本方针。针对一些企事业、机关单位歧视孕妇、拒绝孕妇的现象，中央人民政府政务院人事部于1951年5月下发《关于废除招考工作人员及学员时“不收孕妇”规定的通知》，批评此类规定违背了《共同纲领》的精神，助长歧视妇女的封建思想，并建议各机关采取具体有效的方法检查是否存在歧视妇女的错误思想，以谋求妇女工作、就业等各项制度、措施向着保障妇女切身权利的方向发展。[16]同年9月，全国总工会召开全国第一次劳动保护工作会议，通过了《女工保护条例(草案)》，提出要关心女工特殊时期的保护。1954年，第一届全国人民代表大会通过的《中华人民共和国宪法》再次强调妇女享有同等的公民地位，要保护妇女的合法利益。1956年，国务院印发《中华人民共和国女工保护条例》，指出不得侵害女工的劳动工作权利，不允许各企事业单位以结婚、怀孕、生育哺乳此类理由辞退女工。[17]各地方工厂也迅速对保障女工劳动权益的指令做出反应，积极响应平等对待女工的号召，将相关条例政策作为开展保障工作、制定具体条例的基本精神与依据。在《实行女工产前产后56天假期工资照发的劳保条例》颁布之后，福州建华火柴厂、福州造纸厂两厂成为落实试点工厂，女工在产前产后享有合法的假期及应有的工资待遇，从而避免遭到辞退、失去经济收入来源、回到依附他人的经济地位等情况发生。

1949年至1956年，随着多种劳动法律法规陆续出台和完善，女性就业在国家话语中获得了合法性支持。[18]各地区也根据实际情况制定了多种规章、标准，从法律上、政策上保障妇女就业权益。有了这些法规的有力保障，中国妇女终于能够自尊自立，逐步走出家门，参与劳动生产。秉持这些法规的基本精神，新生人民政权继而搭建起了女工就业保障工作的条例框架，女工就业保障也随着规章条例的逐步完善而呈规范化发展，使这项工作有法可依、有据可循。

（二）加强组织建设，建立保障体系

新中国成立后，新生人民政权非常重视组建劳动部门，为广大女工建立专门组织。在这一时期，新生人民政权通过组建劳动部、中华全国总工会与下设女工部以及全国民主妇联，形成多组织通力维护女工就业的体系，致力保障平等就业。

1949 年 10 月，中央人民政府委员会会议决定设立劳动部，时任劳动部部长的李立三指出："童工女工问题是关系中国人民后代的问题，这一事情是必须加以改善的。"[19]10-11 劳动部女工劳动就业保障工作主要体现在三个方面。首先，劳动部是劳动立法的制定者。在其制定的工会法、工资法、劳动保险等各项条例中皆涉及女工的一般劳动权益和特殊劳动权益的保护，反复强调企、事业单位不可侵犯女工的平等就业权及其他劳动权益，传达平等招工的工作精神。其次，劳动部是劳动政策的监督者。有了较为完善的劳动法令后，要使这些法令不变成纸上空谈，劳动部就必须保证其现实效力，"劳动部有监督有关机关及一切公营私营企业执行这些法令的责任"。[19]14 最后，劳动部是劳资关系的协调者。针对一些工厂非但不同情女工生理特点造成的不便，还因此辞退女工、侵害其劳动就业权的现象，劳动部有义务调整和协调女工与工厂的劳资关系，保护女工的利益。可见，在女工就业保障体系中，劳动部承担制法、监督、协调的统领作用。

建设组织是保障体系形成的重要条件，保障工作的良好发挥需置设于较为完备的组织之中。作为工人阶级的群众性组织，工会的历史重任在于协助党和国家建立社会主义制度和探索社会主义工业化道路。[20] 通过工会"把工人组织起来"是这一时期的重任之一，关乎工人力量的凝聚与发挥，影响经济恢复与建设。作为工人群体的一部分，女工同样需要组织起来。1949 年 7 月，时任女工部部长蔡畅在全国工会工作会议上的报告中对女工工作与任务作出总结，指示工会要发动、教育、组织女工完成统一的劳动生产任务。1950 年 8 月，全国总工会在北京举行全国工会女工工作会议，会议强调了女工工作的重要性，明确其重要议题与中心任务之一是动员与组织女工群众积极参加生产，维护女职工的利益，解决女工的切身困难。该会议通过了《加强工会女工工作的决定》，其中规定在有女会员 50 人以上的工会基层委员会下设女工工作委员会；50 名女会员以下的基层工会设女工委员。可见，全国总工会十分重视开展女工的组织工作，在推动女工组织发展、维护其权益等方面发挥着不可或缺的指示作用。根据全国总工会女工工作的基本精神，多数省、市地区与基层工会特设了女工工作委员会或是女工部，以动员和组织女工积极参加社会主义建设，督促和协助工厂贯彻保护女工的政策法令，关注女工在生产、就业等方面的特殊境况。随着工会工作的开展，组织起来的女工有了显著进步，生产积极性也普遍提高。1950 年 9 月，纺织业中女职工总数 247685 人，女会员 221509 人，占女职工总数的 89.4%，在纺织业工会的动员下，1950 年 1 月至 6 月的棉纱产量超过预定计划的 6.95%，布的产量超过 11.7%。[21]1951 年 2 月，福建全省已有 7405 名女工组织起来，加入了各行业的基层工会，成为一支有力的生产大军。新中国成立之初，中华全国总工会及下设女工部进行了卓有成效的组织工作，并教育女工树立新的劳动态度，动员她们积极参加生产劳动，推动了妇女群众参与劳动的程度。

组成女工就业保障体系的还包含了 1949 年成立的全国民主妇女联合会。协助政府进行妇女工作及社会治理是民主妇联的工作宗旨，发动组织妇女参与经济建设，实现妇女解放是民主妇联的中心工作。对于保障女工就业权利，民主妇联发挥了积极协助作用。据上海市总工会女工部副部长何宇珍回忆，针对当时女工部多数工作人员文化水平较低，有时不能顺利开展工作，上海市妇联特地从机关中抽调一些女大学生参加女工部工作。[22]64 “各城市妇联，配合工会，以女工工作为重点，协助工会女工部在女工中进行了一些工作，组织一部分妇女参加工业生产取得了成绩”。[23] 工会女工部也会就妇女权益保障工作向民主妇联展开工作报告会，交流双方女工工作情况，以实现保障工作良效。

做好女工工作，不仅是建设社会主义奋斗目标的要求，也是女工组织自身发展的需要，更是广大女工的热切期望。新中国成立之初，新生人民政权通过建设和发展妇女组织，将女工们置于较为完善的组织体系当中。依靠这些组织与部门发挥各自职能，更易了解和协调女工群体在具体劳动场景中时面临的困境，为维护女工就业筑起坚实的保障体系。

（三）完善福利设施，减轻女工家庭负担

恩格斯指出："随着生产资料转归公有，个体家庭就不再是社会的经济单位了。私人的家务变成社会的事业。孩子的抚养和教育成为公共的事情。"[24] 所谓家务劳动社会化，是指在承认女性的家务劳动具有价值的前提下，打破家务劳动与社会公共事务的界限，将女性在家庭中承担的大量家务劳动纳入社会公共事业，从而让其摆脱繁重的家庭劳动，以更加饱满的精神投入社会生产当中，创造更多社会价值。可见，家务劳动社会化是提高女性就业率、促进妇女解放的又一催化剂。新中国成立初期，大批妇女走向工厂生产，家务劳动和社会劳动的矛盾不可避免地加深，一些女工担心参加劳动之后会疏于对家庭成员的照顾，尤其是对婴幼儿的照料，而无法安心投入生产。新生人民政权为缓解妇女群众此番顾虑，动员她们更广泛地参与到生产活动中，以职工福利为基本形式，兴办职工食堂、职工托儿所、幼儿园等设施，"重视托儿所、职工食堂等这一类最具体和群众最关心的'平凡小事'"[12]，推动家务劳动向着社会化、集体化衍变。

一方面，通过建设职工食堂等集体福利设施，减少女工在日常家务中耗费的精力。1950 年 5 月，劳动部公布试行《工厂卫生暂行条例草案》，明确提出"每一工厂企业，均应设有食堂、浴室、厕所等生活需要之房屋设备，供给工人使用"[25]，并对食堂及其他场所须包含的基础设备、卫生标准作出了较为详细的规定，保障工人的基本生活需求得到满足。同年，福建省总工会协同厂方办职工食堂，省邮电工会首先在福州、厦门、建瓯三个市、县办

3个邮电职工营养食堂；1952年，福州市总工会在公、私工厂中试办8个食堂；到1955年，全省厂矿企业共办职工食堂92所，一些小、私企业也采取代办食堂的形式，保障私营企业职工的伙食需求。[9]191 昆明市中国电力制钢厂的职工食堂由行政福利组专门管理，在1955年规定职工就餐标准为每日四菜一汤，每人每天伙食标准0.4元。[26] 至1956年，各省企、事业单位普遍置办职工食堂。职工食堂价格低廉、饭菜多样、可口卫生，发挥着服务生产、方便生活的重要作用，职工普遍感到满意。一些职工表示："职工食堂真是好，吃得好，吃得饱，不排队，不查票，剩下时间休息好，定把生产来搞好。"[27]

另一方面，大力发展妇幼福利设施，促进婴幼儿照料社会化，打消女工参与劳动的后顾之忧。新中国成立前，全国托儿所共有119所，其中多数托儿所的环境脏乱，设施简陋、保育员素质低下，办所质量堪忧，幼儿的基本生存得不到保障。一份调查上海工厂托儿所情况的报告显示，"绝大多数托儿所都不能令母亲安心生产，工作人员只吃饭拿工资，孩子尿布湿了没人换，口渴了没人给喝水，肚子饿了没有东西吃，就尽管让孩子哭"。[28]29 即便是位于天津的国棉工厂托儿所也难以称作合格，"整个托儿所的建筑，就是一二间狭小低湿的房屋，大多是厂中没有用的旧屋子，光线、空气、设备等等，都谈不到，二三个孩子合用一张床，也不分有病与否"。[28]29-30 在普遍恶劣的生活环境下，幼童的身体健康情况十分糟糕，患病的不在少数。女工所在的工厂也时常因拿不出足够的经费而草率办所，加之不了解办托儿所能间接影响女工的生产效率，因此工厂轻视托儿所等相关福利设施建设的现象屡见不鲜。新中国成立后，中国妇女第一次全国代表大会提倡建设妇女儿童福利事业。1950年，邓颖超在中华全国民主妇女联合会扩大会议上提出，"今后开展儿童保育事业的方向，要更进一步为广大体力劳动者、脑力劳动者及其子女服务，更多地帮助她们举办各种各样的保育机构和幼稚园；在女职工较多的工业城市，首先要整顿或增设工厂的保育机构和幼稚园"。[29] 至1951年，全国各地设在工厂、机关、学校、农村的托儿所已有 7681 个，受托儿童 95748 名，相较新中国成立前增加了 363 倍。[28]35 工厂托儿所的办所质量在各方面也有了显著改进。如天津国棉六厂添盖了十间新屋，有半托婴儿室、全托婴儿室、哺乳室等，并有专人负责婴幼儿的饮食营养，监测孩子们的健康情况。在良好的新环境下，“孩子们都长得白白胖胖，非常健康”。[28]35 由于受到国家的重视，工厂开办托儿所的经费也比过去宽裕了许多，依靠厂中的福利金补助以及劳动保险基金能够分担托儿所的日常开支、设备增添及儿童伙食费。许多女工深有体会地说：“只有在新社会，我们的孩子才会受到这样好的照料，我们要努力生产报答党对我们工人的关怀。”[22]64

女工是无性别含义的工人阶级身份与捆绑了家庭责任的妇女性别身份的叠加。[30] 因此女工承担着物质生产和人的再生产的双重责任，其劳动者身份与母亲身份的冲突是无可避免的。新中国成立之初，通过建设集体福利设施、发展妇幼福利事业，新生人民政权在满足职工基本生活需要、提高职工福利待遇的同时，也在一定程度上松动了女工承担的传统家庭职能，节省女工照料家庭成员的时间，减少她们抚养后代所耗费的精力，将女工从烦琐的家务劳动中解放出来，使其家庭劳动时间有效转化为生产劳动时间，充分释放女工的劳动力与生产积极性。女工们在这种家务劳动社会化、集体化的氛围中积极就业，投入生产。

（四）开展文化宣传教育，端正劳动态度

女性的文化水平既是衡量两性平等与妇女社会地位的天然标杆，也是丈量民族与国家发展高度的尺杆。而提高女性受教育程度的根本目的在于实现女性思想觉悟与综合素质的跃升，从而更好地投入国家生产，服务发展。新中国成立后，建设工业的任务亟须大批掌握基础文化知识和拥有先进劳动思想的从业者。因此，新生人民政权一手推进女工的文化学习，举办形式多样的业余教育；一手进行女工的思想教育，结合“三八”国际劳动妇女节开展宣传活动，在提高女工知识技能的同时，改造她们的劳动态度，促使她们从思想上真正转变为一名新式劳动者。

一方面，文化水平对于就业具有十分重要的影响，一般而言，掌握更多知识的劳动者也会拥有更多的就业机会。新中国成立之初，全国人口中有80%以上是文盲，妇女群体的文盲率高达90%以上[31]，不难推断在同一时期女工的文盲率居高不下。以主要城市为例，1949年在上海轻工业各厂中，有50%的女工不识字。[32]女工们都感到不识字、不能读报、不能看书是一件痛苦的事情。为此，新生人民政权秉承“教育为工农服务”的方针，以丰富的学习形式如学习小组、工人夜校、识字速成班、职工业余学校等，组织和发动工人进行文化学习。女工们格外珍惜这些学习机会，积极主动地利用生产闲余时间进行识字与文化补习课程，甚至在工作时也不忘识字，一边工作，一边念念有词。[33]福建厦门华康厂的学习小组有八十多人，其中女工就有七十余人，女工们表示要加紧学习，做名副其实的新社会主人。[34]在纺织业，参加文化学习的女工人数相对较多。至1950年8月，上海纱厂共举办52所学校，有9000人入学；石家庄大兴纱厂女工文盲由55%减少到10%；旅大的9115名文盲女工中就有8648名参加学习，其识字量最多达3000字，最少也达到300字左右。[35]到1956年，全国已有890万人摆脱了文盲状态，其中妇女占半数，各种工作岗位上的妇女也逐步增进了文化、知识和业务能力。[36]对女工们进行文化教育，也有助于改变其轻视劳动的思想，树立新的劳动态度，女工学习识字后能够基本了解生产竞赛的细则，进一步提高了劳动积极性。

另一方面，结合“三八”国际劳动妇女节宣传新的劳动态度，对女工进行思想教育。1950年3月，为庆祝新中国成立后的第一个“三八”妇女节，北京举行了盛大的集会，朱德在讲话中着重指出：“妇女工作中最主要的是如何发动广大妇女群众参加生产”。[37]全国总工会与青年团中央、青联、学联、妇联关于纪念“三八”节的联合通知中也强调妇女必须努力参加工业、农业、副业生产。各地工厂通过开展庆祝游行、集会、晚会、座谈会等相关纪念活动，在欢度节日的同时，加深女工们对劳动妇女节这一属于她们自己的节日的认识，增强女工对自身劳动力量和价值的意识，克服过去轻视劳动的思想，树立新的劳动态度。如皖南区总工会组织女工在节日前后讨论中国革命胜利的伟大意义。经过讨论，她们普遍认识到新中国劳动妇女的重大责任，要努力生产、学习技术，成为新中国的主人。[38] 福州妇女缝织厂、市人民印刷厂、码头的女工们都举行了纪念“三八”妇女节的集会。纺纱女工陈依妹在集会上说：“我活了将近六十岁，今天第一次过妇女节，以前哪知道有这么个节日呢。”织布女工刘英说：“我们纪念‘三八’，首先要把工作做好，我们的织布量每天都要有所增加才好。”[39] 可见，随着对“三八”妇女节理解的加深，女工逐渐意识到自身承担的建设责任，参加生产的自觉性与积极性明显提高。同时，结合“三八”妇女节宣传诸如“劳动光荣”“劳动创造一切”等观念，有效地教育了女工，改变了她们轻视劳动的思想，也潜移默化地改造着曾经轻视自己的女工群体。

三、新中国成立初期女工就业保障工作的历史成效

新中国成立之初，中国共产党继续发扬保障妇女就业的优良传统，重视女工的就业保障工作，使其劳动环境得以改善。这一时期，女工们以主人翁的地位和劳动热情响应生产动员，积极恢复生产、努力工作，在城市建设中发挥了巨大的作用。同时，保障女工就业的工作在一定程度上改造了工业领域传统的性别关系和性别文化，在构造和形塑新中国工业领域的性别观念、性别形象及性别分工等方面取得了一些历史成效。

（一）形成男女平等就业的共识

宣传男女平等，构建以男女平等为核心的性别文化和性别关系，是中国共产党领导妇女运动的重要目标之一。这一目标在就业方面表现为男女就业机会、就业过程平等的思想。新中国成立前，女工在工作场域中时常要面对性别成见，“女工”一词时常带着一抹负面色彩。“在那个时代，如果女性到工厂工作，人们认为会带来坏运气，在工厂工作的女性被人们瞧不起。”[40] 也有女工说：“不但人家看不起，就是自己也看不起自己。”[41] 新中国成立后，中国共产党根据妇女解放理想和男女平等的图式，首先在工业领域发起

了对传统性别文化和不平等性别关系的挑战，初步瓦解了轻视女工的传统思想，并通过多层措施确立了女工进入工业领域的正当性和重要性，打破女工进入工业领域包括重工业行业的壁垒。女工人与男工人一同成为新中国的主人翁，其社会地位在发生历史性变化的同时，“男女平等就业”的价值性目标也同行并举。譬如天津第二棉纺织厂女工张玉娥与男工共同担任生产任务时，就用“男人能干的，女人也能干”的话语来鼓励自己完成工作。[42]男女平等参与社会劳动的主流意识形态开始成为一种新的传统和社会共识并延续至今，为后来共和国在建设、改革等不同历史时期的工作场域性别关系形成确立了基本底色。

（二）塑造女工新的劳动形象

新中国成立前，大部分女工所从事的岗位范围与类别较为有限，多分布在纺织、火柴等轻工、手工行业，鲜有女工涉足技术岗位与重工业领域。新中国成立后，在新生人民政权的动员下，女工群体展现出了前所未有的劳动形象，女驾驶员、女拖拉机手、女器械工等事例频频出现。如创造了安全行车纪录的旅大火车驾驶员田桂英及志愿支前的旅大女汽车司机安桂叶、张淑贤；又如天津、吉林、哈尔滨等地方铁路上都出现了妇女包乘组；华北平原上也涌现成队女工驾驶拖拉机辛勤耕耘土地。各种技术部门也为女工提供工作机会，如在东北的 17 个产业单位 46 种技术中就有 2556 名女技术工人。[43]这些形象与“顾家”“柔弱”的传统女性形象截然不同，映射出新中国成立初期“勇敢、勤劳、坚毅”的新式劳动妇女形象。女工长期以来处于轻工、手工业的边缘化形象开始进入工业行业主流视野，工作能力比肩男工人的劳动形象逐渐深入人心，与男工人相同的劳动者主体地位得以确立。新生人民政权通过塑造新的女工形象，改变近代工厂固化的内部性别格局，进而扩大了女工们的择业范围，间接推动了这一时期的平等就业。

（三）突破传统性别分工的藩篱

在数千年的性别分工衍变过程中，“男主外，女主内”这一泾渭分明的性别分工几乎成为一条“铁律”。一般的性别文化乐于赞颂女性是生命之母、赞美构建伟大的母亲形象。然而，在面对、省思和母亲有关的真实过往时，人们才意识到，母亲需要的不仅是理想颂歌，母亲更需要国家、社会和所有人的真正理解、尊重和帮助。[44] 新中国成立之初，伴随女工参与工业建设向深远发展，生育与就业、家务劳动与社会劳动之间的矛盾不可避免地凸显出来，加深了横亘在女工与就业之间的“天堑”。为此，新生人民政权以“单位”制度为依托，建立了一套相对完备的家庭政策体系，置换了家务劳动的主要承担人，有效缓解女工的家庭、社会角色冲突。这种集体福利制度将家庭事务转化为社会事务，把妇女个人负担转化为单位集体承担，既是对传统性别分工的挑战，也是对数千年传统性别格局的改造。当家务劳动越出家庭领域，与社会劳动之间的界限变得模糊，过去坚硬的性别分工藩篱得以打破。

四、结语

就业让妇女走出家庭，获得新的社会形象和社会角色。2020 年，习近平总书记于联合国大会纪念北京世界妇女大会 25 周年高级别会议上指出：“妇女是人类文明的开创者、社会进步的推动者，在各行各业书写着不平凡的成就。”[45] 新中国成立初期，城市工业建设能够得到迅速恢复和发展，离不开女工的突出贡献，更离不开新生人民政权为促进广大妇女走出家庭、走向公共劳动而作出的巨大努力。当前，中国妇女劳动者在各行各业迸发出无限人力潜能与劳动力量，却也依然面临着过往的相似困境。工作场域中的不对等现象更为隐形，家庭、生育与工作之间的“天堑”在呼唤社会的关注，在呼吁更有温度的公共家庭政策。新中国成立初期，新生人民政权关于保障女工就业的主张与实践，依然能够为解决妇女就业问题、推动平等就业带来一定启示，激励着我们继往开来，不断拓展妇女就业的广度与深度。

【参考文献】

[1] 张雅维，李静 . 女性劳动权益法律保护问题研究 [J]. 山东社会科学，2012（6）：131-134，139.

[2] 中国妇女杂志社编辑 . 马克思、恩格斯、列宁、斯大林论妇女解放 [M]. 北京：中国妇女杂志社，1958：64.

[3] 潘锦棠 . 经济转轨中的中国女性就业与社会保障 [J]. 管理世界，2002（7）：59-68.

[4] 崔凤垣 . 关于我国妇女就业问题的思考 [J]. 人口与经济，2001（5）：52-58.

[5] 蔡畅 . 关于女工工作的几个问题 [J]. 新华月刊，1949（1）：191-194.

[6] 福建省地方志编纂委员会编 . 福建省志妇女运动志 [M]. 福州：福建人民出版社，2008：101.

[7] 王宇欣，韩桂君 . 女性工作权的社会化保障研究——以构建“生育友好型社会”为目标 [J]. 山东工会论坛，2022，28（2）：87-99.

[8] 广东省总工会筹委会编 . 广东省第一届女工工作会议会刊 [M]. 广州：广东省总工会筹委会，1951：8.

[9] 福建省地方志编纂委员会编 . 福建省志工人运动志 [M]. 沈阳：辽宁大学出版社，2001.

[10] 王竟成 . 坚决依靠女工保护女工利益 [N]. 福建日报，1951-03-08（2）.

[11] 中华全国总工会女工部 . 五三工厂女工工作经验 [M]. 北京：工人出版社，1954：8.

[12] 佚名 . 加强工会女工工作 [N]. 工人日报，1950-09-02（3）.

[13] 佚名 . 工人干部培训班展开学习 [N]. 福建日报，1949-11-25（1）.

[14] 中华全国民主妇女联合会宣传教育部 . 中国妇女第一次全国代表大会重要文献 [M]. 北京：中华全国民主妇女联合会，1949：12-13.

[15] 中国人民政府法制委员会编 . 中央人民政府法令汇编（1949—1950）[M]. 北京：人民出版社，1952：21.

[16] 中央人民政府法制委员会 . 中央人民政府法令汇编（1951 年）[M]. 北京：中国法制出版社，1982：617.

[17] 河南省革命委员会劳动局 . 劳动工资文件选编（工资福利部分）[M]. 郑州：河南省革命委员会劳动局，1974：1136.

[18] 高成新，刘洁 . 当“女性”遇到“工人”——以某机械制造业国企青年女工为例 [J]. 当代青年研究，2016（1）：62-66.

[19] 李立三 . 劳动政策与劳动部任务 [M]. 北京：工人出版社，1950：10-14.

[20] 徐景一，朱晨朔 . 中国工会历史任务的百年探索及经验启示 [J]. 山东工会论坛，2022，28（3）：27-38.

[21] 中华全国总工会女工部 . 女工工作手册 [M]. 北京：工人出版社，1951：26.

[22] 上海市妇女联合会 . 上海妇联四十年纪念专辑 [M]. 上海：上海妇女出版社，1990：64.

[23] 蔡畅 . 中华全国民主妇女联合会一年来的工作概况及今冬明春的主要工作任务的报告 [N]. 人民日报，1950-09-18（2）.

[24] 恩格斯 . 家庭、私有制和国家的起源 [M]. 北京：人民出版社，2018：77.

[25] 中华全国总工会书记处办公室 . 中国工人运动文献汇编：中国第六次全国劳动大会——中国工会第七次全国代表大会 [M]. 北京：工人出版社，1955：82-83.

[26]《昆钢志》编纂委员会编 . 昆钢志（1939—2007）[M]. 昆明：云南人民出版社，2009：483.

[27] 郑州市总工会编 . 郑州工会志（第 1 卷）[M]. 北京：中国工人出版社，2013：64.

[28] 周君尚 . 新中国与托儿所 [M]. 上海：广协书局，1952.

[29] 邓颖超 . 关于城市妇女工作的几个问题——全国民主妇女联合会副主席邓颖超在该会第三次执委扩大会议上的报告 [N]. 人民日报，1950-01-01（4）.

[30] 刘旭兵，夏雪 . 生产建设与女工福利的双促进——以 1949—1952 年上海工厂托儿机构为中心 [J]. 广东党史与文献研究，2022（2）：44-51.

[31] 罗琼 . 当代中国妇女 [M]. 北京：当代中国出版社，1994：222.

[32] 陈晓萌 .1949—1956 年上海城市妇女就业问题研究 [D]. 上海：华东师范大学，2022.

[33] 叶大开 . 在学习中的福州工人 [N]. 福建日报，1949-11-17（4）.

[34] 佚名 . 厦门华侨烟厂工人掀起学习热潮 [N]. 福建日报，1949-11-22（1）.

[35] 一年来的女工工作概况和今后任务 [J]. 新中国妇女，1950（15）：22-25.

[36] 安树芬，耿淑珍编 . 中国妇女教育资料选编 [M]. 北京：中国妇女出版社，1995：29.

[37] 佚名 . 纪念胜利的“三八”妇女节首都举行盛大集会 [N]. 福建日报，1950-03-09（1）.

[38] 安徽省档案局编 . 昔档今读（第 1 辑）[M]. 合肥：安徽人民出版社，2016 ：346.

[39] 佚名 . 本市各工厂、学习、机关妇女分别集会纪念“三八”[N]. 福建日报，1950-03-10（2）.

[40] 艾米莉・洪尼格 . 姐妹们与陌生人：上海棉纱厂女工（1919—1949）[M]. 韩慈，译 . 南京：江苏人民出版社，2011 ：41.

[41] 高麗钰 . 女工看了苏联妇女画报后想起新中国妇女幸福生活的远景 [N]. 福建日报，1951-04-12（2）.

[42] 孟帆 . 女保全工张玉娥 [N]. 福建日报，1951-03-08（3）.

[43] 佚名 . 妇女解放运动史上光辉的一页新中国女工成就辉煌 [N]. 福建日报，1951-03-07（3）.

[44] 卢淑樱 . 母乳与牛奶：近代中国母亲角色的重塑：1895—1937[M]. 上海：华东师范大学出版社，2020 ：305-318.

[45] 习近平 . 在联合国大会纪念北京世界妇女大会 25 周年高级别会议上的讲话 [N]. 人民日报，2020-10-2（2）.

中国共产党领导妇女参与科技事业的百年实践与成就

倪　婷*

摘要：科技事业是中国特色社会主义的重要组成部分。中国共产党自成立以来，重视发挥科学技术在推进党的事业中的作用，采取措施推动妇女参与科技事业。在新民主主义革命时期，开展了推动妇女参与科技事业的初步探索。在社会主义革命和建设时期，完善党对科技事业领导体系，推动女科技工作者在局部领域取得重大科技成果。在改革开放和社会主义现代化建设新时期，着力改善和加强党对科技事业的领导，领导科技体制改革深入推进，采取专门措施推动女性科技人才队伍建设。中国特色社会主义进入新时代，积极促进妇女全面参与科技创新事业。

关键词：科技事业；科技创新；妇女参与

党的二十大报告对“实施科教兴国战略、强化现代化人才支撑”进行专章部署，提出加快实现高水平科技自立自强，加快建设科技强国，将教育、科技、人才作为全面建设社会主义现代化国家的基础性和战略性支撑，充分体现了以习近平同志为核心的党中央对科技创新的高度重视，充分彰显

---

*　倪婷，女，全国妇联妇女研究所妇女历史研究室助理研究员，主要研究方向为中国妇女运动史、党领导的妇女工作。本文系研究阐释党的十九届六中全会精神国家社科基金重大项目“中国共产党领导妇女运动百年重大成就研究”（项目批准号：22ZDA023）的阶段性成果。本文刊登于《中华女子学院学报》2023年第3期。

了科技事业在中国特色社会主义事业中的重要地位。中国共产党自成立以来，重视发挥科学技术在推进党的事业中的作用，在革命、建设、改革各个历史时期提出了科学技术发展的战略和策略，颁布实施一系列促进科学技术发展的方针政策。在党领导科技事业发展的百年奋斗历程中，采取措施推动妇女参与科技事业，保障女性科技人才成长，促进女科技工作者贡献智慧和力量。

一、在新民主主义革命时期，党推动妇女参与科技事业的初步探索

新民主主义革命时期，中国共产党充分认识发展科学技术事业对于巩固革命政权、改善人民生活、夺取革命胜利的重要作用，开启了领导科技事业的初步探索。党制定发展科技的方针政策，兴办科技事业，加强科学技术人才工作，创建科学研究机构和科技工作者组织，推动妇女参与科学技术工作，培养了各方面的女科技工作者和女性技术人员。

（一）土地革命时期保障妇女科技人才成长

土地革命战争时期，在创建和巩固根据地过程中，党领导科技事业开始探索和起步，通过根据地科技立法保障包括妇女在内的人才成长，开办学校培养女科技工作者，初步建立女性科技人才队伍。1930 年 5 月，中共中央提出并于中国工农兵会议第一次全国代表大会中准委员会全体会议通过《中华苏维埃共和国国家根本法（宪法）大纲草案》，将“彻底的实行妇女解放”作为“苏维埃国家根本法最大原则之三”，明确提出“要发展科学和技术”[1]224，为妇女平等参与科学和技术发展奠定了法律基础。1931 年，中华苏维埃共和国临时中央政府成立，苏维埃根据地初步建立军工、医疗、电讯等科技事业，对包括妇女在内的科技人才的吸纳、培养、使用、待遇方面颁行了一系列促进技术人才成长的政策措施。1933 年中华苏维埃共和国临时中央政府发布《征求专门技术人才启事》，以优厚待遇聘请同情革命并愿意来苏区工作的医疗卫生、无线电及军事技术等方面的技术人才。[2]211 1933 年，川陕省苏维埃政府制定《优待专门人材暂行条例》，指出为了革命战争

和根据地建设需要，招收一批专门人才并给予优待，规定“各种专门人才在苏区服务之薪金，不受苏维埃薪资条例之限制”，“专门人才之家属来苏区居住者，苏维埃政府当予以生活上一切之优待”，“关于学术上之新发明，经苏维埃文化机关审查后，从优给以奖励”。[3]210-211 1933 年 12 月，川陕省苏维埃政府、西北军区政治部联合发布《川陕省苏维埃政府西北军区政治部布告》，表明对于科学家、医生、技师等专门人才，“愿意忠诚在苏维埃政权下服务，政府予以特别优待”。[3]234 在经费上，对包括妇女在内的技术人员予以优待。1932 年，中华苏维埃共和国中央革命军事委员会（简称“中革军委”）颁行《中革军委关于各项费用的性质、数目及限制规定的训令》，制定了对医官、枪工、无线电队机务报务人员等技术人员的津贴费用制度。[4]1122 1933 年，中革军委颁行《关于部队改编后各项费用的规定和执行预决算制度的训令》，指出“为提高技术人员的技术能力，鼓励和加强他们的工作”，按照技术优劣实行津贴工资费。[5]2454

各苏维埃政府成立专门委员会，制定了通过学校教育培养科技人才的政策，发展学校教育培养妇女科技人才。1933 年 2 月中旬，川陕根据地制定《川陕省苏维埃组织法》，规定在省苏维埃文化教育委员会下设立学校教育局，负责建立培养各种专门技术人才的学校。[3]152 党在苏维埃革命根据地科技工作发展中，在创办和研究军工、医疗卫生、无线电通信等技术工作的过程中，通过创办专业技术学校、开展职业技术教育等途径，培养和训练从事经济建设和各项事业的女性专门技术人才。1932 年，湘赣省劳动妇女第一次代表大会通过《社会文化与卫生运动决议案》，要求各地尽快开办女子职业学校。① 同年 7 月，湘赣省妇委书记联席会制定《全省妇运冲锋季工作计划》，提出为了实现妇女的职业教育需求，规定“每个大的县须开办一个女子职业学校”。[6]242 1933 年，湘赣省苏维埃政府文化部颁布《女子职业学校

① 江西省妇联吉安地区办事处：《吉安地区妇女运动史资料（1925—1949 年）》（内部资料），1992，第 73 页。

暂行简章》，以“造就女子职业专门人才，发展苏维埃经济”为目标，对培养妇女专门人才的学制、课程等方面做出具体规定。①

根据地女子职业技术教育得到较快发展，各地陆续创办了一批女子职业学校，培养了根据地需要的技术人才。在无线电通信方面，1931 年 1 月，中国工农红军第一方面军发出《调学生学无线电》的命令，要求不分男女选拔培养无线电通信技术人才 [7]648-649，同年 2 月，中国工农红军举办第一期无线电训练班，培养了红军第一批无线电通信骨干人才，女学员 3 人，占学员总数的 1/4。[8]645 在纺织技术方面，1930 年，鄂豫皖根据地创立第一所工读结合的纺织技术学校——女子职业改进社（又称红军纺织学校），招收女学员，培养一批纺织、服装生产技术骨干。在医疗卫生方面，由于根据地残酷的战争形势，工农红军伤病员急剧增多，对卫生技术人员的需求日益增大，各苏维埃政府创办了一批医护学校和看护班，培养了一大批女性医务人员。1931 年冬，中央革命根据地创办中央卫生材料厂，在苏联莫斯科中山大学接受医务训练的唐义贞任厂长。1931 年，江西省苏维埃政府在赣西南红色总医院开办女子看护学校，培养女看护队员，在前线救护中发挥了重要作用。1932 年，临时中央政府内务人民委员会创办中央红色看护学校，“男女生不限定”招收 60 名学员。[9] 1933 年 2 月，中革军委总卫生部开办军医学校，“不分性别”招收学生。

（二）抗日战争时期加强科技人才工作，为妇女参与科技事业提供组织和制度保障

抗日战争时期，毛泽东重视科学技术，指出“自然科学是人们争取自由的一种武装”，提出“每一个人都要研究自然科学”。[10] 党中央领导同志对科学技术的高度重视为抗日根据地科技事业发展奠定了坚实政治基础。党中央和各抗日根据地制定决议和施政纲领，把发展科技作为重要内容，培养科技

---

① 湖南革命文化史料征编领导小组、湖南省文化厅史志办公室：《湖南革命文化历史文献汇编》第 4 辑（内部资料），1994，第 98-99 页。

人才，形成了以科学技术促进经济发展，为抗战建国服务的科技政策。1941年，党中央做出《关于党员参加经济和技术工作的决定》，指出技术工作是“革命工作中不可缺少的部分”，党要加强对技术部门工作的领导，要纠正轻视技术工作的错误观点，要求党员必须参加技术工作。[11]95-96 各抗日根据地出台了一系列奖励科学发明和技术改进的政策措施，1941 年，《晋察冀边区奖励生产技术条例》《晋冀鲁豫边区奖励生产技术办法》《晋西北奖励生产技术暂行办法》先后颁布实施。解放战争时期，1946 年至 1948 年，《晋察冀边区奖励科学发明暂行条例》《华北区奖励科学发明及技术改进暂行条例》等先后颁行，建立了科技成果和科技人才奖励机制，对于科技事业发展发挥了重要作用。

抗日根据地注重技术人才培养，全面加强科技人才工作，制定一系列科技人才政策。1939 年，党中央发布毛泽东起草的《中央关于吸收知识分子的决定》①，指出“在长期与残酷的民族解放战争中，在建立新中国的伟大斗争中，共产党必须善于吸收知识分子，才能组织伟大的抗战力量”，“没有知识分子的参加，革命的胜利是不可能的”，要求全党同志必须认识“对于知识分子的正确的政策，是革命胜利的重要条件之一”。[12] 党中央以及抗日根据地政府制定实施了奖励与优待技术人才的政策措施。1941 年，党中央发出《中央关于延安在职干部学习的决定》，要求各级党组织“应该鼓励每一个专门人才在专门学术上与专门技术上有所造就，集中他们的最大注意力在自己的专门事业上”，“为发展他们的专门知识与技能，应吸收他们到延安各种学术团体中去”。[11]245 1942 年 5 月，中央书记处通过《文化技术干部待遇条例》，对医药卫生、机械、化学、农业、土木、水利、无线电等科学技术方面的专家、技术人员及工作者等“大胆地提拔做负责任的工作”，建立奖励制度，保障并提高生活待遇。[13]456-458 1941 年，中央军委做出《关于军队

---

① 该决定以党内文件的形式下达执行，后刊于党内刊物《共产党人》第三期（1939 年 11 月 25 日），中华人民共和国成立后收入《毛泽东选集》，更名为《大量吸收知识分子》。

中吸收和对待专门家的政策指示》。[11]84-87 同年，陕甘宁边区施政纲领确立了“奖励自由研究，尊重知识分子，提倡科学知识与文艺运动，欢迎科学艺术人材”的施政原则[11]92-93，在此原则指导下，陕甘宁边区政府及各部门制定了一系列科技法规政策，对各类科技人才的政治领导、工作条件、生活条件、奖励优待等各项权益做出具体规定。1942 年至 1944 年，陕甘宁边区先后制定《关于建设厅技术干部待遇标准的命令》《陕甘宁边区卫生处关于所属各类技术人员待遇规定的通知》《1943 年度技术干部优待办法》《陕甘宁边区财政厅关于技术干部标准的通知》等法令规定，对科技人才实行优待政策，以吸引科技人才。其他抗日根据地政府也根据各地的实际情况制定了相应的办法，如《晋冀鲁豫边区优待专门技术干部办法》《晋察冀边区优待生产技术人员暂行办法》《晋西北优待专门技术干部办法》。

兴办科学研究机构和科技工作者组织，注重吸收女性参与科技工作，为妇女参与科技事业提供组织和制度保障。1939 年，共产党创建的第一个开展自然科学教学与研究的专门机构——自然科学研究院①，以“培养抗战建国的技术干部和专门技术人才”为目的，明确规定不分性别招收科学技术人员[14]，并从中国女子大学等学校招收女学员，1941 年成立自然科学院妇女儿童分会[15]686，是抗日根据地较早的女性科技工作者组织，培养了党的女科技工作者。1940 年，陕甘宁边区自然科学研究会成立，是党在根据地领导建立的规模较大、组织较为健全的群众性科技团体，在成立宣言中，规定了动员全国自然科学界一切力量，参加抗战建国的自然科学工作，把自然科学界团结组织起来，有组织、有计划开展科技活动，加强具有专门知识的科学人员之间的联系等目标任务，有效加强了党对科技工作者的领导。1941 年，在陕甘宁边区第二届参议会第一次会议上，自然科学研究会提出《发展边区科学事业案》并获多数审议同意通过，提出了订立条例奖励科学及技术研究、确定科学事业预算、培养科学及技术人员、充实研究工作条件、尊重并

---

① 1940 年更名为自然科学院。

合理使用各种专门干部等一系列政策建议，切实发挥促进包括女性在内的科技工作者成长的组织保障作用。一大批女性科学技术人才奔赴抗日根据地，为党领导科技事业发展作出贡献。1938 年 5 月至 8 月，八路军办事处和相关单位介绍奔赴延安的知识青年共 2288 人，其中女性占 30%。[16]13 杭州之江大学女学生王士珍参与发明马兰草造纸术，冲破了国民党对陕甘宁边区的封锁；毕业于金陵大学植物系的林木遗传育种学领域的开拓者徐纬英在开发南泥湾中作出突出贡献；北平协和医学院郭庆兰、上海东南医学院朱仲丽等成为根据地卫生事业的重要技术骨干力量。

二、在社会主义革命和建设时期，逐步完善党对科技事业领导体系，推动女科技工作者在局部领域取得重大科技成果

中华人民共和国的成立为科技发展创造了条件，维护国防安全、恢复和发展国民经济等国家战略需求对“一穷二白”的科技事业发展提出了迫切要求。党中央发出“向科学进军”的伟大号召，制定科学发展规划，领导科技事业取得伟大成就，在重大科技领域取得了一批重要研究成果，奠定了新中国科技事业基础，改变了科技极其落后的状况。

（一）党和政府对科技事业的重视

新中国成立后，中国政府把发展科学技术作为社会主义事业重要组成部分。中央人民政府委员会第一次会议接受了中国人民政治协商会议《共同纲领》作为政府的施政方针，规定：“努力发展自然科学，以服务于工业农业和国防的建设。奖励科学的发现和发明，普及科学知识。”[17]593 毛泽东高度重视科学技术对国家发展和民族独立的支撑作用，把科技进步作为现代化建设成败的关键因素之一。1956 年，在关于知识分子问题的会议上，毛泽东号召中国共产党人要同党外知识分子团结一致，为迅速赶上世界科学先进水平而奋斗。1963 年，毛泽东明确地指出“科学技术这一仗，一定要打，而且必须打好”。1964 年，在第三届全国人民代表大会第一次会议上，周恩来在政府工作报告中代表中央明确提出在不太长的历史时期内，把我国

建设成为一个具有现代农业、现代工业、现代国防和现代科学技术的社会主义强国，郑重提出了实现包括科学技术现代化在内的“四个现代化”的历史任务。

（二）制定实施科技发展规划，促进女科技工作者在局部领域取得重大科技成果

制定实施科学发展规划，统筹谋划、突出重点部署推进科技事业。1956年，科学技术规划委员会成立，制定实施《1956—1967年科学技术发展远景规划》《1963—1972年科学技术规划纲要》，奠定了新中国科技事业发展基本框架，产生了以“两弹一星”为标志的一系列重大科技成果。核物理学家何泽慧、物理学家谢希德、流体力学家陆士嘉、火箭专家王之任、理论物理学家王承书、半导体物理学家林兰英、固体力学专家李敏华、原子能材料专家李林、医药学家屠呦呦等承担了尖端科研任务，为取得一批追赶世界水平的重大科技成果作出突出贡献，女科技工作者在局部领域取得重大科技成果。

（三）制定知识分子政策，大力推进包括女性在内的科技人才培养和队伍建设

1956年，中共中央召开关于知识分子问题的会议，周恩来代表中共中央做《关于知识分子问题的报告》，提出制定科学技术发展远景规划的任务，向全国人民发出“向现代科学进军”的号召。同年，中央政治局通过《中共中央关于知识分子问题的指示》，要求加强领导，采取有效措施，加速改变科学的落后状态，提出一系列促进科技人才成长的举措，要求科学研究部门对培养专家的数量和质量进行全面规划，发展自然科学基本理论研究，系统建立培养专家的制度，加强科学研究机构。[18]280-294 1961年，中共中央批转国家科学技术委员会党组、中国科学院党组《关于自然科学研究机构当前工作的十四条意见》作为草案在全国试行，加强党对科学工作的领导，规定了科研机构“提供科学成果，培养研究人才”的根本任务，对保障科研人员研究工作做出规定，保证科学研究工作时间每周不少于五天，制定包括考核、晋级和奖励制度在内的科学技术人员培养制度。

科技体系逐步建立。1949 年 11 月，中国科学院建立，各地政府恢复建立科学研究机构，到 1956 年，全国共有 239 个地方科研机构，4000 余名研究人员。[19]6 中华人民共和国成立后不久，办理留学生回国事务委员会成立，党中央和政务院号召和邀请海外高层次科技人才回国参加祖国建设。到 1956 年底，由欧美、日本回国及从我国港澳地区回到内地的男女科技人员、留学生共 1805 人，中国科学院系统仅北京地区回国的女科技人员达 30 余人。[20]310 以谢希德、王承书、陆婉珍、李敏华、陈茹玉、池际尚、黄翠芬、高小霞等为代表的女科学家破除艰难险阻，怀抱对祖国的浓浓感情，陆续回到中国，成为各自领域科学技术发展的奠基人或开拓者，带领科研人员在艰难条件下自力更生。

一系列措施调动了女科技工作者的积极性，一大批女科技工作者成长起来。这一时期，全国女科技工作者人数和技术水平都有了显著增长。1958 年，中国科学院女科学工作者占研究人员总数的 22% 以上，女工程技术人员已有 3.5 万多人。[21] 1963 年，中国农业科学院 8 个研究所从事科学研究工作的女性占研究人员总数的 28% 以上，比新中国成立初期增加了十几倍。[22] 1964 年，在北京市科学技术协会所属 12 个农业方面的专门学会里，有近 400 名女会员 [23]，明显改变了新中国成立初期女科技工作人员较少的状况。

一批优秀女科技工作者成长为新中国科学技术领域骨干。1955 年，妇产科专家林巧稚当选中国科学院学部委员，成为新中国第一位女学部委员。石油、采矿、冶金等重工业发展取得突出成就的领域涌现出一批女科技人才，如推动石油勘察事业发展的微体古生物学家郝诒纯、分析化学家和石油化学家陆婉珍、中国岩石学学科主要奠基人池际尚。在生物、医药、化工等领域，有机合成化学家陈茹玉研制出中国第一个除草剂，获国家科委二等奖；有机化学家和药物化学家黄量研制出国产降压灵和中国第一个通过鉴定和生产的抗癌药；1965 年，中国在世界上首次人工合成牛胰岛素，以季爱雪为代表的一批女研究人员作出了重要贡献。

三、在改革开放和社会主义现代化建设新时期，党加强对科技事业的领导，深入推进科技体制改革，推动女性科技人才队伍建设

党的十一届三中全会后，党中央始终重视科技事业，党的十二大到十七大明确将发展科学技术摆在优先的战略位置，领导和推动科技事业全面恢复，不断改善和加强对科技事业的领导，把科教兴国、建设创新型国家作为党的治国理念和国家发展战略，实施推动科技体制机制改革等举措，科学谋划布局科技事业发展，推动科技发展市场化、产业化，科技事业在改革开放中不断实现自主创新。

（一）在科技事业恢复和科技体制改革中促进妇女科技人才培养

在领导和推动科技事业全面恢复中，促进妇女科技人才培养。1977 年，邓小平发表重要讲话，提出“尊重知识、尊重人才”；1978 年，在全国科学大会上提出“科学技术是生产力”论断。1978 年 9 月召开的中国妇女第四次全国代表大会，动员妇女为“四化”作贡献，国务院副总理、国家科委主任方毅在关于科学技术和教育工作的报告中指出，妇女是在科学技术战线的一支极为重要的力量，科学技术的发展与女性科学技术人员是分不开的，提出培养新时期女科学家的任务，“中国应当有世界一流的女科学家、女发明家、女教育家和各行各业的女专家”。[24]

随着经济体制改革不断深化，开启了科技体制改革之路。1985 年，中共中央做出《关于科学技术体制改革的决定》，提出经济建设必须依靠科学技术、科学技术工作必须面向经济建设的战略方针，指出随着经济体制改革的逐步展开，必须相应地改革科学技术体制，提出了在运行机制、组织结构、人事制度三个方面科技体制改革的主要内容。1993 年，科学技术进步法颁布实施，作为科技领域具有基本法性质的法律，确立了加速科学技术进步的主要制度。1995 年，中共中央、国务院做出《关于加速科学技术进步的决定》，做出实施科教兴国战略的部署，提出了深化科技体制改革、全面推进科技进步的目标任务，到 2000 年初步建立适应社会主义市场经济体制

和科技自身发展规律的科技体制。在深化科技体制改革过程中，党和政府配合国民经济发展计划，以科技创新、科技成果产业化为目标，颁布实施了一系列中长期科技发展规划，在实施科技体制改革方面采取了一系列重大改革措施，构筑了改革开放时期科技发展的战略框架。制定并组织实施《1978—1985年全国科学技术发展规划纲要》《1986—2000年科学技术发展规划》《1991—2000年科学技术发展十年规划和“八五”计划纲要》《全国科技发展“九五”计划和到2010年远景目标纲要》《国民经济和社会发展第十个五年计划科技教育发展专项规划（科技发展规划）》《国家中长期科学和技术规划发展纲要（2006—2020年）》6个科技发展规划纲要，科学谋划布局科技事业发展，确定了不同经济社会发展阶段科技工作部署和重点任务，提出了不同时期科技领域发展重点领域和项目，指出了科技体制改革的方向，规定了促进科技发展的支撑条件和保障措施。

（二）实施“人才强国”战略，全面构建人才工程体系，采取专门措施推动女性科技人才成长和发展，加强女性科技人才队伍建设

2003年，党中央、国务院召开全国人才工作会议，制定《关于进一步加强人才工作的决定》，提出实施“人才强国”战略。为加强妇女人才工作，2004年，全国妇联印发《关于进一步加强妇女人才工作的意见》，提出“积极推进高层次妇女人才队伍建设”等工作任务。[25]198 2007年，党的十七大明确提出要造就世界一流科学家和科技领军人才，培养创新人才，同年修订的科学技术进步法首次规定女性科学技术人员在竞聘专业技术职务、参与科学技术评价、承担科学技术研究开发项目、接受继续教育等方面享有平等权利，为促进科技领域女性人才发展提供了法律保障。[26]14 2010年，中共中央、国务院印发《国家中长期人才发展规划纲要（2010—2020年）》，全面构建了12项国家重大人才工程体系，提出了人才的分布和性别等结构趋于合理的战略目标，规定实施促进人才发展的公共服务政策，为各类人才平衡工作和家庭责任创造条件，为促进女性科技人才发展提供了政策基础。[27] 2011年，《中国妇女发展纲要（2011—2020年）》对建立多层次、多渠道的女性科技人才培养体系做出规划，提出依托国家重点实验室、重大科研项目和重大工程建设项目，聚集、培养女性人才等策略措施。[28] 2010年，国家自然科学基金委出台促进女性科研人员发展措施，放宽了女性科技人员申请青年科学基金的年龄限制，女性可以因生育而延长在研项目结题时间，增加专家评审组中的女性成员人数。2011年，科技部、全国妇联制定出台《关于加强女性科技人才队伍建设的意见》，提出了增加女性科技人才储备、扩大科技领域女性就业机会、促进女性高层次科技人才发展、支持孕哺期女性科研人员的科研活动、加大对女性科技人才的激励和保障等10个方面的措施。[29]287-288

（三）重点培养女性科技领军人才

1995年，人力资源社会保障部等7部门实施中青年学术技术领军人才专项工程——“百千万人才工程”。2011年后，按照中长期人才发展规划纲要部署，国家实施了一系列人才工程和计划。如，科学技术部等8个部门实施“创新人才推进计划”、中组部实施“青年英才开发计划”，并与10个部门联合实施“国家高层次人才特殊支持计划”，中国科学院重点推进“百人计划”等7项人才工程。在一系列国家部署和实施的重大人才工程中推动女性科技领军人才培养，形成了女性高层次科技人才队伍。2012年，首次创新人才推进计划选拔了22名女性“中青年科技创新领军人才”，占比11%[30]10-17，涌现出陈化兰、谢毅、赵红卫、曹淑敏、颜宁等一批优秀科技人才，在禽流感病毒研究、新型能源材料、“复兴号”高铁研发、移动通信技术、结构生物学研究等前沿科学领域起到引领科技发展的重要作用。此外，设立专门奖励女科学家的奖项，2004年，全国妇联、中国科学技术协会、中国联合国教科文组织全国委员会和欧莱雅中国设立了“中国青年女科学家奖”。

女性参与科技创新队伍不断壮大。到2002年，女科技人员达到988万多人，占科技人员总数的36.9%。在企业、研发机构以及高校等投入从事拥有自主知识产权的研究开发活动的女性规模不断壮大，2012年，我国研究与试验发展（R&D）人员中女性115.4万人，占其人员总数的25%。[31] 2012年，全国各级科协和各类协会表彰奖励的在科技工作中有特殊贡献的女性科技人员达 36220 人，占受表彰总人数的 28.7%。[31]239 中国科学院学部委员、院士和中国工程院院士是中国科学技术和工程技术领域的杰出代表。党的十一届三中全会后，1980 年首次增选 283 名中国科学院学部委员，其中女科学家 14 人。2012 年 8 月，中国科学院、中国工程院共有女院士 79 人，占两院院士总数的 5.3%。[32]100 中国女科技工作者遍布于数学、物理、化学、生物、地学、信息与电子工程、能源与矿业学、医药卫生等学科，肩负着从基础理论研究到应用技术开发等各项工作，在基础科学领域以及航空航天、核应用、新材料、新能源、生物等高新技术领域取得了出色成绩，在推动中国科技进步和发展中发挥了重要作用。

四、中国特色社会主义进入新时代，党中央系统擘画科技强国蓝图，促进妇女全面参与科技创新

党的十八大以来，以习近平同志为核心的党中央把科技创新摆在国家发展全局核心位置，对科技事业进行全局性、长远性战略布局，我国科技事业发生历史性、整体性、格局性变化，全球创新指数排名由 2012 年的第 34 位上升到 2021 年的第 12 位，跻身创新型国家行列。

（一）实施促进女性平等参与科技创新的政策措施，全面推动妇女参与科技创新战略

党的十八大将实施创新驱动发展战略、科技创新置于国家发展全局核心位置。党的十九大提出瞄准世界科技前沿，实现前瞻性基础研究和引领性原创成果的重大突破。党的十九届五中全会提出的建议，确立了建设科技强国的重要战略目标，首次把科技创新摆在各项任务的首位进行专章部署。党的二十大提出深入实施科教兴国战略、人才强国战略、创新驱动发展战略。2015 年和 2016 年，党中央、国务院制定实施《关于深化体制机制改革加快实施创新驱动发展战略的若干意见》和《国家创新驱动发展战略纲要》，对科技创新进行系统谋划，为科技工作者科技创新提供有益政策环境。女科技人才参与科技创新的制度环境得到进一步优化。2021 年，《关于支持女性科

技人才在科技创新中发挥更大作用的若干措施》出台，提出为充分发挥女性科技人才在科技创新中的作用，要“坚持性别平等、机会平等”原则，并在高层次和后备女性科技人才培养、建立完善有利于女性科技人才发展的评价机制、加强女性科技人才基础工作、支持女性科技人才创新创业以及支持孕哺期女性科技人才科研工作等方面规定了具体政策措施。

（二）将推动妇女参与科技创新纳入规划

2021 年国务院颁布实施《中国妇女发展纲要（2021—2030 年）》，将培养女性科技人才、缩小男女两性科学素质水平差距作为主要目标，规定了提高女性科学素质和加强女性科技人才培养等策略措施，制定了建立多层次女性科技人才培养体系，培养高层次女性科技人才，支持女性科技人才承担科技项目以及参与科技决策咨询，完善女性科技人才评价激励机制，支持女性科技人才投身科技创业等具体政策。[33] 2021 年，全国妇联制定实施的《“十四五”时期妇联事业发展规划》，将为妇女科技创新提供支持服务作为“十四五”时期妇联事业发展主要目标，提出了制定保障女科技人才平等参与科技项目、人才计划、科技管理和决策的支持性政策，为女科技人才发挥作用提供服务，在各类表彰中加大对女科技人才倾斜力度等具体举措。[34]

（三）加大资金支持力度

党和政府不断加大科技事业资金投入，国家财政科学技术支出由 2012 年的 5600.1 亿元增长至 2021 年的 10766.7 亿元。[35] 国家自然科学基金实行倾斜性措施，女性科技人才获得资助的数量比例不断提升。自 2010 年起，国家自然科学基金实施“在各类项目评审中，注意把握在同等条件下女性科研人员优先的资助政策”[36]100；2011 年，进一步采取了放宽青年科学基金项目女性申请人年龄、允许女性因生育原因而延长资助项目结题时间、增加专家评审组女性成员人数三项措施；2012 年，国家自然科学基金设立“优秀青年科学基金”，并将女性科研人员资助年龄上限较男性提高 2 岁。一系列政策措施的实行，推动女性科技人才受资助项目数量及资助率均得到增长。2021 年，国家杰出青年科学基金项目共有 46 名女性获得资助，占总数的 14.6%，女性资助率 9.4%，较男性高 2 个百分点；优秀青年科学基金项目共有 147 名女性获得资助，占总数的 23.7%，女性资助率 9.7%，较男性高 0.3%，改变了女性资助率长期低于男性的局面。[37]16-27

加大对女性科技人才科研科创的社会资金投入。2011 年，《关于加强女性科技人才队伍建设的意见》提出，大力支持女性创新人才运用自主知识产权创办科技型企业。2021 年，科技部等 13 部门在《关于支持女性科技人才在科技创新中发挥更大作用的若干措施》中，制定了女性科技人才创新创业的支持性政策，国家高新技术产业开发区、科技企业孵化器、众创空间等加强对女性科技创业者支持力度，培育女性科技企业家，相关部门要为女性科技人才科技成果转化搭建平台提供服务。[38] 2015 年，全国妇联发起的“创业创新巾帼行动”将女性科技人才创业创新纳入服务扶持范围。2021 年，科技部等部门启动“科技创新巾帼行动”，这一专门行动以加大科技研发投入为目标，制定了女科协、女企协等组织促进女科学家、女企业家与金融、投资人士交流合作的措施，加快了女性科技人才科技成果转化。[39]

（四）采取多方面措施全面加强高水平女性科技人才队伍建设

面向全面建设社会主义现代化国家的宏伟目标，加快实现高水平科技自立自强，党的十八大提出统筹推进各类人才队伍建设，加大创新创业人才培养支持力度，加快人才发展体制机制改革和政策创新。2021 年，中央人才工作会议强调实施新时代人才强国战略，提出了到 2025 年在关键核心技术领域培养战略科技人才、一流科技领军人才和创新团队，到 2030 年培养主要科技领域的领跑者、新兴前沿交叉领域的开拓者，到 2035 年国家战略科技力量和高水平人才队伍位居世界前列等一系列战略目标。党和政府注重发挥女性科技人才力量，实施促进女性科技人才成长的倾斜性政策。2015 年，中国科协印发《关于发挥全国学会作用促进女性高层次科技人才成长的通知》，要求提高学术团体理事会及常务理事会中女性高层次科技人才任职比例，设立女科技工作者委员会，发挥科技协会在促进女性科技人才成长方面的组织保障作用。2021 年修订的科学技术进步法对女性科技人才培养做出专门规定，要求各级政府和企事业单位完善女性科技人员培养、评价、激励机制，关心孕哺期女性科技人员，鼓励支持女性科技人员发挥更大作用。[40]

党和政府重视包括女性科技人才在内的科技工作者队伍建设，科技部、中国科协、国家自然基金委和全国妇联等部门和机构出台推动女性科技人力资源发展的倾斜性支持政策，女性科技人才队伍建设取得重大进展。2021年，在《关于支持女性科技人才在科技创新中发挥更大作用的若干措施》中制定了一系列促进女性科技人才成长的政策，在高层次女性科技人才培养方面，提出支持女性科技人才承担科技计划项目，国家重点研发计划设立女科学家项目，国家科技计划项目吸纳更多女性科技人才，国家重点研发计划青年科学家项目适当放宽女性申请人年龄限制，发挥高层次女性科技人才在国家重大科技战略咨询、科技政策制定等科技决策咨询中的参与程度和作用。在女性科技人才评价激励机制方面，支持女性科技人才入选国家高层次人才计划，中国科学院、中国工程院院士增选中，提名更多优秀女科学家作为候选人，在同等条件下支持女性优先入选，国家自然科学基金项目评审中，执行同等条件下女性科研人员优先的资助政策。[38] 一系列政策措施为女性科技人才成长创造了良好的政策环境。

重视培养青年女性科技人才。2015 年，全国妇联、中国科学技术协会、中国联合国教科文组织全国委员会、欧莱雅中国实施“未来女科学家计划”，发现和培养处于博士、博士后研究阶段具有较强科研潜力和创新能力的女科技工作者，到 2022 年，共有 24 人入选，形成了一批女性高层次科技后备人才梯队。2004 年设立的“中国青年女科学家奖”，到 2022 年，发掘和表彰了在基础科学、生命科学、计算机与信息等领域取得重大科技创新成果的 164 名青年女性科技领军人才，以及负责人和主要成员为女科技工作者、取得创新性和系统性重大科技成果的 10 个团队。[41]

（五）新时代妇女全面参与科技创新取得巨大进步

女性科技人力资源总量持续增长。截至 2020 年年底，我国科技人力资源总量达 1.1 亿人，其规模持续保持世界第一。2018 年至 2019 年，女性科技人力资源的增长速度高于同期科技人力资源总量的增长速度。[42]57 在企业、研发机构以及高校等投入从事拥有自主知识产权的研究开发活动的女性规模不断壮大。2020 年，我国研究与试验发展（R&D）人员全时当量①达到 523 万人，连续多年居世界首位，女性 R&D 人员的增长速度高于同期男性和人员总量的增长速度，女性 R&D 人员达到 198.39 万人，较 2012 年增长 72%，占比 26.3%；企业女性 R&D 人员有 125.17 万人，较 2012 年增长 79%，占比 63%；研究与开发机构中女性 R&D 人员为 17.3 万人，较 2012 年增长 36%，占比 33.4%。[43]3

女性科技人才在科学技术重大与前沿领域发挥了重要作用，女性高端科技人才不断涌现。2021 年，中国科学院、中国工程院共有女院士 107 人，占两院院士总数的 5.9%。2020 年，女科技工作者受到各级各类表彰和奖励 40131 人次，占总数的 27.3%。[43]222-223 2000 年设立的国家最高科学技术奖，截至 2021 年，共有 35 位杰出科学家获奖，屠呦呦于 2016 年获得该奖，是唯一的女性。联合国教科文组织、欧莱雅基金会于 1998 年设立“世界杰出女科学家成就奖”，2003 年至 2022 年，李方华、叶玉如、任咏华、谢毅、陈化兰、张弥曼、胡海岚 7 位中国女科学家获奖。2015 年，屠呦呦获得诺贝尔生理学或医学奖，成为第一位获诺贝尔科学奖项的中国本土科学家。新时代科技创新取得重大成就，在重大基础研究项目中，杰出女性科技人才的科研攻关取得重大成果，为国家重大科技工程顺利实施作出重要贡献。

五、结语

中国共产党领导妇女参与科技事业的百年实践与成就昭示，坚持党对科技事业的全面领导是科技事业长足发展的根本保证，为妇女参与科技创新提供了坚强政治保障；党坚持尊重科技人才方针，重视发挥女性科技人才的积

---

① R&D 人员全时当量，指全时人员数加非全时人员按工作量折算为全时人员数的总和，为国际上比较科技人力投入而制定的可比指标。

极性、主动性和创造性，为促进女性科技人才成长和发展，推动妇女参与科技事业提供了坚实制度保障；党注重发挥科学技术协会、妇联等组织作用，为动员引领女科技工作者投身科技创新，推进女性科技人才队伍的建设，促进女性科技人才科技成果转化提供了坚实组织保障。

在迈向全面建设社会主义现代化国家、向第二个百年奋斗目标进军新征程上，党的二十大全面部署了实现高水平科技自立自强、建成科技强国等战略目标，对妇女参与科技创新提出了新的更高要求。妇女是科技创新和科技事业蓬勃发展的重要参与者和贡献者，要进一步加强对妇女参与科技创新的领导，采取有效措施激励广大女性科技人才发扬科学家精神，促进妇女平等参与科技创新，优化妇女参与科技创新的制度环境，加强女性科技人才成长制度、政策创新，提升女性科技人才科技创新能力。

【参考文献】

[1] 中共中央文献研究室，中央档案馆．建党以来重要文献选编（1921—1949）（第 7 册）[Z]. 北京：中央文献出版社，2011.

[2] 厦门大学法律系，福建省档案馆．中华苏维埃共和国法律文件选编 [Z]. 南昌：江西人民出版社，1984.

[3] 《川陕革命根据地历史文献选编》编委会．川陕革命根据地历史文献选编（上）[Z]. 成都：四川人民出版社，1979.

[4] 中共江西省委党史研究室，中共赣州市委党史工作办公室，中共龙岩市委党史研究室．中央革命根据地历史资料文库・军事系统（10）[Z]. 北京：中央文献出版社，2015.

[5] 中共江西省委党史研究室，中共赣州市委党史工作办公室，中共龙岩市委党史研究室．中央革命根据地历史资料文库・军事系统（12）[Z]. 北京：中央文献出版社，2015.

[6] 中华全国妇女联合会妇女运动历史研究室．中国妇女运动历史资料（1927—1937）[Z]. 北京：中国妇女出版社，1991.

[7] 中共江西省委党史研究室，中共赣州市委党史工作办公室，中共龙岩市委党史研

究室．中央革命根据地历史资料文库·军事系统（9）[Z]. 北京：中央文献出版社，2015.
[8] 江西省邮电管理局．华东战时交通通信史料汇编（中央苏区卷）[Z]. 北京：人民邮电出版社，1995.
[9] 看护学校将开学 [J]. 红色中华，1932（5）.
[10] 毛泽东．在陕甘宁边区自然科学研究会成立大会上的讲话 [N]. 新中华报，1940-03-15.
[11] 中央档案馆编．中共中央文件选集（第 13 册）（1941—1942）[Z]. 北京：中共中央党校出版社，1991.
[12] 中央关于吸收知识分子的决定 [J]. 共产党人，1939（3）.
[13] 中国财政科学研究院，陕甘宁边区财政经济史编写组，陕西省档案馆．抗日战争时期陕甘宁边区财政经济史料摘编·财政（第 6 编）[Z]. 武汉：长江文艺出版社，2016.
[14] 自然科学院招生启事 [N]. 新中华报，1940-05-17/21.
[15]《延安自然科学院史料》编辑委员会．延安自然科学院史料 [Z]. 北京：中共党史资料出版社，北京工业学院出版社，1986.
[16] 曲士培．抗日战争时期解放区高等教育 [M]. 北京：北京大学出版社，2005.
[17] 中央档案馆．中共中央文件选集（第 18 册）[Z]. 北京：中共中央党校出版社，1992.
[18] 中央档案馆，中共中央文献研究室．中共中央文件选集（第 22 册）[Z]. 北京：人民出版社，2013.
[19] 中华人民共和国科学技术部．中国科技发展 70 年（1949—2019）[M]. 北京：科学技术文献出版社，2019.
[20]《当代中国妇女》编辑委员会．当代中国妇女 [M]. 北京：当代中国出版社，1994.
[21] 中国妇女胜利前进的十年 [J]. 妇女工作，1959（18）.
[22] 广大妇女干部兢兢业业为人民服务 [N]. 人民日报，1963-03-10.
[23] 北京女科学工作者成长迅速 [N]. 人民日报，1964-03-09.
[24] 方毅余秋里同志在全国妇代会上作报告　介绍科技战线经济战线大好形势　鼓励广大妇女在新时期多作贡献 [N]. 人民日报，1978-09-16.

[25] 全国妇联办公厅 . 妇女儿童工作文选（2004 年 1 月—2004 年 12 月）[Z]. 北京：中国妇女出版社，2005.

[26] 全国人大常委会 . 中华人民共和国科学技术进步法（最新修订版）[Z]. 北京：法律出版社，2008.

[27] 国家中长期人才发展规划纲要（2010—2020 年）[N]. 人民日报，2010-06-07.

[28] 中国妇女发展纲要（2011—2020 年）[J]. 中华人民共和国国务院公报，2011（23）.

[29] 科学技术部政策法规司 . 科技法律法规与政策选编（2009—2011 年）[Z]. 北京：科学技术文献出版社，2012.

[30] 科学技术部人才中心 . 中青年科技创新领军人才和团队（2012 年）[Z]. 北京：经济科学出版社，2015.

[31] 国家统计局，国家科学技术委员会 . 中国科技统计年鉴（2013）[Z]. 北京：中国统计出版社，2013.

[32] 国家统计局社会科技和文化产业统计司 . 中国社会中的女人和男人——事实和数据（2012）[Z]. 北京：中国统计出版社，2013.

[33] 国务院关于印发中国妇女发展纲要和中国儿童发展纲要的通知 [J]. 中华人民共和国国务院公报，2021（29）.

[34] “十四五”时期妇联事业发展规划 [N]. 中国妇女报，2021-08-19.

[35] 国家统计局，科学技术部，财政部 .2021 年全国科技经费投入统计公报 [J]. 中国统计，2022（9）.

[36] 中华人民共和国科学技术部 . 中国科学技术发展报告（2011）[Z]. 北京：科学技术文献出版社，2012.

[37] 国家自然科学基金委员会 . 国家自然科学基金委员会 2021 年度报告 [Z]. 杭州：浙江大学出版社，2022.

[38] 关于支持女性科技人才在科技创新中发挥更大作用的若干措施 [N]. 中国妇女报，2021-07-20.

[39] 关于实施科技创新巾帼行动的意见 [J]. 中国妇运，2021（5）.

[40] 中华人民共和国科学技术进步法 [J]. 中华人民共和国全国人民代表大会常务委员会公报，2022（1）.

[41] 第十七届中国青年女科学家奖揭晓 [N]. 中国妇女报，2022-07-18.

[42] 中国科协调研宣传部，中国科协创新战略研究院．中国科技人力资源发展研究报告（2020）科技人力资源发展的回顾与展望 [M]. 北京：清华大学出版社，2021.

[43] 国家统计局社会科技和文化产业统计司，科学技术部战略规划司．中国科技统计年鉴（2021）[Z]. 北京：中国统计出版社，2021.

中国共产党领导下的百年女性高等教育

李慧波*

中国共产党自成立之日起就非常重视女性高等教育，从提出男女教育平等的口号到从法律、制度和资源等方面赋予女性各项受教育的权利，为女性接受高等教育提供了良好的环境。下面主要从百年女性高等教育特点、百年女性高等教育主要成就、女性高等教育当前的重点关注和女性高等教育的未来展望四方面进行阐述。

一、百年女性高等教育特点

革命战争时期，中国女性高等教育的特点是适应妇女运动发展，培养革命急需的妇女工作人才。在革命战争环境下，党需要大量妇女干部去发动和组织群众。为此，党创办的高等学校积极开展女干部教育。抗日战争时期，中国女子大学在延安成立。1939 年，中国女子大学刚开学时，学员人数约 500 人，至 1940 年 7 月发展到 14 个班，学员达到 1000 多人。1940 年 12 月 20 日，陕甘宁边区妇联会一次会议指出："有计划地选送优秀干部到女大、边校学习。"其他如陕北公学、抗日大学等学校也"招收女生"。解放战争时期，各大学开始恢复与重建。华北联大、北方大学、山东大学、东北大学、东北军政大学等学校均招收了大量的女生。这些女学生"有不少是从北平、

* 李慧波，女，中华女子学院妇女发展学院讲师、妇女口述史研究中心主任，历史学博士，主要研究方向为妇女发展、妇女口述史。本文刊登于《国际教育交流》2022 年第 4 期。

天津、上海、沈阳、长春等蒋管区严密封锁线化装跑来的”。党对女子高等教育的高度重视，为新中国成立后女性参与社会建设打下了坚实的基础。

社会主义建设时期，女性高等教育以培养直接参加经济建设的专业女性技术人才为重点。1951 年年底，由于高校的专业设置需与国家工业化建设匹配，国家对全国高等院校进行大规模调整，以培养工业化建设的专业人才。女性的专业选择更为广泛，涉及航空、钢铁、矿冶、地质、水利等多个领域。

改革开放后，我国形成了多层次、多类型的女性高等教育体系，高等教育的科类、层次、形式结构逐渐多样化。以专业种类为例，1978 年专业数达 819 种，1980 年达到 1039 种，女性的专业选择更为多元。此外，广播电视大学、高校举办函授教育、夜大以及高等教育自学考试制度的建立使得更多的女性有了“学用结合”的选择。很多女性通过函授、夜大、进修班、短期培训、在职教育等方式接受了高等教育。

党的十八大以来，妇女接受高等教育层次不断提高。“十三五”规划明确提出，要进一步保障妇女的平等受教育权利。党的十九届五中全会通过的《中共中央关于制定国民经济和社会发展第十四个五年规划和二〇三五年远景目标的建议》明确提出“十四五”时期要“建设高质量教育体系”。该目标为女性高等教育的高质量发展指明了方向。

二、百年女性高等教育主要成就

（一）制度保障不断健全和完善

党在各个时期都非常重视女性高等教育，并制定相关法律制度为女性接受高等教育提供了保障。1923 年，中共二大妇女运动决议中就提道：“全国所有的妇女……得不着……教育上的权利”，党的三大和党的四大关于妇女运动的决议中，明确提出妇女运动中关于教育可采用的口号为“男女教育平等”。新中国成立后，国家对妇女教育给予全方位法律政策和制度保障。1949 年《共同纲领》和 1954 年宪法均明确规定，男女两性在文化教育方面享有同等的权利。1950 年，第一次全国高等教育会议召开，会议通过《高等学校暂行规程》《专科学校暂行规程》等系列文件。这些文件为女性接受高等教育提供了政策保障。1952 年，人民助学金制在全国范围内全面实施，为妇女接受高等教育排除了经济障碍。改革开放后，随着社会主义法治化进程的不断推进，妇女的受教育权得到更加有力的法律与政策保障。1995 年教育法等教育立法规定男女依法享有平等受教育权利。1992 年，国家制定并实施妇女权益保障法，设立专章明确妇女所享有的文化教育权利。1995 年以来，历次的《中国妇女发展纲要》均把教育作为推进社会性别平等的优先领域之一。教育权的各项机制也在不断健全。一方面，全国人大和全国政协妇女工作机构以及中央政府妇女工作机构——国务院妇女儿童工作委员会和全国妇联等国家机构积极保障妇女权益，促进包括教育在内的女性各项权利的发展。另一方面，国务院和各级政府专门针对女性召开的相关会议和部署的各项工作，各地建立的法规政策性别平等评估机制及审查机制都促进了女性高等教育的不断发展。

（二）女性接受高等教育比例不断提高

一百年来，中国女性接受高等教育的数量在不断提高，获得平等接受高等教育的机会不断增加。1949 年，我国高等学校中有女生 2.3 万余人，至 1977 年达到 18.16 万人。改革开放后，女性进一步获得平等接受高等教育的机会。2010 年，在校女大学生人数比例达到了 50.86%，首次超过男生。党的十八大以来，女性接受高等教育快速发展。自 2015 年起就已提前实现“达到 40%”的《中国妇女发展纲要（2011—2020 年）》目标。普通高校女大学生在不断发展的同时，带动了女性成人教育和女研究生教育的发展。改革开放后，妇女成人教育步入了新的发展阶段。1978 年恢复了研究生招考。2020 年，在校女研究生人数比例已达 50.94%。女性接受高等教育的数量和比例不断提高，为女性的进一步发展提供了机会。

（三）性别平等的理念融入高等教育体系

从建党初期开始，党就提出了“男女教育平等”的口号。之后，在革命战争和社会主义建设初期的实践中，中国共产党具体问题具体分析，根据不同情况灵活变通，走出了符合社会发展以及女性发展的高等教育路径。改革开放后，中国顺应社会性别平等的世界潮流，成为《消除对妇女一切形式歧视公约》的最早缔约国之一。

随着1995年第四次世界妇女大会的召开，中国响应国际社会提出了社会性别主流化战略，积极贯彻落实男女平等基本国策，不断探索推进女性高等教育发展的新机制。一是独立设置的女子学院、高等教育系统内设立的女子学院、女子职业技术学院及女子专修学院相继成立。二是高校设立的女性学专业、女性学硕士和博士学位点的数量在不断增加。三是众多高校、社科院、党校和妇联相继设立妇女 / 性别研究中心并推动妇女 / 性别研究的高质量发展。截至2021年，全国已经成立32个妇女 / 性别研究中心。四是教育教学中不断纳入社会性别平等理念。目前已有百余所高校开设了女性学和性别平等课程。

三、当前女性高等教育的重点关注

教育的公平既包括入学机会平等，也包括教育过程的平等和教育结果的平等。目前我国高等教育在教育过程特别是教育结果上还有待提高。与男生相比，在求职过程中，女大学生更容易受到隐性的歧视；在就业结构上，女大学生更容易出现“高能低就”的情况；在专业和学科方面，存在着性别隔离现象。为了进一步促进女性高等教育的发展，未来中国的女性高等教育可从以下方面着手：一是加大各界对女大学生的就业支持；二是打破女性数理能力弱的性别偏见，不断消弭教育领域的数字性别鸿沟；三是建构中国特色的女性高等教育话语和评价指标体系，更好地向世界展示中国在推动女性高等教育方面的成就。

总之，一百年来中国共产党坚持把马克思人的全面发展思想与中国各个历史时期的具体实际相结合。在女性高等教育方面，坚定地支持了联合国可持续发展目标之一的“可持续发展教育”，并朝着“从法律平等到事实平等、从机会平等到结果平等”的目标不断迈进，丰富了女性高等教育的内涵，走出了一条既能与世界交流对话，又具有中国特色、中国风格和中国气派的中国女性高等教育发展道路。

女性的自我言说与时代记忆

——以周仲铮为例

李净昉 *

摘要：五四时期知识精英批判中国传统家族制度的论述，在一定程度上遮蔽了大家庭中女性的主体经验，及其家庭所经历的内在改变。在天津，出身于名门世家的周仲铮离家出走的经历集中体现了女性不断挣脱束缚，在公共空间持续追求独立人格的生命历程。《新民意报》《女星》等报刊媒体在引导读者关注这一事件进展的过程中，参与了社会性别关系的调整和重构。周仲铮的自传体小说《小舟》是对其个人和家庭历史的再现，既从精神层面更深入地完成了一次自我塑造，又参与了时代记忆的建构和传播。

关键词：性别；言说；记忆；周仲铮

五四时期，青年男女为争取个人自由和独立，选择离家出走，以示对传统的反抗。在这股“出走”的风潮中，那些挣脱传统性别观念的束缚，大胆走出家庭的女性，尤其备受瞩目。她们的经历既是报刊媒体争相报道的热点，也是小说、戏剧等文学艺术创作的焦点。

在天津，出身于名门世家的周仲铮，在“出走”风潮的影响下，为争取接受新式教育的权利和个人的自由逃出大家庭。周仲铮的经历不仅受到五四

* 李净昉，女，天津师范大学新闻传播学院讲师，主要研究方向为媒体与性别。

时期天津女性社团和报刊的广泛关注，而且随着30年后她用德文创作的自传体小说《小舟》的出版，以及中、英、法、荷、意等多种语言的译本的发行，一个处于转型时期的中国大家庭女成员的命运为更多的海外读者所认识和了解。本文通过对小说、报刊、回忆录等多重文本的细致解读，特别是作为亲历者的女性的自我言说，重新审视女性追寻独立自主的人生历程与中国传统家族制度变迁之间的关系。

一

周仲铮（1908—1996），原名周莲荃，安徽建德（今东至）县人。在天津的安徽移民中，她所在的周氏家族属名门望族。周仲铮的祖父周馥[①]是清末朝廷重臣，协助李鸿章办理洋务长达30年，先后出任天津海关道、长芦盐运使、直隶按察使、直隶布政使等职，并曾总管天津水师学堂、筹办天津武备学堂。四伯父周学熙[②]，是华北实业界的巨擘，与张謇并称为“南张北周”。周仲铮则是跟随被选为国会议员的父亲周学辉[③]移居天津。

---

① 周馥（1837—1921）：字玉山，安徽建德（今东至）人。1881年，出任天津海关道。1886年，任长芦盐运使。1888年，再度担任天津海关道，后升任直隶按察使。1890年，任直隶布政使期间，协助李鸿章处理教案。1901年，署理直隶总督兼北洋通商大臣，次年任山东巡抚。1904年，任两江总督。1907年之后，长期寓居天津。参见中国人民政治协商会议天津市委员会文史资料研究委员会编：《天津近代人物录》，天津市地方史志编修委员会总编辑室，1987，第252页。

② 周学熙（1866—1947）：字缉之。1902年，接受袁世凯委任，筹办银圆局。1903—1907年，主持直隶工艺总局。由于兴办实业成绩卓著，仕途发达，先后任通永道、天津道、长芦盐运使、臬司。在袁世凯当总统期间，两度担任财政部长，后因反对袁氏称帝，遭到软禁。1918—1921年，创办华新纱厂、中国实业银行。参见周慰曾：《周馥生平述要》，《天津文史》第31期，2004年4月，第14页。

③ 周学辉（1882—1971）：字实之。1903年，中举人，湖北候补道。辛亥革命后，被选为国会众议院议员。之后跟随兄长周学熙从事实业，历任启新洋灰、滦州矿务、耀华玻璃、华新天津纱厂、中国实业银行、北京自来水公司董事等职务。新中国成立后，曾任天津市政协委员。参见周慰曾：《周馥生平述要》，《天津文史》第31期，2004年4月，第14页。

周仲铮的父辈们一方面饱读诗书，深受传统文化的影响，另外也不同程度地接受了新事物和新思想。作为洋务派官员的祖父周馥在政治上有趋新的一面，伯父周学熙和父亲周学辉则通过发展实业在经济上把握现代脉搏，使家族得到进一步发展、壮大。这也使得周氏家族的日常生活，传统与现代等诸多元素并存。

当父辈们将主要精力投入到近代政治和实业的时候，大家庭的日常生活主要由女性来维持、支撑。传统的性别制度仍然得到普遍遵循和延续。对年幼的周仲铮而言，母亲便成为她理解大家庭中女性角色及性别关系的关键。周家在天津有五代人，亲戚众多。周仲铮的母亲不仅要负责照顾自己的丈夫和子女，而且必须谨慎处理与其他亲属的关系，以便为自己在传统的父权秩序中找到一个合适的位置。其中，婆媳关系让她颇费心思。对于母亲在祖母、伯母等人面前的言谈举止，周仲铮甚为留意：

> 父亲和奶奶说话时，母亲从不插言，有时只轻轻说声“是”。如果碰巧父亲不在家，母亲可就为难了：该和奶奶说些什么？小心不要说不该说的话……她搜索枯肠也找不出一句话。[①]

尽管此时周仲铮还是少不更事的孩子，对于大家庭中的男尊女卑、长幼之序、嫡庶之别，尤其是极为微妙的翁姑婆媳关系，不甚了解，但是她仍然注意到母亲在女性长辈面前谨小慎微、凡事不敢声张的局促、紧张。在家族为祖父贺寿的过程中，母亲行为举止的不自然，给周仲铮留下深刻的印象：

> 她和宾客在一起总不知该讲什么。她一向沉默寡言，有时需要说话，总觉得为难。宴席上，母亲几乎什么都不吃。只有晚上才静静地在自己屋里吃点稀饭，舒缓辘辘饥肠。她对看戏不感兴趣。使我终生难忘的是，母亲对这一切都感到疲劳、吃力和厌烦。[②]

① 周仲铮：《小舟》，中国文联出版公司，1986，第32页。

② 周仲铮：《小舟》，中国文联出版公司，1986，第46页。

在这样的场合，比较繁重的家务劳动应该是由女仆们承担了，但是儿媳们的身心也并不轻松，甚至倍感疲惫。因此，周仲铮特别注意到母亲为大家庭儿媳的身份所累。母亲只有在回到娘家后，才能卸下作为大家庭儿媳所背负的重担，恢复女儿的身份，从而找回属于自己的轻松、快乐。母亲在婆家、娘家一举一动的巨大反差使周仲铮对婚姻也产生了某种怀疑，并像母亲那样为自己身为女性而感到凄楚与不幸：

> 结婚可能是件痛苦的事，它扼杀了一个少女的生活，使之适应夫家的生活习惯。这或许就是母亲不爱女孩的缘故？她甚至妄自菲薄，因为她感到当姑娘是种耻辱，认为女人的一生是痛苦的。我也不想当女孩，我要当男孩，以取得母亲的爱。[①]

在这里，周仲铮对母亲心理的揣摩，实际上是将自己对母亲的生活处境以及婚姻的懵懂感觉，尤其是性别偏好表述出来。以其当时的年龄和心理而论，她的主要意图则在于希望获得母亲更多的关注和疼爱。

母亲尽管对于大家庭烦琐的礼教和规矩感到厌倦，但是在教育子女的过程中，仍然遵循和延续这些传统。在周仲铮的记忆中，她所接受的家庭教育由两部分构成。何时可以入私塾读书、读什么书以及请何人教书都是由父亲决定，对此，周仲铮回忆道："我们只可以读孔孟经典。这些书要由父亲选定，塾师再据以授课。"[②] 母亲则是女儿言行举止的实际监督和训练者，进行着更广泛、更具体的言传身教。母亲不仅为她缠足[③]，而且以传统性别规范来约束她、塑造她。这令生性活泼、好动，并与母亲存在某种心灵契合的周仲铮常常感到不愉快。除了批评她"举止失当。说得太多，笑得太响，走得太快"[④]，母亲还不时对周仲铮试图表现个性的行为加以阻拦：

---

① 周仲铮：《小舟》，中国文联出版公司，1986，第 18 页。

② 周仲铮：《小舟》，中国文联出版公司，1986，第 22 页。

③ 周仲铮：《海外心声》，北岳文艺出版社，1988，第 98 页。

④ 周仲铮：《小舟》，中国文联出版公司，1986，第 72 页。

> 我要穿短外套代替长上衣；我要学那些穿得那么摩登和俏丽的姑娘，但母亲不允许。她认为那些姑娘的出身和我们完全不同。没有一个好人家的姑娘是那样穿戴的。我们不该想这些。我很难过。我觉得自己的装束过时，简直没有兴趣外出。[①]

周仲铮之所以会产生这些渴望装扮自己的念头，除了出于年轻女孩的爱美之心外，还因为身为大家庭的一员，她拥有足够的金钱、闲暇时间，可以享受去公园游玩、到剧院欣赏戏剧的生活，获得各种都市文化给人带来的愉悦、乐趣。特别是周家搬到天津英租界后，更被五光十色的西方文化所包围。在周仲铮的心中，外出是一件令她兴奋异常的事。与被清规戒律和传统礼教支配的家庭相比，英租界里的公共休闲、娱乐场所简直就是她的天堂。在快乐玩耍的同时，周仲铮也在仔细观察着从身边经过的形形色色的行人。在好奇心的强烈驱使下，她迫不及待地希望加以模仿。

与周仲铮完全沉浸在体验新鲜事物的欢乐中相比，母亲作为名门世家的女眷，一方面享受着逛商店、买外国食品、听文明戏等充满现代气息的生活，另一方面又时刻不忘记检视自身及女儿的言行，小心翼翼地遵守和维护着传统的性别规范。当发现周仲铮看见“漂亮的小伙子”而放声大笑时，母亲便越来越严格地限制她与陌生男性的接触，不让她和他们说话。[②]

在教育问题上，两代人的矛盾显得更为突出。父亲一方面不断鞭策子女们要掌握好外语，并舍得花钱聘请外国人当家庭教师，另一方面却反对孩子们进入学校。在他看来，一个世家子弟怎么能进学校？学校只是为普通家庭子弟而设。[③]由此可以看出，传统的身份和等级观念在父亲的思想中是根深蒂固的。

显然周家的日常生活已经具有不少现代元素，但家长特别是女性长辈仍

---

① 周仲铮：《小舟》，中国文联出版公司，1986，第 123 页。
② 周仲铮：《小舟》，中国文联出版公司，1986，第 121 页。
③ 周仲铮：《小舟》，中国文联出版公司，1986，第 95 页。

然恪守传统的性别观念，并且一厢情愿地向下一代传递。与家长不同，周仲铮和兄弟姊妹们往往以儿童及青少年特有的敏感和好奇接触、了解各种新事物、新思想，其自由意志逐渐增强。后来，周仲铮的父母虽然同意儿子去学校读书，却对女儿渴望求学的心声置若罔闻。周仲铮和姐姐只能留在家中，等待出嫁。然而，这并不是周仲铮想要的生活：

> 我只是一个待嫁的女儿，学习、职业、前途——这一切对我来说根本提不到。我以后就要是人家的人了，我唯一的前途是做媳妇、妻子和母亲。我多待在双亲身边一天就多一天花销。女人不能挣钱，得由丈夫养活，一个女人只认得三个男人：父亲、丈夫、儿子。①

由于进入学校读书的请求不断被母亲驳回，周仲铮越来越觉得家庭像一座坚固的堡垒，因此特别渴望走出去，畅快呼吸自由的空气。后来，她终于上演了一幕离家出走的生活剧目。

二

新文化运动兴起后，在个人主义思潮的影响下，传统的家族制度遭到猛烈抨击。维护自己“做一个人”的权利往往成为青年男女走出家庭，寻求自由和独立的主要理由。挪威剧作家易卜生的作品及其主张，由于契合了新文化知识分子对个人主义的渴求，而受到热烈追捧。《玩偶之家》中的女主人公“娜拉”也因被赋予了追求个人自由的象征意义，而一度成为中国知识精英塑造新女性的模本，广泛传播。②

周仲铮最终鼓起勇气，走出大家庭，并非直接受易卜生戏剧的影响，而是被近代报刊媒体所提倡的女权主张及其大胆的实践者的经历所鼓舞，以致对通过接受学校教育，成为一个独立的“人”产生更加强烈的渴求。对年轻

---

① 周仲铮：《小舟》，中国文联出版公司，1986，第125页。

② 许慧琦：《“娜拉”在中国：新女性形象的塑造及其演变，1900s—1930s》，中国台湾政治大学历史系，2003。

的周仲铮而言，提倡新文化、新思想的报刊媒体对她的影响尤为显著。通过阅读报刊，原本禁锢在家庭堡垒中的周仲铮进入了一个崭新的世界，并在这个完全属于自己的天地中不断地发现自我：

> 我偷偷订了一份《新民意报》。它成了我生活的源泉。我沉迷于这份报纸的见解中，有时还给他们投稿，特别是关于妇女问题，也有我自己写的散文和现代诗。有时也写些抨击其他作者，甚至总编辑的关于社会问题的文章。有些文章是署我的名字发表的，但我改动我名字的第二个字，即将“贞”改为“铮”，表示铁骨铮铮，而且发音也相似。双亲决不会让我看这类报纸。这是我的世界，我就生活在这份报纸里，不再生活在家里了。它给我开辟了一个新世界。①

向报刊媒体投稿，是周仲铮在公共空间争取话语权的重要途径，而改名字，则是其主体意识进一步增强的结果。周仲铮以这些独特的方式自我赋权，一步一步突破传统性别观念的束缚。

为周仲铮寻找自我、表达自我开辟空间的《新民意报》创刊于 1920 年 9 月 15 日，由天津倡导新文化、力主社会改革的男性知识精英创办。他们活跃于报界、学界，具有多重社会身份。总编辑马千里是达仁女校校长，曾在直隶第一女子师范学校担任教务长。经理刘铁庵是天津报界名人。编辑时子周是南开学校的教师。在《新民意报》的《发刊词》中，马千里将编辑方针定为：(1) 介绍世界新潮；(2) 改进社会习惯；(3) 主张国民有民主国的参政权及自由权；(4) 提倡男女教育之普及；(5) 奖励爱国之执政者。《新民意报》还开办了很多各具特色的副刊，并邀请各界名人主持。其中，《星火》《青声》等副刊广泛关注和讨论女子剪发、女子教育、恋爱婚姻等问题。

1923 年 4 月，《新民意报》推出了集中探讨妇女及性别议题的副刊——《女星》，由五四时期天津的女界领袖李峙山、邓颖超等人主办。她们的性别

① 周仲铮：《小舟》，中国文联出版公司，1986，第 129 页。

身份对于周仲铮有一定的启示和鼓励意义。实际上，《女星》正是天津女星社集中讨论妇女问题、表达女权主张的话语平台，以“宣传女子自救自决的思想”为宗旨。值得关注的是，女星社的创立者和成员以李峙山、邓颖超等直隶第一女子师范学校的同学、校友为主，还包括曾与她们在觉悟社、天津新学生联合会共事或合作的男性，如谌小岑等人。由男性知识精英主编的《新民意报》接纳《女星》为其成员，既出于丰富报纸内容、扩大读者群的考虑，也进一步建构了主办者赞成男女合作的公共形象。

作为《新民意报》和《女星》的忠实读者，周仲铮对女子解放、男女平等思想了解得越多，就对传统性别制度和观念越加反感，逃离大家庭的愿望也日渐强烈。就在周仲铮处于矛盾和不断挣扎之中时，关于直隶第一女子师范学校的张若名[①]和郭隆真[②]离家出走的新闻，给予她极大的鼓励。1919年，张若名因参加请愿活动而被捕。在她出狱后不久，其父母就极力设法为其订下婚事，以防止她在外“惹是生非”。坚持婚姻自主的张若名对父母包办婚姻的行为十分不满，愤而出走。1920年，她赴法国勤工俭学，与拒绝接受包办婚姻有一定关系。[③]1917年，在直隶第一女子师范学校求学的郭隆真突然接到母亲病危的家书，匆匆赶回家乡大名县。她回去后才发现母亲并未生病，骗她回来竟然是为了完成一门早已替她包办的婚事。在出嫁当天，郭隆真做出了惊人之举。“她穿了一套学生装，坐花轿时，一路上卷起轿帘，到了男家，下轿不用人扶，大大方方地走进去，向新郎和客人们发表演讲，揭露封建婚姻葬送青年幸福的罪恶，宣传自由婚姻的好处，然后理直气壮地

---

① 张若名（1902—1958）：直隶清苑县人。直隶第一女子师范学校十学级学生。五四时期，任天津女界爱国同志会评议部部长，参与创办觉悟社。1920年，赴法国勤工俭学。1922年，在法国加入中国共产党，并任支部执行委员。

② 郭隆真（1894—1932）：直隶大名县人。1913—1918年，就读直隶第一女子师范学校。1919年，倡建天津女界爱国同志会、觉悟社。1920年，赴法国勤工俭学。留法期间，担任北京《晨报》驻法国特约通讯员。

③ 杨在道：《五四时期的张若名》，载黄嫣梨：《张若名研究及资料辑集》，香港大学亚洲研究中心，1997，第54页。

离开男家，坐船到天津上学去了。”[①] 这段记述虽然带有一定的革命史观色彩，但是却反映了郭隆真抗婚的基本事实。更重要的是，张若名和郭隆真一直与李峙山、邓颖超等人并肩从事妇女运动。她们的言行极富魄力，在一定程度上践行了女性拥有独立人格、婚姻自由等性别观念。

周仲铮看了相关报道后，不禁深深地为两人的“壮举”所感动，而对自己说：“我为什么不做第三个人呢？”[②] 于是她立即写信给《女星》编辑李峙山，告知自己逃出家庭的打算。在得知了周仲铮的想法后，李峙山在回信中并没有立刻表示赞成她的决定，而是对她的处境做出了较为理性的分析。李峙山提醒周仲铮：在外生活十分艰难，她首先应当尝试说服父母送她进学校。结合自己的切身体验，李峙山告诫周仲铮，像她这样的年纪，自己外出谋生是难上加难。李峙山本人就因要与严重的经济困难做斗争，而有许多理想无法实现。她不希望周仲铮只是由于一时冲动而轻易离开家庭，以致失去经济支持，而陷入生活上的困境。因此，她建议周仲铮最好将家庭雄厚的经济实力与个人的观点协调起来。但是假如这种方式不能成功，周仲铮也不要为了家庭而丧失自己的意志。[③] 可是，周仲铮并没有接受与父母协商的建议，毅然决然地选择了离家出走。

趁着周家上上下下为祖父周馥的葬礼而忙碌时，周仲铮悄悄地实施了出走的计划。在《新民意报》编辑、南开学校教师时子周的帮助下，她乘火车离开天津，抵达北京。接着，在李峙山朋友的引荐下，她在北京大学拜访了李大钊，还旁听了课程。不仅如此，胡适还拜托北京基督教女青年会照顾她的生活，而他恰恰是易卜生的作品以及个人主义在中国传播、发展的重要推手。

在周仲铮离家出走的这段时间，天津的女星社成员则成为两代人之间矛盾的调解员。李峙山等人坚持不懈地劝说其父母理解女儿的行为，同意她上学，为此还请《新民意报》总编辑马千里亲自前往周家，说服其父母支持女

① 彭明：《五四运动史》，人民出版社，1988，第 641 页。
② 周仲铮：《小舟》，中国文联出版公司，1986，第 133 页。
③ 周仲铮：《小舟》，中国文联出版公司，1986，第 134 页。

子教育。经过众人三个多月的不断沟通，周仲铮的愿望终于实现。于是，她回到天津，进入直隶第一女子师范学校读书。

在获得求学的机会后，周仲铮并没有停止对自我的追寻。尽管校方反复强调学习家政的重要，但女学生并不是人人都甘愿接受这方面的训练。周仲铮目睹母亲养育子女、侍奉照顾家人、处理家务的辛劳及苦闷，对大家庭之中的长幼有序及不平等的性别关系十分不满，极力排斥传统的性别观念，进而也对直隶第一女子师范学校偏重家政的教育方式提出质疑，并加以抵制：

> 我不爱学缝纫，在家里已经做够了，我索性不上缝纫课；不仅如此，我还撺掇别的姑娘也不去。“我们要就此表决。表决是我们做人的权利，就像男人一样。”我大声宣布。这样一来，别人也不上了。[①]

周仲铮的所作所为，表明她已经意识到男性教育者在塑造女性角色上存在某些偏颇之处。她所强调的“像男人一样”，也是新文化运动时期有关男女平等思想一种较具代表性的理解，即女性要拥有和男性一样的做人的权利。这也显示出时人以男性所获得的权利和地位为标准，来追求进而实现两性平等的认知。

不仅如此，周仲铮对学校管理也颇为不满。出于安全等因素的考虑，直隶第一女子师范学校比较严格地维持“男女之大防”的性别界限。因此，女学生的言行举止都在校方的监督之下。实际上，恪守传统性别规范的不只是男性，直隶第一女子师范学校的女舍监也扮演了类似的角色。女舍监对女学生的一举一动都甚为留意，以致给她们留下了“拿着学校当监狱，拿着学生当囚犯”[②]的印象。周仲铮发现，女舍监甚至对一些女学生表达个性的行为极为不满：“有些女生把围巾两头搭在肩上，可只许把两头攥在手中……女舍监也穿校服，人们随时随地遇到她，好像是自己的影子似的。有时她藏在办

---

① 周仲铮：《小舟》，中国文联出版公司，1986，第 187 页。

② 峙山：《打破翁姑儿媳的关系与应取得步骤》，《女星》第五期，1923 年 6 月 5 日。

公室里，从窗口监视我们。[①] 由于反感舍监，周氏姐妹要求从校舍撤离回家居住。可见，周仲铮的最终目标并不仅仅是离家出走，而是追求自由。

更重要的是，周仲铮希望进一步入高等学府深造。但此时南开大学尚未向女性开放，为此，周仲铮和其他具有共同求学梦想的女学生拜访南开大学校长张伯苓，请求招收女生。张伯苓最终答应了这一请求，将南开大学向女性开放，而周仲铮则成为首批入学的四名女学生中的一员。此外，她通过向报刊投稿、加入天津青年问题讨论会、和李峙山等人一起从事妇女运动等方式，不断确立自己的主体身份。1924 年，周仲铮远赴海外，考入巴黎政治大学，并最终在巴黎大学获得文科博士学位。后来，她在绘画和写作方面都取得较高成就。

周仲铮的经历，集中体现了女性不断挣脱束缚，在公共空间持续追求独立人格的过程。在周仲铮“出走”的过程中，正是因为李峙山、马千里等人对于女性的现实处境有着十分深刻的亲身体验和认识，才能给予她更为切实的指导和具体的帮助，使得她能够较为安全、顺利地与父母达成和解，从而避免了与大家庭彻底决裂。

三

作为新文化运动的倡导者，鲁迅、胡适等男性知识精英通过在报刊媒体上撰文，在不同场合发表演讲，以及小说、戏剧创作，将公众的视线频频聚焦于中国“娜拉”们的出路，而他们更为关注的实际上是个人主义在中国的命运。鲁迅所提出的“娜拉走后怎样”的问题及其创作的小说《伤逝》带有一定的倾向性，都是为了警醒青年男女认清现实的残酷。当中国传统家族制度作为彰显个人主义的障碍，遭到激烈批判时，生活在大家庭中的女性的主体经验却在一定程度上被遮蔽。此外，那些发生了出走事件的家庭，特别是出走者的亲属们所经历的改变，也往往被置于脑后。而这些恰恰是研究中国

---

① 周仲铮：《小舟》，中国文联出版公司，1986，第 182 页。

家族制度和家庭内部的性别关系变化所不能忽略的。

需要指出的是，周仲铮的某些言说，是对过往经历的追述和“再现”。虽然她是按照时间的顺序叙述自己从童年到青年时代的成长历程，但其中也掺杂了她从“现在之我”的立场出发对过去所作的重新诠释。她选择哪些事件以及从何种角度解读这些事件，都构成一种新的论述方式，并从中建构起自我诠释的系统[①]，凸显了自己的主体身份。在周仲铮的笔下，她的离家出走是有计划、有步骤的：

> 我要求请老师只是我的叛离计划的开始。我必须谨慎地、逐步前进。我知道我们的家庭堡垒是如何坚固。我根本不想学刺绣，一针上、一针下只是有助于我的计划。我一定要从家里跑出去；我要进学校，念大学；我要像男人一样做一个人。[②]

由此可见，周仲铮对女性的传统家庭角色极为不满。这既是为了表达自己具有独立思想，又为后来叙述打破家庭束缚、离家出走的“壮举”做了铺垫。

与此同时，周仲铮也参与了历史记忆的塑造和传播。她在《小舟》的中译本前言中写道：“这是我在中国度过的童年时代和青少年时代的回忆。‘小舟’是我的学名。为了获得这个名字，即为了能进学校，不得不在我和双亲之间进行一场斗争，不得不在传统的旧思想和进步的新思想之间引起一场冲突。我双亲生于清朝，祖父曾任清廷总督。可是我在一九一九年五四运动影响下，在旧中国和新中国的转折时期，作为一个年轻的姑娘逃离了家庭。”[③]周仲铮的自我言说将五四运动作为时代的转折点，强调了两代人之间的冲

---

① 陈玉玲：《寻找历史中缺席的女人——女性自传的主体性研究》，南华管理学院，1998 年，第 189 页。罗久蓉：《近代中国女性自传书写中的爱情、婚姻与政治》，《近代中国妇女史研究》第 15 期，台湾“中研院”近代史研究所，2007 年 12 月，第 82 页。

② 周仲铮：《小舟》，中国文联出版公司，1986，第 128 页。

③ 周仲铮：《小舟》，中国文联出版公司，1986，第 5 页。

突，以及新与旧之间的矛盾，既反映了时代话语对她的深刻影响，也进一步丰富和传播了关于“五四”的历史记忆。

《小舟》不仅清晰地再现了周仲铮自我启蒙、自我觉醒的历程，而且也反映了父母和大家庭中其他成员在她出走前后心理和行为上的种种变化。在周仲铮离开大家庭、暂居北京期间，父亲在报纸上刊登了启事：“自你离家之后，你母无限悲伤，日夜思念你。你见报后应立即回家。上学之事我们可以商量！”[①] 母亲的来信则更加情深意切：

> 鞋样将来比短长，
> 挣挣犹自为儿忙。
> 谁知汝志真坚决，
> 求学心诚不念娘。

周仲铮的父母在言语之间，流露出对女儿的无尽牵挂，同时也表达了对于她擅自离家这一举动的不满。对此，周仲铮也以诗作答，却没有为自己的行为感到后悔：

> 寒风刺我着衣单，
> 午夜挑灯坐不眠。
> 有志不为难苦退，
> 女儿一样似儿男。[②]

周仲铮给父母的回复一方面表达了她一心向学的决心，另一方面揭示了五四时期以男性为标准的性别观念对她的影响。

实际上，尽管周仲铮求学的愿望最终得到了满足，但是这场家庭风波似乎并未使其父母的性别观念从根本上发生改变，然而某些变化却值得关

---

① 周仲铮：《小舟》，中国文联出版公司，1986，第 157 页。
② 周仲铮：《小舟》，中国文联出版公司，1986，第 172-173 页。

注。在子女的婚姻问题上，父母虽然仍一如既往地行使家长的权力，为孩子们安排婚事，而周仲铮的兄弟姊妹也不是人人都能够选择抵抗，或者在抵抗传统之后获得幸福。周仲铮的大哥和五弟接受了父母包办的婚姻；二姐拒绝与父母替她选定的富家子弟结婚，而嫁给一位贫穷的英文教员；在南开大学读书的四弟与比自己年长的高年级女生恋爱，因热恋行为违反学校规定而被开除，随后与恋人私奔，在哈尔滨结婚，并生下儿子，但自己却得了肺病，不久便病逝了。在三弟去世后三个月，五弟也由于感染急性肺炎而去世，而他才新婚五个月。[①] 他们的不同经历揭示出处于社会转型时期、生活在传统大家庭中的青年男女各自具有的复杂心态和命运。可以说，周仲铮的兄弟姊妹纷纷以不同方式表达了对传统家族制度的不满甚至反抗，而父母亲出于亲情、慈爱也接受了周仲铮和其他孩子的选择，参与了这种改变。

对周仲铮的母亲而言，她在不断承受着子女离开、逝去的打击和痛苦。虽然她为子女动辄离家出走的举动深感愤怒，但是始终没有放弃母亲对于子女的责任与爱护。在周仲铮赴法国留学期间，她频频通过书信嘘寒问暖；当获悉次子私奔之后，与妻子在外生活贫苦时，她又背着丈夫悄悄予以经济上的援助。在时代转变的大潮中，出于对子女的关爱，遵循传统的母亲不得不逐渐地、有限度地接受他们所做的选择。周仲铮和她的兄弟姊妹在追寻自由的路上，只有在经历了人生的挫折和磨难后，才对母亲有了新的认识和理解。诚如周仲铮后来在献给母亲的诗中所言：

> 母亲，我觉得我身上有你一点什么，
> 我对你怎会不了解？
> 母亲，你把我看作你的一部分，
> 你怎能不将我热爱？
> 母亲，我经历了自身的痛苦才懂得，
> 你的痛苦深似海。

---

① 周仲铮：《小舟》，中国文联出版公司，1986，第 271 页。

母亲，我破碎的心教育了我，
你的悲痛是多么巨大、永久。
母亲，要知道，我虽身在远方，
却依然活在你的心里。
母亲，我希望一旦归来，
你仍将我喜爱。①

在此，个人与家族、进步与落后、新与旧的二元对立观消隐，转化为对女性不同人生阶段的体验和反思，彰显了母女之间的亲情。

结语

周仲铮的亲身经历较为完整地再现了女性在近代公共空间中争取自由，实现自主的过程。她在从家庭到学校、从中国到海外的移动过程中，不断发现自我，拓展新的生存空间。周仲铮的离家出走，是以毅然决然的方式来挣脱各种束缚，表达其强烈的自由意志。然而，对一个祖祖辈辈继承和延续长幼有序和传统性别制度的大家庭而言，周仲铮的举动尽管无法从根本上改变父母的性别观念，但是可以或多或少地影响她的兄弟姊妹，给他们的生命历程带来某些变化。

《新民意报》《女星》等报刊媒体在引导读者关注这一事件进展的过程中，既为周仲铮创造出自我言说的空间，也传播了新的性别观念。马千里、李峙山等人通过给予周仲铮及时的援助，实际参与了五四时期社会性别关系的调整和重构。

周仲铮的自传体小说《小舟》是对其个人和家庭历史的重新书写，通过以文学语言叙述其成长经历，再现其心路历程，从精神层面更深入地完成了一次自我塑造和重新诠释。与此同时，她以亲历者的言说和经验，参与了时代记忆的建构和传播。

① 周仲铮：《小舟》，中国文联出版公司，1986，第1页。

劝导与禁罚：南京国民政府初期河北放足运动探析

杨春莹*

摘要：南京国民政府初期，河北省遵照内政部制定的《禁止妇女缠足条例》，实施劝导与禁罚并行的政策，采取召集民众大会，发表白话演讲，编写歌谣民歌，布告传单、图画漫画等方式，持续开展放足运动，取得一定成效。绝大多数市县十五岁以下幼女已放足，十五岁以上三十岁以下者放足达十分之七八。但由于积习已久、思想僵化、政策死板、官员腐败等诸多因素，放足运动受到一定的限制和影响。

关键词：放足运动；河北；南京国民政府初期；女性解放

受传统礼教的思想束缚，中国缠足历史已久，女性长期处于身心受损的状态之中。近代以来，随着西方自由民主思想和医疗卫生知识的传入，女性的身体解放问题日益引起人们的关注。从清末开始，政府和社会各界人士都针对放足运动展开了大量且长期的工作。南京国民政府时期，民间组织被官方吸纳，政府采用劝导与禁罚并行的政策，在全国范围内积极开展放足运动。在这一运动中，无论是踊跃提倡放足的知识女性，还是深居阁中的家庭妇女，都参与其中。这场运动是妇女解放运动的重要部分，将女性从身体束缚的枷锁中解放出来，从而推动女性意识的觉醒，促进女性经济和社会地位的提高。

---

* 杨春莹，南开大学历史学院本科生，现兰州大学研究生。

前言

随着西方自由主义、民主主义、医药保健等思潮的引进，无论是政府还是社会各阶层，都积极投身妇女解放运动。在传统中国，历史上对于女性的记载仅存留在各朝各代的列女传以及其他零星的女性传记中，直到 1912 年徐天啸撰写了《神州女子新史》，才出现第一部中国妇女史的专书。陈东原的《中国妇女生活史》[①]，从中国上古至民国妇女生活，以婚姻、妇女教育、妇德、缠足、近代的女权运动等主题分节，正式开启了中国妇女史研究的先河。

近二三十年以来，随着西方身体史、性别史的传入，学术界对于妇女解放问题有了更深层次的研究。中华全国妇女联合会妇女研究所、中国历史第二档案馆编纂的《中国妇女运动历史资料　民国政府卷》[②]收入了民国政府时期妇女运动历史资料，对了解相关历史事实，具有重要的史料价值。柯惠铃的《近代中国革命运动中的妇女》[③]以近代中国女权运动的起伏为切入点，传播更多妇女的声音，从“性别”的角度，描绘近代中国的另一种面貌。

放足运动解放了妇女的身体，在妇女解放运动中占据着重要地位。姚灵犀的《采菲录》[④]，对戕害中国妇女达千年之久的缠足陋俗，从溯源流变、辐射兴革、文化心理等多方面加以考述。缠足与反缠足在近代中国历史上的斗争曲折而绵长。高洪兴的《缠足史》[⑤]是较早且系统地介绍缠足历史的专著，将缠足作为一种文化的历史现象进行研究，找出其长期存在的社会因素和心理因素，以及缠足至今仍然受到世人关注的各种原因。高彦颐的《缠足：“金莲崇拜”盛极而衰的演变》[⑥]指出缠足是一种普遍而且复杂多样的现象，

① 陈东原:《中国妇女生活史》，上海书店，1984。

② 中华全国妇女联合会妇女研究所、中国历史第二档案馆:《中国妇女运动历史资料　民国政府卷（全 2 册）》，中国妇女出版社，2011。

③ 柯惠铃:《近代中国革命运动中的妇女》，山西教育出版社，2012。

④ 姚灵犀:《采菲录》，上海书店出版社，1998。

⑤ 高洪兴:《缠足史》，上海文艺出版社，1995。

⑥ 高彦颐:《缠足:“金莲崇拜”盛极而衰的演变》，江苏人民出版社，2009。

其消逝必然历经漫长而反复的过程。杨兴梅的《身体之争：近代中国反缠足的历程》[1] 将近代中国的缠足及反缠足运动的双方统一纳入历史环境中平等看待，详细梳理缠足与反缠足观念的变迁和反缠足方式的发展变化。

在传统的放足运动研究中，学者们更多关注的是全国性放足运动的过程和成效。王元琪的《近代中国妇女放足运动述论》[2] 对南京国民政府初期推行的放足政策进行介绍，使我们清楚地认识到社会风俗改革的复杂性、曲折性、长期性。杨兴梅的《近代中国反缠足的努力与成效述略》[3]，介绍了南京国民政府初期的不缠足运动的实施政策，通过地方档案和报刊分析了这一时期放足运动的特征。

近些年来，对于放足运动的区域研究逐渐增多，从一个宏大的全国性运动逐渐分化研究，落脚到各个省份、地区的具体情况。侯杰等人对山东省淄博市的缠足女性进行田野调查与深度访谈，以及问卷统计，获得大量珍贵的口述资料、文献资料、实物资料和数据，在此基础上结合文献，对缠足女性的自我言说及他者言说，和由此展开的性别对话进行了系统解读和阐释，取得系列研究成果。[4] 程艳芳的《近代山西反缠足运动研究》[5] 详细介绍了近代山西反缠足运动，从清政府到抗战时期几十年的时间里，经历了一个循环反复的过程。赵天鹭在《放足与革命：冯玉祥与河南放足运动（1927—

① 杨兴梅：《身体之争：近代中国反缠足的历程》，社会科学文献出版社，2012。

② 王元琪：《近代中国妇女放足运动述论》，硕士学位论文，西北大学，2001。

③ 杨兴梅：《近代中国反缠足的努力与成效述略》，博士学位论文，四川大学，2006。

④ 侯杰、傅懿：《女性身体言说——山东沂源缠足女性群体研究》，载梁景和：《社会生活探索——以性别文化等为中心》，首都师范大学出版社，2012；侯杰、赵天鹭：《近代中国缠足女性身体解放研究新探——以山东省淄博市部分村落为例》，《妇女研究论丛》2013 年第 5 期；侯杰、赵天鹭：《文本·信仰·再现：辰巳山庙会研究——以鲁中三镇缠足女性信仰生活调查为中心》，《民俗研究》2015 年第 4 期；侯杰、赵天鹭：《缠足女性的身体改造与婚姻家庭生活解析——以山东省淄博地区部分村落为中心》，《天津师范大学学报（社会科学版）》2015 年第 4 期。

⑤ 程艳芳：《近代山西反缠足运动研究》，硕士学位论文，山西师范大学，2016。

1928)——以〈放足丛刊〉为中心》[①] 中聚焦国民革命时期，冯玉祥在河南等省开展了声势浩大的放足运动，但由于宣传不足、手段过激等原因，反而引发了更多的社会问题。

学者对河北地区放足的研究，亦包含在对全国放足运动的研究之中，多将河北的放足运动作为全国放足运动的一隅或特例来研究。《河北民国日报》《河北民政刊要》《河北省政府公报》《大公报》等报刊发布的官方政策、放足运动的进展情况，以及宣传文章、宣传图画、宣传歌谣等成为重要的研究依据。

综上所述，尽管学界对放足运动的研究已经取得一定的成果，但多是对全国范围内放足运动的宏观探讨，对地方性放足运动少有深入研究，尤其是像河北省这样的不典型、不出名地区的研究更是缺乏。因此，本文拟对南京国民政府初期的河北放足运动进行探析。

一、从缠到放："人权"视野下的放足运动

（一）女子缠足的习尚

缠足经过长期发展，潜移默化地形成了一套约定俗成的女性身体规范。在河北省放足运动中，很多女性向劝导员倾诉：她们苦于缠足，只是大家都这样，她们也只能照搬。[②] 据考，"妇女缠足始于唐朝或五代，到了清朝，这一残害妇女的恶俗已根深蒂固"[③]。人们普遍将小脚看作女性美的象征，几乎所有女性都希望能够拥有一双完美的"三寸金莲"。河北不缠足会在批判缠足时指出："三寸金莲"是"用长 5 尺宽 2 寸的布条，紧紧地缠在女童的脚上，把足背和四个脚趾用力压至足心"[④]。日复一日，"双足因长期受挤压，肌骨变

---

① 赵天鹭：《放足与革命：冯玉祥与河南放足运动（1927—1928）——以〈放足丛刊〉为中心》，《山东女子学院学报》2017 年第 2 卷。

② 民国《高邑县志》卷 5《风土》，第 112 页。

③ 樊心、亓曙冬：《略谈清末的不缠足运动》，《学习与探索》1983 年第 3 期。

④ 《河北不缠足会章程》，《大公报》1902 年 11 月 24 日第 2 版。

形，脚部不能正常发育，瘦削如棍”[①]。河北省劝诫放足的宣传画上更是直言：“小脚一双，眼泪一缸”[②]，揭示出缠足给女性造成了生理和心理上的严重创伤。

缠足长期而广泛地流行，与男性对小脚的偏爱密切相关。一双小、尖、弯、弓的脚，被作为美的标准，以及身份和地位的象征。据河北天足会的会议记录，越是有钱有势的人家，女子的小脚愈是接近“三寸金莲”[③]。并且，缠足女性在缔结婚姻关系时通常会更具“市场优势”。因此，在1928年7月南京国民政府正式成立河北省政府时，当地广泛存在着缠足现象。据1928年的内政部人口统计，河北户口中女子12872674人，其中女子缠足者6394276人，意味着至少半数的女性仍然缠足。[④]

（二）近代思想的嬗变

中国近代以来，伴随着西方自由民主思想和医疗卫生知识的传入，人权意识逐渐觉醒，社会对缠足的认知开始改变，妇女争取权益的呼声越来越大，放足运动随之兴起。放足运动最早由基督教教士发起，其后中国各界有识之士纷纷投身其中，同时政府相继颁布“禁止妇女缠足”的法令。然而，受传统观念根深蒂固等诸多因素的影响，尽管这些行动起到了一定的劝导作用，但缠足现象仍普遍存在。

中国的放足运动最先由男性发起并组织提倡，而作为放足运动主体的女性处于被动的地位。1903年高白淑夫人于杭州组织放足会，这是中国最早的妇女自发成立的放足团体，一改过去全以男性为主体的情况，女性的参与程度大大增加。在这一良性发展态势下，我国放足运动取得较大进展，特别是在一些比较发达的南方沿海地区，天足现象已较为普遍。

（三）清末民初的政府作为

清政府在民间放足呼声高涨的情况下，于1902年颁布了劝诫缠足上谕：

---

① 《妇女缠足于德育智育体育全有妨害》，《大公报》1904年11月2日第3版。

② 《俗语画：小脚一双，眼泪一缸》，《图画日报》1910年，第43页。

③ 《天足会总会及各处分会之报告纪畧》，《申报》1906年12月16日第4版。

④ 《内政公报》1929年8月第2版。

“此后缙绅之家，务当婉切劝谕，使之家喻户晓，以期渐除积习”[①]。虽未明文禁止，却推动了民间与官方放足运动的发展，很多官员参与其中。例如，直隶总督兼北洋大臣袁世凯发表劝诫缠足告示，四川总督岑春煊公布劝诫缠足示谕等。但这一时期，民间仍在很大程度上受到传统礼教观念的影响，放足遭到包括缠足妇女等在内的各种社会势力的阻拦，这使得放足运动的成效大为降低，尤为表现在北方内陆地区。

中华民国建立后，南京临时政府对于放足问题更为重视。1912 年，中华民国临时大总统孙中山下令内务部通饬各省劝禁缠足，“令仰该部，速行通饬各省，一体劝禁”[②]，明确规定诸多条例。然而，这一时期的放足运动主要集中于开埠较早的大中城市，内陆广大的农村和偏远地区仍有不少缠足者。新闻记者周立波在抗战前的报道中披露：“华北的农村妇女今还是小脚。在山西与河北，七八岁的小姑娘，脚已包小，走起路来，都十分苦。”[③]由此可见，放足运动任重而道远。

二、劝禁并行：南京国民政府初期的官方政策

南京国民政府成立后，开展了一系列破除陋习、改良社会习俗的活动，其中就包括禁止女性缠足。1928 年 5 月，南京国民政府批准由内政部颁布的《禁止妇女缠足条例》。[④]条例对禁止缠足的时长、负责部门、禁缠足女子的年龄、处罚、考核等相关事宜进行了详细的规定，体现了政府对禁止缠足的高度重视。和此前相比，南京国民政府所推行的放足运动完全是由中央政府所领导的、从上而下、层层严查的官方运动，并且在很大程度上具有强制性。在 1928 年 7 月进行的户口调查中，也需将“缠足”情况进行记载，以

① 姚灵犀：《采菲录》，上海书店出版社，1998，第 58 页。

② 姚灵犀：《采菲录》，上海书店出版社，1998，第 66 页。

③ 周立波：《封建，受难和解放》，载《周立波文集》第 4 册，上海文艺出版社，1984。

④ 国民政府文官印铸局编印：《禁止妇女缠足条例》，《中华民国国民政府公报》第 54 期，第 5 页。

作为执行放足令的依据。

1928年8月初，河北省民政厅遵照内政部1928年5月10号令，将《禁止妇女缠足条例》印发各县，并令各县“照印条例”，“遵照切实查禁，勿得敷衍视同具文”，并将办理情形上报，称民政厅“不日即派员视察，以觇办理之成绩”。[①] 并颁布河北省民政厅关于《禁止妇女缠足条例》的具体条例。[②] 其内容类似于南京临时政府颁布的规章，但在具体细节方面更为详尽，便于各市县贯彻落实。河北各市县纷纷按令查禁，“单独调查，同时并调查妇女在三十岁以上缠足者若干，十五岁以下者则严令解放云”[③]。

三、努力与阻力：多种方式并存下的放足运动

中央的政策颁布后，地方推动放足有所遵循，“第一九三号令，以男子蓄发、女子缠足均为恶习，亟应禁绝”[④]。1929年1月呈省内政部、省政府禁蓄发缠足的情形，对河北各市县1928年12月放足情况进行了梳理，详细内容如下表所示。

河北各市县1928年12月放足情况一览表（部分）[⑤]

县名	呈报放足情形
大兴	十五岁以下幼女均已放足，十五岁以上、三十岁以下妇女尚未能完全解放
宛平	十二岁以下幼女尚有百分之一二未放足者，三十岁以下、十二岁以上妇女总计解放者亦达七成以上

---

① 《民厅通令禁止着发缠足》，《益世报》（津）1928年8月5日第11版。

② 《禁止妇女缠足条例（十七年五月十日公布录内政公报通令遵行）》，《河北民政汇刊》1928年第1编，第118-120页。

③ 《保定》，《大公报》1928年10月20日第8版。

④ 《训令各县县长、各公安局长转发内政部令颁禁蓄发辫暨禁止妇女缠足条例由（八月四日）》，《河北民政汇刊》1928年第1编，第248-249页。

⑤ 《呈省内政部、省政府呈报饬属查禁蓄发缠足十七年十二月份经过情形并送表册请鉴核备案由（一月十六日）》，《河北民政汇刊》1929年第4编，第253-266页。

续表

县名	呈报放足情形
通县	业经委派女检查员八人，分投下乡，实行检查风行，成绩大彰
三河	幼女缠足者均经女检查员强制解放，其妇女放足者现在为数甚众，或不难肃清
武清	采用劝禁兼施办法，成绩甚著
宝坻	正在实施检查，妇女自动放足者日益增多
霸县	幼女完全放足
固安	城厢市镇经第一次检查，不放足者殆少数
良乡	实行严厉检查，放足者日多一日，不久可见全功
昌平	因有驻军，进行稍形困难，然放足者亦已过半
怀柔	全县幼女业解放净尽，现正着手注意三十以下妇女
平谷	幼女完全放足，妇女自动解放者日渐增多
沧县	三十以下妇女十之八九均已放足
庆云	放足因实施检查，成绩颇有可观
河间	十五岁以下幼女均已放足，三十岁以下妇女亦逐渐解放
献县	依次实施检查，破著成绩
任丘	八岁以下幼女完全未缠，十五岁以下幼女解放者十之八九，三十岁以下妇女解放者成绩亦良
阜城	妇女因放足会之劝导，三十以下者，业强半解放
交河	幼女业经一律强制解放，三十岁以下者，解放亦十之七八
景县	放足因实施检查，成绩大著
故城	民众现多了解缠足之害，自动解放者日多一日
滦县	放足因有驻军进行，稍感困难
遵化	严厉督促，放足成绩甚好
大城	三十岁以下妇女率多在劝导期间自动解放，间有未放者亦属少数（视察员报告该县因交通便利，风气素来，进行剪发放足，成绩颇有可观）
新镇	幼女完全放足，二十左右之妇女未放者只三分之一，三十以下、二十五以上妇女已放足者亦二分之一

续表

县名	呈报放足情形
宁河	幼女殆完全放足，三十以下妇女解放亦多
满城	妇女十五岁以下者解放甚多，三十岁以下者成绩亦好
徐水	现分投下乡挨户检查，各村三十以下妇女均已放足，其未放者甚属寥寥
定兴	幼女已缠足者均已解放，中年妇女放足者日多一日
唐县	业委女检查员实施检查，现在民众多已了解进行，甚易如期，或可收工
望都	缠足幼女自动解放甚属不少，偏僻小村风气固陋，尚有观望，现已实施严厉检查
容城	放足工作正在努力检查，并敕令宣传，现在解放者至多
雄县	幼女放足十分之九以上，三十以下妇女解放者日渐增多
安国	城厢市镇殆完全放足，乡村尚有少数观望者
束鹿	放足成绩甚著，如期当可办理完竣
高阳	实行严厉检查，成绩日良一日
正定	偏僻乡村尚有未放足者
井陉	妇女缠足因积习甚深，解除匪易，现分三期办理。（一）打破观望，先从有智识人做起；（二）各区设立放足会以促进行；（三）认真检查，实行以来，成绩大彰
阜平	城厢市镇缠足妇女绝无仅有，乡村正在实施检查中
滦城	幼女完全放足
行唐	正在积极检查，成绩甚优，不久或可竟全功
灵寿	幼女已完全放足，三十岁以下妇女亦逐渐解放
平山	一月以来劝禁并施，解放妇女业过半数，现仍继续检查，完全肃清或非难事
赞皇	本月检查未放足之数，甚微，实因督敕严厉，妇女皆已了解利害
晋县	幼女未缠足者实不再缠足，其解放者十之八九，三十以下妇女解放者亦过半数
无极	十五岁以下幼女解放净尽，三十以下妇女劝令依限解放甚收实效
新乐	全境妇女经女检查员之劝导，检查咸皆觉悟，自动解放日不乏人
来源	幼女放足将届观成，三十以下妇女亦皆逐渐解放
定县	缠足中年妇女绝无仅有（视察员报告该县民气早开，成绩甚好，因该县于民国五年即成立天足会也）

续表

县名	呈报放足情形
饶阳	十五岁左右妇女缠足者甚属寥寥，三十以下妇女解放亦多现，仍严厉检查
大名	第一期检查幼女已无缠足者，十五岁以上妇女均一律解放，现正检查第二期
南乐	城镇市幼女均完全放足，农村妇女解放者亦多
清丰	三十以下妇女解放者已达十分之七八
濮阳	妇女经严厉之检查，现在解放之三十以下妇女殆百分之七八，如限肃清，当非难事
广宗	缠足妇女不过百分之二十左右
巨鹿	未放足之中年妇女为数甚少
任县	缠足妇女在城厢市镇已难看见，陋乡僻村则尚有少数未放者
肥乡	在全境各村因放足会之劝导及检查，多已觉悟，现在自动解放之妇女也达十分之七八
广平	城中三十以下之妇女均已放足，较远市镇解放者亦日多一日（视察员报告，该县蓄发者仅偏僻村尚有一二，缠足妇女城中附近也一律肃清，较远市镇偶或见之）
冀县	经女检查员之检查，全县民众多纷纷自动解放，现在缠足妇女已成少数
赵县	幼女均放足，十五岁以上、三十岁以下妇女放足者均十分之六七

由此可见，经过各项政策的实施，“民众现多了解缠足之害，自动解放者日多一日”。[①] 绝大多数地区的幼女已完全放足。[②] 值得注意的是，民风已经开始改变，对放足的推进起到了很大的作用。“缠足妇女在城厢市镇已难看见，陋乡僻村则尚有少数未放者”。[③] 河北全省呈现出“城厢市镇殆完全放足”，“偏僻乡村尚有未放足者”的态势。根据视察员的报告，放足情况良好的地区，往往民风比较开放。

① 《呈省内政部、省政府呈报饬属查禁蓄发缠足十七年十二月份经过情形并送表册请鉴核备案由（一月十六日）》，《河北民政汇刊》1929 年第 4 编，第 253-266 页。

② 同①。

③ 同①。

然而，放足运动并非一帆风顺。据 1929 年 2 月河间县县长呈报发辫剪净缠足的检查情况称："该县男子发辫已剪除净尽……放足一向注重劝导，所办亦是这样，仍督促女检查员认真进行期收实效此令。"[①] 在短时间内，相较男子剪发一事，女性放足问题更为复杂，仍需要继续监督查验，特别是在"偏僻地方"，"风气闭塞"，唯有多次"查禁或施以劝惩或加以强制"[②] 方可奏效。

为了进一步推进放足运动，各市县采用了多种辅助方法，如有召集民众大会，发表白话演讲，编写歌谣民歌，布告传单、图画漫画等方式。直隶省长公署训令，各县知事文云："案准冀县天足会函称。以本会成立，拟定会章。"[③] 市县大都照例组织放足会，会章要求"有先自会员眷属实行解放……于会员所佩之徽章，铸以不娶缠足妇之标语"[④]。通过多次召集民众大会进行宣传，张贴天足会广告[⑤]，以达到扩大会员基础、解放会员思想的目的，起到广泛劝诫缠足的作用。此外，还设有"天足会奖章"，以资奖励给抵制缠足的先进女性、提倡妇女放足中的有功人员、开明的丈夫以及模范家庭。

结合天足会活动，政府官员和有识之士还多次发表白话演讲，提倡放足和天足。他们语重心长地指出："妇女若是缠了足，那脚下的回血管受伤，血脉自然不能周流，血脉不周流，自然身体软弱多病"[⑥]，"你们看缠足的妇女，年纪稍大一点，犯腿疼的病"[⑦]，使广大普通民众听懂缠足的危害，认识到放足的必要性。天足会为了让放足更加深入人心，特编写了一系列歌谣，

---

① 《指令河间县县长呈报发辫剪净缠足正在检查各情形由（二月七日）》，《河北民政汇刊》1929 年第 4 编，第 270 页。

② 《通令各县局办理查德禁蓄发缠足仰克日具覆由（九月四日）》，《河北民政汇刊》1929 年第 2 编，第 336-337 页。

③ 《通令各县仿立天足会》，《大公报》1925 年 9 月 30 日第 5 版。

④ 《呈内政部、省政府遵令督饬所属查禁男子蓄发女子缠足经过情形由（九月五日）》，《河北民政汇刊》1929 年第 2 编，第 333-334 页。

⑤ 《河北不缠足会广告》，《大公报》1932 年 11 月 29 日第 5 版。

⑥ 《天足会演说》，《大公报》1933 年 5 月 1 日第 1 版。

⑦ 《妇女缠足于德育智育体育全有妨害》，《大公报》1934 年 11 月 2 日第 3 版。

例如，《劝诫缠足俗歌》[①]《劝诫缠足俗歌新》[②]《莫包脚歌》[③] 等。另外，政府还以放足为题材，依据此前天足会所编的歌谣，编成具有地方特色的竹板唱。其中一篇就通过讲授缠足的缘由，告诉妇女们缠足的危害以及天足的普遍，“众位姑娘太太们请莫言，听小子把放脚的事情说一番。外国的妇女全天足，惟独我们中国把脚缠……” [④]

通过张贴布告、发放传单，使民众更直接、更便捷地了解到缠足的危害。例如，多个市县都“揭示布告而外，另有放足标语或印之于纸，发村张贴录之于旗持以游行示众者”[⑤]。9 月 24 日，河北省政府再次发布告令，通令各县局令发剪发放足布告和张贴讲演 [⑥]。与此相呼应的是，各级政府利用图画、漫画的方式，以直观的方式，让不识字的平民百姓也可以看到缠足的危害，认识到放足的重要性和必要性。在《图画日报》[⑦]《滑稽杂志》[⑧] 等刊物上都刊有不少劝诫缠足的漫画。在《风月画报》上，出现越来越多天足女性的代表，例如谭花 [⑨]、素梅 [⑩]，展示出天足女性的形象，展现了她们的自信和魅力。

与此同时，各地还设置了“劝导员、女检查员”，“更责令村长等随时报告放足数目”[⑪]。在广大的乡村地区，检查员发挥着莫大的作用。例如，容

---

① 《劝诫缠足俗歌》，《天足会报》1927 年第 1 期，第 164-166 页。

② 《劝诫缠足俗歌新》，《天足会报》1929 年第 1 期，第 52-55 页。

③ 《莫包脚歌》，《天足会报》1927 年第 1 期，第 167-175 页。

④ 《劝妇女放足竹板唱》，《河北省政府公报》1929 年第 162 期，第 27-30 页。

⑤ 《呈内政部、省政府遵令督饬所属查禁男子蓄发女子缠足经过情形由（九月五日）》，《河北民政汇刊》1929 年第 2 编，第 333-334 页。

⑥ 《通令各县局令发剪发放足布告和张贴讲演由（九月二十四日）》，《河北民政汇刊》1929 年第 2 编，第 343-346 页。

⑦ 《俗语画：小脚一双，眼泪一缸》，《图画日报》，1910 年，第 43 页。

⑧ 《未婚妻索长裙小脚仍看不见甲乃与之并坐而谈》，《滑稽杂志》1923 年第 2 期，第 7 页。

⑨ 《风月画报》1936 年第 7 卷第 38 期，第 1 页。

⑩ 《风月画报》1937 年第 10 卷第 14 期，第 1 页。

⑪ 同⑤。

城县的女检查员“在天炎暑热中，不辞奔走”①。又如，冀县放足检查员“立于雪天冰地之中，对各村民众作关于党务教育，破除迷信及放足、剪辫之演讲”②。这些劝导员、检查员不光要进行新思想的宣传，还要切实推进放足工作。

四、觉醒与变革：南京国民政府初期河北省放足运动的成效

放足运动自清末开始，陆续取得一些成效，但民初缠足女性依然普遍存在。与缠足相关的社会习俗、文化心理并没有发生根本性的改变，缠足的文化尊荣地位也没有被撼动。③ 正如天足会所编创的歌谣所指出的那样：“女儿苦楚千万般，惟有包脚更作孽。父母岂无爱子心，只有包脚不容情……”④ 故而光是依靠民间力量，或者普通劝导是不足以完成放足重任的，只有从思想上解放、从法律上限制，才能根除缠足陋习。国民政府清醒地认识到问题的关键，遂在民间积极争取放足组织为国家所用，同时依靠政府的法律条文，劝导处罚并行，严格进行放足运动。因此，南京国民政府初期，各地放足成效颇好。

河北省政府为了进一步推进放足运动的进程，采取诸多辅助方式，起到了一定的积极作用。例如，政府对于天足会的大力支持，使得大批上层人士积极成为天足会的会员，进而推动社会上层女性的放足、天足。布告的张贴、传单的发放，使得放足宣传更为普遍，让市县更多的地方都传达了缠足的信息。通过发表白话演讲、编写歌谣民歌、绘制图画漫画、举行戏剧演出等老少咸宜的宣传方式，令更多的平民百姓可以了解到缠足的危害，即使是目不识丁的女性也可以受到影响，提高对放足运动的认识。

---

① 《本省新闻·容城之最近》，《河北民国日报》1929 年 7 月 7 日第 6 版。

② 《剪发放足委员会检查员轫心》，《河北民国日报》1929 年 2 月 18 日第 6 版。

③ 程艳芳：《近代山西反缠足运动研究》，硕士学位论文，山西师范大学，2016，第 28 页。

④ 《莫包脚歌》，《天足会报》1907 年第 1 期，第 167-175 页。

南京国民政府对放足运动的重视程度，以及在整个运动过程中的组织、检查、监督力度都是之前政府所不能及的。值得称道的是，中央和地方政府一改之前政府的温和做法，增加了强制取缔、罚款等处置方式。因此，南京国民政府初期，河北省绝大多数市县“幼女已完全放足”，十五岁以上，三十岁以下放足情况为良。任邱县县长还请求将放足罚款拨作民众教育传习所开办费用[①]，进一步推动放足运动。在实施过程中，每遇到新的问题时，政府总能及时处理，并据此颁布新的法令条文。例如，女检查员滋扰滥罚事件发生后，河北省民政厅随即发布训示，明确规定“嗣后办理放足一事，务须注重讲演劝导，不准专恃查罚为要”[②]。

南京国民政府期间，河北省各级政府在缠足运动中所做的努力是有目共睹的，缠足女性逐渐接受了放足政策，观念上发生了明显转变。除社会精英和知识分子之外，普通民众的女性权益也有所觉醒，家庭妇女也逐渐走上放足运动的舞台。河北放足组织中的多数女检查员就是突出代表，她们很多都是在新思想的影响下主动参与“劝导员”的工作。

伴随着女学的兴起，妇女获得更大程度的解放，其经济地位和社会地位均得到提高。当女性一旦摆脱了“小脚”带来的种种限制，便再不用忍受身体上的痛苦，也避免了行动上的不便，可以参与劳动生产了。“高阳县的妇女，都是不缠足的，每一妇女，用洋织布机，每日能赚大洋一元，一年可赚钱几百元。”[③]这既能提高家庭收入，改善家庭的经济状况，又能促进社会生产力的发展，创造更多的社会价值。

---

① 《指令任邱县县长呈请将放足罚款拨作民众教育传习所开办费由（廿一年九月）》，《河北民政刊要》1932 年第 10 期，第 6-7 页。

② 《劝导放足不得专恃苛罚，民政厅训令各县遵照》，《河北民国日报》1929 年 3 月 19 日第 6 版。

③ 《视查晋北各县为官绅警学商各界暨村长副等之讲演词（1918 年）》，载《治晋政务全书初编》，第 25 页。

五、漫长而艰难：南京国民政府初期河北省放足运动的特点

首先河北地处北方，所以没有像南部沿海那样受到西方文化的冲击。其次，直隶临近北平，受传统观念的束缚更为牢固。在1928年7月国民党河北省政府正式成立时，根据内政部统计，女子缠足者6394276人，缠足比例为49.6%。[①]人数众多，放足任务艰巨。到1928年11月，保定附近的“妇女最以为不美的是脚大，最以为美是三寸的小脚。脚大就不能嫁于富家，并且要被人耻笑”[②]。

尽管在经过一系列政策的实施、劝导及检查后，河北普通民众“多已觉悟”，绝大多数地区的“幼女已完全放足”[③]，但由于积习已久、思想僵化、政策死板、官员腐败等诸多因素，缠足并没有迅速消除，反而引发了更多的社会问题。由于政府对于三十岁以上妇女采取的是“劝令解放不加强制”[④]的政策，因此三十岁以上的妇女缠足依旧，也就导致其女儿的放足进程比较迟缓。另外，“偏僻乡村尚有未放足者”。这些在偏僻地区生活的妇女往往是放足运动中的“拦路虎”，对于新思想的接受程度低，对放足一事十分抗拒。由于很多人的思想并没有发生根本性改变，往往是为了应付检查，避免受罚，待检查员走后又“复缠”。[⑤]这一情况并不是河北省所特有的，同一时期的山西、河南也出现了类似的问题。这不是简单宣传就可以解决的问题，唯有切实可行的方法，才能从根本上改变这些旧俗。

由于检查员中不乏男检查员，很多家庭遂以此为由，拒绝将小脚展示给

---

① 《内政公报》1929年8月第2版。

② 《保定附近的妇女生活》，《妇女杂志》第14卷11号，1928年11月，第9页。

③ 《呈省内政部、省政府呈报饬属查禁蓄发缠足十七年十二月份经过情形并送表册请鉴核备案由（一月十六日）》，《河北民政汇刊》1929年第4编，第253-266页。

④ 《禁止妇女缠足条例（十七年五月十日公布录内政公报通令遵行）》，《河北民政汇刊》1928年第1编，第118-120页。

⑤ 《指令井陉县县政府呈报本县规定区长视查各乡自治情形报告表及印制提倡识字放足讽画请鉴核由（二十二年九月）（附表）》，《河北民政刊要》1933年第22期，第22-24页。

男性，认为小脚是女性私密敏感的地方，被男性查来看去是一种羞辱。就连蓟县政府员工的直系家属，在面对检查员时也会“强拒检查员进门”，并恶意相向：“你们当（国民党）党员的，男女混杂，是一群什么东西？要见我家娘们，实在不配。”[①]这也是国民政府不得不修改政策，多用女检查员的重要原因。除此之外，国民政府对放足的禁罚也具有强制的暴力倾向，“罚款、强制放足、拘役”[②]，甚至包括游街示众在内的一系列带有侮辱性的惩戒措施，成为这一时期放足运动采用的主要方式。这些方式使得深受传统思想迷惑的百姓更加排斥新思想，从而导致放足运动的推展更加困难。

另外，在放足运动中，并非所有检查员都兢兢业业。有些检查员“滋扰滥罚”，将检查放足作为聚敛财富的途径。束鹿县“女检查员每至一村，村中须预备好饮食……其饭费多至十元或十余元间，有除饮食以外，还要零星食品”；“最扰民者，即从村之东头至村之西头，还须要车一辆”。这种情况，与该县县长的不作为也有很大关系。因此，除了检查员要受到责罚外，该县县长也“不能辞其咎”，应“先予严斥”，再“依法惩戒”。然而这种现象依旧没有改变，仍有一些县长知法犯法，甚至官官相护。一个月之后，滦县县长办理放足却专恃处罚，遭到训斥。[③]1930 年 12 月，深县“放足会女检查员并社书”因收贿被撤惩。[④]

事实上，政府对于妇女放足后的安排是缺乏的。首先，缠足使得女性的双脚已经受到伤害，而放足之后，女性仍要承受扭曲变形的双脚放开后之痛苦，这种痛苦是短时间内很难消除的。其次，曾经视为荣耀的“小脚”突

---

① 《放足会之小风波》，《河北民国日报》1929 年 2 月 5 日第 6 版。

② 杨兴梅：《近代中国反缠足的努力与成效述略》，博士学位论文，四川大学，2006，第 16 页。

③ 《训令滦县县长办理放足应注重劝导不可专恃处罚由（五月廿九日）》，《河北民政汇刊》1929 年第 6 编，第 185-186 页。

④ 《训令深县县长据报该县放足会女检查员并社书有收贿情事仰分别撤惩并各科合室办公以便督率遵办报查由（十二月十九日）》，《河北民政汇刊》1930 年第 9 编，第 146 页。

然变成了累赘，这种落差对女性的心理造成了沉重的打击。这些被社会视为“落后”的小脚女性，处于“失语”的境地。社会出现部分男性，受“放足”观念影响，拒绝娶已缠足妇女为妻。例如，“闻唐山县某大令，曾函致女家云：万不可令此女缠足，如果缠足，即永不迎娶”。[①] 而且，大多数接受新式教育的男性，都不愿意娶缠足女子为妻，“一般少年人皆将鄙弃此缠足之女子，而不与为偶”。[②] 何尝又不是一种观念的枷锁施加在女性身上。对此，政府亦缺乏相应举措。南京国民政府初期，“放足”运动的重点放在了“放”上，而“放”之后的相关事宜处理并不完备，这也是导致放足运动时有反复、效果不彰的重要原因。

结语

南京国民政府时期的放足运动，以政府的强力主导展开，实施劝导与禁罚并行的政策。1928 年南京国民政府内政部颁布《禁止妇女缠足条例》，河北省各市县遵照执行，总体上呈现出一片欣欣向荣的景象。但禁罚政策的急功近利，往往把事情推向另外一个极端，使百姓对放足的观感变差，甚至产生排斥心理，更加抗拒新思想。继而出现检查员离开后再缠脚的现象，充分表明缠足问题并没有得到根本的解决。到抗战前夕，“认为小脚好看因而易于婚嫁的观点在一般老百姓心目中并无根本的变化”[③]。因此，放足运动作为一场社会运动，仍需继续推进。

中国放足运动的开端由男性所引导，是他们在受到西方文化影响下审美转变的产物。但随着放足运动的兴起，也成为女性解放的利器。女性要认识自己的位置和个性，关键要为自己而放足，而不是单纯以脚的大小、形状作为衡量女性的标准，不能因为男性号召放足运动就开展放足运动。女性必须

---

① 《直隶提倡天足》，《大公报》1933 年 5 月 4 日第 2 版。

② 马钧祥：《学堂生怎肯配小脚姑娘》，《初杭》1934 年第 1 期。

③ 杨兴梅：《观念与社会：女子小脚的美丑与近代中国的两个世界》，《近代史研究》2000 年第 4 期。

有足够的空间，争取男女在权利和地位上的平等。这些因审美改变而不愿同缠足女性结婚的男性，本质上同传统礼教下只热衷于娶小脚女人为妻的人，是一样的。他们都根据自己的喜好而物化女性，从来没有考虑过女性自己的内心想法，这不是真正的女性解放。正如1934年《学堂生怎肯配小脚姑娘》[①]一文的作者，抨击了缠足女子的不足，宣扬了放足女性的进步，同样忘记了放足运动的目的是解放女性，争取男女平等。这种受男性视角支配而发出的声音，在这一时期占据主流地位。因此忽视了“被解放”妇女的心声，忽略了她们内心沉潜的希望与绝望。可悲的是，缠足妇女沦为处于“失语”状态的群体，无力回天。

总体而言，放足运动对推动女性身体解放和思想解放具有重要意义。但在推行过程中，往往容易被利用，沦为新的压迫女性的工具。就像望都县偏僻农村的妇女，可能永远也无法理解为何一双小脚会由荣耀成为一种罪过。因此，不单单是从身体解放的角度开展，放足运动更应该从思想层面彻底打破公众对女性的刻板印象。就如周作人所言，“身体受到毁伤是第三者客观的话。在当局者只当作一种修饰，如文身、贯鼻、缠乳、束脚，都是同类的例子”。[②]这种打破标签的行动，不仅仅是要转变男性的观念，更重要的是女性自身也要拥有这种意识。不再局限于“女为悦己者容”这一层次，而是为了取悦自己去选择修饰身体，装扮自己，彰显女性的主体意识。

放足运动，不仅是为了反对女性缠足，更在于要破除一切对女性身体的不合理限制，以实现女性的身心解放。因此，今天所倡导的两性平等，并不只是一种政治、经济地位上的平等，更重要的是一种主体意识上的平等。要赋予女性话语权，让她们能够自己为自己发声，使女性成为推进女性解放运动的主要力量。

---

① 马钧祥：《学堂生怎肯配小脚姑娘》，《初杭》1934年第1期。

② 周作人：《谈虎集·天足、拜脚商兑》，载《周作人全集》第1册，蓝灯文化事业股份有限公司，1992，第1册，第212、271-273页。

主题三

妇女发展实践研究

新时代落实男女平等基本国策 促进妇女全面发展的新要求

李明舜 *

党的二十大报告强调，“坚持男女平等基本国策，保障妇女儿童合法权益”，这充分体现了以习近平同志为核心的党中央对男女平等基本国策的高度重视，彰显着男女平等基本国策是新时代中国共产党治国理政的重要内容。在全面建设社会主义现代化国家、全面推进中华民族伟大复兴的新征程中，我们必须把促进妇女全面发展作为高质量发展的重要内容，以新的更高的要求贯彻落实男女平等基本国策。

新时代贯彻落实男女平等基本国策必须以习近平总书记关于妇女工作和男女平等基本国策的重要论述为根本遵循。党的十八大以来，习近平总书记就妇女工作和贯彻落实男女平等基本国策提出了一系列的新思想新论断新要求。习近平总书记强调妇女事业始终是党和人民事业的重要组成部分，追求男女平等的事业是伟大的，要从党和国家事业发展全局出发，高度重视和积极推进妇女工作；强调党始终坚持把实现妇女解放和发展，实现男女平等写在自己奋斗的旗帜上，坚持党的领导，是做好党的妇女工作的根本保证；强调中国特色社会主义妇女发展道路是中国特色社会主义道路在妇女工作领域的具体展开，是长期实践中形成和发展起来的，符合我国国情和历史发展趋

* 李明舜，男，中华女子学院法学院教授，中国婚姻家庭研究会常务副会长，中国法学会婚姻法学研究会副会长，主要从事婚姻家庭法学、妇女人权研究。本文刊登于《山东女子学院学报》2023 年第 1 期。

势；强调实现中华民族伟大复兴，是党和国家工作大局，也是当代中国妇女运动的时代主题；强调推动妇女和经济社会同步发展，促进妇女全面发展，共建共享美好世界；强调妇女权益是基本人权，要把保障妇女权益系统纳入法律法规，上升为国家意志，内化为社会行为规范；强调要消除针对妇女的偏见、歧视、暴力，让性别平等真正成为全社会共同遵循的行为规范和价值标准；强调妇女是人类社会的“半边天”，与男子一样，同是社会物质财富、精神财富的创造者，同是人类历史前进的推动者；强调要发挥妇女在各个方面的积极作用，同时注重发挥妇女在社会生活和家庭生活中的独特作用，发挥妇女在弘扬中华民族家庭美德、树立良好家风方面的独特作用；强调要坚持男女平等基本国策，在出台法律、制定政策、编制规划、部署工作时充分考虑两性的现实差异和妇女的特殊利益；等等。[1]3-10 习近平总书记的重要论述深刻阐明了新时代妇女发展和贯彻落实男女平等基本国策的一系列重大理论和现实问题，“是把马克思主义关于妇女和家庭基本原理同中国具体实际相结合、同中华优秀传统文化相结合的光辉典范，指引我国妇女事业取得历史性成就、发生历史性变革，为新征程上妇女事业高质量发展提供了根本遵循”[2]。

新时代落实男女平等基本国策必须深刻认识男女平等基本国策的重要地位和作用。男女平等基本国策是我们党和国家确立的解决男女两性社会关系的总政策，它是中国共产党在马克思主义妇女理论指导下，将男女平等作为经济社会发展的基本准则和重要内容，以国家根本政策的形式推动我国妇女全面发展的伟大创举。男女平等基本国策从党和国家领导人提出倡导，到国家法律和国务院文件的确认落实，再到三次写入全国党代会的报告，充分彰显了男女平等基本国策是中国共产党治国理政的重要内容。我们要充分认识坚持和贯彻落实男女平等基本国策在全面建设社会主义现代化国家中的重要作用和意义：从政治角度看，坚持和贯彻落实男女平等基本国策，是中国共产党在总结人类文明发展的普遍规律并结合我国国情的基础上作出的重大决策，是具有鲜明中国特色的制度安排，是坚持走中国特色社会主义妇女发展道路的重要体现；从理论角度看，男女平等基本国策的提出，是我们党对妇女事业发展规律认识上的一次理论飞跃，是马克思主义妇女理论中国化时代化的重要成果，是中国经济社会发展和新时代中国妇女事业发展的行动指南；从法律角度看，男女平等基本国策是新中国始终如一的宪法要求和法律基本原则的升华，其始终贯穿在以宪法为基础，以妇女权益保障法为主体，包括国家各种单行法律法规、地方性法规和政府各部门行政规章在内的一整套保护妇女权益的法律体系之中；从人权角度看，男女平等基本国策确认并保障了平等权是妇女的一项基本人权，是实现妇女全面发展的重要途径；从文化角度看，男女平等基本国策体现了社会主义先进性别文化的核心内容，其主要目的是要建设平等、和谐、文明的性别关系；从道德角度看，男女平等基本国策反映了社会主义核心价值观的本质要求。[3]121

新时代落实男女平等基本国策必须在促进妇女全面发展过程中贯彻新发展理念。党的二十大报告强调指出“高质量发展是全面建设社会主义现代化国家的首要任务”，高质量发展则要求完整、准确、全面贯彻新发展理念。新发展理念传承党的发展理论，从创新、协调、绿色、开放、共享五个维度，进一步突出以人民为中心的发展思想，赋予经济社会发展更加鲜明的目标和价值指向。在贯彻落实男女平等基本国策促进妇女全面发展过程中也必须坚持和贯彻新发展理念。这其中，创新发展理念是引领中国妇女发展和实现男女平等的巨大动力，马克思主义妇女理论中国化时代化的创新理论引领着新时代妇女发展的方向和男女平等的推进，保护妇女权益的制度创新是促进妇女全面发展和落实男女平等基本国策的重要保障，科技创新为促进妇女全面发展和男女平等增添助力，文化创新则为促进妇女全面发展和男女平等优化环境；协调发展理念要求新时代必须注重妇女与经济社会协调发展，注重女性与男性之间平等和谐发展，注重补齐妇女发展短板，增强发展的均衡性，真正实现男女两性之间的地位平等、人格与尊严平等、权利和机会平等、责任和义务平等，以及结果与利益上的平等；坚持开放发展理念要求贯彻落实男女平等基本国策过程中必须顺应和引领国际妇女运动的潮流，要以构建人类命运共同体的情怀视野审视和推进男女平等事业，为国际妇女人权事业贡献中国方案；坚持绿色发展理念使女性在绿色发展中有更广阔发展空间，成为绿色发展的受益者和推动者；从促进妇女全面发展和男女平等的角度看，共享发展理念则深刻揭示了男女平等基本国策的本质要求，整体优化了妇女发展的社会环境，充分调动了广大妇女参加中国特色社会主义建设的积极性，全面激发了实现男女平等的正能量。[3]129-131

新时代落实男女平等基本国策必须完善妇女权益的法治保障。在全面推进依法治国的今天，贯彻落实男女平等基本国策首要的就是法治保障。全面贯彻落实男女平等基本国策需要进一步夯实制度根基，建立健全保障妇女权益、促进男女平等的法律政策，在这方面新修订的妇女权益保障法有了突破性的进展。新修订的妇女权益保障法作为贯彻落实习近平总书记关于加强妇女工作、保护妇女合法权益重要讲话精神和党中央决策部署重要法治成果，关注并充分体现了新时代落实男女平等基本国策和促进妇女全面发展的新要求，通过新增和完善党政主导的保障妇女权益工作机制、男女平等评估机制、分性别统计调查制度、男女平等基本国策纳入国民教育体系制度、侵害妇女权益发现报告制度、预防和制止对妇女的性骚扰制度、就业歧视防治制度、孕产期特殊保护制度、离婚夫妻共同财产申报制度、督促督查制度、联合约谈制度、公益诉讼制度、告诫制度十三项制度措施，实现了由关注保障妇女权益为主到关注妇女权益保障与妇女全面发展相结合、由确定群体性标准为主到确定群体性标准与个体权益救济相结合、由目标导向为主到目标导向与问题导向相结合、由倡导性规定为主到倡导性规定与实操性规范相结合、由平等权益的特殊保护为主到平等权益的特殊保护与特殊权益的重点保护相结合五个方面的新飞跃。

新时代贯彻落实男女平等基本国策必须强化国家尤其是政府的主体责任。保障妇女权益是国家必须承担的责任，这既是《消除对妇女一切形式歧视公约》的要求，也是我国宪法的明文规定。进一步强化、细化保障妇女权益的国家责任也是新修订妇女权益保障法的重点和亮点。在其共十章八十六条的内容中，有近六十个条文的内容都是规定国家、政府和有关部门保障妇女权益的职责。这些规定充分体现了国家对妇女享有的各项权益积极承担尊重、保护和实现的义务。一方面，国家高度重视尊重妇女在政治的、经济的、文化的、社会的和家庭的生活等各方面享有同男子平等的权利，在各项权益规定中进行了反复的重申和强调。另一方面，国家积极采取措施预防和制止任何组织和个人对妇女各项权利的侵犯。同时，国家积极创造条件，最大限度地采取立法、行政、司法等有效措施保障妇女基本权利的实现。为了贯彻落实男女平等基本国策促进妇女全面发展，国家在不断采取立法措施的同时，制定并实施了妇女发展纲要，形成了“坚持中国共产党对妇女权益保障工作的领导，建立政府主导、各方协同、社会参与的保障妇女权益工作机制”，并取得显著效果。在保障妇女合法权益的国家机制中，各级政府作为国家法律的执行机关，在消除对妇女的一切形式歧视，预防和制止针对妇女的违法犯罪行为方面负有极其重要的职责。新修订的妇女权益保障法明确规定：“各级人民政府应当重视和加强妇女权益的保障工作。县级以上人民政府负责妇女儿童工作的机构，负责组织、协调、指导、督促有关部门做好妇女权益的保障工作。县级以上人民政府有关部门在各自的职责范围内做好妇女权益的保障工作。”

新时代贯彻落实男女平等基本国策必须充分发挥妇联组织的推动作用。妇联组织作为各族各界妇女为争取进一步解放与发展而联合起来的群团组织，承担着“代表和维护各族各界妇女的利益，做好维护妇女权益、促进男女平等和妇女全面发展的工作”。因此，贯彻落实男女平等基本国策一定要在强化保障妇女权益、促进男女平等的国家责任特别是各级人民政府主体责任的同时，充分发挥妇联组织的促进、推动作用。妇联组织对贯彻落实男女平等基本国策的促进、推动作用主要在于积极履行法律和章程规定的职责，这些职责主要规定在妇女权益保障法、反家庭暴力法、未成年人保护法和民法典等法律和《中华全国妇女联合会章程》之中。特别是要充分发挥妇联组织源头参与维权机制、联合约谈机制、参与矛盾纠纷多元化解机制、信访维权机制、预防性侵女童工作机制、反家暴工作机制、与司法机关的工作合作机制、维权“八字工作法”、中国妇女法律援助行动等行之有效的工作机制和方法的作用。

新时代贯彻落实男女平等基本国策必须弘扬社会主义的先进性别文化。众所周知，任何法律政策都是建立在一定文化基础上的，法律政策的生命也深藏于文化之中。男女平等基本国策作为社会主义先进性别文化的政策体现，其贯彻实施也需要社会主义先进性别文化提供精神支撑和道德确认。社会主义先进性别文化作为与社会发展相适应，有利于性别平等、公正、和谐发展的文化，它的核心内涵就是男女平等，理论依据是马克思主义妇女观。男女平等基本国策与先进性别文化之间在目标、核心价值方面是完全一致的。贯彻落实男女平等基本国策过程中，一个长期的重要任务就是要树立马克思主义妇女观，进一步深化对中国特色社会主义妇女发展道路内涵、基本特征和发展规律的认识，积极推进马克思主义妇女理论中国化时代化，为促进妇女全面发展、推动男女平等基本国策的落实提供理论支持。同时要以马克思主义妇女观为武器，破除传统的男性中心文化。男性中心文化以其社会地位方面强调男尊女卑、社会权利方面主张男主女从、社会分工方面强调男外女内、社会见解方面认为男高女低、社会形象方面塑造男强女弱而成为实现男女平等的最大思想障碍。男性中心文化不仅是女性自我束缚、自我迫害的利器，也是社会轻视女性、漠视女性权益的思想工具。因此，贯彻落实男女平等基本国策就必须倡导以马克思主义妇女观为核心的社会主义先进性别文化，创造有利于妇女解放、男女平等的思想文化氛围，充分发挥先进性别文化对落实男女平等基本国策所具有的强大助推作用，彻底消除贬低女性人格尊严和社会价值、侵犯妇女平等权利的落后性别文化所形成的社会阻力。

【参考文献】

[1] 李明舜，党日红 . 依法保障和维护妇女权益的理论与实践 [M]. 北京：中国妇女出版社，2021.

[2] 沈跃跃 . 全面学习把握落实党的二十大精神　以高质量妇女研究助推新时代新征程妇女事业发展 [N]. 中国妇女报，2023-01-06（1）.

[3] 中华全国妇女联合会 . 女性干部的战略思维与素养 [M]. 北京：中国妇女出版社，2020.

农村妇女参与基层治理的路径探讨

——基于社会工作介入H村社区建设的研究

魏开琼　李　婷*

摘要：通过社会工作介入基层妇女参与社区建设的实践是探讨妇女参与基层治理的有效路径。通过分析农村社区治理主体关系的构成与运行情况，设计出符合实际情况、满足现实需求、解决妇女参与困境的服务方案，能够有效激发妇女参与社区建设的潜能。坚持党建引领，推动社会治理和服务重心向基层下移，建立以村“两委”、村民小组、社会工作组织、村民代表、妇女等多元治理主体参加的农村社区治理平台，有助于基层社会治理有序运转，促进基层社会治理能力提升。

关键词：农村社区；基层治理；社会工作；妇女参与

在推动基层治理体系与治理能力现代化建设进程中，如何发挥基层自治组织和社会组织优势，激发参与基层社会治理的多元主体的潜能受到广泛关注。农村妇女在生产与家庭再生产领域发挥着重要作用，故将其纳入基层社会治理的进程显得尤为重要。学界对此进行了诸多探讨：从正式的制度层面

---

* 魏开琼，女，中华女子学院妇女发展学院院长，教授；李婷，女，中共昭通市委党校助教。本文系国家社会科学基金重大项目“文化强国背景下公民道德建设工程研究”（项目编号：21&ZD060）子课题“公民道德行动主体培育研究”的阶段性成果。本文刊登于《理论月刊》2023年第5期。

来看，已有研究多探讨如何提高女性在村“两委”中的比例并有效发挥其在村庄决策中的作用与机制[1]42；从公共参与的视角来看，部分研究聚焦于乡村妇女参与村民自治和村庄公共生活的方式[2]52；从妇女参与的特点来看，研究者发现农村妇女公共参与呈现出日常生活政治化的特征。[3]117 本文拟在现有研究基础上，基于在Z市H村一项为期半年的实践，探索通过社会工作手法激活妇女参与村庄公共事务潜能的途径，推动社区治理格局的重构，以实现社区基层治理的良性运转。

H村位于我国西南某省Z市西南部，属于高寒山区，主要经济作物是土豆和玉米，产业结构单一。村庄5个村民小组共计341户共1206人，居住着汉、回、彝三个民族。村庄内多数家庭以务农保障日常生活所需，青壮年劳动力超七成外出务工，常住人口多为老人、妇女与儿童。妇女在家庭中承担着生产与再生产职能，是照顾家庭成员、从事体力劳动、参与社区活动的主体。2015年，参与社区公共事务的归乡青年在县民政局社会组织管理科的培育和支持下，申请成立C社会工作机构，以便组织社区居民加强自我服务，构建互助和谐社区。自成立以来，该机构作为政府购买项目的服务提供方参与村庄公共事务，主要涉及困难群体救助、文娱活动组织等。为了更有效参与基层社会治理，C机构于2020年开始探索如何通过社会工作手法激活妇女参与社区公共事务的潜能。笔者以C机构成员的身份，于2020年在Z市H村进行了为期六个月的社工介入实践，探讨社工机构在基层“两委”领导下推动农村妇女参与社区建设，进而参与基层社会治理的路径与方法，以期提高农村社区治理的效益并最终促进社区和谐发展。

一、社工介入前Z市H村不同主体参与基层治理的现状

农村基层治理涉及社区政治、经济、文化、环境等多方面的公共事务，找到个人、家庭和村庄三者的结合点，就能找到农村妇女有效参与乡村治理的切入点。[4]118 考虑到村庄环境治理具有联结家庭与社区的特性，且妇女承担着家庭照护与家庭生产的主要职责，良好的环境与妇女的切身利益相

关，本次社工介入选取修建垃圾处理站、社区公厕改造等村庄公共环境建设为介入点。社工组织介入前，镇委、镇政府对H村环境治理起着监督、调节作用，村委根据镇委、镇政府的环境治理指标制订整改方案，村民小组的社长[①]接受工作任务，带领村民参与到环境治理事务中。在这个过程中，村“两委”作为决策者，负责制订村庄的环境治理方案，制定好各村民小组的目标指标后下放任务，村民小组的社长再通过会议通知村民具体应该做什么。其中，在村民小组会议中积极主动参与的妇女人数少而且人员相对固定，大多数妇女处于服从与被动参与状态。这种模式下不同行动者在治理体系中的位置相对固定，决策与参与模式也相对单一。

（一）村“两委”

基层村“两委”基于其特殊属性需要在行政与服务两个层面发挥功能，但是层层下达任务式的治理模式易削弱基层自治功能。一方面，村“两委”直接受镇政府的领导，接收来自上级政府的工作指令，故在长期实践中村“两委”通常被认为是镇政府的下属机构，其自治功能无法得到有效发挥；另一方面，村“两委”作为基层群众性组织，虽对社区实际情况有着较为清晰的了解，但H村村“两委”成员目前仅有9人，面对上千人的村民不可能实现村“两委”成员与所有村民直接交流。在具体执行工作过程中，通常是村“两委”将工作任务分解后下放至各村民小组由社长具体执行。这种模式下，村“两委”的双重职责看似实现了兼顾，实则两者都未能得到充分发挥。

（二）社会组织

H村的C社会工作组织从2015年正式成立至今也面临着发展上的困境。首先，专业社会工作者人数少。该组织常年正式工作人员数平均保持在6人，其中专业社工的人数保持在3人左右，工作环境艰苦、待遇与付出不成

---

① 受到人民公社、合作社等历史性组织长久又深刻的影响，组长被村民习惯性称呼为社长，因此下文所称社长均指村民小组组长。

正比导致人员流动性大。其次，社会工作提供的服务出现疲态。服务项目开展呈现模式化、娱乐化且缺乏创新；服务对象人群固化使工作中出现明显的服务偏好，参与项目多为见效快、成效明显的物资帮扶、困难人员慰问等，同时项目频繁变更，不断更改的部门设置导致服务难以深入。最后，社会工作组织依赖政府购买服务维持生存，未能进一步发挥社会组织优势。

（三）村民小组与村民

村民小组中的社长代表村民小组承接村“两委”下达的任务，能够直接与村民接触，起到了社区自治中转站的功能。目前社长展开工作的方式主要为召集村民小组会议，并以通知的形式指导村民完成具体任务。由于村庄中的青壮年大量外出工作，留守在村庄中的主要人群为妇女、老人和儿童，妇女通常承担着家庭主要的生产与再生产工作，村民参与村庄公共事务的热情不足，更不用说有效参与基层社会治理了。

在新时代的基层治理体系建设中，随着社会需求的转变以及群众参与能力的提升，国家尝试将社会治理权力委托或者下放给不同的治理主体并期待行动者的多元合作。从以上分析来看，H村不同治理主体参与治理的过程比较单一，镇委、镇政府将治理权下放至村“两委”后，村“两委”将治理权再次分至村民代表、村民小组的社长等个体，最末端才是由各个村民小组的社长将治理权力传达至村民。任务结束后，再顺着原路径线性返回到村“两委”。传统基层治理运行固守着自上而下的模式，形成的是单线性治理关系，未能形成一个强有力的枢纽中心，起到带动多元主体联动的作用。H村沿用的此种纵向型的治理体系，虽有一定规模的妇女参与，但参与程度不均衡，其参与的潜能也尚未完全激活。为实现基层治理体系建设目标与治理能力的提升，需要对纵向延伸的治理格局进行重构，建构多元主体协同参与的格局。

二、社会工作介入推动H村妇女参与社区治理

基层政府、农村社区、村级组织为农村妇女提供了与其他治理主体联

结合作的机会，也为社会工作介入推动农村妇女参与基层治理提供了探索空间。与不同对象进行深入访谈，梳理访谈资料，能够了解农村社区、基层治理与村庄政治呈现新格局时H村妇女是怎样参与社区治理，以及村庄对培育妇女参与社区治理面临何种需求等问题，以便寻找社工介入培育妇女参与农村社区治理、激活妇女参与潜能的方法，为探索多元主体协同参与基层治理打下基础。

（一）H村妇女参与社区治理的现状

为了激活妇女参与基层社区治理的能动性，笔者从5个村民小组中按照滚雪球抽样法选取了26位妇女，围绕农村社区中的妇女角色、参与水平和参与意愿、参与行为和参与形式等主题进行访谈，最后确定13位妇女进行深度访谈。受访女性基本信息如表1所示。

表1 H村受访妇女基本信息

序号	代码	年龄	文化程度	序号	代码	年龄	文化程度
01	CYZ	41	初中	14	YWX	51	小学
02	GSF	45	初中	15	YMZ	31	高中
03	LYZ	53	小学	16	YRQ	45	小学
04	LZZ	47	初中	17	YDF	43	初中
05	LMZ	40	初中	18	CBM	43	初中
06	YAZ	46	小学	19	HBY	32	初中
07	YEX	43	初中	20	XGF	39	初中
08	YBZ	46	小学	21	LSR	38	初中
09	XWY	36	初中	22	LWZ	40	初中
10	ZYY	42	初中	23	WYL	34	高中
11	ZZY	45	小学	24	LXZ	51	小学
12	MZZ	39	初中	25	FDQ	32	初中
13	YBY	47	初中	26	PHZ	41	初中

受访妇女的年龄集中在30至55岁，深度访谈的妇女年龄集中在40至50岁，她们多出生于20世纪70年代。大多数受访妇女为初中毕业，接受教育的程度让人们得以反观她们在成长过程中可能要承受的家庭生活压力以及当时对女性接受教育的社会观念。针对留在村庄的妇女年龄相对集中的现象，受访妇女表示“年纪再小一点儿的话就要外出打工去了”“家里面有老人和娃娃必须有人留下来照顾”“现在这个年纪出门不好找工作”等。妇女承担的家庭照顾责任与市场对无家庭责任劳动力的需求，使得绝大多数女性长住村庄，她们应当被纳入村庄公共事务的进程中。且从受访资料来看，妇女群体表现出强烈的参与热情，也具有较强的改变意愿。访谈资料显示，该村妇女参与基层社会治理存在以下问题：

1. 参与活动以娱乐休闲为主。目前社区活动包括村民自发组织的活动和驻村社工机构组织的活动，前者以娱乐性为主，后者包括知识讲座、政策宣传、娱乐休闲等。这些活动的参与主体多为妇女，文娱型活动很受欢迎。社区治理中的政治、经济与社会生活层面的决策事务，大多数情况是依靠村民小组会议统一通知，有些活动如果特别需要妇女群体参与时，妇女也会根据具体要求完成任务。

2. 传统治理观念中的性别想象。传统性别观念在村庄内并未式微，普遍认可的“男主外，女主内”的性别观念和社会实践也并未发生实质性变化[5]127，故在基层治理单元的农村社区中还是默认按照男女两性进行性别分工的治理观念。访谈时常会出现妇女沉默或只是笑笑不说话的情况，大多数人在回应为什么会一言不发时，觉得“自己不会说话、没有文化”“怕被嘲笑”。尽管妇女们对参与村庄基层治理具有较高的兴趣，但多数并不认可自己作为治理主体的身份，也对自己的参与能力没有信心，村庄中的大部分人依旧认为家中大事和社区事务应由男性决定。女性能力受到严重低估，女性未能进入社区公共事务决策过程中。

3. 参与社区治理的程度有限。村民会议是村民行使自治权的主要场所，当妇女被问及“你是否参加过村民会议”时，其中21位回答参加过，5位妇女表示未参加过。当被问及“是否在村民会议上发表过意见”时，只有 2 位表示在参加村民会议时主动发表过意见，其余 24 位访谈对象全部表示没有发表过意见。在社区公共事务的协商过程中，妇女参与的渠道单一，参与程度不高，多位妇女在访谈中提到“通知我们去整啥子满（注：语气词），就直接去了”“听社长咋个说我们就咋个做”“不需要我们说啥子，把事情交代了就可以了”。尽管 H 村妇女被纳入社区基层治理，也确有参与村民会议，但未能有效发挥治理主体的功能，大多数人的参与程度仅限于旁观或接收村“两委”传达的信息。这种参与程度不高的现象与村庄治理的性别想象一起，强化了妇女在村庄公共事务决策中参与不足的形象，形成了妇女自身较低的参与主体意识。

（二）H 村对培育妇女参与社区治理的需求

为了更好了解妇女参与本村公共事务的现状，本研究也对其他基层治理主体，包括村“两委”工作人员、社会工作组织工作人员和村民小组的组长进行了访谈，为社工介入推动妇女参与基层社会治理打下了基础。受访者基本信息如表 2 所示。

表 2　H 村参与基层社会治理的受访者基本信息

受访对象	性别	年龄（岁）	社会角色	访谈内容
社会工作机构				
ZX	女	29	驻村机构主任	妇女工作概况、自身感受
ZTH	女	26	一线社工	
村委会				
SY	男	45	村委会主任	村务协商制度、互动关系
ZQ	女	32	妇女主任	妇女工作内容、互动关系
村民小组				
ZXJ	男	38	社长	日常工作方式、性别主流化意识
PMZ	男	51	社长	

与C社工组织工作人员访谈时发现，由于该组织目前主要服务易地搬迁社区，受服务购买方项目的制约，以妇女群体为对象展开的社工项目相对较少。受访主任表示："机构的人手太少了，在去年派出去一半人手做城市社区驻点社工之后就只有3个人在农村点了。服务项目也都是儿童的比较多，所以需要多花精力在里面。妇女的服务做得少，偶尔县妇联有支持的时候我们都会争取。"（主任ZX）由于社工在工作中经常能够深入妇女日常生活层面，在与她们的互动中，社工通过非正式渠道了解了一些妇女的基本需求。一位受访社工说："妇女服务做过几回，一般就是我每天下午吃完饭在村里面一起聊闲天，听她们说想跳舞啊，学打毛线满就做过活动。"（社工ZTH）

在正式的制度层面，村委会主任和妇女主任对于妇女参与是非常重视的，笔者在与他们就有关H村议事协商制度、协商形式、治理主体等话题进行访谈时，感受到"两委"层面对妇女参与的肯定与认同。比如受访的妇女主任表示："只要是和妇女有关的事嘛，我都会上她们家里面去说的，但是每一个妇女家都去不可能，我就一个人，也有其他事，只能那时候找到哪几个就去哪家了。"（妇女主任ZQ）村主任也表达了类似的想法："村里面有啥子事都会通知每个人，不存在一家只给一个人说，每次开会要是她们在屋头都还是参加呢。我们是很重视妇女参与的嘛。"（村委会主任SY）。两位受访者都提到了这种通知的方式可能带来的局限，一方面，是不能关注到所有妇女个体；另一方面，通知多指向家庭单元，在这个过程中有些信息可能就流失了。受访的社长也表示，妇女参与的积极性是很高的："村上有啥子事发通知之后，我就先在我们社的微信群里面（说），因为我现在住在镇上嘛，离得远，就先通知了大家约好时间回去开会讨论嘛。我们社里面妇女还是相当积极的，在微信群里面有啥问题讨论起来一大串一大串地发语音。"（社长ZXJ）在社长看来，妇女参与的积极性体现在讨论过程中的大段语音。不过，另一位社长表示出对妇女参与者的成见："村里面的事要喊我组织做的话，我就去他们屋头喊，他们互相通知在坝子头开会说事情，整完事散了就行了嘛。大部分留在屋头都是女的些，她们也不会说啥子。"（社长PMZ）

推进乡村治理现代化，需激活基层治理的活力。基层治理重点应回应群众需求，确保基层社会的秩序。[6]122 在农业女性化趋势下，作为农村社区生活的主体人群，妇女是村庄变化最直接的感受者。结合社工组织、妇女群体以及“两委”对多元主体参与社会治理的讨论，不难发现 H 村存在培养妇女参与社区治理的需求。

1. 基层治理现代化建设的需要。农村妇女积极参与乡村治理和公共事务管理，一方面，可以了解村庄居民自下而上的真实需求，带动其他多元主体的参与；另一方面，也能进一步完善村民参与制度化渠道。妇女群体作为治理主体广泛参与农村社区活动，参与社区公共问题如基础设施建设、宜居环境打造等的讨论，有助于农村社区的全面发展，体现了基层社会治理现代化建设的客观需要。

2. 农村妇女群体发展的需要。妇女作为群体以及群体中的个体，通过与其他治理主体协作共同参与村庄基层治理日常性事务，在维护妇女与家庭利益时也能促进自身发展。一方面，多元治理主体共同协作时，能增强妇女对社区的归属感；另一方面，妇女在公共事务中发挥作用不仅能提升个体的参与能力，还可以带动家庭成员参与到社区治理的过程中来。

3. 社会工作在新发展阶段的探索需要。社会工作组织因其属性介于“个人、家庭、社会群体”与“国家”之间的位置，其工作性质既具有帮助个体和家庭的公益性，也具有很强的维护社会稳定和促进社会发展的社会功能。[7]71 社会工作组织作为构建基层社会治理新格局的主体之一，发动、带领农村妇女参与社区治理已经成为提升群众自我教育、自我管理、自我服务能力的重要一环。社工组织通过这些新的探索，也为自身可持续发展找到新的路径。

（三）社工介入培育妇女参与农村社区治理

在面对多方需求以及 H 村农村妇女参与基层社会治理不足的情况下，综合考量服务能力、服务效果后，笔者在 C 社工组织的支持下决定首先进行妇女骨干的培育。考虑到参与者的学历水平与参与意愿，最后选定 10 名妇女展开小组活动。

本次介入共分为三个阶段，每一阶段由若干环节构成，围绕提升妇女群体的自我认同感、提升对社区的归属感以及提升参与社区公共事务能力三个主题展开。从小组目标达成的角度，设计以“我们的选择”为主题的成长和支持小组，通过组员间的关系建构、相互交流与支持探索和运用自己的内在资源及外在资源，充分发挥自己的潜能解决问题并促进个体参与村庄公共事务。表 3 为本次活动的小组工作方案。

表 3 “我们的选择”小组活动流程

序号	主题	内容
环节一	我们的小组	设计组名、小组活动制度，我画我生命之河
环节二	观念大转盘	讨论村子公共事务，社工参与讨论并一起探索社区治理的内涵
环节三	我和我的村庄	对自己和村庄进行再认识，讲述自己与村庄的故事，在参与公共事务决策中妇女的定位、想法与态度等
环节四	社区资源调查	了解资源利用现状，诊断资源利用的问题和开发潜力；了解谁是资源的主要支配者、使用者；分析假如改变资源使用现状会发生的变化
环节五	社区决策主体关系绘制	了解社区公共事务的决策主体，各主体之间的互动关系，信息流动方向等
环节六	自我新发现	根据妇女所需开展知识与能力的培训与帮助
环节七	我们的选择	聚焦基层社会治理中的具体公共事务（厕所改造、环境整改、公共活动中心的使用），提出建议与意见，并反馈到村“两委”
环节八	成立妇女议事厅	小组成员为议事厅主要骨干，在 H 村公共活动中心领用房间并挂牌妇女议事厅，推动后续妇女参与村庄发展公共事务的决议

1. 消弭个体与群体边界：形成妇女支持网络。初期阶段工作重点是营造轻松舒适、不评判的分享氛围，观察组员对活动的投入度与感受，以便根据参与深度调整活动进度。

首先，构建妇女自我与群体认同。前三个环节的小组活动中，组员们制定了称呼彼此名字的规定，明确不能用谁的妈妈、谁的媳妇等称呼对方。她们在本就互相认识的基础上，通过彼此讲述和倾听生命中的重大事件，引发了很多共鸣和探讨。她们多次提到“还晓不得我们有这么多事情都好像哦”“原来你的名字是这个字啊，一直都没想起问过”①。这体现出妇女分享个体经验、营造良好参与氛围以提升群体凝聚力的重要性。其次，引导妇女从习惯性沉默转向积极参与讨论。活动开始阶段，妇女们普遍对“基层治理”这个词是陌生的，表示听不懂；但在回溯以往参加的具体村庄事务时，她们逐渐能够说出自己当时想说但未开口表达的建议与意见，其他小组成员也给予了鼓励与赞赏。驻村社工参与了两次本介入活动后也表示，村民会议中的妇女与小组活动中的妇女表现完全不同，大多数妇女在村民会议中常常是沉默的旁观者，但在小组活动中表现出了积极的参与意识与参与行为。

2. 增强治理主体意识：激发妇女小组潜能。当小组活动进入中期阶段，妇女们认同了自己作为社区治理主体的身份后，社工开始引导她们重新看待自己生活的社区。她们从掌握社区的文化、经济、人力资源开始，反思以往讨论社区公共事务时的商议规则与决策主体，重新审视治理体系中僵化、单向的信息流动，进而反思自己在以往参与中存在的认知偏差。

一是增强资源认知能力。绘制社区资源图时，妇女们普遍没有意识到自己就是内部资源的事实，得到提醒后发现社区现存资源中最重要的就是人力资源，并反思了自己与社会资源的关系。她们对权力概念的思考也从权力等同于“支配”[8]49 到权力是“团体和个人间社会关系运作的结果”[9]162，进而转向权力是“共有的、分享的或使他人增强力量”的理解。[10]34 成员在面对新概念时第一反应已经不再是前期访谈中的回避与沉默，显现出“这部分可以再讲一下”“可不可以再讲一遍”的积极吸收新知识的态度。二是提升自主学习能力。在回顾以往对村庄公共事务的讨论时，多数人表示由于缺乏主体意识或参与身份边缘化等，自己主要扮演聆听者的角色。参加完小组

① 环节一“我画我生命之河”组员发言记录。

活动后，妇女们认同了自己作为治理主体之一的身份，认为自己应该在村庄事务中发挥积极作用。社工在介入过程中，针对她们对自己文化程度低产生的自卑情绪和参与意愿低的情况，增加了环节六以便进一步了解她们的需要，关于具体知识与能力提升方面，妇女们在回答中提及最多的是“文化知识”“我们以后做些啥子”①，妇女主任对此进行了回应，无法及时回应的也交由小组进行进一步讨论。

3. 成立“妇女议事厅”：动员妇女参与环境建设。活动进入收尾阶段后，社工退到小组的边缘，仅进行观察记录和把握活动进度。经过前期的实践，妇女们逐渐转变了思考方式，她们积极提出问题并不断深入思考，呈现出较强的主体性与能动性。在讨论村庄治理具体的公共事务时，组内围绕环境建设的主题列出厕所改造、环境整改、公共活动中心使用等议题，草拟建议后提交各社社长并反馈到村“两委”。为了保证妇女可以持续参与公共事务，小组成员集体申请了H村公共活动中心的一间小会议室作为妇女议事厅的指定场地，并选举议事长负责组织小组活动。研究发现，妇女议事厅成立后，能有效把农村女性的分散力量凝聚为集体力量。[11]11 本次实践也证明，利用组织载体作为突破口可以达成更高参与率和更佳参与效果。妇女通过妇女议事厅的平台完成群体合作，在固定场所形成开放的非结构化议事小组，消解了从前社区主体边缘化带来的压迫感。

三、重构后的H村社区基层治理格局

通过分析社区多元治理主体关系的外显特征、流动态势，有针对性地提出解决对策，重新塑造以村“两委”为中心节点，社会工作组织横向参与，妇女作为治理主体参与的新格局。

在下图中，主体职能的大小与治理权流动的方向用双向箭头（⇔）表示，各治理主体直接参与治理平台用单向箭头（→）表示。此简要示意图是

① 环节六“公共参与能力培训会”组员讨论会议记录。

最为理想的H村社区多元治理主体关系的构成与运行状态，但本文的实践只是迈向理想状态的第一步，旨在增加推动其重构的可能性。

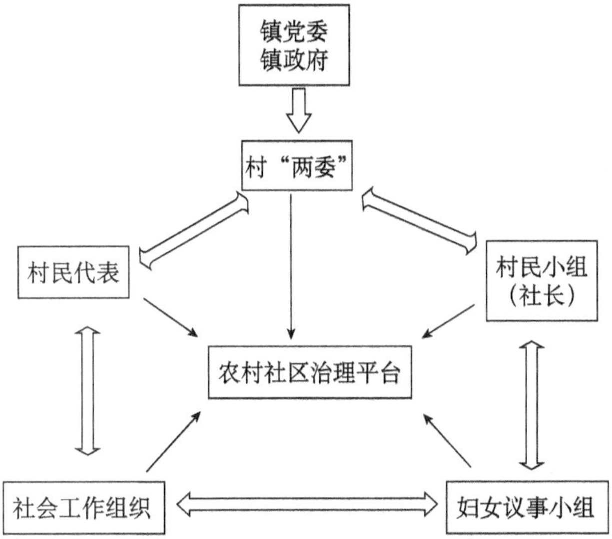

重构后H村社区治理格局简要示意图

（一）妇女成为重要的行动者

H镇党委、政府为响应加强基层社会治理体系构建的具体要求，计划在辖区村庄逐步进行人员设置调整，在各村划分片区增设片区负责人，初步拟定由村“两委”成员或村民代表任职，为一对一进户了解村子各片区实际情况与需求提供保障。社会工作组织据此调整了自身参与村庄治理的方式，由原来强调组织自身与社区治理主体良性互动[12]84，转变为动员培育妇女成为社区参与治理的主体，并将妇女议事小组打造成她们发挥治理主体作用的重要载体。以H村近期公厕改造的治理事务为例，以往决策过程，妇女的建议是由妇女主任自己选择一些妇女进行单独访问收集；在妇女议事小组成立后，村“两委”将H村公厕改造的任务交给各村民小组，妇女主任将文件交到妇女议事小组组长手中，妇女议事小组通过核心成员会议和在村妇女逐一走访的形式来完成意见的收集与整理。在这个过程中，参与妇女的人数与热情、建议收集的数量及可信度大大提升，妇女议事小组在其中发挥了关键作用。

（二）多方联动带来治理有序

新的治理格局通过充分发挥社区治理平台的枢纽功能，起到带动多方互动的作用。一方面，社会组织等治理主体主动补位增强了互动线条的多维性；另一方面，妇女积极参与提升了新格局节点的稳固性。以往自上而下纵向型的治理体系强调上下联动，尽管治理主体也趋向多元，但未能有效发挥社会组织与妇女的作用。新治理格局通过有效激活治理体系中的左右联动，解决了治理体系单向运行带来的困境。基层政府通过购买服务的方式，引导社会组织参与基层社会治理，有效整合不同人群，提高群众在基层治理活动中的主动性与积极性，提升治理能力以达成推进基层治理体系现代化的目标。针对基层社会治理体系运行中出现的治理主体关系失衡，社会组织缺位以及妇女参与渠道少、参与程度浅等问题，通过促进多方联动、社会组织横向参与和培育妇女个人主体意识，达成农村社区多元治理主体建设。

（三）治理过程中多元主体合作

从组织层面看，治理过程中涉及四类行动主体。一是乡镇党委、政府负责领导全局，引领其他行动者共同发挥力量；二是村“两委”作为基层群众性自治组织，发挥网络枢纽功能，动员村庄中多元主体参与决策；三是社会组织在村庄具体事务中，创新渠道、搭建平台，反馈村民真实需求，积极开发内部资源，协助工作任务的高效完成；四是妇女议事小组作为农村社区妇女自发型组织，借助社会工作组织的推动积极参与村庄公共事务。妇女不再只是被动接收通知、服从任务安排，而是经由妇女议事小组直接参与社区治理。从个体层面看，有两类行动主体。一是村民代表直接对村“两委”负责，在村庄公共事务中提出建议，发挥监督作用并与其他主体保持密切互动；二是村民小组的社长处于村“两委”与村民之间，向村民传达信息、接收反馈并直接推动社区公共事务的解决。

四、结语

农村社区治理作为当前的研究热点，已有研究或关注妇女组织化，探讨妇女公共参与的机制性因素，重建妇女的公共身份 [13]56 ；或注重“五社”联动助力基层社会治理共同体建设。[14]75 在实践层面，推动农村妇女组织起来并参与社区公共事务 [15]44，培育具有社群感的妇女团体并使其逐步转化成自组织，利用群体力量解决个人问题 [16]49，被认为是注重妇女个体感受与共性经验，促进其参与农村社区治理的重要途径。本文致力于探索农村社区治理新方式，以环境建设为公共参与切入议题，是实现多元主体参与、治理体系高效运行的有效方式。农村社区中的社会组织以其独特的工作方式，在乡镇与村“两委”的领导下寻求激发妇女参与村庄公共事务潜能的途径，弥补了以往仅从制度层面关注妇女参与基层社会治理的研究视角。[17]57 本文的探索表明，有效挖掘农村社区多元治理主体的潜能，以妇女群体为切入点设计出符合实际情况、满足现实性需求、能够解决妇女参与困境的服务方案是有效且重要的。这些实践基于当前农村社区治理主体关系的构成与运行情况，通过社会工作手法，聚焦基层社会治理过程中不同群体的利益关系、利益内容，通过党建引领妇女群众，推动社会治理和服务重心向基层下移，更能探索出广大群众参与基层治理的方法与路径。

【参考文献】

[1] 鲁彦平，卓惠萍．促进妇女进村委：模式、问题与对策 [J]. 广东行政学院学报，2009（6）.

[2] 吴亦明．留守妇女在乡村治理中的公共参与及其影响——来自苏、鄂、甘地区的一项研究报告 [J]. 南京师大学报（社会科学版），2011（2）.

[3] 杨善华，柳莉．日常生活政治化与农村妇女的公共参与——以宁夏 Y 市郊区巴村为例 [J]. 中国社会科学，2005（3）.

[4] 张嘉凌，董江爱．乡村振兴视角下农村妇女参与乡村治理路径研究——以运城雷家坡村德孝文化建设为例 [J]. 中共福建省委党校学报，2019（2）.

[5] 卿石松 . 中国性别收入差距的社会文化根源——基于性别角色观念的经验分析 [J]. 社会学研究，2019（1）.

[6] 桂华 . 迈向强国家时代的农村基层治理——乡村治理现代化的现状、问题与未来 [J]. 人文杂志，2021（4）.

[7] 杨文才 . 社会工作机构参与协同治理的运行机制研究 [J]. 中州学刊，2019（3）.

[8] 张云昊 . 规则、权力与行动：韦伯经典科层制模型的三大假设及其内在张力 [J]. 上海行政学院学报，2011（2）.

[9] 鲁肖麟 . 福柯权力理论分析 [J]. 新西部（理论版），2015（5）.

[10] 李相华，崔鲜香 . 女性主义对领导力和权力概念的重新界定 [J]. 中华女子学院学报，2011（5）.

[11] 张凤华 . 乡村转型、角色变迁与女性崛起——我国农村女性角色变迁的制度环境分析 [J]. 华中师范大学学报（人文社会科学版），2006（4）.

[12] 徐选国，黄景莲 . 从政社关系到党社关系：社会工作介入社区治理的情景变迁与理论转向 [J]. 社会科学，2020（3）.

[13] 陈义媛，李永萍 . 农村妇女骨干的组织化与公共参与——以“美丽家园”建设为例 [J]. 妇女研究论丛，2020（1）.

[14] 原珂，赵建玲 .“五社”联动助力基层社会治理共同体建设 [J]. 河南社会科学，2022（4）.

[15] 闫红红，张和清 . 优势视角下农村妇女组织与社区参与的实践探索——以广东省 M 村妇女社会工作项目为例 [J]. 妇女研究论丛，2019（2）.

[16] 丁瑜 . 妇女何以成为社群主体——以 G 市 L 村妇女自组织营造经验为例 [J]. 妇女研究论丛，2019（4）.

[17] 吴林原，陈丽琴 . 农村妇女参与基层治理研究述评与展望 [J]. 哈尔滨师范大学社会科学学报，2021（2）.

以人民性为中心的科学实践

——20世纪50年代精神预防性无痛分娩法在中国

王　颖*

摘要：20世纪50年代苏联精神预防性无痛分娩法在中国的传播可以视为一场科学实践，超越了科学与政治二元对立的逻辑。分析它如何被接纳、正当化与转化，可以拓展对中国式现代化的理解。专业医护人员将无痛分娩的政治推进转化为科学叙事和实践，将苏联知识在地解释为助产动作、会阴保护，甚至借用巴甫洛夫理论发展祖国医学，呈现着有限度的科学自主性。以人民性为中心的无痛分娩裹挟着科学、阶级、性别和国族的复杂叙事，呈现出去技术化和再技术化、“文明产妇”与“经管”产痛的张力，生活世界与政治的“距离”提示着人民性与中国现代性之间的复杂关系。

关键词：精神预防性无痛分娩法；生育疼痛；科学实践；人民性

---

*　王颖，中华女子学院社会工作学院。本文的写作受益于《集体化时期的妇女和妇女工作》课题组高小贤、宋少鹏对20世纪中国妇女生育议题的讨论，文章中引用的陕西档案亦源于课题组。本文在撰写过程中得到了蒋勤、肖文明、何浩、吴肃然、王庆明、涂炯、齐腾飞及《社会》编辑部、匿名评审专家的意见，在此表示感谢。本文刊登于《社会》2023年第1期。

一、问题提出

1933 年，伊斯特曼从约翰·霍普金斯医学院转到北平协和医学院任妇产科主任兼教授。作为迪克 – 瑞德（Dick-Read）自然分娩理念的早期支持者，伊斯特曼试图在中国开展分娩镇痛研究。然而，让他震惊的是，当时的中国妇女似乎“都是没有痛苦的分娩”（Eastman，1965：472-473），因此，彼时妇女并未言说的生育疼痛仅成为伊斯特曼研究的注脚。作为伊斯特曼、麦克凯尔威的继任者，林巧稚于 1940 年成为协和医院第一位中国籍的妇产科主任。经历了战争中的艰难行医之后，她于 1948 年重返协和。新中国成立后，苏联的精神预防性无痛分娩法得到推广。1952 年，林巧稚在《人民日报》发文，感言巴甫洛夫的精神预防性无痛分娩法以人民利益为出发点，“我决心向苏联学习，更好地为人民服务，为广大的人民谋幸福”。在学习苏联的号召下，精神预防性无痛分娩技术和知识的传播在中国推开。

疼痛是一个棘手的医学问题，其本质是主观的疼痛破坏了沟通能力，使之不可描述和不可分享（Scarry，1985）。伯克（Bourke，2014）则指出，疼痛的本质是社会性的，它并非在生理过程中自然产生，而是在与社会世界的协商中生成的。产痛作为妇女独有的疼痛，中国古代医书并不认为它是病症，疼痛自然而需“忍耐”，临产六字箴言为“睡、忍痛、慢临盆”，“凡产育能耐心忍痛，听其自然，则万举万全；若谓药能催生，予则未敢许也”（陈复正，1962：19）。在传统中国社会，相比于处理难产、降低产妇和婴儿死亡率等议题，缓解生育疼痛并未成为医学的主要关注点，疼痛的生育禁忌也较少。随着麻醉、催眠术的发展，世界各国有关生育疼痛干预的知识逐渐传入中国。20 世纪 50 年代，苏联精神预防性无痛分娩在中国的推广更成为一场旨在减轻甚至消除妇女产痛、改造医护、推行新法接生、动员和教育妇女的社会运动，伴随着共产主义革命而生的是关于身体与疼痛的认知革命与科学技术革新。本文试图分析精神预防性无痛分娩法作为一种外来的科学理论、知识和技术如何在新中国的语境下被接纳、正当化与转化，挖掘这一“实践”折射出的新中国政治与科学之关系，以拓展对中国式现代化的理解。

精神预防性无痛分娩起源于苏联，由乌克兰哈尔科夫心理学家维尔沃夫斯基于 1948 年至 1949 年提出。鉴于医药的缺乏，1951 年年初，苏联保健部长下令精神预防性无痛分娩法成为正常分娩的标准方法，同时开始培训全国产科医务人员。之后这一方法传入东欧等国，并以拉玛泽之名闻名于西方国家。基于巴甫洛夫理论，产痛是条件反射的产物，是后天和暂时的。精神预防性无痛分娩重新编码这些条件反射并创造了新的积极的条件，通过产前教育使妇女学会控制身体（呼吸技巧、按摩腹部、采取正确的卧姿、有意识的放松等）以缓解甚至消除分娩的痛苦（Bell，1981；Michaels，2014）。在冷战背景下，20 世纪 50 年代精神预防性无痛分娩被视为苏联科学界送给世界妇女的礼物。妇女生育疼痛与“受难”关联，铁幕所隔的西方和苏联分别成为苦难和拯救的象征，精神预防性无痛分娩在东欧国家的传播呈现着社会主义地方性特征。尽管向苏联学习受到意识形态的影响，但政治对医学的作用并非长驱直入。20 世纪 50 年代，捷克斯洛伐克文化和政治生活逐渐“苏联化”，苏联精神预防性无痛分娩在进入捷克斯洛伐克后并未完全“苏联化”，不同之处在于药物止痛被允许且被认为符合原则；同时，对产妇情况的评估并非仅依靠医生观察而是发展出客观的心理依据和科学的统计方法，并强调了孕妇的产前体育锻炼（Hrešanová，2016；Hrešanová and Michaels，2018）。20 世纪 50 年代后期，巴甫洛夫学说在朝鲜被确立为医学理论，当地开展了针对全体卫生工作者的巴甫洛夫学习运动，以清算旧资产阶级，继承和发扬医疗遗产（Han and Kim，2013）。无痛分娩还扩散到了西方国家，1951 年，产科医生拉玛泽在苏联参观后将精神预防性无痛分娩引入法国，强调学习呼吸技巧以形成新的条件反射（Michaels，2014）。

既有研究已经证明了中国向苏联学习的复杂性（白思鼎、李华钰，2019）。在冷战思维下，中苏关系的友好和破裂被视为精神预防性无痛分娩在中国推广和结束的节点。有学者提出，当巴甫洛夫成为社会主义知识体系的基础，无痛分娩则成为一种治理机制，人民接受着身体规训（Yu，2020）。葛以嘉（Goldstein，1998）认为，无痛分娩将女性和生育过程整合到一种新的意识形态和政治秩序中，妇女被禁止表达疼痛。但是，福柯式的规训视角未看到精神预防性无痛分娩法对于医疗制度和医学化的挑战以及苏联模式在中国的重置。安秉日（Ahn，2013）则更为公允地指出这场无痛分娩运动改造医护人员的目的。无痛分娩不仅是减轻妇女分娩痛苦的医学方法，更是一种社会主义和科学的医学和政治工作模式。但是，这些研究未能关注到其在中国现代性脉络中上溯下延的承继和改变，更在一定程度上忽视了精神预防性无痛分娩的科学基础。检视科学和国家之间的紧张关系、强调国家对科学的入侵和破坏是一种简化主义。范发迪（Fan，2012a）强调，科学是现代民族国家的组成部分，地质学、人类学等科学项目试图定义历史、自然和公民，20 世纪的中国经历了对于国家的多元定义之过程。由此，本文基于科技与社会研究的范式[①]，分析作为科学实践的精神预防性无痛分娩，探讨多元主体如何参与、阐释和转义科学知识和技术，以及国家和社会如何在这一过程中建构起来。

延续韦伯、帕森斯的传统，默顿认为科学具有内在逻辑性和自主性，这一主张取消了科学作为研究对象的可能性（洪广冀，2016）。其后，库恩（2003）拒斥辉格式史观，基于“范式”的解释学基础发展了科学知识社会学。20 世纪 70 年代，爱丁堡学派提出强纲领，关注“社会利益”。夏平和谢弗（Shapin and Schaffer，1985）在扛鼎之作《利维坦与空气泵》中将“科学置于其地”，提出了科学政体的概念，认为科学从事者创造、挑选并维护了政体，智识产物成为国家政治活动中的元素。其后，巴斯学派开始关注社会力，而拉图尔等人则发展了“行动者网络理论”。20 世纪 70 年代以来，“作为知识的科学”转向了“作为实践的科学”（Pickering，1992）。相关研

① STS 具有语意上的多重性，可以是关注科技社会影响的“科技与社会研究”[Science, Technology and Society（ST&S）]，或是以科学知识生成脉络为主题的“科学与技术研究”[Science and Technology Studies（S&TS）]。参见：杨倍昌，2018。

究更纳入了全球和后殖民视角，要求将知识的活动、翻译与传播的过程视为科学知识生产的核心，将科学本身理解为接受者和生产者互相沟通的形式（Secord，2004），关注包含协商、推拉、斗争和停滞的“动态知识”的双向流转（Fan，2012b），着重于知识的流通性，挖掘遭到忽视的行动者，从而凸显“科学是如何变成全球的”（Raj，2013）。总体而言，这一视角带来了科学的开放叙事。

学界有关什么是中国科学、如何实践中国科学的研究开始挑战了科学与政治的二元对立。五四运动时期，科学主义取代了儒家信仰（Simon and Goldman，1989），“赛先生”成为政治正当性修辞。从格致到科学意味着中国知识系统的现代转型，科学发挥着建构新道德意识形态的潜在功能（郭颖颐，2005；金观涛、刘青峰，2009）。宗树人（Palmer，2007）将20世纪下半叶的气功运动视为中国社会主义现代化工程的产物，气功成为政府和人民之间的形成性关系连接，试图以证明和模仿的策略“堂堂正正迈入科学圣殿”，“气功是中国科学”成为科学主义在气功推广中的逻辑。葛苏珊（Greenhalgh，2008）从如何建构中国科学的视角分析了中国独生子女政策，并提出“实践中的科学主义”概念。虽然她有关社会主义建设时期科学的断言值得商榷，但对“中国的科学是什么文化”、科学和社会秩序互构、科学意义的生成形式、制度如何思考等问题的洞察都推进了对科学和政治关系的探究。范发迪（Fan，2017）、高敏（Gross，2016）、舒喜乐（Schmalzer，2016）等学者对地震监测、血吸虫防治、科学种植的研究呈现着群众科学的群众动员、推翻社会等级制度的革命承诺等特质。王瑞和王马克（Kunze and Matten，2021）提出以经验、实验和生产力为特征的群众科学，是以实践为基础的科学哲学、解放工农劳动群众的理想、长期的物质限制和地缘政治孤立下的自力更生之共同产物，由此分析了中国兽医如何在群众科学的框架中被证明是合法的科学。朱佩仪（Chee，2021）将动物医学化视为“深思熟虑”的国家工程，关注了由苏联传入中国的组织疗法及其后的鸡血疗法。一个由国家、社会主义政治、低成本和高效率共同促进的新矩阵被附着在动物组织上，推进着这些治疗方法的生产和传播。这些研究展演着中国科学知识实践的多元逻辑。本文试图使精神预防性无痛分娩这一科学实践历史化和情境化，以撑开科学和政治的复杂图式，呈现医学知识跨国传播所展演的国家政权建设过程及中国式现代化之路。

此外，本文试图以人民性构建科学实践的本质与品格。人民是中国共产党重要的政治概念，通过不断阐释建构，人民成为从概念到思想再到实践的系统化话语体系（侯竹青，2020）。基于人民的政治身份，人民性阐释了社会主义国家的政治构成基础，既是一种政治结构和政治承诺，更是一种情感结构和动员机制。

首先，人民性是政治结构和政治承诺。20 世纪初期，人民被赋予现代性的政治内涵，成为政治合法性的基础。新中国成立后，人民内嵌到政治秩序的建构中（袁光锋，2015）。毛泽东（1991：1475）于 1949 年提出，“人民是什么？在中国，在现阶段，是工人阶级、农民阶级、城市小资产阶级和民族资产阶级”，这种广泛的阶级联盟使人民性具有政治道德力量和合法性。

其次，人民性更是一种具有连接性的情感结构和动员机制。1905 年列宁（2017：116-117）写道，“马克思在使用‘人民’一语时，并没有用它来抹杀各个阶级之间的差别，而是用它来概括那些能够把革命进行到底的一定的成分”。这种有连带感的人民性情感结构和动员机制召唤的是超越阶级的、复数的人民。而作为一种敞开式的话语结构，社会主义“新人”的人民是置于情境和实践中的集体成员，连接认同、生成阶级和团结社会成员。贺照田（2016）指出，1949 年前后乃至 20 世纪 50 年代的大部分时段，“人民”比“阶级”更能表达人们的时代感受，更能唤起一种与踏实、温暖、认同感、责任感和国家民族自豪感相随的对现实的热情和对未来的憧憬，这种互动召唤机制使人民成为超越阶级的实在参与者。

学界对社会主义文化改造的研究也分析了人民性这一概念。肖文明（2021：369-370）提出，社会主义文化的标准是人民性，需要注意意识形态立场与人民喜闻乐见之间的缝隙。阶级是对群众复杂性的一种简化，而建基于此的文艺观无法呈现与观照日常生活的细腻与质感，从而遭遇实践的困境。张炼红（2019）讨论了在新中国戏曲改造中，民间性经国家整合而擢升为人民性的过程。细腻革命呈现了民众日常生活的意义感和价值感，而抽象的人民则由社会政治实体成为一种表征。人民性试图挖掘“共命 / 压迫”结构中潜在的民众实践性能量。这些研究破除了文艺和政治的二元对立，并通过强调人心、民情指向了研究的情感转向。

本文试图提出人民性作为精神预防性无痛分娩的实践品格，探究作为政治结构和政治承诺的人民性如何影响科学，而科学又如何在与人民性的互构中生成情感结构和动员机制。从科学与政治的关系出发，将精神预防性无痛分娩的科学实践置于流动的政治状况和历史情境中，考察其如何推进以及为何不能圆融实践。

无痛分娩的技术和知识从民国时期开始传入中国，围绕这一技术的医学和伦理讨论为新中国成立后医学界对精神预防性无痛分娩法的接纳或质疑提供着线索。同时，无痛分娩的推广并未止于中苏关系的破裂。本文将在持久的历史脉络锚定中展开 20 世纪 50 年代科学和政治的缠绕过程。

二、“向苏联学习”：20 世纪 50 年代初期精神预防性无痛分娩

1949 年，毛泽东（1991：1481）在《论人民民主专政》中指出，“苏联共产党人……不但会革命，也会建设……苏联共产党就是我们最好的先生，我们必须向他们学习”。1950 年《中苏友好同盟互助条约》签署，中国发起向苏联学习的运动（白思鼎、李华钰，2019：1），而当时苏联正在推进巴甫洛夫运动，要求“创造地研究和应用巴甫洛夫的学说到生理学、医学、心理学、农业的所有领域中去”（哈尔滨医科大学研究处，1953：9）。巴甫洛夫提供了一个科学和意识形态融合以及唯物主义与马克思列宁主义相结合的可能（Joravsky，1977）。尽管 20 世纪 30 年代巴甫洛夫已作为心理学家被中国

学者所熟知[①]，但在 20 世纪 50 年代以俄为师、“苏联的今天，就是我们的明天”的号召中，巴甫洛夫理论覆盖性地影响到了中国的医学、教育学、心理学等领域。

“对医学职业的有效动员是国家政权建设与国家治理体系现代化的一个重要基础和有机组成部分”，新中国成立之初，医生职业与国家的关系被重构，“参照苏联模式，政府对医生职业进行了社会主义改造”（姚泽麟，2017：35-36）。中国医学界对苏联的学习是从组织疗法开始的，此时苏联医学被认为具有局限性，不能草率地应用到一切疾病的治疗中。国家试图通过学习使基层医护认识到苏联医学的伟大成就，同时清除“美国医学第一”的错误思想（黄展延、罗耀德，1951），学习苏联医学背后暗含着对欧美医学的批评。组织疗法未能大规模推进，时任中国科学院党委副书记丁瓒（1952）批评了科学界对巴甫洛夫唯物主义的漠视，并认为这种态度是因为“长期地为英美资产阶级学术思想所蒙蔽”。由此，对苏联医学的忽视直接指向了对医护特别是欧美学派的改造。

1952 年，中国发起爱国卫生运动以反对美帝国主义侵略，推进了中国医学从欧美医学模式到苏联医学模式的转向（Taylor，2005）。精神预防性无痛分娩在中国军队系统中的第一、第二军医大学试点后推开。解放战争时期任白求恩国际和平医院院长、新中国成立后任第一军医大学临床学院副院长的刘民英（1952a）于《人民日报》发文介绍精神预防性无痛分娩，“按照苏联新的无痛分娩法进行分娩，可以完全无阵痛及产痛”，“我们明白了分娩疼痛的本质是一种由教育形成的疼痛条件反射后，就不难想出预防的方法，那就是再用教育的方法解除它。苏联把这种不用药品而只用‘上课’来预防分娩疼痛的方法，叫作‘精神预防性’无痛分娩法”。苏联强调的“言语的无

① 盖瑞，1934；中苏文化协会、中华自然科学社，1943。

菌性”在中国转变为“语言”的作用并将“语言”阐释为“教育”。[①]

中央人民政府卫生部于6月17日向各大行政区卫生部及16个保健医疗单位发出《关于推行无痛分娩法的通知》(华东医务生活社，1952a：1-2)。1952年7月18日，卫生部召开精神预防性无痛分娩座谈会，苏联专家捷多夫、天津第一军医大学教授刘民英、北京协和医院妇产科专家林巧稚、天津市立总医院妇产科主任俞霭峰、中央妇幼保健实验院院长陈本真等参加了会议。卫生部妇幼局副局长朱琏强调，无痛分娩法的推行是艰难的思想改造过程，将改变医务工作者和产妇的关系，逐步建立医务人员对产妇负责同情的心态，产妇和医务人员也会建立相互信任和尊重的良好关系。她提出，无痛分娩法的推行也将进一步丰富新法接生的内容(张启凡，1953：91)。

随着北京市无痛分娩法推行委员会的成立，各区以区卫生所为中心建立了推行委员会，各公立、私立医院的产科以及妇幼保健工作网也都分别建立了推行组织，全市共有12个区级推行委员会、35个医院推行组和55个家庭推行组。[②]到1952年年底，全国已有35个城市推行了无痛分娩，超过16个城市成立了无痛分娩推行委员会，其他各城市亦成立了中心推行组或研究组等组织(俞霭峰，1953)。精神预防性无痛分娩的推广成为一场推行新法接生、动员和教育妇女的群众运动。上海各级妇幼保健机构以办班的形式，培训妇幼卫生宣传队伍，在产房开展无痛分娩宣教，工厂以厂女工委员及车间保健员、地区以妇联基层干部为主要培训对象(《上海卫生工作丛书》编

---

① 第二次世界大战后苏联财政困难，尽管氧化亚氮被认为是缓解分娩疼痛的最佳选择，但局限的制药工业和短缺的医疗人力使得产科麻醉技术无法被广泛应用。继1947年乌克兰提出缓解产痛后，1948年赫梅列夫斯基(V. N. Khmelevskii)提出《正常分娩疼痛缓解的简单说明》，提供了在分娩不同阶段缓解疼痛的选择。此外，还特别强调医护“言语的无菌性”(sterility of word)。而严格的语言无菌在苏联并不是一个全新的想法，1936年尼古拉耶夫(Nikolaev)制定的产妇之家员工行为守则即要求表达的准确性，以避免容易造成误解的“词语”引起孕产妇的负面情绪(Haber，2013；Michaels，2014：27-33)。

② 《公共卫生局关于无痛分娩法座谈会的报告及推行无痛分娩法初步总结》，北京市档案馆，档案号011-002-00099。

委会，1986：219）。各级妇联也积极参与精神预防性无痛分娩的推广，上海17个区的妇联选派宣教干事70人，在进行理论学习后到各重点医院开展工作（上海市无痛的分娩法推行委员会，1953）。1952年10月至12月，沈阳的街道和农村则开始全面发动妇女干部、积极分子和妇女参与宣教，助产士、区保健站保健员、街道保健员（妇女组织中的妇女代表）均成为培训班的学习对象。通过组干大会、居民中心组及小组会、读报小组或收听小组，利用街头剧、快板和对说等方式进行宣传。在家庭接生中，助产手法多半由产妇自己完成（中国医科大学妇幼保健教研组，1953）。

作为新法接生运动的一部分，上海郊区"改造产婆结合无痛分娩灌输新法接生，所改造后的接生员也应用无痛分娩法"。科学教育电影制片厂于1953年在上海成立，《无痛分娩》即是该厂出品的首部影片。无痛分娩指向的是母子平安这一契合中国社会传统文化的诉求，而非生育的"不痛"，医学知识通过现代技术获得传播，多地新法接生培训教材都加入了无痛分娩法的内容。西北军政委员会卫生部副部长张查理（1952）编写的通俗读本《姊妹们：生娃不会痛的》强调"生娃疼痛是一种疑心病"，无痛分娩主要为妇女提供对卫生知识和助产动作的学习。他编写的《子孙满堂新法生》于1953年再版，增加了精神预防性无痛分娩的内容，要求"训练接生员和妇幼保健员的同志们，在训练中要把无痛法介绍给同学，以期酌情进行"（张查理，1953）。

1952年至1953年，《无痛分娩法讲义》《无痛分娩法文献续编》等书籍大量出版，《中华妇产科杂志》《新中国妇女》《中国军医》《妇婴卫生》《苏联医学》等期刊也规模性地介绍了苏联精神预防性无痛分娩，各医院组织医生学习俄文并编译苏联教材。1953年，中国掀起学习苏联的高潮，当年2月，毛泽东提出，"无论共产党内、共产党外、老干部、新干部、技术人员、知识分子以及工人群众和农民群众，都必须诚心诚意地向苏联学习”。[①]3 月，中国科学院代表团访问苏联，8 月 21 日到 9 月 29 日，卫生部、中国科学院、中华全国自然科学专门学会举办“巴甫洛夫学说学习会”。[②]这一高规格和大范围的学习强化了巴甫洛夫学说中辩证唯物论的思想，更加入了毛泽东思想的内容（中央人民政府卫生部巴甫洛夫学说学习会，1954：171)。全国各地亦建立了巴甫洛夫学说学习会，所有医学领域都需要向巴甫洛夫理论方向发展。妊娠中毒、习惯性流产及早产、机能性妇科病、肿瘤以及所有带有疼痛症状的疾病都提出运用巴甫洛夫学说进行干预（哈尔滨医科大学研究处，1953：449-458)。1953 年，林巧稚随中国医学工作代表团赴苏联参加世界医学会议，回国后发文称：“苏联医学的主导思想是以马列主义唯物辩证哲学和巴甫洛夫学说为基础……无痛分娩法又是贯彻巴甫洛夫学说最突出的方法之一。”（林巧稚，1953）

为进一步学习苏联，1953 年，保护性医疗制度也被引入中国（中央人民政府卫生部医疗预防司，1954)。保护性制度中理想的无痛分娩的医院环境要求有充足专业的产前教育、无微不至的分娩过程、敬业可亲的医护人员，这呈现着社会主义国家对理想妇幼卫生公共体系的构想。

私密的生育疼痛被塑造为可言说的社会问题，并通过科学和“解放性”予以解决。因此，这场科学实践的人民性内核应进一步打开。

（一）无痛分娩的科学叙事

精神预防性无痛分娩是在社会主义的科学叙事中铺陈的，但这一科学叙事的话语结构和实践并非一元的。民国时期，世界各国关于药物和非药物、生理和心理的无痛分娩知识和技术已经传入中国。尽管 20 世纪 30 年代缓解

---

① 《人民政协第一届全国委员会第四次会议闭幕，毛泽东主席作了三点重要指示：加强抗美援朝斗争、学习苏联、反对官僚主义》，《人民日报》1953 年 2 月 8 日第 1 版。

② 《中央人民政府卫生部在北京举办“巴甫洛夫学说学习会”》，《人民日报》1953 年 8 月 22 日第 3 版。

产痛的药物和技术，如静脉注射药物白而洛克通（Pernokton）、气管麻醉法、直肠麻醉法、尾部连续止痛法、鞍区麻醉法等被大量引介到国内，安全性也较初期的半麻醉式分娩（twilight sleep，又译为暮光分娩、朦胧睡眠）有所提升，但中国医学界对于分娩麻醉是谨慎且存在争议的，“瓜熟蒂落”的自然生育观点一直对分娩干预提出挑战（林菽芳，1918；葭玲，1935）。杨崇瑞创办的国立第一助产学校视生育为生理和自然，亦认可药物止痛的使用，但助产士应“告以产育乃生理上的事，用言语安慰”（第一助产学校年刊编辑委员会，1935：56），“麻醉剂及止痛剂之对于助产士似极需要，初产妇均须给以微量之止痛剂……用之得法，促产程进步”（第一助产学校年刊编辑委员会，1936：10）。苏联的氧化亚氮无痛分娩技术[①]、“新麻醉剂”维生素B的应用等方法被赋予妇女解放、“为大众谋利益”的意涵[②]，暗含着对当时“不合理”的旧中国社会的批评（湮，1936）。民国时期，优生、母性自决、独身主义、女权等理念“女界亦沾染”（鲁云齐，1924；郭太华，1934；潘光旦，1947），无痛分娩被视为挑战妇女压迫、带来妇女解放的象征。

英国产科医生迪克－瑞德的自然分娩观念亦进入中国。杨崇瑞领导的中央卫生实验院妇婴卫生组于1947年翻译并出版了迪克－瑞德参与撰写的《孕期及产后卫疗撮要》(*Antenatal and Postnatal Care*）一书（Browne，1935；1947）。同时，杨崇瑞、王诗锦（1947）编写的《妇婴卫生学》中关于文明妇女生育恐惧等观点无一不受到迪克－瑞德的影响，她们亦提出了产痛的神经刺激。张毓华（1948）在国立第一助产学校创办的《助产学报》上详细地介绍了迪克－瑞德的“精神之安慰”。英美医学界虽然认为精神安慰无法成为止痛麻醉药物的替代品，但承认分娩教育可减轻产痛、减少对药物的需求。同时，民国时期流行的催眠术被认为“可免分娩时一切之苦痛，为

---

① 《情报：(二七）苏俄之无痛生育新法》，《现代父母》1936年第10期，第48页。

② 余菡，《产妇福音：苏发明麻醉剂，可使分娩无痛楚》，《中华时报》1946年6月8日第2版。

福于妇女”[①]，由催眠术发展而来、强调精神“暗示作用”原理的精神疗法亦提供着知识线索（张邦彦，2021：96）。

民国时期关于分娩疼痛的外来知识与中国医学知识和伦理碰撞交融产生了并存、冲突、争议的科学知识和实践，尽管二者在新中国成立后被逐渐统一为科学的、具有无产阶级意识形态的精神预防性无痛分娩法，但医学界的专业讨论亦延续着民国时期的争议。如中央妇幼保健实验院院长陈本真（1952）直言，她在1949年至1951年对苏联医学采取抗拒和歧视的态度。作为旧协和毕业生的她认为，“英美早就实行过了，结果不好，早就不用了，苏联才开始作”，“何必总是说苏联才有”？而胡志远和林巧稚则基于对妇女生育疼痛的医学理解以及迪克－瑞德自然分娩与苏联精神预防性无痛分娩的相通性而接纳了精神预防性无痛分娩法。胡志远提及，比较进步的产科学者格兰雷瑞得等亦认为生产是一个生理的过程（华东医务生活社，1952b：92）。林巧稚的学生叶惠方（2001：59）回忆，“为了解决产妇临产时的痛苦，林大夫也让我们试用引进的止痛新产品，观察其正副作用。她觉得当时英国教授推出的无痛分娩法更符合生理，并最适合用于中国妇女”。林巧稚在一次座谈会上坦言，指导产妇吸气、身体放松、精神不要紧张，使用一些镇静剂、麻醉剂来安定产妇的情绪，这些诱导工作就是在运用无痛分娩法接生，只不过是不自觉的、“没有提高到科学理论上来认识”（吴崇其、邓加荣，1985：279）。巴甫洛夫学说提供了医学解释的理论工具，虽然自然分娩和精神预防性无痛分娩的始源性存在争议[②]，但这些知识无疑都影响着中国医者对于分娩疼痛的理解。无痛分娩并不是新中国成立后政治推进的意识形态

---

① 《催眠收生法》，《妇女时报》1914年第14期，第17-20页；会稽山人，1915。

② 迪克－瑞德的自然分娩和维尔沃夫斯基（Vel’vovskii）的精神预防性无痛分娩具有共通的对于疼痛恐惧的理解，但相较于迪克－瑞德对因个人心理作用和身体紧张而导致的恐惧之强调以及对分娩的精神力量是最伟大的终极力量和母爱源头观点之肯定，维尔沃夫斯基则提供了对分娩疼痛更为复杂的理论解释。虽然在苏联精神预防性无痛分娩推出后，迪克－瑞德一直宣称苏联剽窃了他的观点，但经研究证实，二者其实并无交集（Michaels，2014）。

要求，而是延续着医学内部脉络的科学知识和技术；它并非典型的“东西对峙”的医学，借由国际间的共识、交流和对话打破了铁幕鸿沟。

尽管存在一定的要求，国内学者对精神预防性无痛分娩的接受亦是基于科学考量。作为全国最早实施腹膜外剖宫产手术的专家，王淑贞也动员医护人员学习精神预防性无痛分娩。新中国成立初期妇幼卫生资源缺乏，由于参加产前检查的妇女数量有限，王淑贞在推广中强调门诊和临产教育需要更具操作性的解痛手法，“如果来院的产妇急须生产而不及教育，则可仅告以解痛手法”（华东医务生活社，1952b：61）。王淑贞更要求一心想学习剖宫产技术的年轻医师熟练掌握阴道助产手法，“剖宫产是有严格指征的，只会剖宫取胎而不会阴道接产的医师不是一个合格的产科医师”（卞度宏，2013：257）。王淑贞对助产手法的强调是基于产科科学的专业要求，同时也是对政治话语的科学性转圜和重构。

精神预防性无痛分娩的科学叙事在人民性框架内获得了新的解读，科学更成为人民性的构成和基础。

（二）无痛分娩的阶级叙事

人民性强调疼痛革命的中心是对阶级关系的颠覆和对平等政治的生成，更包括在阶级视角下对疼痛的切身体察和情感的重塑。

首先，与其说精神预防性无痛分娩在中国的推广是对苏联医学知识和技术的引介，倒不如说它是一场改造医学界的医疗模式（从欧美日德模式到苏联医学模式）和医护人员思想的运动。不同于苏联着重对产妇的知识教育，国内则将巴甫洛夫理论作为社会主义医学的重要思想工具，改造医护人员以去除西方资本主义的影响，阶级框架内的“塑造新人”本身即共产主义文明的重要构成。

无痛分娩教育在推行中直接分为医务人员和产妇教育两种（第二军医大学医院妇产科，1952：78-79）。无痛分娩在苏联由医师执行，直到1955年后才将执业范围扩展到助产士（Michaels，2014：79）。而我国在一开始就面向医师、助产士甚至是医院全体员工进行革命的人道主义与友爱精神教育，指向全面的意识形态改造，拒绝官僚技术精英，以达成专业人员内部的平等，要做“治病人的医生”而非“治病的医生”(刘民英，1952b)，超越技术将“人”置于医学的中心。

除了整顿医疗作风，号召医护人员为群众服务外，阶级叙事为解决这一时期边远地区和乡村医护人员的短缺问题提供了实践话语框架。不愿下乡的医生被认为缺乏革命精神，并试图通过无痛分娩这一思想武器使医护人员“政治忠诚，纠正医务人员的工作态度，消除群众痛苦，赢得群众信任和尊重”(Ahn，2013)。医学的人民性成为医者的自觉，他们响应国家号召奔赴各地，如1955年国家决定将上海医学院三分之一的医疗骨干分流西迁创建重庆医学院，妇产科专家司徒亮、卞度宏等奔赴重庆，胡宏远则于20世纪50年代末期远赴新疆，为西部边疆地区的妇幼卫生事业贡献力量。

其次，人民性还包含医护人员对妇女疼痛的切身体察和阶级情感的确立。无痛分娩试图塑造“医务人员对病人负责与同情，病人对医务人员相信与尊重”，这里的“同情”指的是去除专业权力、实现阶层平等的对妇女疼痛的体察，呈现着科学情感内涵的塑造过程。

作为妇产科大夫的张志诚（1953：18）直言，“过去我们如果做到不出医疗事故，就算是尽到了职责。譬如过去一个产妇到医院里生产，常常是自己躺在床上，缺乏人照顾，到要生产的时候才有人来接生，如果产妇因为疼痛喊叫，表现不安静的时候，甚或可遭到斥责：‘生孩子都得疼，用不着像你这样大惊小怪的，喊什么！喊也无用，别闹了！’结果产妇弄得更痛苦，感到在医院生产是可怕的……今天从无痛分娩的实验中，更清楚地证实了医务工作者不是单纯地对病，而是对‘病人’”。这些细密日常的陈述和反思呈现着医生在无痛分娩法推行过程中对分娩医疗化的批判和对病人的共情，这构成了人民性的动员机制。

时任上海医学院附属妇产科医院院长的王淑贞在1925年毕业于约翰·霍普金斯大学医学院，是庚子赔款留美培养的第一位女医师，后来成为西门妇孺医院第一位中国籍妇产科主任。1949年前，王淑贞的接生费有时会高达100美元（何小莲，2017：321）。新中国成立后，医学面向群众，王淑贞推行精神预防性无痛分娩，强调实施无痛分娩“更需要医师具有爱心、细心和耐心，付出比剖宫产分娩时间更长的产程观察时间、更多的体能消耗和更大的精神压力”（卞度宏，2013：257）。王淑贞从对妇女疼痛的切身体察出发而倡导学习无痛分娩，其同事李超荆在耄耋之年仍对自己年轻时因给病人放置扩阴器方位不对使其疼痛喊叫而受到王淑贞的批评念兹在兹（《红房子130年》编委会，2014：13）。医者对妇女在彼时无法言说的生育疼痛的情感体察亦必然包含于推行精神预防性无痛分娩的内涵中。这种情感体察建基于阶级体认，更跨越阶级而形塑了人民性的主体生成过程和动员机制。

（三）无痛分娩的性别叙事

妇女解放话语下减轻“疼痛”的承诺是政治性的，“在旧社会制度下，无痛分娩法是不可能实行的……惟有我们现在的人民政府，重视妇女儿童保健及福利，才会使生男与女不是妇女的重担，而真正成为妇女光荣任务”（陈本真，1952：108）。从旧社会的苦难到新中国光荣而愉快地生育，这是“主流政治意识形态的医学表现形式：已经把中国人民从各种压迫中解放出来，这种不受任何压迫的思想也延伸到妇女分娩的经历中”（蒋菲婷、吴一立，2016：67）。

《人民日报》等报刊亦大范围出现成功实行精神预防性无痛分娩妇女的“现身说法”，她们一致提出对苏联先进科学、人民政府的感激和对资本主义的批判（舒萱，1952；姚蕙，1952；温明珍、陶浩，1952），更为中国妇女建立了一种愿景：苏联就是我们可期实现的未来。从地缘政治上来说，医疗保健和公共卫生的全面改革是社会主义区别于西方资本主义的关键理念（Vargha，2018）。先进的巴甫洛夫思想具有权威性，同时科学的进步、妇女的解放将进一步证明社会主义制度的优越性和必然性。

在这场无痛分娩运动中，妇女疼痛的言说和沟通本身就包含着妇女解放的意义。疼痛是一种命名事件的方式，“尽管疼痛是主观现象，但‘命名’发生在公共领域”（Bourke，2014：6）。国家层面对妇女疼痛的承认和“命名”试图使产痛不但作为妇女个体的知觉模式，更成为妇女可言说的、具有阶级情感的社会主义医护人员甚至全体人民可体察的公共事件。在国家的视域中，作为社会主义社会成员的光荣母亲的产痛需要被倾听、被言说、被解决。妇女的身体是社会主义劳动力量的象征，生育是妇女最光荣的使命，表达着对妇女价值的国家主义承认和要求：使产妇们“认识到养育第二代任务的光荣与愉快”（俞霭峰，1953），提高妇女生产效率，更好地参加祖国建设（陈本真，1952）。

精神预防性无痛分娩的推行更面向男性进行生育和无痛分娩的知识普及。天津市妇幼保健院工厂保健组除了给孕妇上课外，还要求其爱人和母亲参与课程，还会在读报组和工人之家进行宣传，更采取“逢会插一脚”的方式给男工讲解相关知识，有的单位还把宣传无痛分娩法列入工作计划之中（田秀，1953）。刘民英作为男性医师对产痛的研究亦使陈本真叹服于国家对妇女生育疼痛的关注程度，彰显着国家在解决妇女分娩疼痛时对传统性别结构的挑战。

由此，新中国成立初期以人民性为中心和品格的精神预防性无痛分娩形成了科学、阶级和性别叙事，呈现着社会主义国家的目标以及基于科学的政治动员和国家政权建设过程。

三、余波：20 世纪 50 年代末期“巴氏为用”的针刺法止产痛

1953 年斯大林去世，中苏关系发生了微妙变化，巴甫洛夫学说失去了权威性，其科学性亦受到挑战。1956 年，德国统一社会党中央宣传部部长哈格尔指出，过去教条主义的错误在于过分强调苏联的先进经验和科学成就，从而否定其他国家的科学。同年，毛泽东（1977：267-288）在《论十大关系》中批评教条主义，强调学习苏联不能全盘照搬，中国学习苏联出现了转变。

1956 年 4 月，陆定一在中共中央政治局扩大会议上提出政治与学术、技术的分离，反转性地指出“巴甫洛夫还未成为医学”，毛泽东亦提出“百花齐放、百家争鸣”的方针（中共中央文献研究室，1991：248-254）。不同

于 1952 年时把巴甫洛夫学说作为“真理”，国家在这一时期更为客观地看待苏联科学。陆定一（1956）批评苏联干预学术争论，“自然科学包括医学在内是没有阶级性的”，给某一种医学、生物学或其他自然科学学说贴上“封建”“资本主义”“社会主义”“无产阶级”“资产阶级”之类的阶级标签，说中医是封建医学、西医是资本主义医学、巴甫洛夫的学说是社会主义等是错误的。1956 年 6 月，国务院科学规划委员会组织了社会科学工作者参加贯彻百家争鸣的大讨论；同年 8 月，遗传学座谈会召开，标志着科学界学习巴甫洛夫学说出现转向，医学的阶级和政治祛魅话语开始出现。

但精神预防性无痛分娩并未退出中国，如《陕西省一九五六年妇幼卫生工作指示》仍要求推行精神预防性无痛分娩。[①] 但医学界对无痛分娩的推进开始进行反思。1957 年，林巧稚指出，无痛分娩法是有科学根据的，过去在推行时比较急躁，因而发生了一些副作用，但这不能说无痛分娩法不好。[②] 在中宣部的讨论中，“很多科学家不满意过分抬高苏联科学的成就，贬低别国科学的成就，对科学史问题上的‘俄罗斯第一主义’没有多少根据地争发明权，很反感；对过分吹嘘和草率推广组织疗法、无痛分娩法等有意见”。[③]

1957 年 12 月，王淑贞（1958）参加于莫斯科举行的第十次全苏妇产科医师代表大会，并在回国后发文介绍会议情况。此时，精神预防性无痛分娩在苏联已经改名为精神预防准备，更提出了使用药物止痛的观念。不同于李森科主义被正式公开驳斥，1962 年召开的苏联生理学家和心理学家会议只是谴责巴甫洛夫主义过度强调精神之作用，这场运动本身并没有被否定(Michaels，2014：77-86)。

1956 年后，国内医学领域向苏联学习具体医疗技术的动员热度逐渐减弱，“苏联”成为一种需要遵循的社会主义象征。林巧稚（1957）强调，学

---

① 《陕西省一九五六年妇幼卫生工作指示》，陕西省档案馆，档案号 244-1-289。

② 《非党妇女工作者座谈会结束，邓颖超说大家的意见大部分是好的对整风有很大帮助》，《人民日报》1957 年 6 月 7 日第 2 版。

③ 《当前科学工作的几个问题（1957 年 5 月 28 日）》，转引自龚育之，1998。

习苏联“不会走错了路”，中国的社会主义医学受到巴甫洛夫学说影响，但医学领域一直存在着对苏联医学的异议和讨论。一直坚持认为分娩存在疼痛的阴毓璋（1954：100）介绍了苏联无痛分娩中的药物性方法，亦阐释了产痛的生理、心理和精神基础（阴毓璋、盛丹菁、1952；阴毓璋、马必皓、殷孟兰，1956；阴毓璋、李守柔，1957），“国家政治格局的变迁是不可能切断医学知识体系逐步确立所必需的连续性，这是知识体系完善的内在逻辑使然”（高晞，2016：208）。

随着中国学习苏联热潮的退却，精神预防性无痛分娩的地位开始发生变化。相比于1951年版的《妇产科学》在正常妊娠部分专章阐释精神预防性无痛分娩法（苏应宽，1951），1963年版仅在孕期保健部分中简单提及相关内容（苏应宽、江森，1963：86-87），“无痛”的目的已经改为消除顾虑，国内医学界亦开始讨论和译介药物止痛的相关知识（З.П.ГращенковаИГ.П.Хохлова, 1957）。农村产院的通俗性教材则包含无痛分娩的内容，强调“要教孕妇做无痛分娩的几个助产动作”（雷虹，1958：37）。王淑贞（1960：146）在1960年编写的《妇产科学》中将产痛解释为病理的产痛和皮质性产痛，精神预防性无痛分娩是皮质性产痛“积极的预防方法”。在学习苏联热潮退却后医学知识被继续书写，在这一时期，无痛仍不时为社会主义国家的医学所追求，医学界甚至发起了“无痛医院”的倡导，“要做到外科不痛，皮肤科不痒，妇产科不叫，小儿科不哭，吃药不苦”。①

同时，对苏联模式的全面反思使中医在生育中的作用被进一步讨论。基于传统文化的“生育自然”观念，中医和精神预防性无痛分娩实现了对接。赵锡庠（1955）指出，“生者也，天地自然之理”，这与无痛分娩的见解完全一致，只不过并未涉及大脑皮层的学说，未涉及条件反射的机理而已。民间的“天生天化”观念被视为人民自己的语言，国家号召医护人员学习。鲁之俊（1955）谈及，“中医在学习巴甫洛夫学说之后用它来解释祖国医学，这

① 《无痛医院》，《人民日报》1958年9月17日第7版。

是一种好现象……如果有解释得不够妥善的地方，可展开学术争论”。卫生部部长李德全（1957）提出，以唯物辩证主义的巴甫洛夫学说作为中国医学理论之基础，号召“学习苏联的先进工作经验，更好地建设我国卫生事业”。巴甫洛夫学说被应用和转化为中医科学化的理论工具，医学界更基于巴甫洛夫学说来阐述了针灸经脉学说。

朱琏于1951年出版的《新针灸学》中并没有运用巴甫洛夫理论，1954年的第二版则增加了以巴甫洛夫学说的大脑皮层生理活动部分来解释针灸原理的内容（朱琏，1951，1954）。针灸是一种负担得起、有效且方便的治疗方法，特别适合医疗资源短缺的贫困地区（Fan, 2013）。1955年，毛泽东表达了对朱琏的支持：“巴甫洛夫的高级神经活动学说的理论，对针灸治病的神秘提供了解释的钥匙，反过来针灸又能够给它提供丰富的实际材料……针灸不是土东西，针灸是科学的，将来世界各国都要用它。”（中共中央文献研究室，2013：365）由此，针灸通过巴甫洛夫学说实现了科学化。

针灸、针刺法辅助精神预防性无痛分娩在医学界广泛讨论，仅《中华妇产科杂志》在1959年就发表了近30篇相关文章。苏联无痛分娩“尚不能完全消除产痛”，而针法止产痛分为止腹痛法和止腰痛法两种配穴法（刘云霞，1960），针刺可缩短产程（叶淦平，1960），电针亦用于无痛分娩（西安医学院第二附属医院妇产科教研组，1959：395）。

20世纪50年代并未成为无痛分娩的尾声，到1971年，针刺麻醉作为祖国医学被进一步推广。[1]尽管存在镇痛效果不够完全等问题（全国针刺麻醉学习班，1971），针刺止痛法还是被推广到了剖宫产领域。如1975年北京成立妇产科针麻协作组负责剖腹产针刺手术的临床研究，要求组长单位北京妇产医院不断提高针刺麻醉效果，总结剖腹产针刺麻醉手术的操作规

① 《毛主席无产阶级卫生路线和科研路线的伟大胜利　我国医务工作者和科学工作者创造成功针刺麻醉》，《人民日报》1971年7月19日第1版。

范。[①]1979年，《实用产科学》将“我国实施的精神预防性无痛分娩”视为与自然分娩法、精神预防性无痛分娩法（苏联）、无痛分娩法、自我训练法（德国）、催眠训练法（美国）并肩的精神预防性方法（苏应宽等，1979），对电针法的原理解读亦使用大脑皮层产生保护性抑制及调整神经功能等“巴甫洛夫式”原理。巴甫洛夫理论成为“祖国医学”的不具名注解，与20世纪50年代初期统领一切的“真理”地位形成鲜明对比。医学界借用“巴甫洛夫”发展了“祖国医学”，“政治”被专业挪置，彰显着对国家独立和医学独立的诉求以及专业医护人员的策略性和主体性。

医学更实现了跨国性互动，苏联成立了中央反射疗法科学研究所，将针灸用于妊娠呕吐、保胎、助产等领域。[②]针灸还传入缅甸、波兰、罗马尼亚、保加利亚、匈牙利等国，并于20世纪70年代进入美国，此后更在世界范围内流行。东西方医学知识的流动呈现着政治之外科学的内在脉络，苏联模式在中国的接受和转化展演着医学在社会主义框架内的相对自主性。

在祖国医学话语中，精神预防性无痛分娩的人民性更加入了国家和民族独立的国族叙事。20世纪50年代初期，无痛分娩被诠释为社会主义地缘政治优势的体现。到20世纪50年代末期，作为人人可掌握、“真正的人民科学”的针刺技术将草根的“群众”纳入主体范围，形成了“两条腿走路：一条是群众，一条是专家”的局面（Fan, 2012a：235）。本土技术主体和技术知识的融入不但丰富着人民性的内涵，也带来了张力。

四、以人民性为中心的科学实践及张力

精神预防性无痛分娩法在新中国的接纳、抗拒和重置作为科学实践，包

---

① 《北京市卫生局关于针麻工作计划召开会议的通知等材料》，北京市档案馆，档案号135-002-00722。

② 苏联把针灸称为“反射疗法”。参见：《苏联专家来考察研究我国针灸疗法》，《人民日报》1956年4月21日第3版；《中国针灸疗法在苏联》，《人民日报》1957年4月6日第5版。

含以下逻辑。首先，本土的知识传统与跨国知识传播的交织具有多元性。中医对生育自然的解读、中国社会精神塑造的历史渊源、民国时期精神科学的发展等都成为新中国成立后精神预防性无痛分娩法推广的本土知识逻辑源流。由此可见，外来的苏联精神预防性无痛分娩法的科学实践亦基于本土知识和日常生活脉络。科学是地方的和情境的，同时又不局限于“某地”，精神预防性无痛分娩在世界范围内的跨国“旅行”展演着知识的生成和再构。

其次，这一过程延续和发展了延安时期的科学传统。中国共产党在延安时期确立了辩证唯物主义的大众科学观。1940 年，陕甘宁边区自然科学研究会成立，提出开展自然科学大众化运动，将自然科学与社会科学统一起来，运用唯物辩证法来研究自然科学，并运用自然科学来证明唯物辩证法。[①] 延安整风运动后，李富春（1943）提出科学脱离群众的问题。群众的参与成为科学的要求，“科学技术知识就是群众劳动经验的总结”（沈鸿，1944）。新中国成立后，精神预防性无痛分娩法的科学实践进一步延续着延安时期的科学传统，“无痛分娩法所要求于产科医生的是：为群众服务的精神和对无痛分娩法理论和方法的掌握。它并不需要新奇的药品和器械”。[②] 对技术至上的批评并非否认其科学性，“坚持科学必须为人民服务。为了实现这一目标，科学必须是实践的、经验的和实用的。抽象的理论科学过于接近唯心主义，这不仅在哲学上是错误的，而且在科学上也是不健全的。没有任何明显实用功能的科学充其量只是精英的智力玩具”（Fan，2012a：235）。精神预防性无痛分娩试图延续延安科学传统的反精英主义特征和为人民服务宗旨。

最后，这一过程是基于具体历史情境的需求而非意识形态的运作。新中国成立初期，妇幼卫生资源缺乏。1950 年，全国公立妇幼保健卫生机构数量仅为 28 个，私立为 29 个；全国 39 个公营药品器材厂的生产能力极为有限，仅能生产乙醚 2356 公斤，无水酒精 3036 公斤；妇产科医生、助产士等医护

① 《自然科学研究会宣言》，《新中华报》1940 年 2 月 28 日第 4 版。

② 《文化生活简评》，《人民日报》1952 年 7 月 16 日第 3 版。

人员大量缺乏，医疗资源较为丰富的东北和华东助产士数量分别为3460人和3466人，中南为2271人，西南为565人，西北仅为325人（中央人民政府卫生部，1950）。在这种情况下，不要说分娩麻醉，即使是无药品和手术要求的精神预防性无痛分娩亦需要充足的产前检查、专业妇婴卫生知识的教育、理想安静的产房、分娩过程的陪伴、解痛手法的运用等，这些问题常见诸各地的经验总结中（张茝芬，1953：39）。既经济又拒绝使用麻醉剂或技术设备，还坚持医学科学绝对真理的精神预防性无痛分娩（Goldstein，1998），契合着“医疗体系为工农兵服务，预防为主、治疗为辅，团结中西医，卫生工作与群众运动相结合”的卫生工作方针。

但是，苏联精神预防性无痛分娩在中国的传播和推行实践中存在着去技术化与再技术化、“文明产妇”与“经管”产痛的张力。

（一）去技术化与再技术化的张力

在20世纪50年代初期的快速推进中，精神预防性无痛分娩甚至被简化为“分娩无痛”，呈现着去技术化的特征。

第一，面对全国范围内专业医护人员的短缺、民众妇幼卫生知识的贫乏，苏联精神预防性无痛分娩的产前教育被简化。如《对孕妇的无痛分娩法授课教材》仅分为3讲（陈本贞、叶蕙芳、陈文珍，1953），有的教材甚至仅强调产时解痛手法的教育。精神预防性无痛分娩在疾风骤雨的推行中，甚至被简单地解读为分娩无痛，“新无痛生产法”只靠“无痛产课”来解决问题，产痛不发生在子宫而在于大脑（张启凡，1953），“无痛”成为口号而忽视了其中的科学性。

第二，苏联在精神预防性无痛分娩推广初期亦有对药物无痛分娩的介绍，而这些内容在我国译介的过程中被忽视。无痛分娩知识的主要翻译者朱滨生特别加注，“原文中本来还包括了几段有关药物无痛分娩的叙述，不过作者对此亦已予以必要的批判。选译本文时，为了使读者能更明确地了解精神预防性无痛分娩起见，这一部分有关药物方法的文字，已由译者删去”（华东医务生活社，1952b：57）。药物止痛知识的隐匿带来片面性和人们对这一技术的质疑。同时，快速推进过程中理论的译介亦存在缺陷，如译介者之一的刘民英在诸多质疑中也承认了翻译的仓促和错误。[①]这些问题都在一定程度上导致了精神预防性无痛分娩在推行中的去技术化。

第三，在具体的推行中，尽管有对血压等医学指标的测量，无痛分娩是否成功主要还是依赖于医护的记录和评价。有的地区甚至在各层级机构布置了繁杂的、脱离实际的统计工作，“如市公共卫生局为了推行新式育儿法和无痛分娩法，本来只作典型调查即可，该局却向各区卫生所颁发了十分烦琐的报表，要求在居民中广泛调查填报……关于无痛分娩法的报表有四种，调查所及，包括产妇的文化程度、政治水平、性格，住独院还是杂院，产妇的公婆、姑、叔、父母、兄弟、姊妹、爱人及其他家人对无痛分娩法的认识，等等”。[②]裘景舟亦批评道，“一张表内既包括产前检查的部分，又包括无痛分娩教育的部分，更包括了分娩时的情形和婴儿情形，所以填表的人必须到各部门去了解或翻查各部门的记录”（黄裕光等，1955：230）。由此可见，实践中的文牍化使无痛分娩技术沦为“表格”治理而忽视了对“人”的重视。

然而，精神预防性无痛分娩同时也是一个在地的再技术化过程，主要通过作为转译者的专业医护人员策略性完成。相较于对产妇的教育，会阴保护、助产动作逐渐被医学界阐述为无痛分娩的重要内容。刘民英（1952a）仅简单地提出产妇节奏性地进气、助产者按摩产妇下腹壁或腹部以及压迫痛点来预防产痛发生。而在北京地区，“无痛”则被概括为腹部呼吸、会阴按托、腹部按摩、不适点压迫、腿部按摩等常用手法。“无痛分娩法有减少会阴破裂、缩短产程的优越性”，在北京的家庭接产中，会阴保护被视为精神预防性无痛分娩的重要事项。根据北京东单地区的报告，过去生产中会阴破

---

① 20世纪50年代初期，刘民英对巴甫洛夫理论进行了译介，但存在多处错误，甚至将弗洛伊德的理论介绍为巴甫洛夫同意和支持的观点。1955年，刘民英诚恳地对这些错误进行了纠正。

② 《批判滥发报表的官僚主义和分散主义现象》，《人民日报》1955年7月23日第3版。

裂者占15%左右，而在实行精神预防性无痛分娩法的245例中，该比例仅为6.6%。工作人员通过对无痛分娩的学习，开始重视会阴保护，避免破裂，这成为减轻产妇痛苦的具体表现。[①]第二军医大学妇产科主任胡宏远强调，相比于精通高深的巴甫洛夫理论，最基本和实际的“倒是怎样来了解整个妊娠及分娩的过程”（华东医务生活社，1952b：74）。他将对产妇教育的解痛动作阐释为四类：呼吸法、按摩法、压迫法、迸气法（华东医务生活社，1952a：44-45）。上海市无痛分娩法推行委员会还将解痛手法改名为助产动作（第二军医大学医院妇产科，1952：130），后续出版的书籍对助产动作的实施有详细的操作手法介绍及插图说明（山东省无痛分娩法推行委员会，1953）。中国古代素有热敷按摩以助生产之法（李贞德，1996：555-556），这些解痛手法与分娩传统相契合。相较于强调肌肉放松和有规律呼吸，会阴保护、助产动作成为苏联方法在中国的在地创造与承继。但在急速推行的过程中，被简化的“分娩无痛”在一定程度上遮蔽了再技术化的要求。

（二）“文明产妇”与“经管”产痛的张力

这场科学实践不但面向专业医护，也面向产妇。尽管疼痛的公共话语赋予了妇女以平等和解放的集体身份，但吊诡的是，陕西省南郑县1953年上半年度的卫生工作总结指出，“无痛分娩要选择农村妇女，因为知识分子脑子很敏感”。[②]文明“知识分子”的“敏感”反而使这一“现代”技术失败，我们不禁发问，精神预防性无痛分娩所要塑造的是什么样的产妇？

苏联精神预防性无痛分娩试图制造有纪律、文明、合作的产妇。妇女的镇静行为是无痛分娩的要求，强调产妇冷静、不吵闹并配合医护人员，甚至要做“文明”产妇，因为医生在无痛分娩中是权威的。哈伯（Haber，2013）认为，俄国传统文化和苏联文化都要求分娩妇女高度的自我控制，但前者认

---

① 《公共卫生局关于无痛分娩法座谈会的报告及推行无痛分娩法初步总结》，北京市档案馆，档案号011-002-00099。

② 《南郑县五三年上半年度卫生工作总结》，陕西省南郑县档案馆，档案号098-163-018。

为这是避开邪恶之眼的方式，后者认为自我控制是文明的要求。中国社会同样强调，“只有听取医护人员的话，才可以完全享受无痛分娩的幸福”（第二军医大学医院妇产科，1952：102），在无痛分娩中，“一切都交给医生，相信医生”。安秉日（Ahn，2013）甚至提出，妇女在大声喊叫或表现出不合作时，就会被认为对社会主义医学缺乏信心。本欲强调产妇在分娩中积极参与、产妇和医护平等合作的无痛分娩，在现实中却生产出了权威的医生和被要求“配合”的产妇。事实上，除了报章对无痛分娩成功的个别妇女有所介绍外，有限的资料似乎无法呈现妇女的“解放”感知。疼痛与阶级话语、解放话语的勾连悖论性地使妇女具身化的生育行为隐匿于文明中。

在中国漫长的历史中，不被言说的产痛在生活世界中被以何种方式应对？直到20世纪90年代，仍有大量妇女选择居家分娩，甚至由产婆接生。一位妇女说：“丈夫是初二去请的接娘，路远，第二天早晨才回来。她一到就用手抄，活动下身，2—3个小时检查一次，检查两道以后就开始肚疼……我们这里大多数妇女是肚子没疼就去请接娘，有接娘在身边经管方便，她们住两三天也没啥。请医院医生来，她们一看不到时候就又走了。”（高小贤，2006：186）产婆对产妇的“经管”恰恰回应着无痛分娩试图达致的对妇女疼痛的体察和理解，这种感同身受和照护具有疗愈的品格。产婆的“经管”提供着妇女分娩所需要的技术、知识和情感支持。精神预防性无痛分娩本欲实现的对妇女疼痛的体察，却在实践中被以医护人员为主体的表格化的疼痛评估所置换，“征服疼痛”在推进中过于关注“无痛”而忽视了生育的“自然”。在人民性叙事中，专业医护人员和妇女同为主体，但技术背后隐含的医疗化又解构着这一医学技术试图达致的平等政治和民众动员。

五、结论与讨论

精神预防性无痛分娩在中国的推行是一场科学实践，“科学”一直是马克思列宁主义、毛泽东思想及辩证唯物主义的构成部分。如果将无痛分娩视为依靠政治推进的运动，就会忽视精神预防性无痛分娩的科学内涵及其所展演的社会改造和国家建设的目标和过程。

基于以人民性为中心的精神预防性无痛分娩，本文试图超越科学与政治的二元对立。按照西方现代性的逻辑，科学与政治互不隶属、相互独立，政治对科学具有侵入性。但在新中国的语境下，科学与政治可以说是一种相互成就、相互为用的关系，在实践中存在张力。更为重要的是，在这一复杂的关系当中，科学仍然有其相对自主性。

精神预防性无痛分娩在中国的推广是一个裹挟着疾病疼痛、阶级、性别和国族复杂叙事的科学实践。[①] 其中的人民性和科学都是生成中的概念，并在生成中互构。基于科学的人民性增强着其中的合法性，而人民性使科学具有了道德性和情感性，生成着新社会主义的情感结构和动员机制。人民性通过科学主义和医学想象唤询和构建着新的社会主义主体，并将其嵌入医护人员的日常和妇女的生活中。同时，人民性并非简单的政治要求，而是纳入各行动者的诉求并在多元叙事中将各种张力弥合的概念和实践。当陈本真（1952：104）从专业角度质疑苏联精神预防性无痛分娩时，阶级和性别叙事将这种抵触转化为“为人民服务”的价值观：“我根本就没有搞清楚这两个国家医学思想观点的本质——医学为谁服务的问题。”她认识到无痛分娩具有重大的政治意义，它能扭转旧医务工作者的纯技术观点，它能使人了解政治如何与技术结合；它更指出人民医务工作者应有的工作态度及工作方向（陈本真，1952：106）。这种转变是极具历史和政治意涵的，医护人员对精神预防性无痛分娩的解读伴随着对于新政权的理解，同时也是其身心状态在新中国得到安置的过程。专业人员对“阶级化技术”的诠释和理解消弭着质疑，医学专业知识的争议被政治性、科学性地统合在“先进的”为人民服务的话语和实践中。“为谁服务”成为划分社会主义和资本主义医学的标准，知识技术和人民的需要结合而具有先进性、科学性和合法性。政治动员并未

① 无痛分娩甚至成为一个政治隐喻，如黄炎培用无痛分娩来形容资产阶级的改造（毛泽东，2003：440-441）。

完全穿透医学，处于社会主义医学话语框架和秩序中的专业医护人员更将无痛分娩的政治推进转化为科学叙事和实践。苏联知识和技术被在地解释为助产动作、会阴保护，国内医学界还借用巴甫洛夫科学理论发展着祖国医学，专业医护转译者的实践呈现着有限度的科学自主性。但是阶级和国族叙事超越科学叙事又带来了冲突和张力，其中的动态流转呈现着国家政权建设的历史过程。

本文试图通过科学探讨国家。作为米格代尔（2013）意义上的“社会中的国家”，实践国家并非在总体性社会的形成中单方面侵入和塑造社会。在无痛分娩的推进过程中，国家对于医学的穿透是一个伴随着对人民性多元叙事的接纳和抵触交互相融的过程。

人民性还关联着社会主义的身体观。社会主义如何理解身体，又赋予了身体以什么样的意涵？墨磊宁（Mullaney，2017：283-313）认为，20世纪50年代的群众参与使打字员可以通过无限多样的个人路径进入标准化的政治论述中，创造适用于自己身体和当时话语体系的打字编排系统，民主、经验和个体化的身体成为与政治修辞更紧密的个人联结和承诺。社会主义身体观并非驯化，“塑造新人”的政治诉求以跨越阶级的情感结构和科学主义的形式呈现，从而动员专业医护人员和妇女昂扬接纳新政权并参与新中国建设。人民性丰富着社会主义身体观中具有连接性、同心共命的情感内涵，但急速推进的科学实践也生成了对于文明产妇的要求，展演着历史和现实张力。

时至今日，20世纪50年代精神预防性无痛分娩的历史逐渐被人们遗忘。这场关乎生育疼痛的科学实践映照着以人民性为中心的科学和政治的互构。抛开冷战意识才能看到社会主义科学实践中国家力量的在场对于妇女的意义及其局限性。生育是政治的，更是生活的。在历史的展开和延续中，妇女切身的生育疼痛催生着医学的关切，对疼痛的理解也在科学和政治之外融入日常生活的感觉结构和伦理结构，生活世界与政治的“距离”提示着人民性与中国现代性之间的复杂关系。

【参考文献】

[1] 白思鼎，李华钰．中国学习苏联（1949 年至今）[M]. 香港：香港中文大学出版社，2019.

[2] 卞度宏．回忆《中华妇产科杂志》王淑贞副主编的一些往事 [J]. 中华妇产科杂志，2013（4）：257-258.

[3] Browne, James Francis. 孕期及产后卫疗撮要 [M]. 曹美英，译．南京：中央卫生实验妇婴卫生组，1947.

[4] 陈本真．我对无痛分娩法看法的初步转变 [G]// 苏联无痛分娩法．沈阳：东北医学图书出版社，1952.

[5] 陈本贞，叶惠芳，陈文珍．对孕妇的无痛分娩法授课教材 [J]. 中华妇产科杂志，1953，(1)：64-70.

[6] 陈复正．幼幼集成 [M]. 上海：上海科学技术出版社，1962.

[7] 第一助产学校年刊编辑委员会．第一助产学校年刊 [M]. 北平：第一助产学校，1935.

[8] 第一助产学校年刊编辑委员会．第一助产学校年刊 [M]. 北平：第一助产学校，1936.

[9] 第二军医大学医院妇产科无痛分娩法讲义 [M]. 上海：华东医务生活社，1952.

[10] 丁瓒．学习战斗的巴甫洛夫学说 [J]. 科学通报，1952（5）：284-286.

[11] 盖瑞．心理学上几个重大实验 [M]. 朱镇弥，等，译．北平：中华书局，1934.

[12] 高小贤．中国社会转型：农村妇女研究 [M]. 西安：陕西人民出版社，2006.

[13] 高晞．二十世纪中国的外国医学模式 [G]// 中国医疗卫生事业在二十世纪的变迁．玛丽・布朗・布洛克，著，蒋育红，译．北京：商务印书馆，2016.

[14] 龚育之．在漩涡的边缘 [M]. 郑州：河南人民出版社，1998.

[15] 郭太华．生产安全法 [M]. 上海：郭太华女科医院，1934.

[16] 郭颖颐．中国现代思想中的唯科学主义（1900—1950）[M]. 南京：江苏人民出版社，2005.

[17] 哈尔滨医科大学研究处．巴甫洛夫学说之发展（第一、二集）[M]. 沈阳：东北医学图书出版社，1953.

[18] 何小莲 . 近代上海医生生活 [M]. 上海：上海辞书出版社，2017.
[19] 贺照田 . 启蒙与革命的双重变奏 [J]. 读书，2016（2）：13-24.
[20]《红房子 130 年》编委会 . 红房子 130 年 [M]. 上海：上海人民出版社，2014.
[21] 洪广冀 . 科技研究中的地理转向及其在地理学中的回响 [J]. 地理学报，2016（83）：23-69.
[22] 侯竹青 . 中国共产党对“人民”概念的构建与意义形塑（1921—1949）[J]. 湖北大学学报，2020（6）：81-89.
[23] 华东医务生活社 . 无痛分娩法文献 [M]. 上海：华东医务生活社，1952a.
[24] 华东医务生活社 . 无痛分娩法文献（续编）[M]. 上海：华东医务生活社，1952b.
[25] 黄裕光，等 . 各科诊疗之实际（第 3 篇）：基本治疗技术 [M]. 杭州：新医书局，1955.
[26] 黄展延，罗耀德 . 我们怎样实验“组织疗法”的？ [N]. 人民日报，1951-02-22（3）.
[27] 蒋菲嫱，吴一立 . 十九世纪至二十一世纪的中国妇幼卫生 [G]// 中国医疗卫生事业在二十世纪的变迁 . 玛丽·布朗·布洛克，著，蒋育红，译 . 北京：商务印书馆，2016.
[28] 葭玲 . 无痛苦的安全生产经验谈 [J]. 妇女与儿童，1935（15）：176-177.
[29] 金观涛，刘青峰 . 观念史研究 [M]. 北京：法律出版社，2009.
[30] 库恩，托马斯 . 科学革命的结构 [M]. 北京：北京大学出版社，2003.
[31] 会稽山人 . 催眠术讲义 [M]. 北京：商务印书馆，1915.
[32] 李博 . 汉语中的马克思主义术语的起源与作用 [M]. 北京：中国社会科学出版社，2003.
[33] 李德全 . 学习苏联的先进工作经验更好地建设我国卫生事业 [J]. 新中医药，1957（11）：1-3.
[34] 李富春 . 李富春同志给自然科学会的一封信 [N]. 解放日报，1943-01-30（4）.
[35] 李贞德 . 汉唐之间医书中的生产之道 [J].“中央研究院”历史语言研究所集刊，1996（3）：533-654.
[36] 雷虹 . 怎样办好农村产院 [M]. 北京：人民卫生出版社，1958.
[37] 列宁 . 列宁全集（第 11 卷）[M]. 中共中央马克思恩格斯列宁斯大林著作编译局，译 . 北京：人民出版社，2017.

[38] 林巧稚 . 打开“协和”窗户看祖国 [N]. 人民日报，1952-09-27（3）.

[39] 林巧稚 . 参观苏联的医学科学几个主要特点的简单介绍 [J]. 中华妇产科杂志，1953（4）：298-303.

[40] 林巧稚 . 像苏联科学家一样作出更多的贡献 [N]. 人民日报，1957-11-05（3）.

[41] 林菽芳 . 关于产科无痛疗法之研究 [J]. 中华医学杂志，1918（4）：202-204.

[42] 刘民英 . 苏联的无痛分娩法 [N]. 人民日报，1952-05-16（3）.

[43] 刘民英 . 端正我们医生的病理观点——从语言的作用谈到医务工作者的思想改造问题 [N]. 人民日报，1952-07-19（3）.

[44] 刘民英 . 书评的反应：关于我编译的“巴甫洛夫高级神经活动学说”一书中的错误与缺点的探讨 [J]. 中华医学杂志，1955，41（1）：94-95.

[45] 刘云霞 . 针灸用于无痛分娩（70 例观察摘要）[J]. 中华妇产科杂志，1960（1）：21.

[46] 鲁云齐 . 家庭万宝全书 [M]. 上海：中华图书集成公司，1924.

[47] 鲁之俊 . 认真学习和研究祖国的医学 [N]. 人民日报，1955-08-24（3）.

[48] 陆定一 . 百花齐放，百家争鸣 [N]. 人民日报，1956-06-13（2）.

[49] 毛泽东 . 论十大关系（一九五六年四月二十五日）[G]// 毛泽东选集（第五卷）. 北京：人民出版社，1977.

[50] 毛泽东 . 毛泽东选集（第 4 卷）[M]. 北京：人民出版社，1991.

[51] 毛泽东 . 致黄炎培（1954.3.12）[G]// 毛泽东书信选集 . 北京：中央文献出版社，2003.

[52] 米格代尔，乔尔 · S. 社会中的国家：国家与社会如何相互改变与相互构成 [M]. 李杨、郭一聪，译 . 南京：江苏人民出版社，2013.

[53] 潘光旦 . 优生与抗战 [M]. 北京：商务印书馆，1947.

[54] 全国针刺麻醉学习班 . 全国针刺麻醉资料汇编 [M]. 上海：上海人民出版社，1971.

[55] 山东省无痛分娩法推行委员会 . 精神预防性无痛分娩法 [M]. 北京：人民卫生出版社，1953.

[56]《上海卫生工作丛书》编委会 . 上海卫生：1949—1983[M]. 上海：上海科学技术出版社，1986.

[57] 上海市无痛分娩法推行委员会 . 上海市无痛分娩法推行委员会三个月来工作报告

[J]. 中华妇产科杂志，1953，1（1）：45-53.
[58] 沈鸿 . 科学技术知识就是群众劳动经验的总结 [N]. 新华日报，1944-07-04（4）.
[59] 舒萱 . 我切身体验到了无痛分娩法的好处 [N]. 人民日报，1952-05-25（2）.
[60] 苏应宽 . 妇产科学 [M]. 上海：华东医务生活社，1951.
[61] 苏应宽，江森 . 妇产科学 [M]. 北京：人民卫生出版社，1963.
[62] 苏应宽，徐增祥，江森 . 实用产科学 [M]. 济南：山东科学技术出版社，1979.
[63] 田秀 . 我们的无痛分娩是怎样推行的 [J]. 中华妇产科杂志，1953（1）：54-57.
[64] 王淑贞 . 参加苏联第十次全苏妇产科医师代表大会的一些收获 [J]. 中华妇产科杂志，1958（2）：109-111.
[65] 王淑贞 . 妇产科学（上）[M]. 北京：人民卫生出版社，1960.
[66] 温明珍，陶浩 . 我体验了无痛分娩法 [J]. 新中国妇女，1952（8）：5-7.
[67] 吴崇其，邓加荣 . 林巧稚 [M]. 北京：中国青年出版社，1985.
[68] 西安医学院第二附属医院妇产科教研组 . 电针无痛分娩 [G]// 全国中医经络针灸学术座谈会资料选编 . 全国中医经络针灸学术座谈会秘书处，编 . 北京：人民卫生出版社，1959.
[69] 肖文明 . 国家与文化领导权 [M]. 中国香港：三联书店，2021.
[70] 姚蕙 . 读者来信“无痛分娩法”将解除妇女的产褥痛苦 [N]. 人民日报，1952-08-24（2）.
[71] 姚泽麟 . 在利益与道德之间：当代中国城市医生职业自主性的社会学研究 [M]. 北京：中国社会科学出版社，2017.
[72] 杨倍昌 . 台湾科技与社会研究学会：科技公共性的实践 [J]. 人文与社会科学简讯，2018（4）：215-219.
[73] 杨崇瑞，王诗锦 . 妇婴卫生学 [M]. 南京：中央卫生实验院卫生器材制造厂，1947.
[74] 叶淦平 . 针刺法辅助精神预防性无痛分娩初步报告（附 40 例分析）[J]. 中华妇产科杂志，1960（1）：21-23.
[75] 叶惠方 . 忆北平解放前后的林巧稚大夫 [G]// 林巧稚纪念文集 . 林巧稚大夫诞辰 100 周年纪念活动领导小组，编 . 北京协和医院，2001.
[76] 湮 . 无痛生育新法 [J]. 妇女生活，1936（5）：2-3.
[77] 阴毓璋，盛丹菁 . 高级神经活动和无痛分娩 [J]. 外科学报，1952（9）：597-604.

[78] 阴毓璋 . 实用产科学 [M]. 北京：人民卫生出版社，1954.

[79] 阴毓璋，马必皓，殷孟兰 . 用联想实验方法探测妇女大脑皮层中有关“分娩”的病理灶 [J]. 中华妇产科杂志，1956（4）：321-324.

[80] 阴毓璋，李守柔 . 产痛的生理基础 [J]. 中华妇产科杂志，1957（3）：201-203.

[81] 俞霭峰 . 精神预防性无痛分娩法在我国推行的经过和情况 [J]. 中华妇产科杂志，1953（1）：38-44.

[82] 袁光锋 .“人民”概念与政治现代性 [J]. 党史研究与教学，2015（2）：100-107.

[83] 余菡 . 苏联的无痛生产术 [J]. 家，1947（18）：253.

[84] 赵锡庠 . 将“达生篇”介绍给妇产科同志 [J]. 中医杂志，1955（2）：52-53.

[85] 张邦彦 . 近代中国的催眠术与大众科学 [M]. 上海：上海人民出版社，2021.

[86] 张查理 . 姊妹们：生娃不会痛的 [M]. 西安：西北人民出版社，1952.

[87] 张查理 . 子孙满堂新法生 [M]. 上海：华东医务生活社，1953.

[88] 张炼红 . 历练精魂：新中国戏曲改造考论 [M]. 上海：上海书店出版社，2019.

[89] 张启凡 . 精神预防性无痛分娩法概论 [M]. 济南：黄河出版社，1953.

[90] 张茝芬 . 北京市无痛分娩法在家庭中推行情况的报告 [J]. 中华医学杂志，1953（2）：101-103.

[91] 张毓华 . 无痛分娩 [J]. 助产学报，1948（1）：25-27.

[92] 张志诚 . 我推行无痛分娩的经过 [G]// 生孩子不痛的办法：苏联先进科学介绍 . 天津市中苏友好协会，编 . 天津市中苏友好协会，1953.

[93] 中国医科大学妇幼保健教研组 . 沈阳市推行无痛分娩法（街道及农村）：初步综合报告 [J]. 中华妇产科杂志，1953（1）：58-63.

[94] 中共中央文献研究室 . 共和国走过的路——建国以来重要文献专题选集（1953—1956）[M]. 北京：中央文献出版社，1991.

[95] 中共中央文献研究室 . 毛泽东年谱：1949—1976（第 2 卷）[M]. 北京：中央文献出版社，2013.

[96] 中苏文化协会，中华自然科学社 . 巴甫洛夫纪念集 [M]. 北京：商务印书馆，1943.

[97] 中央人民政府卫生部巴甫洛夫学说学习会 . 巴甫洛夫学说学习文集 [M]. 北京：人民卫生出版社，1954.

[98] 中央人民政府卫生部医疗预防司 . 保护性医疗制度 [M]. 北京：人民卫生出版社，

1954.

[99] 中央人民政府卫生部 . 全国卫生情况参考资料（内部资料），1950.

[100]朱琏 . 新针灸学 [M]. 北京：人民卫生出版社，1951.

[101]朱琏 . 新针灸学 [M]. 北京：人民卫生出版社，1954.

[102]З.П.Гращенкова，ИГ.П.Хохлова. 卜罗咪多儿用于无痛分娩 [J]. 中华妇产科杂志，1957（1）：85-86.

[103]Ahn, Byungil. Reinventing Scientific Medicine for the Socialist Republic: The Soviet Psycho-Prophylactic Method of Delivery in 1950s China [J]. *Twentieth-Century China*, 2013, 38(2): 139-155.

[104]Bell, John D. Giving Birth to the New Soviet Man: Politics and Obstetrics in the USSR [J]. *Slavic Review*, 1981, 40(1):1-16.

[105]Bourke, Joanna. *The Story of Pain: From Prayer to Painkillers* [M]. New York: Oxford University Press, 2014.

[106]Broune, James Francis. *Antenatal and Postnatal Care* [M]. London: Churchill, 1935.

[107]Chee, Liz P.Y. *Mao's Bestiary: Medicinal Animals and Modern China* [M]. Durham: Duke University Press, 2021.

[108]Eastman, J.Nicholson. Editorial Comments on Abstract of Article by Grantly Dick Read, Correlation of Physical and Emotional Phenomena of Natural Labor [J]. *Obstetrical & Gynecological Survey*, 1965, 20(3): 471- 473.

[109]Fan, Fa-Ti. Science, State, and Citizens:Notes from Another Shore [J]. *Osiris*, 2012a, 27(1):227- 249.

[110]Fan, Fa-Ti. The Global Turn in the History of Science [J]. *East Asian Science, Technology and Society: An International Journal,* 2012b, 6(2):249-258.

[111]Fan, Fa-Ti. "The Peoples War against Earthquakes: Cultures of Mass Science in Mao's China." In *Cultures without Culturalism: The Making of Scientific Knowledge*, edited by Karine Chemla and Evelyn Fox Keller [M]. Durham: Duke University Press, 2017.

[112]Fan, Ka Wai. "Pavlovian Theory and the Scientification of Acupuncture in 1950s China." In *New Perspectives on the Research of Chinese Culture*, edited by Pei-kai Cheng and Ka Wai Fan [M]. Singapore: Springer, 2013.

[113]Goldstein, Joshua. Scissors, Surveys, and Psycho-Prophylactics: Prenatal Health Care Campaigns and State Building in China, 1949- 1954 [J]. *Journal of Historical Sociology,* 1998, 11(2):153-184.

[114]Greenhalgh, Susan.*Just One Child: Science and Policy in Deng's China* [M]. Berkeley: University of California Press, 2008.

[115]Gross, Miriam. *Farewell to the God of Plague: Chairman Mao's Campaign to Deworm China* [M]. Berkeley : University of California Press, 2016.

[116]Haber, Maya. Concealing Labor Pain: The Evil Eye and the Psychoprophylactic Method of Painless Childbirth in Soviet Russia [J]. *Kritika: Explorations in Russian and Eurasian History,* 2013, 14(3): 535- 559.

[117]Han, Sun- Hee and Ock-Joo Kim. The Role of Pavlov's Theory in North Korea in the Late 1950s: Ideological Struggle in Medicine and Scientification of Traditional Medicine [J]. *Korean Journal of Medical History* , 2013, 22(3): 801- 846.

[118]Hrešanovά , Ema. The Psycho-prophylactic Method of Painless Childbirth in Socialist Czechoslovakia: From State Propaganda to Activism of Enthusiasts [J]. *Medical History,* 2016, 60(4): 534- 556.

[119]Hrešanovά , Ema and Paula A Michaels. Socialist Science across Borders. Investigating Pain in Soviet and Czechoslovakian Maternity Care [J]. *Revue d'études comparatives Est-Ouest*, 2018, 49(1): 45- 69.

[120]Joravsky, David. The Mechanical Spirit: The Stalinist Marriage of Pavlov to Marx [J]. *Theory and Society,* 1977 4(4):457-477.

[121]Kunze, Rui and Marc Andre Matten.*Knowledge Production in Mao-Era China: Learning from the Masses* [M]. Lanham:Lexington Books, 2021.

[122]Michaels, Paula A. Lamaze: *An International History* [M]. New York: Oxford University Press, 2014.

[123]Mullaney, Thomas S.*The Chinese Typewriter: A History* [M]. Cambridge: The MIT Press, 2017.

[124]Palmer, David.A. *Qigong Fever: Body, Science, and Utopia in China* [M]. New York: Columbia University Press, 2007.

[125]Pickering, Andrew. “From Science as Knowledge to Science as Practice. ” In *Science as Practice and Culture*, edited by A.Pickering [M]. Chicago : University of Chicago Press, 1992.

[126]Raj, Kapil. Beyond Postcolonialism and Postpositivism: Circulation and the Global History of Science [J]. *Isis*, 2013, 104(2): 337- 347.

[127]Scarry, Elaine. *The Body in Pain: The Making and Unmaking of the World* [M]. Oxford : Oxford University Press, 1985.

[128]Schmalzer, Sigrid. *Red Revolution, Green Revolution: Scientific Farming in Socialist China* [M]. Chicago: University of Chicago Press, 2016.

[129]Secord, James A. Knowledge in Transit [J]. *Isis*, 2004, 95(4): 654- 672.

[130]Shapin, Steven and Simon Schaffer. *Leviathan and the Air-Pump: Hobbes, Boyle and the Experimental Life* [M]. Princeton: Princeton University Press, 1985.

[131]Simon, Denis Fred and Merle Goldman. *Science and Technology in Post-Mao China* [M]. Cambridge: Harvard University Press, 1989.

[132]Taylor, Kim. *Chinese Medicine in Early Communist China, 1945-1963: A Medicine of Revolution* [M]. London : Routledge Curzon, 2005.

[133]Yu, Yon Sil. The Introduction of Pavlovian Theory and the Change of the Medical System in China in the 1950s:Focusing on the Construction of the Protective Medical System [J]. *Korean Journal of Medical History,* 2020, 29(2): 613- 672.

[134]Vargha, Dora. Socialist Utopia in Practice: Everyday Life and Medical Authority in a Hungarian Polio Hospital [J]. *Social History of Medicine: The Journal of the Society for the Social History of Medicine*, 2018, 31(2): 373- 391.

为母职赋权：产育期妇女“参与式社区支持系统”的搭建

李　洁　杨汉梅　张永琪*

摘要：三孩生育政策公布以来，已有政策和研究仍然大多聚焦于如何激励生育行为，少有研究关注如何在社区生活层面提升女性的产育体验和主体价值的重要性。本研究将孕产期、育儿早期和后育儿期三个阶段的产育期妇女视为既相互区别又前后关联的整体，通过开展兼具系统化、针对性和成长型的社会工作服务，帮助产育期妇女链接社区层面上的社会纽带和外部资源，助力她们在母职实践过程中自主意识的增强和行动能力的成长，并在相互陪伴和支持下成为社会参与和社区建设的主体。该研究亦可被视为通过社区层面的相互支持和母职赋权，来抵抗个体化时代下孤立且焦虑的制度性母职的尝试和探索。

关键词：母职实践；母职赋权；社会性需求；社会支持；社区参与

---

* 李洁，女，中华女子学院社会工作学院教授，研究方向为性别社会学；杨汉梅，女，北京市近邻社会工作发展中心工作人员，研究方向为妇女社会工作；张永琪，女，河南女子职业学院教师，研究方向为妇女社会工作。本文系北京市社会科学基金青年项目“北京市妇女产后照料模式和家庭关系研究”（项目编号：17SRC015）的阶段性研究成果。本文刊登于《妇女研究论丛》2023年第2期。

一、已有生育支持政策体系的共性与盲区

党的二十大报告指出，要优化人口发展战略，建立生育支持政策体系。这标志着我国正式进入人口发展新阶段，也对全社会如何应对人口形势的变化提出了新要求。新生育政策发布以来，各地各部门陆续出台了各类生育支持政策，包括在时间上给新生儿父母提供更多的产假／育儿假，在经济上提供税收优惠与现金补贴，在照料上建设更多普惠性的托幼机构，在保障女性合法就业权益、推进男性分担家务等促进男女平等层面上也都做出了诸多努力和尝试。[1][2] 上述政策对推动和完善加速构建生育友好型社会、促进中国人口长期均衡发展具有重大现实意义和深远历史价值。

但是对已有产育配套措施的进一步考察和反思，也让我们意识到它们所存在的某些共性和盲区。第一，已有措施大多将“家庭”作为政策介入的基本单位，强调对家庭生育行为的物质激励和对父母双方教养职责的强化，而忽视了长久以来人类一直是以村庄、群落等多人照护并提供相互支持的方式来完成新生儿照护和抚养。[3][4] 第二，政策设置背后具有明显的经济学“成本—收益”预设，认为降低了生育、养育和教育成本，提高生育行为的可预期收益，就可以自然而然地提高生育意愿和行为，却忽视了产育行为并不完全适用于经济学效用原则，而是涉及包括文化观念、生活方式、人际交往、价值体验等一整套社会文化生活的调整和适应。第三，已有配套措施所针对的公共机构主要包括学校、医院、用人单位、托育机构等专业化社会机构，忽视了城镇社区、村庄等日常生活场域在孕产、哺育和抚幼过程中所扮演的长期性、持续性、整合性和交互性作用。[4][5]

基于上述原因，我们需要在已有政策之外，突破仅仅将孕产、哺育和抚幼视为私人家庭的内部决策和行为，将其放置到更加广阔的公共背景下，考虑包括社区在内的各级社会安排和制度设计如何能够更好地回应产育期妇女及其家庭的社会性需求，在为他们搭建更加友好和支持性的外部环境的同时，积极推动产育期妇女成为社会参与和社区建设的行动主体。

二、回到社区：超越公私二元划分的人口再生产

下文将回答下述三个方面的问题：第一，为什么要给产育期妇女搭建“社会支持体系”？第二，为何是产育期妇女“参与式社区支持系统”？第三，为什么社区是产育期妇女社会支持体系的重要组成环节？

（一）作为一种社会文化现象的孕产和抚育

社会文化史的考察揭示出：孕产不仅是一个生物医学事件，亦不仅是私人家庭的内部选择和行为，而是关乎人伦秩序、族群继替和共同体延续的重要社会文化事件。[3] 作为经历生命周期重大转变阶段的产育期妇女，具有自身一系列独特的“社会性需求”（social need），这些社会性需求包括但不限于获得陪伴和交流的需求、实现社会身份和角色转变的需求、社会关注和价值实现的需求等。[6] 上述社会性需求在传统社会中往往是通过仪式、庆典、风俗以及蕴含独特意义的礼物等丰富的物质和非物质方式加以满足。[3]

我们当下习以为常的私人家庭照料和养育孩子的模式，亦是现代化发展过程中人类历史演变的一个例外，而非常态。[14] 孩子并不是父母的私人物品，“养育一个孩子需要一个村庄的力量”。在人类社会长久的发展历史中，多人照护（multiple mothering）和亲缘共育是儿童成长和社会化的重要社会背景和历史传承。[4]

然而在现代社会快速变迁和发展过程中，原本基于熟人共同体的协作互惠纽带日趋孱弱，飞速运转的外部城市空间将诸多社会再生产职责重新甩入家庭私领域内部。[5] 孕产过程的医学化、城市核心家庭的居住模式以及育儿责任的私人化，在提升孕产妇和新生儿存活率以及推动家庭教养精细化的同时，也容易让这些原本最需要社会支持和陪伴的产育期妇女陷入“社会孤岛”的状态。[7][8] 原本被社群和共同体分担的养育职责退回到私人家庭领域内部，只有那些最亲密的家庭成员被视为需要分担养育责任，从而导致近代化以来原本就脆弱且孤立的小家庭内部容易产生亲密关系之间的嫌隙与龃龉。[9] 产育期妇女社会性需求满足的缺失已经在某种意义上被现代商业模式所捕捉

和利用，但同时也产生了新的矛盾和问题。[10]

这也是为何本研究希望在常规性的孕产期生物医学话语和私人家庭养育模式之外，致力于从社会科学和公共生活的角度来重新反思“孕产—抚养”行为在社会生活中的价值、意义和安排。

（二）母职实践中蕴含的赋权和解放面向

近十年来，国内学界关于母职和女性主体性关系的研究可谓异彩纷呈。其中早期的母职研究主要聚焦在育儿责任私人化的背景下，作为一种“压迫”和“惩罚”面向的制度性母职（motherhood）。[11][12] 但近年来，亦有研究注意到制度性母职和经验性“母职实践”（mothering）之间的区别和张力。前者是指父权制度下由主流男性文化所定义的文化期待，如“所有女性都需要成为母亲，所有母亲都需要她们的孩子，所有孩子都需要他们的母亲”[13]186。这种压迫性的母职制度孤立、控制并剥夺了女性作为社会行动主体的丰富性和多样性。后者是指女性成为母亲和“做母亲”的动态实践过程和经验，更多地带有女性自身的主体经验和感受。[14][15] 而所谓的“母职悖论”则体现为二者之间并不是一种非此即彼的分离关系，而是相互影响和形塑的。[16] 制度性的母职期待势必会对现实中的母职实践带来影响和压力，从而有可能带来母职实践“在行为上挑战，在观念上臣服”的矛盾状态[17]80，但现实生活的发展和变动也始终对如何“做母亲”提出新的挑战和议题，而在此过程中的女性实践和策略也不断改变和松动着既有的母职观念和制度期待。[18][19]

近年来，一些学者围绕不同地域文化背景下流动母亲、中产母亲、创业母亲等群体在孕产期、育儿早期和学龄教育期等阶段多样化的母职实践、调整和再造开展了系列研究。其中既包括女性对孕产经历的具身体验和自主知识的生产，也包括女性在产育过程中对自我身体的了解和掌控，还包括女性如何调动包括家庭成员在内的多重角色或代理人共同参与育儿，女性自身在产育过程中经历的自我成长、历练和觉知，以及由此带来的生命力量和价值体验。[17][18][19][20]

上述研究为我们反思母职实践过程中的赋权和解放面向提供了重要的经验来源和理论洞察。身为母亲的体验并非总是负面和压抑的，它同样可以是创造、成长、觉知和反抗的源泉。我们要改变的是不平等的社会制度安排，而非贬低母职经验本身。[14] 如何构建一个以女性为中心的、确保女性在实践母职的过程中能够获得相应的社会支持并获得自身主体性成长和发展的社会环境和空间，就成为构建生育友好型社会的核心议题。它包含但不限于："不将照顾孩子作为母亲的唯一职责，而是让朋友和家人都参与到照顾孩子的事业中来；平衡母职、工作及行动主义的关系；将发展母亲的自我意识视为对实践母职有益，母亲并不总是把孩子的需求放在自己需求的前面，也不通过母职来定义自己的身份，而是通过工作、行动主义、友情、关系、爱好等来实现和表达自我身份；通过实践母职改变社会，在家实践女性主义性质的抚育模式，在外践行母性赋权的行动主义。"[19]200-201[20]

（三）作为社会再生产重要场域的社区

已有研究更多地将母职实践的场所聚焦在家庭内部或医院、学校、托幼机构等专业场所，而一定程度上忽视了社区在社会再生产过程中所扮演的重要角色。社会再生产是指"为了维持既存的生命和再造下一代提供所需要的历史、社会和生物意义上的照料"[21]。它具有自身独特的时空安排逻辑，涉及人与人之间彼此交叠的生命体验，是一种不同于"物的生产"的特殊劳动，具有私人性、关系性、情感性和身体性等特点，没有办法完全被专业化、标准化的现代工具理性所替代。[22]

社区生活的重要性恰恰体现在它既超越了现代核心家庭的私人属性，具有更强的交互性和公共性；亦不同于专业化的学校、医院、托幼机构等市场化或专业的正式机构，具有更大的灵活性和开放性，能够帮助个体和家庭以一种更加弹性、自然和非等级化的方式探寻人与人之间长期、宽松、多样的社会交往与连接。正是因为社群生活的这种特殊性，使得它既能够帮助个体摆脱现代私人家庭生活所具有的狭隘和压抑性的一面，也能够为个体迈向更大的公共空间和社会参与奠定重要的实践基础与价值土壤。[23]

对产育期妇女及其家庭而言，社区是他们在家庭生活之外获得相互陪伴、社会交往、情感支持和邻里互助的重要来源。良好的社区生活环境和文化氛围对促进产育期妇女和婴幼儿的身心健康、家庭和谐与人际交往起到了重要的支撑和环绕作用，是搭建生育友好型社会的重要基础环节。[23] 已有研究注意到包括全职妈妈、流动妈妈和乡村妇女在内的不同女性群体如何通过自发或半自发性的社会联结和互助，整合社区资源，建立社会纽带，在“抱团养娃”“互助育儿”和社区参与的过程中超越既有的家庭私人边界，在实现女性群体互助成长和价值实现的同时，推动社区治理的多方协作与发展。[5][24][25]

然而，仍有很多研究是从女性具有“细腻”“温柔”“有亲和力”等特质的本质主义视角，分析上述女性特质如何能够更好地服务于社区柔性治理效能[26]，却忽略了女性群体本身在社区治理和发展过程中社会性需求的满足以及自我成长和发展的需要——这实际上仍然是将女性作为社区治理的工具而没有真正呈现女性自身的主体意识和经验。[27]

基于上述原因，本研究希望在尊重妇女现实生活情境和经验的基础上，通过在社区层面上发挥社会工作者陪伴、倡导、资源链接和开展社区教育等作用，将产育议题从私人家庭领域推向社会公共生活的前台，为产育期妇女铺设和搭建“参与式社区支持系统”，从而在实现产育期妇女行动能力和主体价值双重提升的同时，助力她们更好地成为社区建设与发展的主体。

三、社会工作服务设计与研究方法

2020—2022 年，研究者及其合作机构在北京市通州区、朝阳区和成都市武侯区、大邑县等地开展了一系列以“为母职赋权”为主题的社会工作服务。

服务对象主要为长期定居在城镇社区的中青年女性（25—45 周岁），她们大多具有中等及以上学历，身心健康，家庭经济状况良好，在孕产、育儿和自我发展等方面存在一定疑惑或问题，有意愿参与相关主题的社区活动。

在活动设计方面，本研究基于产育期妇女不同阶段的社会性需求和行动特征，将产育期妇女分为孕产期、育儿早期和后育儿期三个阶段，并分别开展了“新手妈妈 100 天陪伴营”“亲子共学班”“社区妈妈行动小组培育”等社会工作服务（见表 1）。

表 1　针对不同阶段产育期妇女开展的社工服务

名称	对应的产育阶段	社会工作服务	主要服务方式
孕产期	怀孕、分娩、产褥期	新手妈妈 100 天陪伴营	个案咨询＋小组陪伴
育儿早期	0—3 岁婴幼儿抚育期	亲子共学班	亲子共学＋社区参与
后育儿期	3 岁之后的儿童抚育期	社区妈妈行动小组培育	培育社区自治的行动主体

需要注意的是，由于当下社会工作服务具有项目化和阶段性的特征，因而我们实际开展的社会服务实践只是在一定时间段针对某一特定群体所展开。尽管在服务开展的过程中我们也进行了一定的回溯性调查和追踪式培育，试图深入了解和推动服务对象的变化发展趋势，但整体而言，本研究仍然是在几个相对独立的社会工作服务的案例基础之上总结和提炼不同阶段服务对象的社会性需求和服务特点。在研究开展过程中我们发现，尽管处于不同阶段的产育期妇女在服务需求和行动方式上存在一定的阶段性特征，但也存在前后相继的延续性和关联性，因此本研究也希望在一个更加整体性的研究框架和服务思路下对已经开展的社会工作服务进行梳理、总结和提升，以期为后续研究和服务开展提供更具整合性的思路和借鉴。

选择北京市和成都市作为服务开展的实践地点，主要考虑到在地理位置上这两个城市分别是中国东、西部的代表性城市。尽管在经济发展水平和社会文化上存在一定差异，但是这两个城市在下述两个方面具有一定的共性。第一，作为国内一线城市 /（新）一线城市，这两个地区的产育期妇女在享受社会经济发展以及城市化和专业化服务所带来的各种便利的同时，也面临着现代都市超大城市空间、快节奏生活与原有社会纽带中断所带来的“原子化”“陌生化”和“表面化”等社会联结问题。[21] 这类问题对亟须建立社会支持纽带的产育期家庭而言尤为突出，需要引起社会工作者的关注和回应。第二，这两个地区社会工作服务开展的时间相对较早，居民社区参与的意识和能力相对较强，加之研究者及其团队在两地均有开展社会工作服务的相关积累和经验，有利于社会工作服务的顺利开展、总结和对话。同时，也希望这两个相对成熟地区的社会工作服务和实践经验能够对其他地区的妇女工作开展起到一定的启发作用。

需要强调的是，研究开展的三年时间也是新冠疫情反复波动、不断给居民生活和社工服务带来一系列冲击和影响的时期，这主要体现在以下三个方面。一是疫情期间的封控措施进一步凸显了社区生活的重要性，很多社区范围之外的社会联系和商业化活动被大量缩减，社区重新成为人们日常生活和互助的重要核心空间。二是疫情防控的需要进一步隔绝了很多产育期家庭原本需要的社会支持、定期产检和儿保服务，给一些孕产期家庭增加了额外的风险和不确定性，并由此带来了产育期妇女的困境与焦虑。三是疫情防控的需要阶段性地影响了社区线下活动的开展，在此期间的社会工作服务也因此综合了个案咨询、线上社群、小组活动和社区服务等多种方式灵活开展。因此，本研究也可视为疫情防控的特殊背景下在城市社区层面上开展妇女社会工作的一次特殊尝试和思考。

四、产育期妇女“参与式社区支持系统”的逐层搭建

下文将以不同阶段产育期妇女的社会性需求为出发点，分析社会工作服务开展的阶段性目标、过程及活动特征，并在此基础之上，探讨涵盖不同阶段产育期妇女的“参与式社区支持系统”的搭建。

（一）孕产期：社会孤立与“非指导性咨询网络”的搭建

“孕产期”是指妇女从怀孕、分娩到产后适应和恢复（通常在产后4—6周）的一段时间。这一阶段的妇女不仅在生理机能上经历一系列重大改变，也面临着社会关系和角色的重大调整和适应。已有研究指出，这一阶段妇女

所需的功能性社会支持包括工具性支持、信息支持、评价性支持和情感支持四个维度。其中，情感支持和评价性支持对产妇情绪状态的影响最为突出，这两种支持的缺乏会导致其患产后抑郁症的风险比常人高6—7倍，甚至要远高于信息支持和工具性支持等更为直接的帮助所带来的影响。[6]

然而现代社会对孕产期生物医学模式的过度强调，很容易让原本最需要社会陪伴与支持的孕产期妇女陷入社会孤立（social isolation）的状态。[28]不论是产检、分娩、哺乳还是产后护理期，大都是由孕产妇一人独自（或在1—2名亲密家庭成员的陪伴下）面对现代生物医学的审视和生命周期中人生状态的重大转变，从而很容易产生对自我和身体的深切异化和疏离。[29][30][31]疫情防控期间的管控措施和现代城市核心家庭的居住模式，进一步强化了那些支持性力量不足的孕产妇的社会孤立。

现代城市生活中的孕产妇虽然能够相对迅捷方便地从网络和书本中获取所需的信息支持，但这些信息或是来自未经筛选的自媒体平台的爆炸式信息输出，或是基于国家公共卫生专家或育儿指导师的身份以某种高高在上的标准化的方式传递给孕产妇，反而容易给她们带来新的心理压力和负担。已有研究发现，来自身边同辈群体的非指导性咨询关系对促进孕产妇的生育体验具有不可替代的重要作用。这些“非指导性咨询网络”由那些与群体成员具有相似经历或具备相关知识技能的同辈群体构成，她们注重在平等的交流和对话中给予女性与分娩有关的正面评价、关注女性的个人成长、促进伴侣对女性的支持、与女性合作而不是为女性工作。[32][33][34][35]

基于现代城市生活中孕产妇的上述特点和需求，社会工作者设计了疫情防控背景下“新手妈妈100天陪伴营”，旨在通过建立孕产期妇女微信交流小组和深度个案咨询相结合的方式，开展孕产和抚育知识分享，推动孕产期妇女的线上交流互助和陪伴支持，帮助她们更加积极主动地应对生命周期重大转折过程中的紧张、焦虑和困扰，并为之做好相应的物质准备，促进其精神成长。同时，也致力于孕产期妇女社会支持网络的搭建，虽然在疫情防控背景下，社会工作者很难直接接触孕产期妇女的家人、朋友和专业医护人员，但仍鼓励她们积极向家人和其他照护者表达意愿、需求，寻求支持和帮助，从而改变育儿只是母亲职责的传统文化观念，搭建家庭育儿协助关系网。在开展服务的过程中，我们注意到孕产期妇女的确在各个层面上面临着不同类型的困境和问题，在将这些问题按照孕期、分娩、产后三个阶段以及个体、家庭和社会三个维度进行梳理和分类之后，我们得到了“孕产期妇女咨询内容关键词分类表”（见表 2）。

表 2　孕产期妇女咨询内容关键词分类表

阶段	个体层面		家庭层面	社会层面	
	孕产妇	胎儿／婴儿		医疗	其他
孕期	妊娠纹、体态、乳房、身体疼痛、饮食、运动、睡姿、孕吐、痔疮、便秘、敏感	胎儿偏小、胎儿过大、标准值、双顶径、胎位、脐带绕颈	与家人（主要是丈夫）的沟通、家人的支持	疾病与用药	暴露身体引起的尴尬
分娩	疼痛、撕裂、宫缩、破水、剖宫产、顺转剖、见红、肚子发紧、去医院时间、待产包	阿普加评分、胎心监测、体重、脐带、胎盘	家人支持、丈夫陪产	无痛分娩、医护态度、医疗水平	护工、导乐
产后	母乳不足、母乳的营养、母乳喂养的时长、奶量、堵奶、乳腺炎、通乳、喂奶疼痛、饮食、下奶、挤奶、吸奶、产后康复、盆底肌	新生儿黄疸、睡眠、哭闹、安抚、肠胀气、皮肤、睡姿、排气、益生菌、背带、屎尿屁、拍嗝、锻炼、护肤、头形、吐奶、湿疹、性格养成、儿保、体重	家庭成员分工、丈夫参与、婆婆、大宝	疾病与用药、医疗水平	月嫂、网络上的其他妈妈、自由、偏方

从表 2 可以看出：第一，孕产期妇女所面临的问题并不只关乎自己和新生儿在个人层面的身体和心理问题，还涉及其他家庭成员、社会文化、医患关系等相关社会议题，因而并不能仅仅在医疗话语系统下予以回应，而是

需要通过社会性力量的介入，开展相关服务和交流；第二，东亚社会文化并不鼓励妇女在公开场合谈论自己在孕产期所经历的那些身体疼痛、隐私护理和个体层面的创伤性感受，城市私人家庭中的丈夫和女性长辈也由于性别和代际差异等原因，无法完全满足她们在情感和社会交流上的相关需求，她们还需要得到私人家庭层面之外的社会支持，在同辈群体的陪伴和共情下获得放松交流和情绪舒缓的空间；第三，这些孕产妇并非不能在标准化的孕产手册、书籍或互联网搜索引擎中找到针对相关问题的回答，而是那些文字往往只是关于普遍性人群在某个特定发展阶段的一般性状况的描述，没有办法直接帮助有差异的个体解决具体育儿过程中所经历的各种千差万别的问题，有时这种“标准化的数字／模板”反而会给她们带来新的紧张和焦虑（如表 2 中婴儿个体层面困扰很多妈妈的“标准值”“双顶径”“体重”等问题，就是这种标准化数据模板所带来的新的压力和困扰）。

因此，我们的社会工作服务并不是简单地给出所谓“解决一切问题的标准答案”，而是希望在一般性知识讲解的基础之上，与妈妈平等对话，了解对方问题的背景脉络，建立协同探究的合作关系，培养每一个妈妈观察、收集和分析自己孩子的成长规律，在此基础上得出尝试性的应对方法，并在实践中不断加以反思和调整，最终助力母婴关系的良性发展以及新手妈妈能力和自我效能感的全面提升。

在服务项目开始的时候，产妇 X 对社会工作者的服务方式提出了自己的疑问：“我们担心你们分享的都是一些比较理论性的知识，我们遇到的问题都是很小、很具体的，你们可以多分享一些这些方面的知识。”社会工作者则表示：“我们不能替妈妈做决定，我们希望能和妈妈一起根据实际情况做出最适合自己的决定。所以我们鼓励妈妈一起讨论，这样才知道大家的实际情况怎么样，什么才是最适合自己的，而不是只有一套标准的指标或模板。”经过 3 个多月的共同陪伴，在服务结束时，产妇 X 已经顺利分娩并开始了母乳喂养之路。回顾整段经历，她由衷地称赞道：“新手妈妈慢慢上道，谢谢两位领路人，很暖心，收获满满。你们比较好的是，不会直接教条地给答案，而是引导我们按照宝宝自己的成长规律去观察摸索，我觉得这点很受用。”

然而孕产期母职赋权的社会行动仍然存在如下局限性：大部分孕产妇仍然是以自己个人的产育需求为出发点，更多地还是希望通过和社会工作者私人一对一的深度沟通和交流，解决自己的困扰或问题；生物—医学话语框架的影响导致绝大部分孕产妇仍然将上述议题视为仅关乎自己个体身心层面的隐私性问题，而没有意识到孕产相关话题的社会性和公共性，不太愿意在小组和群体的层面上进行深度分享和讨论；再加上疫情防控期间无法稳定开展线下小组活动，限制了孕产期妇女面对面的深度联系和交往，导致这一阶段活动的主要形式仍然是社会工作者以回应单个产育期妇女的问题咨询和陪伴支持为主，缺少服务对象之间的深度关联和互动，家庭、社区、社会等相关方共同参与水平也仍然有限。

（二）育儿早期：社群关系纽带形成的关键时期

进入育儿早期，也就是孩子 0—3 岁以家庭成员全天候照护为主的抚育阶段，现代育儿模式要求家庭照料者承担比较繁重的看护、喂养、照料和教育职责，他们具有在家庭之外获得社会交往、喘息互助、信息咨询和公共参与等社会性需求。在对这一阶段服务对象开展调研的过程中发现：在家庭生活中承担实际照料责任的以女性为主，在共同养育和陪伴孩子的过程中，她们之间很容易形成自发的亲密情感和社会交往关系，“孩子多大，我们就有多长时间的友谊”“我们的关系就像小时候住的大杂院之间的邻里关系一样”。

> （有一次）接孩子的时间来不及了，我们就委派 B 妈妈家里人把所有的孩子一起都接回家了。等我们回家的时候，孩子们都在她家吃过饭了。我们互相之间经常帮帮忙。特别是之前我婆婆生病的时候，我忙着照顾婆婆，孩子有时候顾不上，其他妈妈就会帮忙照顾。（G 妈妈）

在社区中共同照料和陪伴孩子成长，不仅让这些妈妈一起经历了养育孩子过程中的各种困难、坎坷和不足为外人道的细微情感经历，形成了类似家人的自然情感与依赖关系，并且借由妈妈和孩子之间的日常交往和陪伴，也在各个家庭之间建立起了比较深厚和密切的联系。这些家庭不仅会共同组织和策划与孩子有关的各种活动，还会形成社区层面的社会支持网络，为有需要照料帮助的家庭提供短期互助服务和支持。而这些自发的社会纽带和联系则成为社区进一步发展和建设的重要基础。

由于0—3岁孩子照料的特殊性，导致很多幼儿照料者的生活大多围绕着社区空间展开，社区公共生活是这个阶段的育儿照料者为数不多的社会交往平台和外部支持系统。针对这一阶段的妇女和家庭需求开展的“亲子共学班”“父母课堂”等社会工作服务就是希望通过开展子女入园适应、家庭照料者喘息服务、儿童成长知识培训等活动，帮助育儿早期阶段的妇女及其家庭获得私人领域之外的社会服务和支持，并在公共参与的过程中逐步建立起更加稳固和持续的社会联结与自我发展的主体意识。

> 妈妈们在家带孩子，心理也需要疏导，也需要交朋友，在参与的过程中，疏导了情绪，也能获得知识。自己一个人在家带孩子很局限，遇到孩子捣乱啊各种情况就感觉没有主心骨，不踏实，心情就比较焦虑，然后总是向外求索，希望外界能给我一些支持。上了几期亲子班之后，自己心态就变了，不仅获得了知识，也获得了能量。自己得到支持了，也想发光发热把支持传递到社区中去。然后我们就带着孩子参与到社区活动中，不带孩子的活动我们也愿意参与，在社区做公益活动、清理垃圾、美化环境啊。参加这些活动也认识了更多的街坊邻居，就觉得生活更充实了。(W妈妈)

在社区共育的过程中，妈妈们也在专业社会组织及相互间陪伴和支持的影响下，逐渐意识到哺育和抚养儿童不仅是私人家庭的责任和负担，而且是更大的社会分工的组成部分。为改变公众对母乳妈妈在公共场所哺乳行为的误解，倡导为哺乳期妇女构建更加包容、支持性的社会环境和公共空间，成都市的一些妈妈在社会工作者的组织和协助下，在国际母乳喂养周期间（每年的8月1—7日），通过集体开展“母乳快闪”等活动，聚集起来在社区、医院、商场、公园等公共空间内集体哺乳1分钟。尽管这类活动在组织过程中仍然会面临难以找到合适的公共场所、与合作方理念和目标不一致以及不被部分公众理解和接纳等各种困难，但通过各种周期性的线上和线下交流活动，这些原本相互孤立、缺少社会联结和外部支持的哺乳期妈妈，以相互分享食物、感受和经历，在微信群聊中回答其他新手妈妈的问题，共同策划和开展集体行动等方式，不仅建立起彼此之间的情感关联和支持纽带，还在相互鼓励与支撑之下开始将原本隐藏于社会公共话语背后的女性议题和困境以公共发声的方式推向社会前台，为营造更加包容和多元的社会公共环境和氛围做出了自己的努力。

可见，处于育儿早期阶段的妇女和家庭在共同育儿过程中很容易形成亲密的社会交往和支持纽带，但此时的社会交往仍然是基于这一特定阶段家庭之间彼此陪伴和支持的需求而形成的非正式交往，如果缺少外部力量的进一步促进和推动，那么这些自发的社会联系和纽带很容易在孩子成长过程中逐渐松散或瓦解。尽管早期育儿阶段的照料者有较强的接受社区服务、参与公共活动的意愿，但由于时间和精力上的限制，处于育儿早期的妈妈们仍然主要以接受家庭教育讲座、参与“亲子共学班”等服务接受者的被动形式参与到社区活动中。与前一阶段的产育期妇女相比，这一时期的妈妈们已经开始更多地意识到哺育行为的社会性和公共性，愿意以集体对话和参与公共行为等方式表达和推动包容性社会空间的营建和塑造。

（三）后育儿期：社区生活的主体

后育儿期是指孩子在3岁左右进入幼儿全托机构之后，尽管白天有一段相对完整的时间不再需要专人陪伴和照料，但在其余时间仍然无法完全独立生活，需要特殊关注和陪伴的时期。这一时期的母职实践也会存在较大分化：既有返回工作岗位，将照料孩子日常生活的主要职责转包给市场化服务人员或其他家庭成员（尤其是女性老年人）的“委托／代理母职”[18][36]；也有完全在家庭中照料孩子、老人和家庭的全职妈妈群体；还有一部分女性则尝试兼顾家庭育儿和自我学习、成长发展、兼职工作或社会公益服务等其他社会生活安排，而无法用某个单一的身份来限定她们，有学者将这一类型的母职实践称为“斜杠妈妈”[5]，以指代她们多样流变的身份与可能。

在大宝3岁之前，我是处于一个上班的状态，孩子由祖辈来带。在祖辈来带的过程中，与我的教育理念起冲突，（我）就辞职回家（照顾孩子）了。后来我又生了二宝，现在一边照顾孩子一边在准备建筑师资格考试。（L妈妈）

我属于要孩子晚的，长辈年纪都大了，我也不愿意再劳累她们帮我照顾孩子，我就在家照顾孩子，也帮着照顾老人。（G妈妈）

在我们所开展的社区服务中，后两种妈妈（全职妈妈和斜杠妈妈）更多地成为我们活动开展的主要参与者和受益者。接送孩子和照料家庭的需要限制了这些后育儿期女性群体参与社会活动的时间和空间，她们的日常生活更多地围绕着社区和家庭层面展开，与职场妈妈相比，她们更有时间和意愿参与社区公共服务。由于缺少正式的职业身份和群体认同，这些妈妈社会交往和社会参与的渠道非常有限，个人能力和价值远未得到充分发挥和实现。在访谈中，她们多次表示想找一些有意义的事情以综合利用自己日常生活中的闲暇时间，希望在用自己的力量帮助他人的同时，能够有一些经济收入使自己的社会价值和劳动付出得到体现和回报，也对孩子的成长起到良好的引领和示范作用。

我的计划是等孩子们不需要我全天照料的时候，我会找一些公益工作去做，既能照顾老人，有利于社会；又能有一点儿收入。我喜欢参加孤儿院、敬老院啊这种志愿者活动，这种（活动）特别具有价值感，我觉得好棒！作为妈妈，我们自己怎么做的，孩子全都看在眼里。（L妈妈）

这些身心健康、年富力强、具有中等以上受教育水平和工作经验，并在照料子女和家庭的过程中积累了丰富的养育经验和非正式社区资源的妈妈，是社区活动中的重要潜在力量和宝贵资源。面对这一阶段的妇女群体，社会工作者充分运用和调动在前两个阶段积累下来的社会信任和纽带关系，以“社区妈妈行动小组”的方式，激发后育儿期妇女主动参与社区公共活动的信心和行动潜能，推动她们以更加开放的姿态参与到社区事务的讨论、建设和发展之中，从而在获得自我成长和发展的同时实现对社区建设的参与和“反哺”。在对两地实践活动经验总结的基础上，我们发现后育儿期妈妈群体的社区参与具有下述社会特征和发展潜能。

1．从“关注自己的孩子”走向“建设我们的家园”

小组建立伊始，很多妈妈参与社区活动的出发点只是希望给自己的孩子争取一些参与社区实践活动或者社区展示表演的机会，但是伴随着小组活动的逐渐开展，妈妈们开始更多地认识到社区建设就是在打造自己日常生活的大家园；营造健康、安全、高效运转的社区环境，既是每一个社区居民的责任，也能让社区所有家庭从中获益。

在小组开展活动期间，北京市通州区突发新冠疫情，小组中的妈妈和孩子们与阳性感染者在活动轨迹上有时空重叠。基于对社区活动的前期参与和对社区工作人员的了解和信任，妈妈们不仅第一时间主动向社区报备并配合参加核酸检测，还在社会工作者的引导下，调整了小组原先的活动计划安排，在居家防疫期间和孩子们一起拍摄录制了“家庭日常防疫消毒”“出入公共场所注意事项”“居家学习心理调适”等不同主题的宣传视频，共同打造社区防疫的公共安全空间。

在街道开展的居民微自治创投项目活动中，社区妈妈小组围绕儿童友好社区和儿童参与社区建设等主题申报活动经费，并在社区工作人员的支持下开展相关活动，组织和带领自己身边的孩子们关心关爱社区空巢老人，积极参与社区楼门美化，动员社区居民共同打造有利于儿童健康成长的公共生活空间。

> 我看前两天发了一个消息，国家大力重视孩子们的体育锻炼。我们家长之前自发地在小区建了一个篮球架，后来社区改造也不知道篮球架去哪儿了，不知道社区能不能帮我们争取到公共场所的体育器材，我们家长也愿意一起参与建设和维护。（L 妈妈）

2．产育期妇女的相互支持与助力成长

在开展服务的过程中，我们还发现，上述三个阶段的产育期妇女并不是彼此孤立和没有关联的，恰恰相反，很多在孕产期和早期育儿阶段曾经接受过社区服务、参与过公共活动的女性，也在此过程中培育起社区参与精神和女性互助意识，并逐渐成长为社区活动骨干甚至是社会服务的直接提供者和参与者。

> 这些家长们在参与“亲子共学班”的过程中，出于对我们活动理念的赞同，也逐渐产生了更强的社区认同和公益意识。其中一些妈妈开始成为“亲子共学班”的志愿者甚至老师，她们会利用自己的闲暇时间为孩子们讲课，我们都亲切地称呼她们为“妈妈老师”。（社会工作者 M）

那些在孕产期和早期育儿阶段曾经接受过社区服务的妇女在专业社会工作者的引导和推动下，能够以同辈群体间“非指导性咨询网络”的形式，将自己的孕产和康复经历、哺乳和育儿经验、在此过程中的自我成长和觉知以及相关社会资源和信息等“反哺”给社区中的其他妇女和家庭，并因其与服务对象之间平等对话、相互陪伴、共同成长等行动特点，提升了社会服务的活动效果，也促进了社区中产育期妇女的互助情谊。

由此一来，前文所述的产育期妇女社区参与的三个阶段之间就不是彼此割裂和孤立的关系，而是能够在包容和支持型的社区环境和氛围中形成持续反馈其他育龄妇女的动力循环系统（见下图），从而为产育期妇女“参与式社区支持系统”提供了内部可持续的循环再生动力。

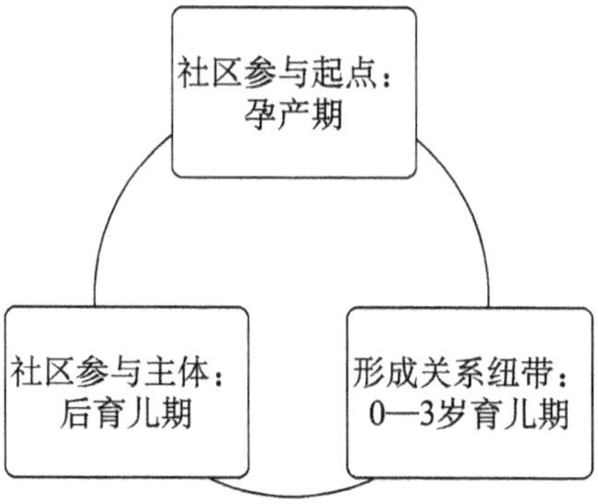

产育期妇女“参与式社区支持系统”动力循环图

这种产育期妇女彼此之间的相互支持和助力也使一些女性开始尝试和探索新的母职践行方式。以我们社会工作服务的主要开展者之一Y妈妈为例，她曾经全职在家抚养女儿三年，在此期间，一些有经验的妈妈建立的“母乳妈妈喂养群”帮助她缓解了诸多压力和问题，并在相互陪伴和支持性的环境中实现了自我成长和蜕变。在孩子上学之后，Y妈妈和丈夫重新协商调整了家庭安排和分工：Y妈妈开始系统学习社会工作专业相关课程，并在专业机构的指导下开展了母乳喂养、家庭教育和社区营造主题的相关社会工作服务；Y妈妈的丈夫前后三次调整工作地点，从而兼顾起照顾女儿和家庭的责任，在此过程中他尝试用短视频、文字、图片等方式记录自己和孩子共同生活的点滴并享受其中；由于Y妈妈的工作环境相对友好包容，孩子寒暑假也可以在妈妈的工作地点共同参与学习、生活和行动。Y妈妈认为自己成为母亲的经历不仅仅是一种压力和负担，而是在家人、工作伙伴和其他志同道合的妈妈们的相互陪伴和支持下，开启了另一条自我探索和成长之路。

尽管Y妈妈的个案有其自身的独特性，然而在这一案例中所展现出来的对传统家庭性别分工模式的改变和挑战、积极营造生育友好的工作环境和氛围、在争取外部支持的同时帮助其他女性实现自我蜕变和成长，以及在社区中积极践行“工作—育儿—生活”相统一的生活方式等尝试，则为我们反思和推动母职关怀下的社会实践和行动带来了重要启发和借鉴。

3. 成为居民自治的重要行动主体

在服务开展过程中我们发现，城市社区的很多妈妈原本就具有较高的人力资本和活动潜能，也已经在社区非正式活动和交往中承担重要角色。在社区参与过程中形成的对社区工作者的信任和对社区共同体的认同，则进一步推动她们成为居民自治的重要行动主体。

在疫情封控期间，北京市通州区某社区的妈妈小组不仅积极为社区中的老年人和其他需要帮助的群体提供买药、团购、送货、垃圾消运处理等志愿活动，还主动采用视频、文字、图片等形式发布防控信息、记录社区故事、凝聚社区共同体意识。以下文字就是疫情封控期间小组成员在社区公众号中记录的邻里互助场景。

> 每天都被这些无私的邻居感动着。今天上午风很大，还夹杂着中雨，可是我们的志愿者们却风雨无阻。由于居家办公和孩子上网课，这两天志愿者数量减少，两位阿姨主动请缨战斗在派送第一线。昨天有一位志愿者姐姐送货的时候，由于货物太重抻着胳膊了，一早做了理疗后又奔赴派送第一线。儿子要用可擦写笔，可是家里的几支都“罢工”了。群里刚发出求助信息，立马就有邻居给送了过来。“远亲不如近邻”，疫情拉近了邻里距离，大家变成了没有血缘关系的亲人。置业 ×× 小区 × 号楼，是我做的最好的投资！（N 妈妈）

在多样化的社区参与和居民自治活动中，后育儿期女性通过发挥各自的专长和优势，充分感受到自己作为社区一员在公共参与和服务过程中的主体作用，而这又成为激发其下一步社会参与的动力源泉。社会工作者的积极推动和引导，以及来自社区公共舞台的期待与认可，则成为推动这些妇女在公共活动中发挥自身主体性的外部助力。

> 我觉得咱们的妈妈小组具有“两高一正”的特点：一是高链接，虽然咱们小组里的妈妈和小朋友们不多，但是团队的辐射作用很大，对社

区居民能起到很大的影响作用；二是高契合，所有这些活动与咱们的社区发展方向高度契合，也通过这些活动使咱们之间更加了解彼此；三是正能量，妈妈们带着孩子们的心都特别纯洁，带着正能量去做这些活动。（社区书记Z）

在这样一种相互影响和形塑的过程中，产育期妇女获得社区支持的方式逐渐从“个别的”转变为“群体的”，从“被动接受”转变为“主动提供”，从“短期性、应激性、会逐渐衰减的周期性需求”转变为“持续的、稳定的以及可再生的内部动力循环”。在社区层面上为母职赋权的过程，不仅大大提升了产育期妇女的生活体验和公共参与的意愿和能力，也为社区治理过程中的居民组织和动员提供了重要的社会资源和基础。

五、结论和反思

通过对北京市和成都市等一线城市社区妇女的社会调查和服务，本研究深入探讨了孕产期、育儿早期、后育儿期三个阶段产育期妇女的社会性需求，开展了一系列有针对性的社会工作服务，并试图在此基础之上探讨产育期妇女“参与式社区支持系统”的搭建。本研究的主要结论和价值包括以下四个方面。

第一，致力于将“产育”话题从私人家庭内部事务和生物—医学话语中挣脱出来，重新赋予“人口再生产”以社会属性和公共价值，积极推动生育友好型社区建设。已有研究表明：育儿责任愈是加诸私人家庭，在现有的“市场—家庭”二元结构下，越会强化育儿责任在女性群体内部和性别之间的不平等——始终是在现代市场分工中处于更加不利位置的个体在承担再生产责任，从而不断强化了再生产责任的从属性地位和边缘化位置。[37]新生儿的出生和养育原本就是一个涉及共同体情感关系与社会支持建立和维系的重要关口，它包含了社会情感层面的爱与期待、公共价值层面的伦理与责任以及群体行为层面的规则和秩序。因而需要将承担再生产责任的主体从私人家庭中推向社会前台，将其上升为社会公共话题予以探讨和支持。从本研究可以看出，生育友好型社会的建设既需要家庭成员——特别是丈夫——的理解、参与和支持，也需要国家公共部门在城市规划设计、工作—家庭平衡、孕产托育服务和税收福利政策等方面的不断发展和完善；与此同时，也不能忽视社区在日常生活层面上为产育期妇女搭建的全方位支持系统的重要性。作为产育期妇女在家庭私人领域之外的第一层社会支持网，社区能够提供的支持和服务包括但不限于：社区公共活动空间的提供，居民自治创享基金的投入和建设，包括孕产保健、育儿知识、喘息互助、家庭咨询、入园教育等主题的社会工作服务链接和推送，以及产育期妇女和家庭活动平台和资源的搭建等公共服务的开展，从而在回应产育期妇女和家庭社会性需求的同时，为社区公共建设和发展积累社会动员基础。

第二，为母职赋权的前提是正视产育期妇女的社会性存在、需求和权利，并积极推动她们的社会在场、公共发声和主体行动。人口再生产是社会存续的根本，尽管照护本身是不分性别的，但由于再生产劳动的特殊性，在现实情形之下，女性的确在怀孕、分娩和哺乳等人口再生产过程中作出了重要贡献。与其无视甚至贬低女性从事抚养和照料过程中积累的宝贵经验和觉知，不如将其作为现实情境下女性社会参与的重要基础和宝贵财富。我们的社会并不只是由 18—60 周岁的健康成人所构成[9]，作为社会再生产的重要承担群体，女性的社会参与会更多地将这个社会中通常被忽视的那部分群体——婴幼儿、老年人、残障人士以及其他照料者和被照料者——的声音和需求推向社会前台。我们既有的公共生活和空间往往是围绕着健康成年男性的标准设计的，推动女性的社会参与和集体行动则是践行母职赋权的重要指标和体现。产育期妇女的个人感受、经验、参与、体会和成长亦是个体化时代下推动生育环境改变不可或缺的重要环节。

第三，产育期不同阶段妇女的社会性需求和行动特征是一个既相互变化和有所区别，又前后相继、彼此关联的整体，这也增加了社会工作服务的灵活性、复杂性和丰富性，需要在实践过程中积极尝试和探索兼具系统化、针对性和成长型的社会工作服务。

(1) 社会工作的系统性是指社会工作服务是在统一的活动主题和活动目标的指引下，开展具有内在一致性的持续性服务和行动。如表3所示，该活动要为城市社区中25—45周岁的产育期妇女进行母职赋权，以实现其作为社会生活主体的价值感和能动性，从而最终发动多元力量共同推进生育友好型社区建设。整体服务策略是通过引入外部支持性资源，搭建社区活动平台，协助产育期妇女结成相互陪伴与合作的纽带，帮助她们确立走向人生新阶段的信心，并在社区参与的过程中逐步激发其作为社区行动主体的能力和意识。

表3 产育期妇女“参与式社区支持系统”的搭建

主题	为母职赋权		
对象	城市社区中25—45周岁的产育期妇女		
目标	提升产育期妇女作为社会生活主体的价值感和能动性，发动多元力量共同推进生育友好型社区建设		
策略	通过引入外部支持性资源，搭建社区活动平台，协助产育期妇女建立相互陪伴与合作的纽带，帮助她们确立走向人生新阶段的信心、力量和准备，并在社区参与的过程中逐步激发其作为社区行动主体的能力和意识		
产育阶段	孕产期	育儿早期	后育儿期
阶段性目标	帮助女性搭建社会支持网络，协助女性成为有能力的母亲	帮助女性与社区中的其他母亲和家庭建立联结	激发女性行动潜能，协同多元力量推动生育友好型社区建设
服务领域	个体／家庭	家庭／群体	公共领域
服务策略	搭建“非指导性咨询网络”；提供陪伴、咨询和支持；回应困惑、焦虑和问题；提升信心、力量和能力	提供公共生活空间；搭建社会联系和纽带；推动产育期妇女公共参与和表达	搭建活动平台；引入支持性资源；助力产育期妇女成长；推动社区改变和发展
动力来源	外生为主	内生萌芽	循环可再生
社区参与	起步阶段	活动参与对象	社区生活主体

(2) 社会工作的针对性是指在服务的具体开展过程中，我们进一步将产育期妇女划分为孕产期、育儿早期和后育儿期三个阶段，并确立了各具特色的阶段性目标和活动开展方式。具体而言，孕产期妇女的主要需求在于获得情感陪伴、评价性支持以及相关信息和能力的提升，我们的社会工作服务主要是帮助这一阶段的妇女搭建主要由同辈群体构成的“非指导性咨询网络”，同时动员其丈夫、母婴照护者、医院、社区等多主体参与为孕产期妇女提供支持，从而协助她们顺利实现生命周期的角色转变和适应。然而由于孕产期妇女身体条件和社会角色的限制，其社会参与的形式仍然表现为以外生力量为主提供的个体化的帮助与支持。处于早期育儿阶段的妇女需要在社区层面上获得社会交往、喘息互助、情感支持与合作育儿等社会性需求。这一阶段的社会工作服务主要以“亲子共学班”、参与社区公益活动等形式为载体，通过为早期育儿阶段的妇女和家庭提供公共生活空间、搭建公共参与平台，帮助他们将原本自发的社会纽带巩固和延续下来，并意识到自己所承担的产育劳动的社会价值和公共属性。处于后育儿阶段的女性更多地具有平衡育儿责任和家庭经济收入、参与公共生活、打造美好家园、实现主体价值和个人成长等更加多样化的社会性需求，同时她们在社区参与的意愿和能力、社区纽带和资源以及时间和精力等方面具备一定的优势条件。社会工作者通过链接相关社会资源、搭建社区生活公共平台等方式，积极推动后育儿期妇女参与社区建设和治理，并在此过程中将自身的相关经验和优势转化为对社区中其他群体的帮扶和引导，从而真正提升她们作为社会参与主体的价值感和行动力。

(3) 成长型社会工作是指为母职赋权的行动目标的实现不是一步到位的，而是在孕、产、育等各个生命周期中逐渐培育和发展起来的。作为社会和人口再生产责任的重要承担者，处于重要生命转折期的产育期妇女理应获得社会关注和支持——这也是我们设计并推动系列社工服务的初衷；但是需要获得关注和支持本身并不意味着她们是“弱者”，恰恰相反，在活动开展的过程中，我们强烈地感受到成长于中国社会经济腾飞时期的城市中青年女性是一批有意愿、有能力、有热忱参与到社会建设和发展过程中的社群主体。她们身心健康、年富力强，接受过良好的公共教育，具有较高的认知、沟通和协调能力，且具有自我成长和发展的内部动力和需求，但是由于社会公共支持系统的缺失和育儿责任私人化的外部环境，导致产育期妇女缺少参与公共生活的机会和实现自我发展的资源和平台。在“参与式社区支持系统”建设过程中，通过链接社会外部资源、搭建社区公共活动平台、推动产育期妇女参与社区活动和建设，能够大大改变传统社区活动以老年人为主、大量在社区中生活和工作的产育期妇女隐而不彰的现状。从一开始在社区公共空间中基于相互陪伴而形成的自然情感，到共同目标之下的相互协作、公共发声和推动社区建设发展，社区妈妈小组自身也经历了见证彼此成长的重要社会历程。

（4）为“私人化母职”搭建公共性支持的过程，也是在探寻另一种社会发展模式的可能。过去两百年来的妇女解放运动更多聚焦于女性如何进入政治和经济等公共生产领域，但对于更大的社会设置和安排如何进入和分担仍然主要由女性来承担的再生产劳动则仍然是一场“未完成的革命”。[22] 在人口结构与生育政策双重转型的大背景下，我们尤其需要思考如何让所有人（包括男性和女性）统合起作为独立个体与照料者的双重身份。与其贬低或否认女性作为母亲或照料者的身份，不如去探讨如何建构一个更加健康、持续且多元主体参与的社会再生产方式。就此而言，本研究也可被视为一种“通过社区层面相互支持和互助的母职实践来抵抗个体化时代下孤立且焦虑的制度性母职的尝试”。因为归根结底，“我们要构建的社会，是把‘相互依存’（interdependence）看作解放而不是看作耻辱的社会”。[38]33 而在编织细密入微却又不可或缺的社会生活之网方面，不同地域和阶层的中国女性已经开展了漫长而艰辛的探索和努力，值得我们去进一步挖掘、呈现、记录和推动。

本研究的主要局限包括以下四个方面。

第一，社区只是诸多外部社会环境中的末端，当社会文化观念、制度运行规则、外部职场环境等更大的社会结构没有发生根本性改变，仅在社区层面进行调整和推动变化是非常有限和不足的，甚至仍然存在将女性限制在低收入、低声望、低回报的社会区隔，将女性工具化并进行额外社会索取和剥夺的风险。因此，本文也多次强调社区层面支持体系的建构只是诸多需要提升和改善的外部环境之一——当然也是眼下相对容易着手和产生社会回报的形式之一；但除此之外，还需要社会不同制度层面的协同改善和发力。

第二，对母职的赋权并不意味着对父职的忽视，男性有责任同时也有权利参与到社会再生产领域的全过程。尽管在各个阶段的服务中，我们都设计了专门的男性主题活动，鼓励丈夫尊重与认可家务劳动的价值、夫妻平等分担家务和父亲参与养育，也欣喜地看到越来越多的父亲参与到“亲子共学班”和社会建设的队伍之中。但总体而言，无论是在男性参与的主动性和积极性、参与的具体形式和内容，还是在外部社会文化和制度环境的包容度和支持性上，都有待持续且深入的系统研究和推动。

第三，本研究仍然主要聚焦于一线城市社区中等受教育程度以上的健康女性，相比于其他地域、阶层和处境的产育期妇女而言，这些女性所处的社会经济地位相对优越，社区资源环境也相对充足。相形之下，在一线城市开展社区母职赋权的最大困难反而在于突破大城市居民间“原子化”的社会屏障，搭建城市社区“陌生人”之间的相互信任和联结。因而本研究的结论和发现具有明显的地域和阶层限制。

第四，为母职赋权是一条持久且漫长的进程，这与当下社会工作服务项目化、阶段性以及标准化的评价体系并不一致。在实际的服务开展过程中，行动者需要将原本具有整合性、持续性和在地化的服务内容进行人为切割、中断和分包，一些服务项目的开展也需要服务于社区建设的其他整体性目标和活动开展流程，这也在一定程度上限制了在社区层面上为母职赋权的深入性和有效性，在很多时候仍然表现为对日常生活的妥协和修补。

即便有上述种种问题和不足，我们仍然需要高度重视并充分回应产育期妇女的社会性需求，以及在社区层面上建立参与式社会支持体系的必要性和可行性。除了激励性的生育政策之外，只有在文化观念、生活方式、社会体验和人际互动等层面真正让产育期妇女和家庭的声音被听见，让她们所作出的社会贡献和价值得到承认、尊重和分担，让她们的生活和工作环境更加有弹性和包容，并助力她们走向社会前台，真正成为社会建设和发展的参与者和行动者，才能在更加基础性的层面上向生育友好型社会迈出坚实步伐。

【参考文献】

[1] 宋健，胡湛，杨菊华，等．解读三孩生育政策推动构建包容性配套支持措施 [J]. 妇女研究论丛，2021（4）.

[2] 马春华．中国家庭儿童养育成本及其政策意涵 [J]. 妇女研究论丛，2018（5）.

[3] 李洁．“人”的再生产——清末民初诞生礼俗的仪式结构与社会意涵 [J]. 社会学研究，2018（5）.

[4] 安超．拉扯大的孩子：民间养育学的文化家谱 [M]. 北京：社会科学文献出版社，2021.

[5] 施芸卿．以共同育儿为业：跨越儿童抚育的家庭边界——以一个城市社区的“抱团养娃”实践为例 [J]. 妇女研究论丛，2022（1）.

[6] Leahy-Warren, P., Mc Carthy, G., and Corcoran, P. Postnatal Depression in First-Time Mothers: Prevalence and Relationships between Functional and Structural Social Support at 6 and 12 Weeks Postpartum[J]. *Archives of Psychiatric Nursing*, 2011, 25(3).

[7] 杨蕾，任焰．孕产行为的医学化：一个社会建构过程的反思 [J]. 开放时代，2014（6）.

[8] 落合惠美子.21 世纪的日本家庭何去何从 [M]. 郑杨，译．北京：社会科学文献出版社，2021.

[9] 上野千鹤子．父权制与资本主义 [M]. 邹韵、薛梅，译．杭州：浙江大学出版社，2020.

[10] 闫臻．月子中心消费叙事：从“代际情感交换”到“经济消费认同”的女性身体建构 [J]. 中国青年研究，2018（7）.

[11] 杨菊华．“性别—母职双重赋税”与劳动力市场参与的性别差异 [J]. 人口研究，

2019（1）.

[12] 申超 . 扩大的不平等：母职惩罚的演变（1989—2015）[J]. 社会，2020（6）.

[13] Oakley, A. *Woman's Work: The Housewife, Past and Present* [M]. New York: Pantheon Books, 1975.

[14] Rich, A. *Of Women Born: Motherhood as Experience and Institution* [M]. New York: W. W. Norton & Company, 1986.

[15] O'Reilly, A. *From Motherhood to Mothering: The Legacy of Adrienne Rich's of Woman Born* [M]. Albany: State University of New York Press, 2004.

[16] 吴小英 . 母职的悖论：从女性主义批判到中国式母职策略 [J]. 中华女子学院学报，2021（3）.

[17] 肖索未，汤超萍 . 流动的母职：乡城迁移中的母职协商 [J]. 妇女研究论丛，2021（2）.

[18] 裴谕新 . 鸡娃不如鸡自己：粤港澳大湾区创业女性的母职再造 [J]. 妇女研究论丛，2022（4）.

[19] 高碧叶 . 中国女性孕育过程中的母职与母性赋权实践 [J]. 广东社会科学，2021（3）.

[20] 王蕾 . 母职策略：城市中产女性孕产期的母职实践 [J]. 社会建设，2022（3）.

[21] 李洁 . 重新发现"再生产"：从劳动到社会理论 [J]. 社会学研究，2021（1）.

[22] 阿莉・拉塞尔・霍克希尔德 . 职场妈妈不下班：第二轮班与未完成的家庭革命 [M]. 肖索未，刘令堃，夏天，译 . 北京：生活・读书・新知三联书店，2021.

[23] 李洁，吉来诗琴 . 从"家庭"走向"社群"——"都市中产全职妈妈"社会参与的路径与价值探析 [J]. 妇女研究论丛，2022（1）.

[24] 许怡，辛荣 . 流动中妇女的母职实践与主体重塑 [J]. 社会发展研究，2021（4）.

[25] 丁瑜 . 妇女何以成为社群主体——以 G 市 L 村妇女自组织营造经验为例 [J]. 妇女研究论丛，2019（4）.

[26] 王印红，李莉 . 女性何以增进社区治理效能？——基于 Q 市三个社区的案例研究 [J]. 公共行政评论，2021（6）.

[27] 丁瑜 . 社会工作研究与实务反思：基于性别与结构的视角 [J]. 妇女研究论丛，2019（6）.

[28] Larkin, P., Begley, C. M., and Devane D. "Not enough People to Look after You"：

An Exploration of Women's Experiences of Child-birth in the Republic of Ireland [J]. *Midwifery*, 2012, 28(1).

[29] 林晓珊 . 母职的想象：城市女性的产前检查、身体经验与主体性 [J]. 社会，2011（5）.

[30] Steen, M., Downe, S., Bamford, N., Edozien, L. Not-Patient and Not-Visitor: A Metasynthes is Fathers' Encounters with Pregnancy, Birth and Maternity Care [J]. *Midwifery*, 2012, 28(4).

[31] 克莱尔・汉森 . 怀孕文化史：怀孕、医学和文化（1750—2000）[M]. 章梅芳，译 . 北京：北京大学出版社，2010.

[32] Jones, C. C. G., Jomeen, J., and Hayter, M. The Impact of Peer Support in the Context of Perinatal Mental Illness: A Meta-Ethnography[J]. *Midwifery*, 2014, 30(5).

[33] Dennis, C. L. Postpartum Depression Peer Support: Maternal Perceptions from a Randomized Controlled Trial [J]. *International Journal of Nursing Studies*, 2010, 47(5).

[34] Dennis, C. L. Psychosocial Interventions for the Treatment of Perinatal Depression [J]. *Best Practice & Research Clinical Obstetrics & Gynaecology*, 2014, 28(1).

[35] Dennis, C. Peer Support within a Health Care Context: A Concept Analysis [J]. *International Journal of Nursing Studies*, 2003, 40(3).

[36] 肖索未 . "严母慈祖"：儿童抚育中的代际合作与权力关系 [J]. 社会学研究，2014（6）.

[37] Luxton, M. Feminist Political Economy in Canada and the Politics of Social Reproduction[A]. In Kate Bezanson & Meg Luxton (eds.). *Social Reproduction: Feminist Political Economy Challenges Neo-liberalism*[G]. Montreal: Mc Gill-Queen's University Press, 2006.

[38] Hartmann, H. The Unhappy Marriage of Maxism and Fenimism: Towards a More Progressive Union [A]. In Lydia Sergent (ed.)*Women & Revolution* [G]. London: Plute Press, 1981.

北京高校女大学生身心健康需求及小组工作介入研究

王献蜜　马心玉*

摘要：为研究女大学生身心健康的整体状况，提升女大学生的健康水平，文章采用定量研究方法，对北京高校女大学生进行问卷调查，分析女大学生身心健康的现状及需求，探讨小组工作在提升女大学生身心健康方面的效果。调查结果显示，当前女大学生的身心健康状况不容乐观——97.3%的女大学生在过去一年中出现过身体健康困扰，98.3%的女大学生出现过心理健康困扰，59.4%的女大学生在解决这些困扰时往往采用自我调整的方法，但她们希望得到专业支持。结合女大学生身心健康需求，文章以KAP（知识—信念—行为）理论的知识影响信念、信念改变行为的思路设计小组介入方案，聚焦女大学生身体健康知识、心理健康知识、学业压力缓解以及亲密关系梳理四个方面开展主题活动，以增强女大学生身心健康意识，改善损害身心健康的不良行为，倡导健康生活方式。

关键词：女大学生；身心健康；社会工作干预

---

* 王献蜜，女，中华女子学院副教授，研究方向为医务社会工作；马心玉，女，中华女子学院社会工作专业研究生，研究方向为社会工作。本文刊登于《中国社会工作》2022年第36期。

一、研究准备

（一）研究背景

健康是人类永恒的主题，中共中央、国务院印发的《“健康中国2030”规划纲要》意味着健康中国战略的正式开启。2018年，习近平总书记在全国教育大会上强调要树立健康第一的教育理念。2021年，习近平总书记在清华大学考察时勉励大家“坚持德智体美劳全面发展，努力成为祖国建设的栋梁之材”。高校是健康中国建设的重要组成部分[1]，作为国家未来建设的接班人，大学生的身心健康至关重要。教育部发布的统计数据显示，在校硕士生中，女生所占比例达到52.17%，而在普通本科在校学生中，女生占到了53.9%。[2]高校女生的人数是一个庞大的数字，是不可忽视的群体，女大学生的身心健康对个人、家庭、社会来说都是非常重要的。本研究将聚焦女大学生群体，探索其身心健康状况、影响因素及提升女大学生身心健康水平的有效方法。

（二）研究目的

通过文献梳理发现当前有关女大学生身心健康领域的相关研究不足，尤其是从社会工作视角出发开展的研究较少。本研究的目的包括以下两个方面：一是研究女大学生身心健康现状、问题及需求。二是基于女大学生身心健康需求，运用KAP（知识—信念—行为）理论设计小组工作介入方案，探索社会工作服务在增强其身心健康意识、改善身心健康相关不良行为以及倡导健康生活方式中发挥的功能。

（三）研究思路及方法

1. 研究思路

研究以“现状如何、为什么、怎么办”的总体思路进行，以女大学生为研究对象，选择定量研究方法，以问卷调查的方式收集资料。在分析和评估女大学生身心健康现状及需求的基础上，运用KAP理论设计干预方案并进行干预（见图1）。[3]

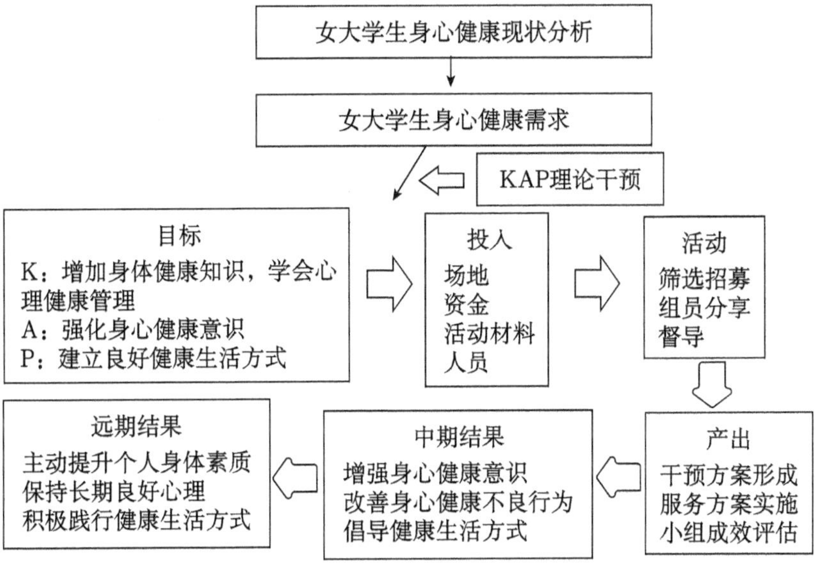

图 1　女大学生身心健康研究思路框架图

2. 研究方法

本研究的对象聚焦首都高校女大学生，在北京 92 所高校中，采用简单随机抽样方式抽取两所高校，在抽中的两所高校中，采用分层抽样和整群抽样相结合的方式，分别从大学一年级、二年级、三年级、四年级以及研究生中抽取一个班级，被抽中班级的所有女同学采用自填式问卷调查的方式收集资料。所得资料经过整理后，运用 SPSS23.0 统计分析软件进行描述性分析、影响因素分析及小组干预效果评价分析。

二、研究结果

（一）调查对象基本情况

本次调查共发放 800 份调查问卷，收回有效问卷 754 份，有效回收率为 94.3%。754 名女大学生中，45.1% 的学生来自城市，43.0% 的学生来自农村，来自乡镇的学生占 11.9%。硕士研究生及以上的女大学生所占比例最高，为 27.3%；其次是大一年级女大学生，占 27.1%；大四年级的女大学生占比 18.0%；大三年级的女大学生占比 14.3%；大二年级的占比最少，为 13.3%。34.7% 的女大学生为独生子女。

（二）女大学生身体健康状况

1. 女大学生面临的身体健康困扰及持续时间

97.3% 的女大学生表示在过去一年中出现过身体健康困扰。女大学生面临的身体健康困扰问题排名前五的是皮肤状态不好、睡眠不足、脱发问题、情绪问题以及月经问题。只有 2.7% 的女大学生表示自己目前没有出现过健康困扰（见图 2）。

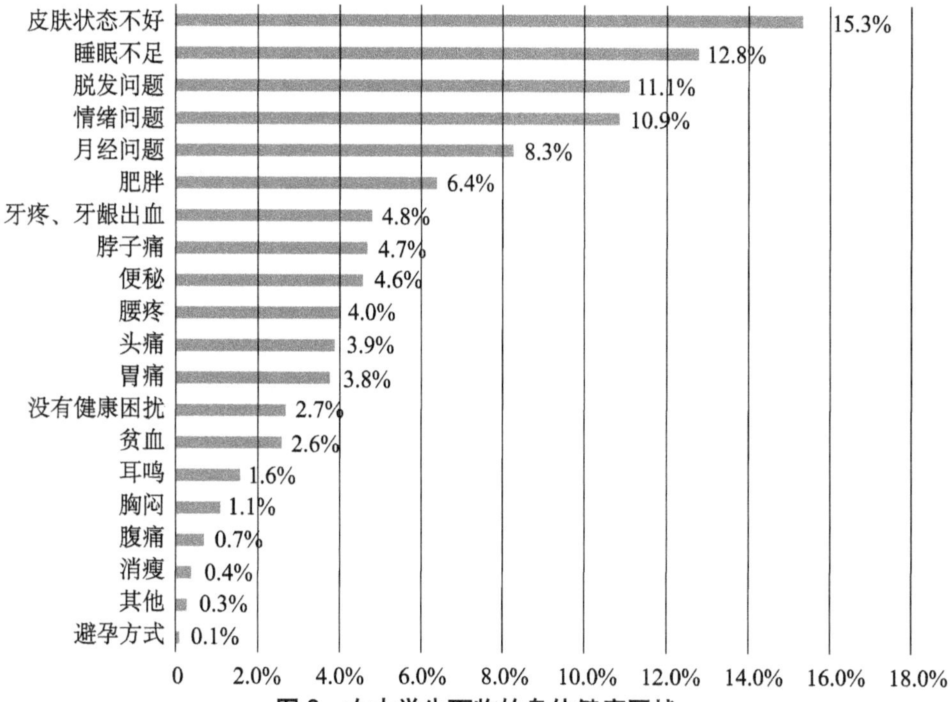

图 2　女大学生面临的身体健康困扰

33.4% 的女大学生出现上述身体健康困扰的时间持续了 6 个月以上，所占比例最高。21.8% 的女大学生出现上述健康困扰的持续时间是一周到一个月，还有 25.7% 的女大学生出现上述身体健康困扰持续时间在一周之内（见图 3）。

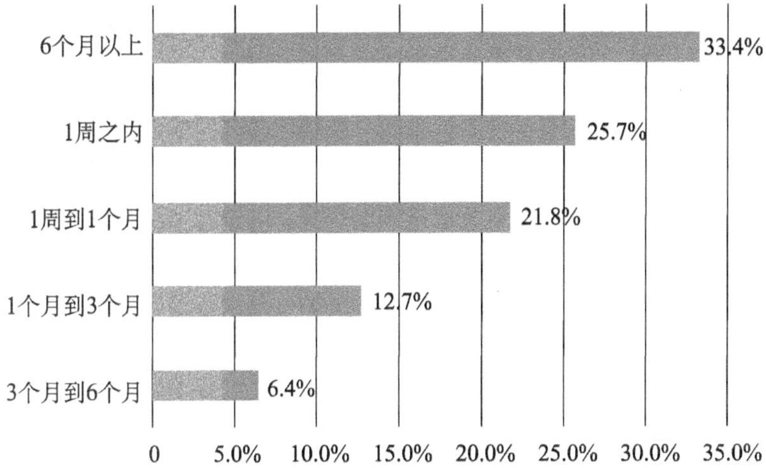

图 3　女大学生面临的身体健康困扰持续时间

2. 女大学生对身体健康状况的自我评价

以 10 分为满分对自身整体身体健康状况进行评价，大部分女大学生对自己的健康状态表现出自信。女大学生健康困扰应对方式自评的平均值为 7.33 分，自评分为 8 分及以上的女大学生占 48.2%，但自评分在 0—5 分的女大学生仍占到 17.3%，女大学生的身体健康问题仍需要被关注（见图 4）。

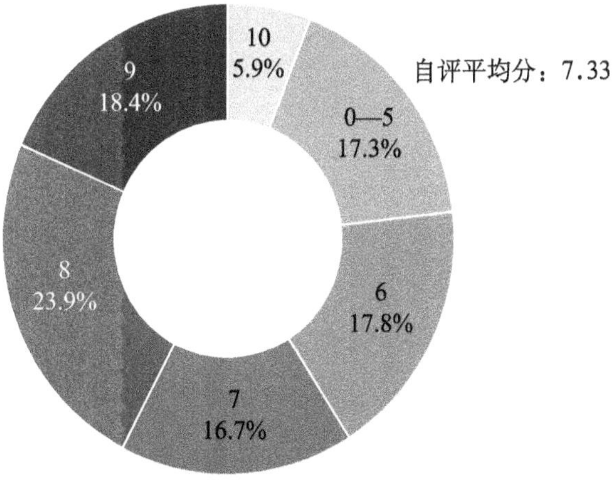

图 4　女大学生对身体健康状况的自我评价

（三）女大学生的心理健康状况

1. 女大学生面临的心理健康困扰及持续时间

98.3% 的女大学生表示在过去一年中出现过心理困扰。其中，心理困扰表现排名前五的分别是学业压力、生涯规划压力、同辈群体人际关系压力、性格（不自信等）问题以及对专业前景的担忧。其中女大学生面临的学业压力问题最为严重，占 19.1%；生涯规划压力占 15.9%。只有 1.7% 的女大学生表示自己没有压力（见图 5）。

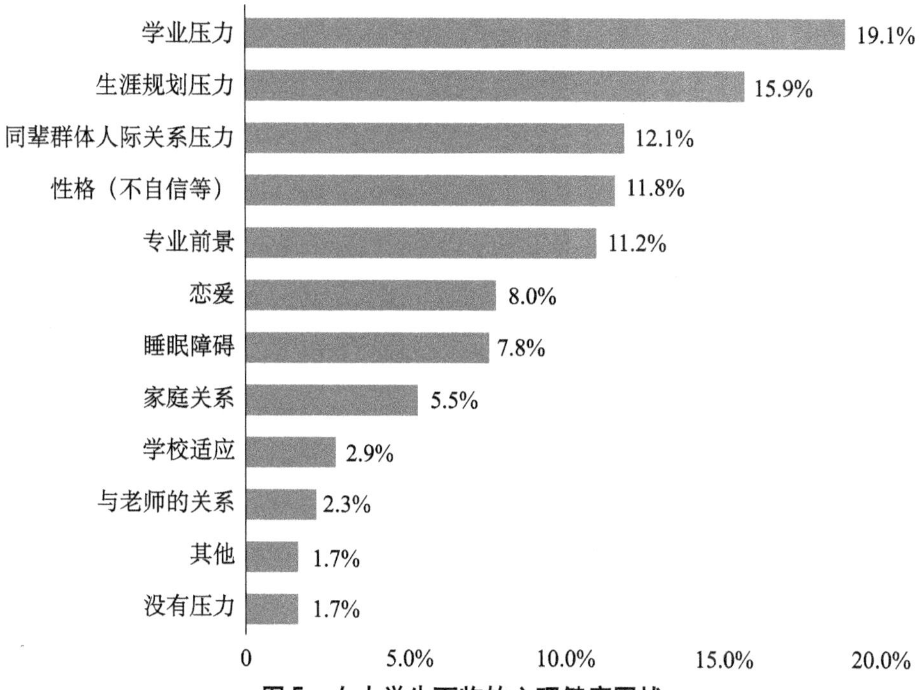

图 5　女大学生面临的心理健康困扰

27.1% 的女大学生出现上述心理困扰的时间持续在一周之内，占比最多；24.1% 的女大学生出现上述心理困扰持续 6 个月以上的时间；20.2% 的女大学生出现上述心理健康困扰持续了 1 个月到 3 个月；17.2% 的女大学生出现上述健康困扰持续一周到一个月；女大学生出现的上述心理健康困扰持续时间在 3 个月到 6 个月的占 11.4%，占比最少。

2. 女大学生对自身心理健康状况的自我评价

女大学生对自身总体心理健康状况的自评分为7.51分（满分为10分）。评分在8分及以上的占48.7%，但仍有16.3%的女大学生对自身总体心理健康状况的评分在0—5分（见图6）。

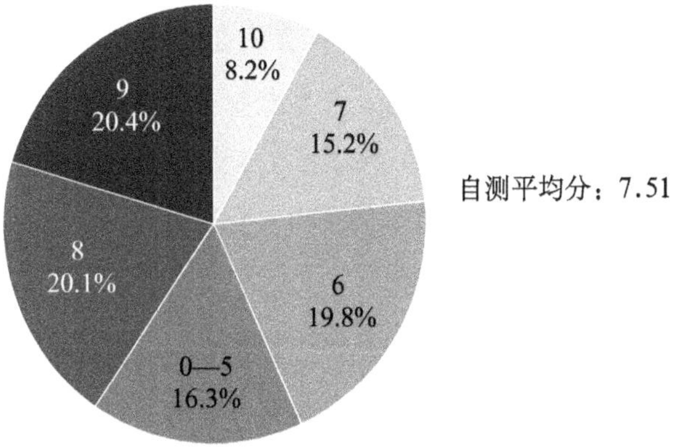

图6　女大学生对心理健康状况的自我评价

（四）女大学生对健康理念、知识、行为的需求

在被调查的女大学生中，为了提高自身的身心健康水平，23.4%的女大学生认为需要改变行为生活方式，20.3%的女大学生认为需要改变健康生活理念，还有16.6%的女大学生认为需要增加健康知识（见图7）。

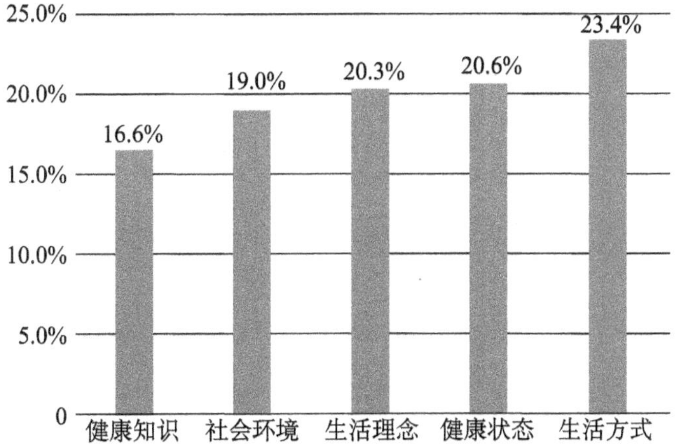

图7　女大学生对改善自身健康因素的看法

三、研究结论

（一）女大学生身体健康现状

通过女大学生身体健康自评分可以看出，大部分女大学生表示在过去一年中出现过身体健康困扰；大部分女大学生对自己的身体健康表现出自信的状态。在女大学生身体健康困扰中排名前五的是皮肤状态不好、睡眠不足、脱发问题、情绪问题以及月经问题。皮肤状态是目前女大学生最关注的身体健康问题。随着年级的上升，各方面压力也随之上升，可以看到，年级越高，睡眠不足以及情绪问题对身体健康的困扰越大。

（二）女大学生心理健康现状

通过女大学生总体心理健康自评分可以看出，大部分女大学生表示在过去一年中出现过心理健康困扰；大部分女大学生对自己的心理健康表现出自信的状态。女大学生心理健康困扰情况排名前五的分别是学业压力、生涯规划压力、同辈群体人际关系压力、性格（不自信等）以及对专业前景的担忧。学业压力是造成女大学生心理健康困扰的主要原因。硕士研究生及以上的女大学生受到学业的影响因素较大。大一新生由于刚入学，在性格（不自信等）方面表现得影响较大。

（三）女大学生身心健康需求现状

为了提高身心健康水平，女大学生希望可以通过改变生活方式、提升健康生活理念以及获取健康知识，来提高整体的身心健康状况。女大学生认为可以改变生活理念的方式包括愿意多做有意义的事情、多学习多提高以及保持健康平和的心态，缓解压力；不要想太多，行动起来、珍惜生活以及适度地锻炼健身等。女大学生愿意通过参与相关活动促使自身身心状况得到改善。

四、运用小组工作方法提升女大学生身心健康及其效果

研究发现女大学生在身心健康方面均面临困扰，尤其是学业压力和人际关系是影响各个年级女大学生的共同问题。因此，本研究以 KAP 理论为基础，根据女大学生身体健康、心理健康、学业压力缓解以及人际关系梳理四

个主题制订小组工作方案（小组活动计划见表1），并进行介入。

（一）小组目标

1. 总目标

K：增加身体健康知识、正视心理健康问题、增加专业认知、认识人际关系；

A：进一步强化身心健康意识；

P：建立良好的健康生活方式。

2. 具体目标

一是引导小组成员通过增加身体、心理等健康知识来进行自我探索与自我反思，进行自我整合；二是引导小组成员增强互助理念，在组内形成互助理念；三是引导小组建立良好的互助网络，帮助挖掘健康的生活方式，增强持续性。

（二）小组性质

小组为互助小组，促使大学生直接在健康理念、知识、行为生活方式等方面相互分享并相互促进。

表1　小组活动计划表

小组次数	小组名称	目标
第一次小组	您好相逢	建立良好的专业信任关系，让小组成员之间相互认识，为小组成员解答关于小组活动的问题和疑惑
第二次小组	健康加油站	帮助小组成员探索自我，了解其身体健康状况，并对自我身体进行探索
第三次小组	“躺平”or“内卷”	帮助组员进行专业认知，合理规划自己的学业和生活，重新树立自信
第四次小组	我们的亲密关系	帮助组员梳理自己身边的亲密关系，引导小组成员反思亲密关系对自己的影响，体会亲密关系的真谛
第五次小组	心脏“感冒”了	帮助组员认识到心理健康困扰问题是普遍存在的，协助其了解如何正确应对心理问题
第六次小组	未来启航	帮助组员挖掘健康生活方式的持续性，结案、给组员发放评估问卷、提出小组今后发展的希望

（三）小组过程

在小组开始阶段，小组带领者先澄清了小组内容，介绍本次小组活动是为了增强女大学生的身心健康意识、改善身心健康不良行为以及倡导健康生活方式。为了加强组员对小组的归属感，保证小组有序开展，带领者组织小组成员一起制定了小组契约（按时参加线上活动，如有事需要请假，请提前与社工联系沟通）。小组成员总体表现良好，大部分组员都能主动发言，能适时表达自己的感受与想法，可以和社工进行充分的互动。

在小组中期阶段，带领者帮助小组成员探索自我，了解增强身心健康的健康知识；进行自我探索，提升专业认知，合理规划自己的学业和生活；梳理自己身边的亲密关系，反思亲密关系对自己的影响，体会亲密关系的真谛。

中期阶段的三节活动分享的话题很丰富，关注点也较为具体，组员的共同点很多，开展很顺利。组员开始会互相提问及解答。第三节活动时，研究生组员分享自己的考研之路，整体氛围活跃，达成预期的目标。在第四节亲密关系分享时，大家表现出比较积极的态度，思考和分享较多。大部分小组成员在第二节小组活动中已形成团体意识，积极了解其他小组成员，组内的小组成员能够做到互帮互助，小组成员的关系逐渐表现为接纳，小组凝聚力逐渐形成。在第四节小组活动中，小组凝聚力达到了巅峰，并且小组成员之间共同努力，达成了小组目标。

小组结束阶段，带领者邀请组员一起回顾整个小组内容，分享参加小组的收获与感受，组员表示收到了其他组员给予的积极反馈，大家相互鼓励。带领者引导组员通过一句话来展望未来，最后填写小组反馈表。带领者为了鼓励大家后期有更多互助行为，将互助网延续下去，承诺小组微信群不解散，并会分享漫画版小组全家福。

（四）小组介入效果评估

本研究采用中国心身健康量表对小组成员身心健康状况进行前后测。经过配对样本 t 检验，发现前后有变化的有生殖及内分泌、神经系统、焦虑三个维度（$P<0.05$）。根据数据统计分析结果可知，小组工作的介入对于女大

学生身心健康水平的提升有显著效果。

经过对小组工作的过程评估和结果评估，小组工作在整体上达成了预期效果。小组带领者得到了组员在专业方面的认可，但对于服务对象是否能在现实生活中持续发展与改变，难以验证，需要定期跟进小组组员的身心健康状况，巩固成效，让组员间可以相互支持、彼此鼓励，充分发挥同伴效应的力量。

五、总结与反思

本研究以女大学生身心健康为出发点，基于调整女大学生应对方式的角度以及 KAP 理论的知识影响信念、信念改变行为的思路，采用小组工作的介入方法，通过协助女大学生学习身心健康知识，增强健康管理的信念从而促进行为的改善，以达到增强女大学生身心健康意识、调整身心健康相关不良行为和倡导健康生活方式的效果，进而影响女大学生总体身心健康水平。此次小组工作实践也为社会工作从个案、小组、社区、社会政策等多角度研究和改善女大学生群体的身心健康提供了参考，但小组结束后，小组成效能否在组员间形成可持续的影响，让组员保持良好的健康意识及健康行为有待进一步评估。

受疫情防控措施影响，本次活动采用线上小组的形式，组员的参与度受到影响。相较于线下小组，线上参与时团体的互动感减少，组员发言时可能由于网络延迟及设备原因等被突然打断，线上交流看不到真实的身体反应和情感流露，不利于组员间的深度交流。因此，线上小组的开展在一定程度上也会影响小组的成效。

【参考文献】

[1] 陈姝，周丽婷 . 高质量发展应以人民健康为中心 [N]. 中国妇女报，2021-11-16.

[2] 2020 中国大学生健康调查报告 [R]. 中青在线，http：//news.cyol.com/app/2020-01/03/content_18310706.htm，2020-01-03.

[3] 王金营，马志越 . 环境态度、雾霾认知对城市居民防护行为的影响——基于 KAP 理论模式 [J]. 河北大学学报（哲学社会科学版），2019（44）：116-124.

从供需两端发挥数字经济对妇女发展的赋能价值

聂真真　牛　洁*

2022年年初，国务院发布了《“十四五”数字经济发展规划》，明确提出我国数字经济发展正转向深化应用、规范发展、普惠共享的新阶段。数字化转型是提升人民生活质量的重要抓手，也是各行各业转型升级的关键支撑。在此背景下，女性群体的生产、生活方式发生着新变化，与此同时也产生了新问题和新需求。应从供给侧和需求侧双管齐下，充分发挥数字技术对妇女发展的赋能价值。

供给侧：数字平台助力女性参与价值创造和增值分享

伴随着产业数字化和数字产业化的发展，新就业涉及的领域越来越广，女性在数字经济中的创业、就业规模已经达到千万量级。这使得女性的生存与发展更具多元多维性。

数字技术使经济活动突破地域的限制，将更多的生产者和消费者联系起来，也将不同地域的女性连接起来，从而促进妇女就地就近就业，为外出务工妇女返乡创业，有意愿的妇女下乡创业提供了契机。政府为创新创业的下沉营造了良好环境，强大的信息基建和移动互联网浪潮覆盖到了偏远地区，为“稳岗拓岗、提质扩面”作出积极贡献。各地妇联积极支持妇女参与新业

---

* 聂真真，中华女子学院讲师；牛洁，深圳市宝安区妇女儿童福利会项目专员。
本文系中华女子学院校级重大课题《性别平等对经济增长的影响》阶段性成果。本文刊登于《中国妇女报》2022年8月9日第5版。

态新模式从业人员技能培训，尤其注重多渠道帮助就业困难妇女实现就业。可以说，政府、妇联及基层经济组织为代表的多方合力加之女性的自身能动性，促使越来越多的女性参与到数字经济之中。据《2020—2021年数字化就业新职业新岗位研究报告》显示，2020年微信小程序运营者在中西部地区增速远高于东部地区。西部多个县政府和公益基金会合作，截至2021年年底建立了12个县域数字就业中心，并根据不同人群和县域条件开展就业培训，帮助以女性为代表的乡村人口获得数字化新职业技能，提供客服类、数据标注及内容审核等岗位。

数字经济使工作方式和环境发生着重大转变。许多行业脱离了强体力的束缚，对具备相对较高的认知与理解能力的劳动力需求也随之上升。传统行业的刻板印象被逐渐打破。有调研报道表明，即便在钢铁、水泥、汽车、酿酒等男性较为集中的传统工业制造行业，随着5G与工业互联网的融合应用，女工的数量也越来越多。满面粉尘、人工搬运的情景减少了，取而代之的是知识工人坐在明亮的办公区，用鼠标来控制流水线上的机器手臂。一支与新技术、新业态密切联系的，有别于传统体力劳动工人的新型女性知识劳工队伍正在成长。

数字化转型降低了创业门槛，女性创新创业的比例不断上升。《平等发展共享：新中国70年妇女事业的发展与进步》白皮书显示，在互联网领域女性创业者比例已经达到了55%。近年来，得益于产业配套政策的不断完善，我国大型企业、中小微企业及各类服务主体之间的资源共享加速推进。利用工业互联网平台开展业务的中小企业已超过百万，显著降低了数字化升级的门槛，跨行业综合型平台引领和赋能作用不断增强。

须进一步完善“互联网＋女性创业”服务体系。目前数字平台主要是把消费者连接起来，应加快数字生态共同体建设，以物联网、产业链、供应链为主的新型平台将企业上下游及生态各方链接起来，共同为用户创造价值。这将使得越来越多的女性创新创业者能够借助数字生态平台，运营整合以“我”为中心的身份资源，进行工作创新和生活创新等多种实践，成为价值创造的主体。

需求侧：数字消费／服务满足妇女及家庭多样化个性化需求

数字化消费/服务成为满足妇女及家庭美好生活需要的重要途径。从居家生活、购物消费、旅游住宿、交通出行等各类场景，到教育咨询、医疗健康、养老助残等重点领域，数字经济让消费/服务更有温度，让生活更为丰富多彩。

2021 年住房和城乡建设部会同中央网信办、教育部、科技部、工业和信息化部等 16 部门联合印发了《关于加快发展数字家庭提高居住品质的指导意见》，旨在推进数字家庭建设，利用新一代信息技术，实现系统平台、家居产品与人之间的互联互通，打造数字化家庭生活服务系统。数字家庭将作为未来智慧社区、智慧城市的基本单元，因此推进数字家庭建设对数字经济深化发展，更好地满足消费者需求具有重要意义。这也将促进企业进行数字化商业模式创新，从智慧产品向智慧家庭、智慧社区发展，实现商业逻辑与社会价值的有机统一。

企业为用户提供的不再只是单一的家居产品，而是可以借助数字科技为用户提供家庭场景的解决方案和更好的生活体验。物联网、人工智能等新信息技术不仅助推了产品的智能化，更促进了人机互联互通，从而实现满足用户个性化定制的场景体验。可以说，数字技术在家庭消费/服务场景的应用，将使得大规模定制成为可能：既可实现规模效应，又可以满足用户的个性化需求。而用户也从被动的消费者演变为主动的“产消者”，其需求的变化引领产品服务迭代创新的方向，成为品牌创造的直接参与者。

家庭场景解决方案的设计须充分考虑妇女在家庭建设中发挥的独特作用和诉求体验。当前在教育、医疗、养老、托育、家政服务等重要民生领域长期存在供需矛盾。企业尤其是大型数字科技企业应联合生态合作伙伴，着眼于妇女及家庭最现实、最迫切的多样化需求，借助物联网等技术，打破产品服务的边界，实现各方互联互通，共同提供更有效的数字解决方案，从而推动多方服务资源的整合，提升专业化、市场化服务水平，实现有效对接和优化配置，提升妇女及家庭的获得感、幸福感、安全感。

把握家庭家教家风现状
推动新时代家庭建设高质量发展

杜声红　李康倩　郭思晴*

党的二十大报告提出“加强家庭家教家风建设，加强和改进未成年人思想道德建设”。家庭是人生的第一个课堂，是我们学知识、养习惯、树品德的重要场所。我国有历史悠久的家文化，一直重视家庭建设，尤其是党的十八大以来，习近平总书记在多个场合不断重申家庭建设的重要性。为了解我国当前家庭家教家风现状，进一步推动新时代家庭家教家风建设高质量发展，中华女子学院“家庭家教家风在基层社会治理中的作用”课题组对黑龙江、山西、北京、云南、甘肃和浙江六省市的家庭家教家风建设情况及其在基层社会治理中的作用进行了调研。本次调查借助妇联平台，共发出问卷3万多份，最后用于统计分析的样本有34287份。主要调研结果如下：

已婚比例较高，平均家庭人口数超4人。本次调查样本中已婚村/居民占比最高，为84.78%；未婚村/居民占比7.97%；离异村/居民占比4.33%；丧偶村/居民占比1.49%；再婚村/居民占比1.43%。平均家庭人口规模为4.05人，平均每个家庭中有未成年人口数为1.00人。从家庭代数看，1代户家庭占比6.30%，2代户家庭占比52.82%，3代户家庭占比38.80%，4代户

---

* 杜声红，中华女子学院女性学系讲师；李康倩、郭思晴，中华女子学院学生。本文系国家社科基金特别委托项目“中国共产党领导下的促进男女平等和家庭建设制度机制研究”（项目编号：20@ZH027）的阶段性成果。本文刊登于《中国妇女报》2022年12月12日第5版。

及以上家庭占比 2.08%。

民主型家教风格为主，自评家教效果较好。调查数据表明，村 / 居民本人家教以民主型为主，占比 60.52% ；其次是严管型，占比 25.01% ；放任型和溺爱型占比分别为 6.36%、1.33%。分性别来看，男性村 / 居民家教风格为严管型、放任型和溺爱型的比例均略高于女性；而女性村 / 居民家教风格为民主型的比例显著高于男性，前者占比 62.52%，后者占比 53.64%。城乡比较来看，城市群体认为自己家庭的家教风格为严管型的占比 19.90%，民主型的占比 63.27% ；而农村群体认为自己家庭的家教风格为严管型的占比 29.17%，民主型的占比 57.82%。从代际比较看，认为自己与长辈的家庭家教风格相同或相近的村 / 居民占 81.02%，认为自己与长辈的家庭家教风格明显不同的村 / 居民占 18.99%。对社会总体的家教情况，58.69% 的村 / 居民表示满意，36.05% 表示一般，5.26% 表示不满意；对自己家庭的家教情况，67.69% 的村 / 居民表示满意，28.41% 表示一般，3.90% 表示不满意。对比而言，受访村 / 居民对自己家庭家教情况的评价优于对社会总体家教情况的评价。

近三成家庭有家训，对家风满意度较高。调查数据显示，有家训的村 / 居民家庭占 26.31%。访谈中发现，虽然大部分村 / 居民家庭没有家训，但在日常生活中仍会通过言行教育子女为人处世，注重对子女的品格教育。对于社会总体的家风情况，58.34% 的村 / 居民表示满意，37.27% 表示一般，4.39% 表示不满意；对于自己家庭的家风情况，74.91% 的村 / 居民表示满意，22.46% 表示一般，2.63% 表示不满意。与家教情况相同，受访村 / 居民对自己家庭家风情况的评价优于对社会总体家风情况的评价。

家庭家教家风是基层社会治理的重要抓手。千万家庭的好家风支撑起优良的民风、社风、政风、党风。本次调查发现，各地在家庭家教家风建设方面具有丰富的实践经验，但仍存在明显的地区性、群体性差异，其内容、效果等也存在差异。新时代，在进一步推动家庭家教家风建设工作向纵深发展时还须重点结合各地实际、结合我国传统优秀文化，进而真正满足各类群体、各类家庭的生活与发展需求。

一是加强调研，以问题为导向，满足家庭最迫切需要。必须以调研为基础，结合各地实际情况开展家庭建设工作，以避免家庭服务供需脱钩，切实满足广大家庭最真实、最迫切的需求。

二是家校社协同，合力构建覆盖城乡的家庭教育指导服务体系，促进城乡家庭均衡发展。各地须全面贯彻落实相关法律政策，保障财政投入，加强社会引导和监管，不断缩小城乡差距，推进家庭教育均衡发展。

三是结合中华传统优秀文化，传承优良家风。在推进家庭建设高质量发展过程中，必须加强文化自信，结合喜闻乐见的民俗活动，继承和弘扬优秀传统家文化，传承和培树优良家风。

四是重视妇女在家庭建设中的作用，促进两性平等参与家庭建设。妇女是物质文明和精神文明的创造者，是推动社会发展和进步的重要力量。一直以来，妇女在家庭发展中作出了有目共睹、不可磨灭的伟大贡献，社会和家庭都应充分认识到妇女在家庭中所发挥的重要作用，肯定妇女的劳动价值。与此同时，鼓励男性参与家庭事务，共担家庭责任，共谋家庭发展，共同建设家庭、经营家庭，营造和谐友爱、平等尊重的家庭氛围。

社会资本与女性社会阶层认同

——基于 CGSS2015 数据的实证分析

王一杰　张　进　杨　钊*

摘要：女性的阶层认同体现了女性对自身社会地位的综合评价，因此探究女性社会阶层认同的影响因素对分析女性社会地位的变化有重要作用。文章以社会资本理论为基础，建立研究假设，采用 CGSS2015 数据展开分析。数据分析发现，当前我国女性社会阶层认同以中阶层认同为主，高阶层认同和低阶层认同的比重均相对较少；将社会资本操作分为社会网络、社会信任和社会规范三个维度进行了多元回归分析，结果显示社会网络会对阶层认同起到明显促进作用，社会信任在低阶层认同与高阶层认同的女性中发挥不同程度的作用，而社会规范在女性高阶层认同群体中发挥影响作用；进一步分组群回归分析显示，社会资本对女性社会阶层认同的影响在年龄、个人年收入以及户籍状况上存在显著的差异性。为提高女性的社会阶层认同，需从构建民间社团网络、加强社会普遍信任建设、引导社会规范形成三个方面入手，培育和发展女性所拥有的社会资本。

关键词：社会资本；社会阶层认同；女性地位；CGSS2015

---

* 王一杰，女，中华女子学院，硕士；张进，男，黑龙江大学政府管理学院，硕士；杨钊，男，博士生，讲师。本文系教育部人文社会科学研究青年基金项目（项目编号：19YJC710091）的阶段性成果。本文刊登于《合肥工业大学学报（社会科学版）》2023 年第 1 期。

一、引言

改革开放以来，伴随着市场经济体制的不断深化发展，我国对女性社会角色认知的思想观念发生了转变。在男女平等的基本国策指引下，各项有关妇女权益保障的法律法规得到了实质性的补充和完善，相较于传统社会，女性的社会地位得到了较大程度的提高，性别平等逐渐成为社会发展的主流观点之一[1]，女性的社会观念得到明显的转变，女性在社会上拥有了更多的话语权。

从高等教育状况上看，《中国妇女发展纲要（2011—2020年）》终期统计监测报告显示，2020年，在校的女研究生为159.9万人，占研究生总数的50.9%，男女基本保持均衡；而普通本专科在校人数女性为1674万人，占比达到了51%；在就业上，女性就业人员占全社会就业人员的比重为43.5%，实现了“保持在40%以上”的目标；在职工权益保障上，全国执行《女职工劳动保护特别规定》的企业比重达71.3%，比2010年提高了16.4%；在政治权利保障上，2020年居委会成员中女性比例一直保持为52.1%，保持在一半以上的水平。[2] 由此可见，在过去几十年的发展历程中，女性的地位得到了较大的提升，关注并提升女性的社会地位已经成为社会的共识。

但需要注意的是，客观地位的变化并不能代表主观阶层认同的变化。在女性客观的社会经济地位有所提高的背景下，探讨女性主观社会阶层认同对于我们认识和把握女性客观社会地位与主观评价之间的差距具有重要的意义。基于此，本研究为进一步解释女性社会阶层的影响因素，以社会资本理论为基础，对女性社会资本状况对其社会阶层认同的影响展开实证研究，并提出培育女性社会资本的对策建议。

二、文献回顾

1. 社会资本及其影响

1916年，美国一位乡村中学督学官林达·加迪森·海尼凡（Lyda Judson Hanifan）最先提出了对社会资本概念的解释。海尼凡指出，社会资本是基于在个体与群体的社会交往过程中所产生的各种情感而形成与有形的物质资本相对的无形资本。同有形的物质资本一样，社会资本也可以在人与人、人与群体、群体与群体之间的接触和交往过程中不断累积，从而满足人们的某种需求。[3] 但遗憾的是，海尼凡对社会资本的解释并没有得到学术界的重视。直至 20 世纪末，詹姆斯·科尔曼（James Coleman）于 1988 年再次对这一问题展开讨论，引起了学术界对社会资本问题的广泛研究。

皮埃尔·布迪厄（Pierre Bourdieu）指出，社会资本是在人与人、人与组织、组织与组织之间的交往和联系中形成的，可以为每一个群体组成人员提供情感、心理以及资源上的支持。[4] 这是对社会资本概念的第一次系统表述。在此基础之上，詹姆斯·科尔曼从规范功能的角度指出社会资本可以作为一套社会规范和约束体系，限制和鼓励对群体内成员的具体行为。[5] 这一定义更为具体地揭示了社会资本所具备的社会功能，即社会资本能够对人的行为产生影响。罗伯特·帕特南（Robert D. Putnam）的《使民主运转起来》一书是社会资本研究中的集大成者。帕特南聚焦于意大利不同社区政治民主状况的实地考察，对社会资本的特征、内容与功能进行了归纳，指出社会资本包括一个组织或群体内的社会网络、社会规范和社会信任状况，而社会资本有助于组织或群体内的成员为了实现某一共同利益而展开协调合作。[6] 帕特南这一定义在解释力度上显得更为深刻，他的这种理解也被学者们广泛讨论。

在社会资本的分析层次上，我国学者张文宏总结为两类：一是从主体的角度将社会资本分为个体和群体两个层次；二是从层级上将社会资本分为宏观、中观和微观三个层次。[7] 社会资本研究所形成的大量研究成果为其运用于社会阶层认同研究提供了丰富的理论支撑。刘宏伟也对社会资本与社会阶层之间的相关关系做了进一步的探讨，即拥有社会资本的多寡会显著影响群体成员阶层流动的方向。[8] 由此可见，从社会资本的角度来探讨女性社会阶层认同的影响因素是有章可循的。

2. 女性社会阶层认同及其影响

女性社会阶层认同问题是近年来学术界关注的重点。学者们普遍认为，女性社会阶层认同要高于男性，但在传统观念的影响下，往往是夫权或父权，没有形成独立的阶层认同。许琪和熊略宏指出性别差异一直是影响个人阶层认同的重要指标，女性对于自身的社会阶层认同要靠男性的社会地位的影响，在性别当中的刻板印象类似于“男主外、女主内”的传统观念也在影响男性和女性之间关于社会阶层认同的差异。[9] 在针对已婚者的研究中，郭秋菊指出多数已婚者的主观阶层认同已经呈现出“妻凭夫贵、夫靠自己”的特点，女性的主观阶层认同呈现出明显的从属依附心理特征。[10] 伴随着 20 世纪末期中国所呈现出的城镇化趋势，王军指出受到“男主外、女主内”的传统观念的影响，不同城镇化路径群体中男性的主观阶层认同都要低于女性，而自致性路径对女性主观阶层认同的提升作用更大，农民工路径则对女性阶层认同具有显著的拉低作用。[11]

通过对已有研究成果的梳理，发现社会阶层认同是当前学术界开展研究的重要话题，社会资本理论的发展和应用也值得我们借鉴。伴随着性别意识的觉醒和女性社会地位的提高，女性社会阶层认同也逐渐成为研究者们讨论的热点。但在已有有关女性社会阶层认同的研究中，较少研究者从性别视角出发关注女性自身的特征对其社会阶层认同的影响，多数研究仍旧是从男性的视角展开，这也导致了对女性独立性的阶层认同的关注度不够。

基于此，本研究以社会资本理论为基础，探究女性所拥有社会资本对自身阶层认同的影响，弥补现有研究的不足。

三、理论分析与研究假设

当前学术界对于社会资本的概念与内核并没有形成一个统一意见，因此，对社会资本的测量，不同的研究有着不同的方法。在诸多的测量方法中，帕特南从社会网络、社会信任、社会规范三个方面对社会资本进行具体的描述与论证，这一思路广为学者们所认可和采用。因此，本研究主要参考帕特南的研究成果，从社会网络、社会信任、社会规范三个方面来探讨社会资本对女性社会阶层认同的影响。

中国传统社会是一种以关系为导向的社会，其人际关系就如同水面上的一圈圈涟漪，以自己为中心，不断地向外扩大，从而形成了一种“差序格局”。因此，人们的行为、观念往往会受其社会关系网络的影响。许多研究已经指出社会网络会显著地影响人们的阶层认同。张顺和梁芳的研究成果表明人们社会关系网络中存在一种“镜中我”机制，即与高阶层地位的人交往，会提升对其他行动者的评价，而这种评价又会进一步投射到评价者自身，从而影响其阶层认同。这种“镜中我”机制会使得社会中一部分成员的阶层认同向下偏移。[12] 基于此，本研究提出第一条假设：

H1 ：参与社会网络的程度与女性阶层认同显著正相关。

社会信任是社会资本理论中的一项核心内容，基于相互信任而形成的社会关系网络，往往能够更好地促进群体成员自觉地遵守社会规范。在有关信任与阶层之间的关系的研究中，有着不同的研究结论：一是社会信任会影响社会阶层分化和阶层认同[13]；二是阶层认同会影响社会信任，使得社会信任呈现出不同的阶层差异。[14][15] 在一个群体中，成员之间往往以合作的形式展开行动。而合作与信任时时辩证统一，信任水平的高低与合作的可能性大小呈显著的正相关关系；反之，合作行为本身又会反过来提高信任水平，而信任往往意味着对与自身利益相关的独立行动者的行动有一个确定的预期。[16] 阶层认同是人们将自己与他人比较后所获得的关于自身阶层状况的结论，在这个过程中，居民间相互信任的程度越高，就越有可能淡化差距，产生更高的阶层认同。因此，本研究提出第二条假设：

H2 ：社会信任程度的高低与女性阶层认同显著正相关。

社会规范所涵盖的内容是丰富多样的，童星和罗军将社会规范分为行政性规范、契约性规范以及道德性规范三类[17]，而社会资本所指的一般是契约性规范和道德性规范这两类具有非强制性特征的社会规范。

从现有的研究成果来看，有关社会规范对阶层认同影响的研究成果相对较少。一般认为，社会规范的程度会对阶层关系产生一定的影响。如林延斌和蔡庆庆指出规范性社会资本的缺失将会产生强者更强、弱者更弱的马太效应，从而损害弱势群体的利益，并最终导致社会阶层陷入帕特南所描述的“永不合作”的均衡之中。[18]刘宏伟和刘元芳的研究成果也指出社会规范的不健全使得社会矛盾更加凸显，从而加剧了阶层固化现象。[19]除此之外，也有一部分研究成果探讨了社会规范与阶层流动的关系。如蔡庆丰和程章继等用社会遵从来衡量社会规范，将社会遵从看作是社会规范影响的结果，并据此分析了社会遵从、家庭教育期望与阶层流动之间的相关关系。[20]而布迪厄在对社会资本进行定义时曾提出：“社会资本是制度化了的持续关系网络联系在一起。”[21]由此可见，制度化了的社会规范在群体成员的关系网络中发挥了重要的作用。因此，沿着这一思路，本研究进一步探讨社会规范对女性阶层认同的影响，提出第三条假设：

H3：遵守社会规范的程度与女性阶层认同显著正相关。

四、数据来源与变量选择

1. 数据来源

中国综合社会调查（CGSS）是我国最早开展的全国性、综合性、连续性的学术调查项目。经过对2003年以来开展的多次调查过程的不断完善，该项目在研究设计、问卷设计、调查组织、数据整理与发布等各个方面都日渐成熟，在学术界具有较大的权威性。因此，本研究以CGSS2015的调查数据为支撑，展开实证分析。CGSS2015共完成有效问卷10968份。根据本研究的需要，先筛选出性别为女性的受访者，再根据研究设计对研究所涉及的存在缺失值的样本进行处理，最终得到本研究所使用的样本共计1714份。

2. 变量选择

(1) 因变量选择：本研究的因变量为“女性阶层认同”，CGSS2015对社会阶层认同的测量主要是通过受访者依据自己主观认为的阶层认同的高低，从1到10由低到高打分来体现。本研究将阶层认同为1—3分的归为一组，赋值为1，命名为“低阶层认同”；将4—6分的归为一组，赋值为2，命名为“中阶层认同”；将7—10分的归为一组，赋值为3，命名为“高阶层认同”。

（2）自变量选择：根据上述所建立的研究假设，本研究的自变量为“社会网络”“社会规范”和“社会信任”。“社会网络”这一概念的测量在不同的研究中所采用的指标是比较宽泛的。结合本研究对社会网络的定义，再根据 CGSS2015 调查问卷的结构设计，本研究用“与邻居展开社会娱乐交往的频繁度”和“与其他朋友展开社会娱乐交往的频繁度”两个指标来测量。为了便于解释，根据研究需要，本研究对变量取值进行了重新编码。将“几乎每天”重新编码为“非常频繁”；“一周 1—2 次”和“一个月几次”重新编码为“很频繁”；“大约一个月 1 次”和“一年几次”重新编码为“一般”；“一年一次或更少”重新编码为“不频繁”；“从来不”重新编码为“非常不频繁”，依次赋值为 1—5。社会网络的基本描述性统计及界定见表 1 所列。

表 1　社会网络的基本描述性统计及界定

变量名称	变量界定	最小值	最大值	平均值	标准差
与邻居交流	1—5	1	5	2.380	1.161
与朋友交流	1—5	1	5	2.610	1.062

注：1= 非常频繁；2= 很频繁；3= 一般；4= 不频繁；5= 非常不频繁。

对“社会规范”的测量并没有在 CGSS2015 家户问卷中直接有所体现。参考“社会规范”概念的内涵，可以用问卷中“如果别人有以下行为，您的反应 / 看法是怎样”这一提问来体现受访者对社会规范的遵守程度。

实际上，由于社会规范遵守程度是一个正面性较强的变量，通过提问对他人的行为的看法往往比直接提问受访者是否遵守社会规范更具有效度。这一提问共设计了包括“公共场合大声喧哗”“随地吐痰”“乱扔垃圾”等在内的 10 个具体指标，指标构成见表 2 所列。每一个指标有“不反感”“不太反感”“无所谓”“比较反感”“很反感”5 个刻度，依次赋值为 1—5。受访者根据自己的看法，对不同行为的接受程度进行赋分，赋值越高，说明受访者的社会规范遵守程度越高。

通过因子分析可以发现，社会规范维度下 10 个指标的 α 系数为 0.926，各项的总体 KMO（Kaiser-Meyer-Olkin）为 0.930，可提取一个公因子，命名为“社会规范”并存为新变量。表 2 列出了社会规范各项的 KMO 值。

表 2　社会规范各项的 KMO 值

变量名称	变量界定	最小值	最大值	平均值	标准差	KMO 值
公共场合大声喧哗	1—5	1	5	4.180	0.807	0.946
在非吸烟者面前吸烟	1—5	1	5	4.190	0.874	0.950
随地吐痰	1—5	1	5	4.320	0.755	0.919
乱扔垃圾	1—5	1	5	4.280	0.747	0.906
讲粗话	1—5	1	5	4.290	0.766	0.953
排队插队	1—5	1	5	4.290	0.739	0.941
不守交通规则	1—5	1	5	4.200	0.758	0.943
不守时间	1—5	1	5	4.260	0.758	0.934
不守信用	1—5	1	5	4.450	0.654	0.898
不关照弱者	1—5	1	5	4.430	0.666	0.923

注：1= 不反感；2= 不太反感；3= 无所谓；4= 比较反感；5= 很反感。

对“社会信任”的测量可以通过“在不直接涉及金钱利益的一般社会交往／接触中，您觉得下列人士中可以信任的人多不多”这一提问来体现。这一提问共设计了包括“邻居”“亲戚”“老同学”“陌生人”等在内的共计 13 个指标，具体指标构成见表 3 所列。每一个指标有“绝大多数不可信”“多数不可信”“可信者与不可信者各半”“多数可信”“绝大多数可信”5 个刻度，依次赋值为 1—5。受访者根据自己的看法，对不同行为的接受程度进行赋分，赋值越高，说明受访者的社会信任程度越高。

通过因子分析可以发现，社会信任维度下 13 个指标的 α 系数为 0.904，各项的总体KMO值为0.909，通过最大方差法旋转后可提取两个公因子。根据旋转后的成分矩阵，本研究将“邻居”“同村同姓人士”“同村居民”“同村不同姓人士”“亲戚”“同事”“老同学”归纳为公因子1，命名为“熟人信任”；同时，本研究将“一起参加宗教活动的人”“一起参加社会活动的人”“一起参加业余活动的人”“陌生人”“外地相遇的同乡”“交情不深的朋友”归纳为公因子2，命名为“非熟人信任”。表3列出了社会信任各项的KMO值。

表3　社会信任各项的KMO值

变量名称	变量界定	最小值	最大值	平均值	标准差	KMO值
邻居	1—5	1	5	3.860	0.855	0.900
同村居民	1—5	1	5	3.490	0.902	0.922
同村同姓人士	1—5	1	5	3.530	0.880	0.886
同村不同姓人士	1—5	1	5	3.350	0.912	0.888
亲戚	1—5	1	5	4.150	0.823	0.894
同事	1—5	1	5	3.560	0.843	0.927
老同学	1—5	1	5	3.570	0.862	0.927
交情不深的朋友	1—5	1	5	2.920	0.941	0.940
外地相遇的同乡	1—5	1	5	3.120	0.915	0.927
一起参加业余活动的人	1—5	1	5	3.040	0.882	0.919
一起参加宗教活动的人	1—5	1	5	2.980	0.962	0.898
一起参加社会活动的人	1—5	1	5	3.090	0.913	0.893
陌生人	1—5	1	5	2.010	1.010	0.898

注：1=绝大多数不可信；2=多数不可信；3=可信者与不可信者各半；4=多数可信；5=绝大多数可信。

(3) 控制变量选择：为了更好地揭示自变量与因变量之间的相关关系，在研究中还涉及控制变量选择的问题。一般来说，性别、年龄等人口统计特征都是比较常见的控制变量。本文结合“女性阶层认同”的特殊性，在梳理前人研究成果的基础之上，选择“年龄”“户籍”“个人年收入”作为控制变量。在 SPSS 中，“年龄”通过用 2015 减去受访者出生年份得出，且由于“年龄”是一个连续性变量，故本研究对年龄进行重新编码，将 29 岁以下重新编码为“青年组”，赋值为 1；将 30—39 岁重新编码为“中青年组”，赋值为 2；将 40—49 岁重新编码为“中年组”，赋值为 3；将 50 岁以上重新编码为“中老年组”，赋值为 4。“户籍”变量用于体现女性阶层认同的城乡差异状况，主要选择“农业户口”和“非农业户口”这两个变量，分别赋值为 1 和 2。女性的“个人年收入”是一个连续变量且个人年收入差异较大，为了避免极端值对样本总体造成的影响，本研究采用中位数对女性的个人年收入进行分组。样本中女性个人年收入的中位数为 10000 元，据此将个人年收入在 0—10000 元的群体重新编码为“低收入女性”，并赋值为 1；将个人年收入在 10001 元及以上的群体重新编码为“高收入女性”，并赋值为 2。各控制变量的基本描述性统计及界定见表 4 所列。

表 4　控制变量的基本描述性统计及界定

变量名称	变量界定	变量取值	频率	百分比
户籍	1—2	农业户口 非农业户口	1139 575	66.5 33.5
年龄	1—4	青年 中青年 中年 中老年	270 260 391 793	15.8 15.2 22.8 46.3
个人年收入	1—2	低收入女性 高收入女性	934 780	54.5 45.5

注：户籍：1= 农业户口；2= 非农业户口。年龄：1= 青年组；2= 中青年组；3= 中年组；4= 中老年组。个人年收入：1= 低收入女性；2= 高收入女性。

五、实证分析结果

1. 社会阶层认同状况

通过对女性阶层认同的描述性统计分析可以发现，当前女性阶层认同多分布在中阶层认同上，占比达到 68.7%；其次是低阶层认同，占比为 25.6%；高阶层认同的女性相对较少，仅占 5.8%，具体结果见表 5 所列。这说明尽管我国女性阶层认同已经有了较大的提升，但仍有超过 1/4 的女性认为自己的社会阶层较低，进一步采取积极措施来提升女性阶层认同是必要的。

表 5　女性阶层认同分布

阶层认同程度	频次	百分比
低阶层认同	438	25.6
中阶层认同	1177	68.7
高阶层认同	99	5.8
总计	1714	100.0

2. 回归分析结果

本研究因变量为女性社会阶层认同，存在 3 个不同的取值，因此适合使用多分离 Logit 模型进行回归分析。该模型原理在于根据因变量的多个取值，先选取其中 1 个取值作为参照组，再依次将其多个取值与该参照组建立多个二元 Logit 回归分析模型，并进行比较分析，其核心分析思路在于将 1 个多元回归分析转化为多个二元 Logit 回归分析模型并进行比较。本研究以“中阶层认同”为参照组，分析结果见表 6 所列。

表 6　社会资本对女性阶层认同的影响回归分析

变量名称		低阶层认同	高阶层认同
控制变量	年龄	0.065（1.192）	0.112（1.094）
	个人年收入	−0.447**（−3.367）	0.659**（2.631）
	户籍	−0.645**（−4.285）	0.023（0.093）
社会网络	与邻居交流	0.016（0.267）	0.056（0.542）
	与朋友交流	0.197**（3.341）	0.044（0.361）
社会信任	熟人信任	−0.102（−1.769）	−0.220*（−2.135）
	非熟人信任	−0.213**（−3.610）	0.026（0.250）
社会规范		0.054（0.904）	0.266*（2.169）
截距项		−0.301（−0.973）	−4.198**（−7.063）
似然比检验		χ^2（16）=122.301，p=0.000	

注：*** 表示 p<0.01；** 表示 p<0.05；* 表示 p<0.1。括号内为 z 值。

在控制变量与自变量中，“个人年收入”“户籍”“社会网络”“社会信任”“社会规范”对女性社会阶层认同均产生一定程度的影响。从女性“个人年收入”的角度看，当低阶层认同与中阶层认同相比较时，个人年收入的回归系数值为 −0.447，并且在 5% 的显著性水平下显著，意味着个人年收入会对阶层认同产生显著的负向影响关系，这意味着女性社会阶层认同会随着收入的增加而降低，这似乎与我们的常理认识相左。但结合高阶层认同的显著性情况可以明显发现，女性社会阶层认同是随着个人收入的提高而有所增强的。这说明个人年收入对女性社会阶层认同的影响可能存在一个阈值，只有突破了这个阈值，个人年收入才能发挥对女性社会阶层认同的正向影响。

相较于中阶层认同而言，户籍为“非农业户口”的女性更倾向于低阶层认同，“农业户口”的女性对自己的阶层认同反而更高。一般会认为，非农业户口能够体现女性更高的社会地位，因而可能会体现出更高的社会认同。但综合社会网络和社会信任这两个变量的分析来看，“与朋友交流”越多的人更倾向于高的阶层认同；“熟人信任”也会在10%的显著性水平下对女性阶层认同产生影响，熟人信任程度越高，阶层认同越高。这可以说明与朋友交流的频率和熟人信任程度反映了女性所拥有的人脉状况，这些人脉资源可以转化为生活和工作的助力，从而影响其阶层认同。相对于农村而言，城市生活中的趋利化追求往往容易使得人们在交往过程中被边缘化，传统的熟人社会被打破，女性能够获得熟人社会的帮助较少，因此更倾向于较低的阶层认同。与此同时，相较于中阶层认同而言，“非熟人信任”也同样对女性阶层认同产生影响，非熟人信任程度越高，女性阶层认同越高。这可能是因为陌生居民间相互信任程度的提高，淡化了民间的阶层差距，使得女性更倾向于较高的阶层认同。当中阶层认同与高阶层认同相比较时，只有“熟人信任”和“社会规范”两个变量显著，两者皆在5%的显著性水平下影响女性阶层认同。熟人信任程度越高，居民更倾向于高的阶层认同，这说明熟人社会对高阶层认同来说，同样具有很重要的影响；社会规范程度越高，越倾向于高阶层认同，制度化的社会规范在女性阶层认同上起到了较为重要的作用。

3. 分组群回归分析

上述回归分析结论验证了控制变量中的个人年收入和户籍会对女性的阶层认同产生显著影响，这与许多学者的研究结论是一致的。为了进一步探讨不同年龄段、不同个人年收入状况以及不同户籍状况对女性社会阶层认同影响的差异，本文进一步对这三个变量进行分组群回归分析，结果见表7所列。

表7 社会资本对女性阶层认同的影响分组群回归分析

变量名称		与邻居交流	与朋友交流	熟人信任	非熟人信任	社会规范
年龄	青年	0.025 (0.905)	0.116** (2.777)	0.023 (0.687)	−0.044 (−1.210)	0.043 (1.027)
	中青年	−0.034 (−0.997)	0.052 (1.231)	−0.135** (−3.938)	−0.044 (−1.182)	−0.017 (−0.368)

续表

变量名称		与邻居交流	与朋友交流	熟人信任	非熟人信任	社会规范
年龄	中年	−0.009 (−0.306)	0.056 (1.774)	−0.045 (−1.420)	−0.058* (−1.977)	0.006 (0.191)
	中老年	0.004 (0.181)	0.022 (1.033)	−0.006 (−0.289)	−0.012 (−0.564)	0.033 (1.685)
个人年收入	低收入女性	−0.007 (−0.411)	0.041* (2.407)	−0.027 (−1.484)	−0.024 (−1.281)	0.005 (0.278)
	高收入女性	−0.002 (−0.093)	0.056* (1.999)	−0.040 (−1.785)	−0.032 (−1.468)	0.054* (2.143)
户籍	农业户口	0.010 (0.579)	0.052** (3.092)	−0.052** (−3.050)	−0.026 (−1.545)	0.020 (1.210)
	非农业户口	−0.010 (−0.424)	0.016 (0.523)	−0.006 (−0.218)	−0.038 (−1.480)	0.051 (1.666)

注：*** 表示 $p < 0.01$；** 表示 $p < 0.05$；* 表示 $p < 0.1$。括号内为 z 值。

从年龄上看，不同年龄段的女性受到社会资本影响的程度存在着较大的差异。青年女性受到“与朋友交流”这一因素的影响较大，中青年女性受到“熟人信任”因素的影响较大，中年女性更容易受到“非熟人信任”的影响，而中老年女性的社会阶层认同则不会受到社会资本因素的影响。对于青年女性而言，由于工作原因，其日常交流和社会生活的主要对象是在工作过程中所结交的诸多朋友，因此与朋友交流的频次、内容潜移默化地对其社会阶层认同产生影响；中青年女性随着年龄的增长，其重心逐渐由工作转移到了生活，因此其社会阶层认同程度更容易受到日常生活中与熟人之间的信任关系的影响；对于中年女性而言，其社会阶层认同影响因素从熟人信任转移到非熟人信任的潜在原因可能是由于随着社会化程度的不断提高，中年女性和中老年女性越来越寻求一种更加广泛的社会人际关系来满足自己的社会化需求而导致的。

从个人年收入上看，社会资本对低收入女性与高收入女性的阶层认同的影响均较大。一方面，无论个人年收入的高低，女性的社会阶层认同均会受到“与朋友交流”的影响。与朋友之间的交流频率为女性提供了持久稳定的人际关系，这种人际关系的存在既能在必要的时候为其个人发展提供来自朋友的扶持，又能在平时通过与朋友的交流满足其精神需求，从而影响其阶层认同程度。但值得注意的是，高收入女性的社会阶层认同还会受到“社会规范”的影响，这一群体的女性在经济状况上相对殷实，朋友之间在精神和物质上的帮助已经无法满足其自身发展的需要，更需要寻求一种普遍的社会规范来约束社会交往行为，形成一种普遍的制度化行为准则，从而扩大自身的社会交往范围。

从户籍上看，对于农业户口的女性而言，“与朋友交流”以及“非熟人信任”对其社会阶层认同的影响更大；非农业户口女性的社会阶层认同则更多地受到“与朋友交流”的影响。这可能是因为随着城镇化的发展，农村人口大量流入城市，造成农村地区人口逐渐减少，从而瓦解了传统的“差序格局”。农村地区传统熟人信任的逐渐瓦解，迫使农村女性寻求一种普遍的非熟人间的信任关系来替代熟人信任，从而满足精神上的安全需求和归属感，而与朋友间的交流在某种程度上也是建立非熟人间信任关系的重要途径。而对于非农业户口的女性，由于工作性质的影响，使其日常生活中所接触的更多的是与之有同事关系的朋友，因此与朋友的交流成为其社会阶层认同的主要影响因素。这实际上也更进一步地验证了以人际关系为纽带的“差序格局”在当代依旧对女性社会阶层认同程度起着重要作用。

需要特别注意的是，多元回归分析结果显示，社会规范程度越高，越倾向于高阶层认同，制度化的社会规范在女性阶层认同上起到了较为重要的作用。当分组讨论时，却发现无论是在哪个群体中，社会规范的影响均不显著，这可能是因为社会规范在不同女性群体中的差异造成的，但还需要后续研究进一步地验证。

六、主要结论与政策建议

综上所述，尽管我国中阶层认同的女性占据了绝大部分，但高阶层认同的女性却仍然很少，且低阶层认同的女性仍然占据了近三分之一的比例。这说明在我国的社会建设过程中，仍需采取更有效的措施，促使低阶层认同的女性向中阶层认同转化，进一步提高中、高阶层认同的比例。而在女性社会阶层的认同形成与转化过程中，社会资本起到了重要的影响作用，具体表现为：社会网络中与朋友交流的频率会对阶层认同起到明显促进作用；社会信任在低阶层认同与高阶层认同的女性中发挥不同程度的作用；而社会规范在女性高阶层认同群体中发挥影响作用；分组群回归分析结果显示，社会资本对女性社会阶层认同的影响在年龄、个人年收入以及户籍状况上存在着显著的差异。这一研究结论对我国从社会资本的角度采取相关的措施来提高女性整体的社会阶层认同来说，具有一定的指导意义。

首先，培育民间社团网络。研究发现，与朋友之间的频繁交流能够在较大程度上满足女性在群体认同和归属上的需要，从而提高女性的社会阶层认同感。因此，我们可以从传统社会组织建设入手，构建完善的民间社团组织。在这些社团组织中，女性可以就自身的某种需求在社团内与社团成员进行充分的交流，一方面强化了女性的群体归属感，另一方面也为女性提供了生活和工作中所需要的关系网络，从而提高女性的社会阶层认同感。

其次，加强社会普遍信任建设。研究发现，熟人信任程度反映了女性的人际关系和人脉资源的状况，而非熟人信任程度则反映社会交往过程中的规范化程度。因此，熟人信任与非熟人信任程度越高，女性的社会阶层认同也就越高。中国是一个有着深厚的熟人信任的传统的国家，但随着社会主义市场经济的发展，对经济利益的追逐渐渐破坏了这种熟人信任的传统，传销、“杀熟”等现象的层出不穷深刻地破坏了中国传统熟人信任。但由于保证非熟人间信任的一种普遍信任网络又尚未建立，导致当前社会有时会出现信任不足的现象。因此，提高女性的社会阶层认同同样需要关注社会信任层面的建设，积极地培育与引导熟人信任向非熟人信任的转变，构建一套社会层面的、非熟人之间的、普遍信任的与制度化的信任网络。

最后，培养女性的规范意识。尽管社会规范在影响女性的低阶层认同和中阶层认同上并不存在明显的差异，却在高阶层认同的女性中发挥着明显的影响作用，即高阶层认同的女性的社会规范程度更高。个体的社会规范程度实际上反映了一个人是否具备现代化特征，即具备能够反思自己的行为是否理性的反身性特点，女性的社会规范程度的高低实际上就体现了这一点，现代化特征又反过来作用于女性的社会阶层认同。因此，一方面，我们需要发挥各种正式制度规范的作用，从社会强制上引导女性良好的社会规范的形成；另一方面，也需要发挥注入社会伦理、社会道德、社会舆论等非正式规范的作用，从自身道德自觉的角度来塑造女性的社会规范，从而提高其社会阶层认同程度。

【参考文献】

[1] 蒋永萍 . 近五年中国提高妇女地位国家机制的进展 [J]. 山东女子学院学报，2020（5）：27-36.

[2] 国家统计局 .《中国妇女发展纲要（2011—2020 年）》终期统计监测报告 [EB/OL].（2021-12-21）[2022-06-07].http：//www.stats.gov.cn/xxgk/sjfb/zxfb2020/202112/t20211221_1825526.html.

[3] HANIFAN L J. The rural school community center[J].*Annals of the American Academy of Political and Social Science*, 1916（1）：130-138.

[4] BOURDIEU P. The forms of capital [M]// RICHARDSON J (ed.). Handbook of theory and research for the sociology of education. New York: Greenwood Press, 1986: 241-258.

[5] COLEMAN J. Social capital in the creation of human capital [J]. *American Journal of Sociology*, 1988(S): 95-121.

[6] 罗伯特・帕特南 . 使民主运转起来 [M]. 南昌：江西人民出版社，2001：207.

[7] 张文宏 . 社会资本：理论争辩与经验研究 [J]. 社会学研究，2003（4）：23-35.

[8] 刘宏伟 . 社会资本视域下的阶层分化问题研究 [D]. 大连：大连理工大学，2014.

[9] 许琪，熊略宏 . 本人还是配偶？谁决定中国已婚女性的阶层认同 [J]. 中国青年研究，2016（12）：12-20.

[10] 郭秋菊 . 性别视角下已婚者的阶层认同 [J]. 青年研究，2016（4）：66-75，96.

[11] 王军 . 中国多元城镇化路径对主观阶层认同的影响 [J]. 中山大学学报（社会科学版），2021（3）：199-206.

[12] 张顺，梁芳 . 社会流动、网络位置与阶层认同偏移 [J]. 西安交通大学学报（社会科学版），2021（2）：78-87.

[13] 龚娇，李伟强，陈铭，等 . 社会阶层与信任之间的关系：来自元分析的证据 [J]. 心理技术与应用，2019（6）：346-357.

[14] 申广军，张川川 . 收入差距、社会分化与社会信任 [J]. 经济社会体制比较，2016（1）：121-136.

[15] 井世洁，杨宜音 . 转型期社会信任感的阶层与区域特征 [J]. 社会科学，2013（6）：77-85.

[16] 井世洁，杨宜音 . 中国民众社会信任感的阶层及区域特征 [M]// 石向实 . 中国城市化进程的社会心理研究 . 北京：社会科学文献出版社，2012：484-507.

[17] 童星，罗军 . 社会规范的三种形式及其相互关系 [J]. 江海学刊，2001（3）：50-55.

[18] 林延斌，蔡庆庆 . 社会资本：社会分化下促进阶层和谐的新视角 [J]. 天水行政学院学报，2012（3）：80-83.

[19] 刘宏伟，刘元芳 . 论社会资本视域中的阶层关系和谐 [J]. 大连理工大学学报（社会科学版），2013（2）：57-60.

[20] 蔡庆丰，程章继，陈武元 . 社会资本、家庭教育期望与阶层流动——基于“中国家庭追踪调查”的实证研究与思考 [J]. 教育发展研究，2021（5）：9-21.

[21] 中国社会科学院“当代中国人民内部矛盾研究”课题组 . 城市人口的阶层认同现状及影响因素 [J]. 中国人口科学，2004（5）：21-27，81.

基层妇联组织参与乡村振兴的路径研究

——以江西省D村为例

蔡可维　李　荟　郑立柱 *

摘要：新时期广大妇女积极参与乡村振兴建设，既体现了巾帼不让须眉的豪情和努力，也展现了新时代的女性风采。然而受困于当前特殊的乡村文化与基层治理机制影响，基层妇联参与乡村振兴建设的作用与价值未得到充分彰显，参与乡村振兴建设道路仍旧存在阻碍，如何破解乡村振兴中基层妇联参与的困境，提升基层妇联所联结的广大妇女的价值感？基于此，本文将以江西省D村为切入点，对中国的百年乡村建设道路进行概述，并在赋权理论视角下深入剖析基层妇联与乡村振兴二者之间的内在逻辑、面临的困境与原因，认为基层妇联参与乡村振兴应发挥链接资源的平台、强化自身能力建设、加强人才赋能基层妇联组织、加快建设社会工作等社会组织是参与乡村振兴的重要路径。

关键词：乡村振兴；共同富裕；基层妇联；参与路径

* 蔡可维，女，中华女子学院，硕士研究生，研究方向为妇女发展、妇联改革与妇女自组织；李荟，女，中华女子学院，硕士研究生，研究方向为妇女发展、金融社会工作；郑立柱，男，中华女子学院，硕士研究生，研究方向为妇女发展、乡村振兴。
本文系中华女子学院“小组工作介入农村留守妇女的金融素养提升研究”（项目编号：ZKY2020509）、“基于社会性别视角下女硕士就业焦虑研究及个案介入”（项目编号：ZKY2020513）基金项目的阶段性成果。本文刊登于《农村实用技术》2023年第4期。

一、研究背景与问题提出

乡村振兴战略是在党的十九大报告中对新时代“三农”工作的战略安排。2022 年 2 月，中共中央、国务院发布《关于做好 2022 年全面推进乡村振兴重点工作的意见》，这是 21 世纪以来第 19 个指导“三农”工作的中央一号文件；2018 年全国妇联印发了《关于开展“乡村振兴巾帼行动”的实施意见》指出：“妇女是推动农业农村现代化的重要力量，是乡村振兴的享有者、受益者，更是推动者、建设者。”乡村振兴战略的提出，是党中央在脱贫攻坚战取得胜利后为改变乡村衰败现象，同时针对新时代社会主要矛盾转化的情况，从而提出相应的部署。长期以来，农村妇女的边缘化地位造成了农村女性的力量常常被外界所忽视。因此，实现农村妇女的自我赋权，转变农村女性的观点，充分发挥农村女性在乡村振兴中的力量是基层妇联组织的重点任务；基层妇联组织通过社会资源的整合，是农村妇女与上级政府部门沟通的重要桥梁，能切实地维护农村妇女的合法权益，推动农村妇女的发展，在农村妇女的心目中具有一定的话语权。因此，基层妇女组织推动乡村振兴战略实施的路径及局限值得我们深究。

二、研究理论与方法

1．理论运用分析——赋权理论

赋权理论起源于 20 世纪 80 年代，用来表示弱势群体反抗和改变环境所带来的不公正而进行的斗争，在后续发展过程中，赋权理论更加强调“人在情境中”，将重点也逐步转移到如何帮助受助者提升自身的能力。在后续研究中，Naila Kabeer 进一步提出了赋权理论基本模型构成的三方面要素：资源、能动性、成果，如下图所示。其中，能动性是赋权理论的核心，即借助资源使得受助者选择追求自己理想的能力，并重点关注增权的过程。首先需要明确分析基层妇联组织参与到乡村振兴，面对当前的挑战具备有效应对的能力与内部资源，面对当前所处的不利条件，能做到将自身周围的资源变成自己的便利条件，为己所用，发展对自己有利的结果导向。其次，是促进基层妇联组织参与到乡村振兴的选择能力，需要具备三个核心要素，即拥有选择的机会，享受同等的资源，取得相应的成就，这就突出了不仅仅是获得外在资源和能力，更在于对自身意识的唤醒和自我潜能的开发与促进。

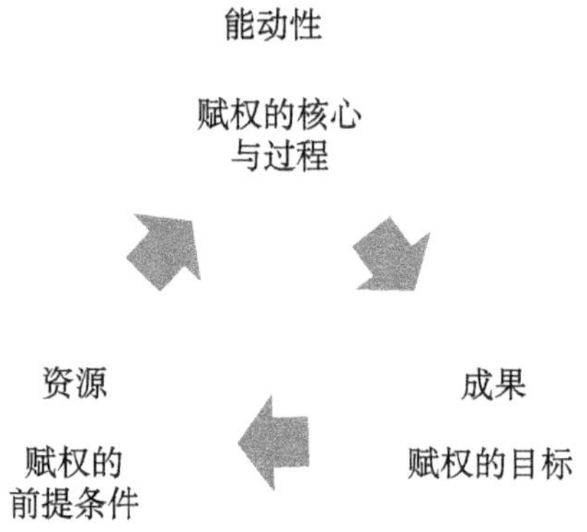

赋权理论基本模型

2. *以访谈调研、文献资料为基础的定性分析*

本文选取了江西省 D 村为调研基地。通过访谈调研当地基层妇联组织参与乡村振兴战略的情况，获取第一手资料。阅读与本文有关的文献并整理线上线下资料，对学界已有研究有一个初步的了解。按照习近平总书记“脱贫不脱帮扶”的要求，该市妇联乘胜追击，广泛争取社会各方资源发展妇女儿童公益事业。坚定不移地按照乡村振兴规划中的二十字方针要求，各级妇联积极提出相应的措施。在此基础上，进行研究。

三、基层妇联组织参与乡村振兴的内在逻辑

1. *基层妇联组织与乡村振兴、共同富裕紧密相连*

在以共同富裕为目标的“乡村振兴”中，使得基层妇联组织自身得到发展、价值得到彰显是其中至关重要的一环。农村妇女通过基层妇联广泛参与农村、农业建设，同时，积极参与市场化、工业化发展，实现了生活资料的生产。同时，基层妇联组织也通过农村妇女的发展带动了社会整体的繁荣，

为取得更大的社会经济成果奠定了扎实基础，也为通过基层妇联促进农村妇女积极参与农村公共事务的决策与执行，提供了物质基础。

2. 乡村振兴战略促进基层妇联组织的功能得以发挥

在乡村振兴战略的背景下，农业生产的主力军和美好生活的领头人都主要是由农村妇女主导。在新农村、新建设、新要求带来新变化的同时，也要培养新的农村妇女：在乡村振兴战略的建设上，基层妇联组织农村妇女参与建设当中，组织起妇女们互帮互助，积极发展产业、参与新农村建设与治理，既有利于通过她们的力量推动整个村容的改变，使得农村妇女的自我认同感逐步提升。同时，基层妇联的功能与作用也得到了最有效的发挥，并进一步增强她们在农村妇女中的地位与认识，也会更好地促使基层妇联以更大的责任和更好的姿态努力为乡村振兴建设战略作出更大贡献。

3. 基层妇联组织工作与乡村振兴的良性互动实现双赢

我们应该辩证统一地看待乡村振兴战略与基层妇联组织工作的关系，在助推乡村振兴战略的开展进程中，基层妇联组织具有举足轻重的作用，同时农村妇女是本次战略开展的主力军、是坚实的后盾。在乡村振兴战略中，农村妇女发挥了“半边天”的作用，正在逐步演变成绝对的“主力军”力量。在乡村振兴建设中，妇联组织积极地发挥其独特的能动作用，不仅仅是助推乡村振兴战略的实施，另外，也会进一步成为乡村振兴战略建设成果的受益者，助推乡村振兴的实践经验也将成为基层妇联组织工作在新时代能力、水平提升的具体表现。

四、D 村基层妇联参与乡村振兴的路径分析

1.D 村现状分析

总体而言，D 村具有区位、交通、沿江、家族文化等优势。但该地区属于一般农业型村庄，现今村庄的主要人口结构由农村妇女、老人、儿童组成，是典型的“留守型村庄”；主要面临的问题有获得经济收入来源方式单一：以农业种植和外出打工获得经济收入为主，农业种植局限于玉米和水稻

两种农作物。环保观念差（2020 年前）：家养动物大小便、乱扔垃圾、污水外排等。农村份子钱较重：据调查，2012 年的结婚份子钱是 300 元，现在已经高达 1000 元，甚至更多；以前，村里生大病的，只需要拿鸡蛋、豆奶粉、水果罐头就可以，逐步变成 50 元加礼品、100 元、100 元加礼品、现在是 200 元，造成部分家庭矛盾突出。

2. 人才培养以推动人才振兴

基层妇联在人才振兴中的作用主要体现在打造本地的高素质人才队伍，以成年人教育为契机，培养农村带头人、农村管理者，来进一步提高农村妇女的知识水平和技术能力。具体措施如下：一是扫盲，农村妇女的知识能力水平较低是阻碍乡村振兴建设的最大问题。二是开展技术型人才培训，学技术，搞创新。三是链接外来人才资源，入驻本地搞培训。

3. “自助小组”以推动组织振兴

基层妇联组织是上级政府和妇女群众的桥梁，具有上传下达的至关重要的作用。为了充分发挥农村妇女的劳动力作用，该地基层妇联带领一部分有组织能力的妇女成立了妇女自助小组，不断拉近妇女群众与基层干部的关系。具体措施如下：一是成立美丽家庭建设小组，帮助群众打造美丽家园。二是成立技能培训小组，帮助群众在技能学习上共同进步。三是打造看护照料小组，更好地帮助妇女学习生育保健、育儿教育、养老服务。四是成立妇女协调小组，主要是帮助村民协调和改善家庭关系、邻里关系、家族关系等。五是成立疫情防控小组，主要是在疫情严重期间，帮忙核酸采样、量体温、登记等。

4. 旅游开发以推动产业振兴

基层妇联组织在产业振兴中的作用主要集中在为农村妇女提供就业机会，通过对外链接资源，寻求慈善组织和外来企业的投资，利用组织优势为她们搭建各种产业振兴的平台。具体措施如下：一是以家族文化为主，打造祠堂，开发旅游。二是建设“乡村旅游”等具体精品项目，打造民宿、农家乐、钓鱼等休闲活动。三是留守妇女创业技能培训，大众创业促进产业振兴。

5.“门前三包”以推动生态振兴

乡村生态振兴以实现生态宜居为目标，具体体现在村庄基础设施提升、村庄卫生改善、村庄生态改善等方面。基层妇联以“争当文明村民、创建美好家园”为抓手，实施“门前三包”措施。具体措施如下：一是“包卫生”，包每日的门前清扫保洁，做到门前无垃圾、无随地吐痰、无粪便等，高度保持卫生清洁。二是“包绿化”，包门前绿化设施，保持村庄美化、绿化。三是“包秩序”，包门前秩序井然，不乱停乱放、乱丢乱堆等。四是清洁家庭建设全面铺开、环境拉练大评比等活动的开展。

五、D村基层妇联参与乡村振兴的困境分析

1.注重产业振兴，忽视精神文化扶贫

文化振兴作为乡村振兴的铸魂工程，是乡村振兴战略中迫不及待的任务，更是满足农民精神文明需要的重要举措。乡村振兴有丰富的内涵，既要促进乡村发展具有更高质量的物质基础，也更加注重精神文明的建设。然而，D村在乡村振兴建设中，过于注重产业带来的经济效益，造成现今的精神文化方面出现了贫困的现象，主要表现在农民对文化需求不足，特色产品缺项，活跃度不够，农民的主体地位不稳，基层妇联组织未能在文化建设中呈现能动性，基层妇联组织与农村妇女群众的双向互动尚未实现。

2.宣传乡村振兴战略方式局限性较大

从江西省D村基层妇联组织参与乡村振兴建设路径来看，存在以下问题：首先，基层妇联组织宣传平台有限。目前在当地，使用网络的宣传方式较少，仅仅是通过走访宣传、宣传标语或微信群聊等手段进行粗略的宣传，但这样的宣传方式不仅会降低基层妇联人员的工作效率，还不利于农村女性对新出台的政策的理解。其次，基层妇联宣传意识不足。在课题走访调研中，发现基层妇联组织干部认为宣传不重要，宣传手段是表面工程，真正发家致富才是最终的目的，忽略了乡村振兴战略实施前期宣传工作的重要性，

无法从根本上激发本村留守妇女参与到乡村振兴建设队伍中的积极性。

3. 基层妇联开展乡村振兴战略活动的资源短缺

妇联组织开展乡村振兴项目的资源主要依靠上级政府部门，造成开展活动不可持续、开展活动时间太短等问题。其具体表现有：一是获得的资源形式单一。资源形式以资金为主，缺乏物资，人力，服务（培训、课程、讲座、帮扶销售规划等专业服务），资源链接（人际关系、项目信息）等。二是资金、资源获得方式单一。资金、资源来源主要依靠政府拨款，寻找赞助、企业资助、事业单位、非营利组织机构、个人捐赠等方式较少。

4. 基层妇联参与乡村振兴决策执行途径受阻

基层妇联参与农村公共事务决策与执行的机会或渠道常常受阻，其原因之一是长期以来的农村社会不明文规定的族长治理模式及男权思想，妇女的声音往往是不理性或不够成熟而被忽视。同时在农村治理中，为考虑到乡土文化，来自上一级政府的相关政策制度往往会被根据当地农村实际情况再次进行解释，其核心内容不免被忽视，导致在制度设计中未能充分吸纳社会性别主流化的要求，产生对妇女参与农村治理的阻碍。同时，农村生产与公共事务之间也常发生冲突，减少了妇女参与的机会。

六、基层妇联参与乡村振兴的建议与对策

1. 链接资源以促进多元主体合作

基层妇联应充分发挥自身的资源链接和整合资源的优势，规范基层服务的类型和模式，在为村级事务提供多样化、精细化服务形式的同时，链接政府、企事业单位、非营利组织、慈善机构以及个人捐赠等资源，高度促进多元主体合作。集中主要力量用于乡村振兴战略的发展，优化村企经营生态环境，促进贫困群体的综合发展，进一步维护农村妇女群体的权益，从而提高妇女群众参与乡村振兴的积极性，使她们自觉主动地参与到乡村振兴建设中。

2. 家务劳动社会化助推农村妇女发展

农村经济社会发展得怎么样，关键因素是人。现今农村社区虚空化，青壮人口大量外流，村内只剩下留守老人和留守孩子，主要劳动力是居家照顾家庭的妇女，农村留守妇女便是一支不可缺少的大队伍。在乡村振兴建设中，妇女扮演着家庭和谐与经济生产的关键角色，她们也必将大有所为。但往往家务劳动限制、缩短了农村妇女走出家庭，家务劳动社会化已成为推动女性解放和性别平等、提高女性劳动参与率的热点议题，只有促进家务劳动社会化才能帮助农村妇女得到真正的发展。政府可以出台相关的激励、帮扶政策，推进家务劳动社会化、市场化；因材施教，各展所长，成立农村家政服务中心，让有家政服务理念的人进行农村社会服务，让更多有能力的妇女从家庭中解放出来，更好地服务农村建设；利用大众传媒方式，引导舆论传媒发挥正面宣传作用，推动形成家务劳动社会化的良好氛围，与现今数字经济的时代背景相结合，减轻农村女性负担，实现女性参与社会的劳动率逐步提高，更好地推动农村留守妇女发展。

3. 人才赋能基层妇联组织助推乡村振兴——成立大学生实践站

引进专业人才和年轻力量，为基层群众组织队伍增添新鲜源泉。人才的引进不仅要认同农村发展的意义，也要坚持从工作实际出发，需要在村“三委”干部成员和村内党员的引导下开展工作，真正做到以人才赋能基层妇联组织。充分利用当地红色资源，制作特色的乡风民风红色文化宣传视频，在当地学校开设红色文化课外实践课等，促进本地精神文化发展，助推文化振兴建设。据调查，该村在校大学生数量有 18 人，通过建立大学生实践站，利用寒暑假时间，引导大学生加入实践站，服务村庄。一方面，可以为乡村振兴战略的实施引入新鲜血液，提升大学生回馈家乡的情怀。这可以在一定程度上阻隔农村年轻人才流向城市的现象，解决滞后的农村人才队伍建设的问题。另一方面，可以更好地提升大学生的社会实践能力，为今后的自我发展打下坚实的实践基础。

4. 加快农村社会工作站建设

针对农村妇女较为闭塞的乡村生产生活，一是引入专业社会工作服务，分散非核心智能的行政事务将有利于农村妇女与基层妇联组织的关系衔接，维护良好的政治生态环境，破除双方互动的壁垒。进一步探索建立农村社工站建设，大力发展乡村（社区）社会组织建设，通过专业社工，进一步密切居民邻里之间的关系，合理表达其诉求。二是依托互联网技术的发展，传授相关电脑、手机等硬件与微信、QQ、微博等软件使用技术，进一步丰富农村妇女的乡村生活，同时可开展促进网络购物等技术培训，为农村妇女在广泛发展的电子商务中寻求发展的机会。

【参考文献】

[1] 张振华，张清松，周金，等 . 新时代文明实践为乡村振兴工作提供内生动力——以海口市琼山区为例 [J]. 北京农业职业学院学报，2021，35（4）：24-30.

[2] 赵海瑞 . 妇联组织要为乡村振兴凝聚巾帼人才 [N]. 陇东报，2021-07-19（3）.

[3] 焦婷婷 . 农村妇女的环境行为及其转变机制研究 [D]. 甘肃：兰州大学，2021.

[4] 燕文清 . 乡村振兴背景下基层妇联的作用研究 [D]. 山东：山东农业大学，2021.

[5] 钟洁 . 涪陵区村级妇联组织参与乡村治理的问题与对策研究 [D]. 重庆：中共重庆市委党校，2021.

[6] 相敏 . 协同治理视角下村级妇联参与乡村治理的问题研究 [D]. 山东：曲阜师范大学，2021.

[7] 党国英 . 中国乡村社会治理现状与展望 [J]. 华中师范大学学报（人文社会科学版），2017，56（3）：2-7.

[8] 徐勇 . 城乡一体化进程中的乡村治理创新 [J]. 中国农村经济，2016（10）：23-26.

[9] 刘欢 . 乡村振兴视域下乡风文明建设研究 [D]. 吉林：吉林大学，2021.

后　记

本论文集由中华女子学院（全国妇联干部培训学院）新时代中国特色社会主义妇女理论研究院编辑出版。2020 年，根据全国妇联关于切实做好新时代妇女工作的要求，学校成立新时代中国特色社会主义妇女理论研究院。研究院以习近平新时代中国特色社会主义思想为指导，深入学习贯彻习近平总书记关于妇女儿童和妇联工作的重要论述，以加强马克思主义妇女理论学科建设、深化马克思主义妇女理论研究、推动新时代中国妇女事业高质量发展为宗旨，努力建设成为国内高水平的中国特色社会主义妇女理论研究中心。

《马克思主义妇女理论中国化与妇女事业发展研究论文集（第三辑）》得到中华女子学院（全国妇联干部培训学院）领导以及宣传部的大力支持，得到北京大学魏国英教授在审稿工作上的协助，在此表示感谢。此外，论文集还得到各位作者慷慨惠赐的佳作，以及各位期刊同人的大力支持，在此一并致谢！研究院研究人员刘子一全程参与论文集的编辑、校对等工作。我们希望论文集的出版能够得到学界更多专家学者的关注，也期待新时代中国特色社会主义妇女理论研究院产出更多高质量学术成果。